中國古典名言錄

中國古典の名言

중국 고전 명언록

The Chinese Classic Quotations

學苑出版社

圖書在版編目(CIP)數據

中國古典名言錄：中日韓英對照 / 孫通海，張燕嬰，梁繼紅編著；魯永學，[日]大濱慶子，[韓]吳萬鐘，[韓]權明淑，周遠梅譯. -北京：學苑出版社，2008.6
ISBN 978-7-5077-3077-7

Ⅰ. 中… Ⅱ. ①孫…②張…③梁…④魯… Ⅲ. 格言-彙編-中國-古代-中、日、朝、英 Ⅳ. H136.3

中國版本圖書館 CIP 數據核字 (2008) 第 072177 號

ISBN 978-7-5077-3077-7

9 787507 730777 >

責任編輯：馬紅治
封面設計：張 帆
出版發行：學苑出版社
社　　址：北京市豐台區南方莊 2 號院 1 號樓
郵政編碼：100079
網　　址：www.book001.com
電子信箱：xueyuan@public.bta.net.cn
銷售電話：0086-10-67675512、0086-10-67678944
印 刷 廠：河北三河友邦彩色印裝有限公司
開本尺寸：890 × 1240　1/32
印　　張：18
字　　數：501 千字
版　　次：2008 年 6 月北京第 1 版
印　　次：2008 年 6 月北京第 1 次印刷
定　　價：100.00 元

中文編著者	孫通海	SUN TONGHAI
	張燕嬰	ZHANG YANYING
	梁繼紅	LIANG JIHONG
日文譯者	魯永學	LU YONGXUE
	[日]大濱慶子	OHAMA KEIKO
韓文譯者	[韓]吳萬鐘	OU MANJONG
	[韓]權明淑	KWON MUYNG SOOK
英文譯者	周遠梅	ZHOU YUANMEI

翻譯協力者

熊德輗	XIONG DENI
駱為龍	LUO WEILONG
[韓]姜赫俊	KANG HYUKJOON
[美]RICHARD JOHNSON	

編輯協力者（按英文順序）

堀江研次	HORIE KENJI
小松志津子	KOMATSU SHIZUKO
交易場修	KOUEKIBA OSAMU
駱承烈	LUO CHENGLIE
馬光武	MA GUANGWU
松本佳高	MATSUMOTO YOSHITAKA
内藤正中	NAITO SEICHU
坂本巖	SAKAMOTO IWAO
佐々木武男	SASAKI TAKEO
魏亜玲	WEI YALING
肖向前	XIAO XIANGQIAN
邢　雁	XING YAN
山本謙	YAMAMOTO KEN
張碧清	ZHANG BIQING
張可喜	ZHANG KEXI

目　录

一　天人關係

(一) 天地之德

(二) 取法天地

二　人性學養

（一）原性

三　道德倫理

(一) 尚德

(二) 仁義

（七）理想人格——君子

四　陰陽五行

（一）陰陽

（七）積漸

五　中庸和合

（一）中庸

六　知行格物

(一)認知

(二) 踐行

七　以民為本

(一) 貴民為民

八　健康養生

(一)　養生理念

（二）养生方法

天人關係

天と人間との関係

천인관계

On the Relationship between Heaven and Human

一 天人關係

天と人間との関係

천인관계

On the Relationship between Heaven and Human

"天"，與"人"相對而言，概指人類以外一切事物或力量。天人關係的理論包括了所有人類與外界關係的命題在內。中國古代的天人論強調人類與自然界中的一切存在物能夠和諧相處，只有這樣人類才能獲得安全的生存環境；人類不可以任由自身的欲望無限膨脹，任何搶奪侵佔和破壞自然界的行爲最終會反報在人類身上。

「人」に相対化させてみると、「天」とは概して人間を除くすべての物事や力のことを指す。天人関係の理論には、人類と外界の関係についてのあらゆる命題が包括されている。中国古代の天人論では、人類と自然界に存在するすべての物が調和、共存していること、またこのような関係がなければ、人類は安全な生存環境を獲得できないことが強調されていた。人類は自らの欲望を際限なく膨らますことはできず、自然界を奪い取り、占拠し、破壊するいかなる行為もいずれは人間にはねかえってくることになると説かれている。

"하늘" 과 "사람" 은 상대적 개념으로서, 하늘은 대개 인류 이외의 모든 사물 혹은 힘을 지칭한다. 천인관계의 이론은 인류와 그 외 것과의 모든 관계를 포괄하는 명제이다. 중국 고대의 천인론은 인류와 자연계 가운데 존재하는 모든 사물이 조화롭게 공존하며, 그래야만 비로소 안전한 생존환경을 획득할 수 있다고 강조한다. 인류는 마음껏 자기의 욕망을 무한적으로 팽창시켜서는 안 되며, 자연환경을 침해하고 파괴하는 어떤 행위도 끝내는 다시 인류가 되돌려 받는다는 사실을 알아야 할 것이다.

Heaven, as opposed to humans, refers to all the things and forces except human beings. The relationship between heaven and humanity includes all of propositions of relationship between humanity and the outside world. The ancient theory of heaven and humanity emphasized harmony between humans and all the things in the universe, then humanity can enjoy safe living conditions. A person should not allow his own desires to expand limitlessly. Any kind of forcible seizure, occupation and destruction of nature will be revenged on human beings.

(一) 天地之德

天地の美德
천지의 덕
The Virtue of Heaven and Earth

◆◆

天地之大德曰生

原文 天地之大德曰生。

——《周易・繫辭下》

今釋 天地（大自然）最偉大的恩德是能夠生長養育萬物。

日譯 天地（大自然）の最も偉大な恩沢は、万物の成長を育むということである。

韓譯 천지(대자연)의 가장 큰 은덕은 만물을 자라게 하는 것이다.

英譯 The great virtue of heaven and earth is to grow and nurture all the things in the universe.

◆◆

天網恢恢，疏而不失

原文 天網恢恢，疏而不失。

——《老子・第七十三章》

今釋 天的範圍（天像一張大網那樣）廣大無邊，稀疏卻沒有一點兒疏漏。

日譯 天は（大網のように）広大であり、目が粗いようにみえて、何も漏らすことはない。

韓譯 하늘의 범위는 (하늘은 마치 큰 그물과 같아서) 광대무변하여, 드문 듯 성근 듯하지만, 결코 조금도 빠뜨리는 법이 없다.

英譯 The expanse of heaven is vast and boundless like a giant net. Coarse as it is, nothing slips through.

◆◆

天道無親，常與善人

原文 天道無親，常與善人。

——《老子・第七十九章》

今釋 上天運行的規律是沒有偏愛的，它總是幫助（同樣沒有偏愛的）好人。

日譯 天の運行の法則に偏りはなく、それは常に（同様に偏りのない）良き人を助ける。

韓譯 하늘의 운행 규칙은 치우치지 않고, 항상 (마찬가지로 치

우침이 없는) 좋은 사람을 돕는다.

英譯 The working law of heaven is without partiality to any person; it always helps the righteous people (also without partiality).

◆◆

天何言

原文 天何言哉？四時行焉，百物生焉，天何言哉？

——《論語・陽貨》

今釋 上天說了什麽呢？春夏秋冬四季照樣（在它的範圍內）運行，衆物照樣（在它的範圍内）生長，上天說了什麽呢？

日譯 天は何か教えているだろうか。四季がいつものように（その範囲内で）巡り、多くの物がいつものように（その範囲内で）生長している。天は何も教えていないのだ。

韓譯 하늘은 무엇을 말하는가？춘하추동 사계는 변함없이（그 범위 안에서）운행하고，만물은 여전히（그 범위 안에서）낳고 자라니，하늘은 무엇을 말하는가？

英譯 What does heaven need to say? The four seasons of spring, summer, autumn and winter alternate within its expanse, and all the creatures are growing within its expanse. What does heaven need to say?

◆◆

天不矜功

原文 天道盈而不溢，盛而不驕，勞而不矜其功。

——《國語・越語下》記范蠡語

今釋 天然規律充盈卻不會因為過滿而四處流溢，盛大卻不會放縱，運行不止卻不曾自居有功。

日譯　自然界の法則は溢れているけれども、溢れ出してしまうということがなく、盛んになるけれども放縦にはならず、運行は止まないが、自分に功があるとは思っていない。

韓譯　하늘의 규율은 가득 차나 도처로 넘쳐흐르지 않고, 성대하나 방종하지 않으며, 운행을 멈추지 않으나 스스로 그 공을 자기 것으로 하지 않는다.

英譯　The natural law is teeming yet it never overflows because of its fullness. It is enormous yet it never indulges itself. It works ceaselessly, yet it's never arrogant.

◆◆

地者，萬物之本原

原文　地者，萬物之本原，諸生之根菀也。

——《管子·水地》

今釋　大地，是萬物的根本與源泉，一切生物都植根於其間。

日譯　大地は万物の根本であり源泉であり、すべての生き物がここに根付く。

韓譯　대지는 만물의 근본이고 원천이며, 모든 생물의 그 곳에 뿌리를 내리고 있다.

英譯　The Earth is the basis and source of all things. All living creatures are rooted in it.

◆◆

天兼愛，兼利

原文　（天）兼而愛之，兼而利之……兼而有之，兼而食之。

——《墨子·法儀》

今釋　天泛愛一切人，為一切人謀利……包羅天下的一切，養育天下的一切。

日譯　天はすべての人びとを広く愛し、すべての人びとのために利益をはかり、……天下のすべてを包容し、育む。

韓譯　하늘은 모든 사람을 두루 사랑하고, 모든 사람을 위해서 이익을 도모하며, ……천하의 모든 것을 포함하고, 천하의 모든 것을 양육한다.

英譯　Heaven loves all the people and seeks benefits for all the people.... It embraces everything and nurtures everything under it.

◆◆

天不言

原文　天不言，以行與事示之而已矣。

——《孟子・萬章上》

今釋　天是不說話的，只是用行動和事實來顯示它的愛憎取捨罷了。

日譯　天はものを言わないが、ただ行動と事実を以って、その愛憎や取捨選択を示すのである。

韓譯　하늘은 말을 하지 않고, 단지 행동과 사실로써 그의 애증과 선택을 드러낼 뿐이다.

英譯　Heaven does not speak, but reveals its love and hatred, acceptance and rejection with actions and facts.

◆◆

天地無私

原文　天無私覆，地無私載。

——《莊子・大宗師》

今釋　上天無私地覆蓋著一切，大地無私地承載著一切。

日 譯　天はすべてを無私に覆い尽くし、大地はすべてを無私に背負っている。

韓 譯　하늘은 사사로움이 없이 모든 것을 덮고 있으며, 대지는 사사로움이 없이 모든 것을 싣고 있다.

英 譯　Heaven covers all things unselfishly while the earth contains all things unselfishly.

◆◆

天地有常

原 文　天地固有常矣，日月固有明矣，星辰固有列矣，禽獸固有群矣，樹木固有立矣。

——《莊子・天道》

今 釋　天地自有它們運行的規律，日月自有它們的光輝，星辰自有它們排列的次序，飛禽走獸自有它們合群而居的習慣，樹木自有它們生長的周期（這些都是萬物自然具有的，與人類的行爲無關）。

日 譯　天地は固有の運行の法則を有し、日月は自らの輝きがあり、星辰は固有の秩序を保ち、鳥や獣は自ら群れをなして生活する習わしがあり、樹木は固有の生長のバイオリズム（それらは万物が自ずと有しているもので、人間の行為とは関係ない）をもつ。

韓 譯　천지는 스스로 자체의 운행 규칙이 있고, 일월은 스스로 그들의 빛남이 있으며, 별은 스스로 그들의 배열 질서가 있고, 날짐승과 들짐승은 스스로 그들의 무리를 이뤄 사는 습성이 있으며, 나무는 스스로 그들의 성장 주기가 있다 (이런 것들은 모두 만물이 자연적으로 갖추고 있는 것이며, 인류의 행위와 무관하다).

英 譯　Heaven and the earth have their own course. The Sun and the

Moon have their own lights. The Stars have their own positions and beasts have their own gregarious herds. The trees have their own cycles of growth (all of these are independent of human activities).

◆◆

天地泛愛萬物

原文　泛愛萬物，天地一體也。

——《莊子・天下》

今釋　廣泛地施愛於萬物，天和地是一樣的。

日譯　万物を広く愛するという特性は、天も地も同じである。

韓譯　만물에게 두루 사랑을 베푸는 것은 하늘이나 땅이나 같다.

英譯　Love everything in the universe. In this respect, heaven and earth are one.

◆◆

天有常道，地有常數

原文　天不為人之惡寒也輟冬，地不為人之惡遼遠也輟廣，……天有常道矣，地有常數矣。

——《荀子・天論》

今釋　上天不會因爲人們厭惡寒冷就取消冬季，大地不會因爲人們厭惡遼遠就廢除寬廣，……上天有經久不變的規律，大地有經久不變的法則。

日譯　人々は寒さが苦手だからと言って天は冬をなくすことはなく、人々が遼遠を嫌うからといって広さをなくすことはなく、……天には久しく変わらぬ規律があり、大地には久しく変わらぬ法則がある。

韓譯 하늘은 사람들이 추위를 싫어한다고 하여 겨울을 없애지 않고, 대지는 사람들이 요원함을 싫어한다고 하여 광대함을 그만두지 않는다. ……하늘은 오래도록 변하지 않는 규율이 있으며, 대지는 오래도록 변하지 않는 법칙이 있다.

英譯 Heaven will not abolish winter just because people hate cold. Neither will earth stop expanding because people are afraid of distance. Heaven has its everlasting laws while the earth has its unchanging rules.

◆◆

天清明，地廣大

原文 其清明象天，其廣大象地，其俯仰周旋有似於四時。

——《荀子・樂論》

今釋 清朗明白就好比天的德性，廣闊博大就好比地的德性，有起有伏周期性地循環就好比四季的德性。

日譯 その清明、明白さは天の徳性の如く、その広大さは大地の如く、起伏や周期的循環は四季の徳性の如く。

韓譯 청명함은 하늘의 덕성과 비유될 수 있고, 광대함은 땅의 덕성과 비유될 수 있으며, 기복이 있는 주기적 순환은 사계의 덕성과 비유될 수 있다.

英譯 Being clear and bright is the nature of heaven and being grand and profound is the nature of the earth. Alternating cycle after cycle is the nature of the four seasons.

◆◆

天覆地載

原文 天地之道，博也，厚也，高也，明也，悠也，久也。今夫天，斯昭昭之多，及其無窮也，日月星辰系焉，萬物覆焉。今夫地，一撮土之多，及其廣厚，載華岳而不重，振河海而不泄，萬物載焉。

——《禮記・中庸》

今釋 上天與大地的德性，博大，厚實，崇高，光明，悠遠，長久。現在說到上天，由無數點點滴滴的明亮聚積而成，以達到沒有窮盡的光明，日月星辰分佈於天空，世上萬物都在它的覆蓋之下。現在說到大地，一把土一把土地堆積而成，已達到寬廣與厚實，負載著華山這樣的山岳而不覺得重壓，收納了黃河與大海的水卻一點兒也不會洩漏，世間萬物都由它來承載。

日譯 天と大地の徳性は博大、重厚、崇高、光明、悠遠、長久である。今日いうところの天は、無数の明るさが集積して限りない光明となり、日月星辰が天空に散らばり、世の万物はその下に覆い尽くされている。今日いうところの大地は、土を一掴みずつ積み上げて形成され、広く、厚い層をなし、それは華山のごとく山岳の重みに耐え、黄河や海洋を抱き、一滴の水も洩らすことなく、世の万物を積載している。

韓譯 하늘과 땅의 덕성은 넓고 두터우며, 고상하고 밝으며, 아득하고 오래된다. 이제 하늘에 대해 말하자면, 많은 빛들이 모여 이루어져, 다할 수 없는 광명의 지경에 이르렀고, 일월성신이 창공에 분포되어 있으며, 세상 만물이 하늘의 덮개 아래에 있다. 이제 땅에 대해 말하자면, 한줌 한줌의 흙이 쌓여 이루어져, 넓고 두터운 지경에 이르렀고, 화산과 같은 산악을 싣고 있으면서도 무겁게 여기지 않으며, 황하와 바다의 물을 받아들이면서도 조금도 흐리지 않으니, 세상의 만물은 모두 땅이 싣고 있다.

英譯 The nature of heaven and earth is vast and solid, lofty and bright, extensive and perpetual. As to heaven, its brilliance is accumulated from the countless shining objects, then reaching infinite brightness. The Sun and the Moon and stars are scattered in the expanse of the sky; all the things are under its cover. As to the earth, it is accumulated by piles of dust and the earth reaches to its grandness and solidify. It carries mountains like the Hua Mountain without feeling weary and encumbers waters like Yellow River without leaking. Everything is carried by it.

◆◆

天地偉大

原文 天地大矣，生而弗子，成而弗有，萬物皆被其澤、得其利，而莫知其所由始。

——《呂氏春秋・貴公》

今釋 天地偉大呀，生育萬民，卻不看作是自己的子嗣；成就萬物，卻不當成是自己的私有之物；萬物都蒙受天地的恩惠、獲得天地的好處，卻沒有誰知道這些是從那裏來的。

日譯 天地はなんと偉大であることか。万民を育んでいるが、自らの後継者とは見なさず、万物を成就しているが、自らの私有物とはみなしていない。万物はすべて天地の恵みを受け、天地から利益を得ているのに、これらがどこから来たのか知っている者はいない。

韓譯 천지는 위대하도다, 낳되 자식으로 여기지 않고 ; 이루어 주되 소유하지 않으니 ; 만물이 모두 그 은택을 입어 이로움을 얻으나, 그 말미암아 시작된 곳을 누구도 알지 못한다.

英譯 How great heaven and earth is to give birth to all the people without considering them as their own descendants, to fill everything in it without considering them as their own possessions. Everyone and everything receive the favor from it yet without knowing it.

◆◆

天地無私

原文 天無私覆也，地無私載也，日月無私燭也，四時無私行也，行其德而萬物得遂長焉。

——《呂氏春秋・去私》

今釋 上天無私，覆蓋萬物；大地無私，載育萬物；日月無私，照耀世界；四季無私，運行不息；它們都將各自的恩惠給予萬物，萬物得到這些恩惠然後能夠生長。

日譯 天は無私であり、万物を覆っている。大地は無私であり、万物を載せて育んでいる。月日は無私であり、世界を照らしている。四季は無私であり、運行を止めない。それらはみな万物に恵みをもたらしており、万物はこれらの恵みを得て成長している。

韓譯 하늘은 사사로움 없이 만물을 덮어주며, 대지는 사사로움 없이 만물을 싣고 기르며, 해와 달은 사사로움 없이 세상을 비추며, 사계절은 사사로움 없이 쉬지않고 운행하니, 그 덕이 베풀어져 만물은 마침내 자랄 수 있다.

英譯 Heaven is magnanimous to cover all the things under it. The earth is magnanimous to bear everything in it. The Sun and the Moon are magnanimous to shine upon the world. The four seasons are magnanimous to move on and on in cycles. All things receive their favor so that they may grow.

◆◆

天聽卑視察

原文 天之處高，其聽卑，其牧芒，其視察。

——漢・賈誼《新書・耳痹》

今釋 天在高處，但是它的聽力使它能夠了解到低處的情況；它管理天下好像茫然無所知，實際上看東西非常明察。

日譯 天は高所にあっても低所の動静に耳を傾けることができる。天下を取り仕切る様はつかみどころがないように見えて、実際には物事をはっきりととらえている。

韓譯 하늘은 높은 곳에 처하지만, 낮은 곳의 상황을 듣고 이해하며, 천하를 관리하면서 마치 망연히 아는 바가 없는 듯하나, 실제로는 사물을 관찰함이 매우 투철하다.

英譯 Heaven is high above yet it is omnipresent and omnipotent.

◆◆

天道終而復始

原文 天之道，終而復始。

——漢・董仲舒《春秋繁露・陰陽終始》

今釋 上天運行的規律，到了終點又從頭開始。

日譯 自然の運行の法則は、終点に達するとまた起点にもどってスタートする。

韓譯 하늘의 운행 규율은 끝에 이르면 처음부터 다시 시작한다.

英譯 Heavenly laws are etenally evolving without on end When the laws of heaven reach to their end, they are going to start from the very beginning once again.

◆◆

天無所殊

原文　天者……遍覆包函而無所殊，建日月風雨以和之，經陰陽寒暑以成之。

——《漢書·董仲舒傳》記董仲舒語

今釋　天……普遍地覆蓋、包孕、容納著萬物，沒有什麽區別，產生日月天體、風雨氣象並調和它們，條列陰陽二氣、寒暑季節並合成它們。

日譯　天……、何ものも差別せずにあまねく万物を覆い、包容し、月日という天体や風雨という気象を発生させ、それらの調和をはかり、陰陽二気や寒暖の季節の秩序を整えながらそれらを整合している。

韓譯　하늘은……두루 덮어주고 품어주며, 용납하되 차별하지 않으며, 해와 달과 바람과 비를 만들어 조화롭게 하고, 음양과 추위와 더위를 다스려 만물을 이룬다.

英譯　Heaven covers, and contains everything universally without any partialilas of creales the Sun and the Moon, wind and rain and brings harmony, It achieves wisty through the opposites yin and yang, winter and summer.

◆◆

天地示聖人以道

原文　天地設位，懸日月，布星辰，分陰陽，定四時，列五行，以示聖人，名之曰道。

——《漢書·翼奉傳》記翼奉師語

今釋　天地居於正位，日月懸挂空中，星辰分佈有序，陰陽二氣區分，一年四季確定，五行合理運行，都（自然而然地）

呈現給聖人看，這就叫做規律。

日譯　天地は正位にあり、日月は宙に掲げられ、星辰は秩序よく点在し、陰陽二気に分かれ、一年に四季が定められ、五行が合理的に流れる。いずれも聖人に（自ずから）お目にかけるためである。このことを規律という。

韓譯　하늘과 땅이 바른 위치에 거하고, 해와 달이 공중에 매달려 있으며, 별들이 질서 있게 분포되고, 음양의 기운이 나뉘며, 네 계절이 정해지고, 오행이 합리적으로 운행됨으로써 성현에게 보이니, 이것을 이름하여 도 (규율) 라고 한다.

英譯　Heaven and earth are the center with. The Sun and the Moon hanging above and the stars in their proper places. Yin and yang are the two opposite Qi. The four seasons are set and the five elements are working in order. They are all manifested for the sage to see. This is called the way of nature.

◆◆

天覆育萬物，地養育萬物

原文　大者天也，天能覆育萬物，其功最大。平者地也，地平然後能養育萬物。

——《太平經鈔・癸部》

今釋　弘大是天的德性，上天能夠覆蓋生育萬物，它的功勞最弘大。平正是大地的德性，大地平正然後能夠養育萬物。

日譯　弘大というのは天の徳性であり、天は万物を覆い尽くし、それを生み出し、その功労は最も弘大である。平らかというのは大地の徳性であり、大地が平らで整然としていることにより、万物は育まれる。

韓譯　거대함은 하늘의 덕성이니, 하늘은 만물은 덮어 기르니

그 공이 가장 위대하다. 공평함은 땅의 덕성이니, 땅은 공평한 연후에 만물을 기를 수 있다.

英譯 Grandness is the nature of heaven. It covers all the things under it. This is the greatest virtue of all. Levelness is the nature of the earth. It grows and nurtures all the things.

◆◆

地恒动不止

原文 地恒动不止，而人不知，譬如人在大舟中，闭牖而坐，舟行而人不觉也。

——《太平御览》卷三十六引《尚书考灵曜》

今釋 大地不停的运动没有停止的时候，可是人却不知道，就好像人在大船里，关着窗户坐着，船在行进而人却感觉不到一样。

日譯 大地は一時も休むことなく運動を続けているというのに、人間はそのことを知らない。人間が大船に乗って窓を閉め切っていると、船が前進しているという感覚さえもなくなるのと同じである。

韓譯 땅은 항상 움직여 멈추지 않으나 사람이 알지 못하니, 마치 사람이 큰 배 안에서 창을 닫고 앉아 배가 움직이나 느끼지 못한 것과 같다.

英譯 No one knows the non-stop movement of the earth, just as a man who is in a big boat with closed windows never feels the moving of the boat.

（二）取法天地

天地の法則を読みこなし、学び取る
천지로부터 배움
Obtain the law from heaven and the earth.

◆◆

聖人效天法地

原文 聖人……知崇禮卑，崇效天，卑法地。

——《周易·繫辭上》

今釋 聖人……智慧崇高，禮節謙卑。崇高是效法天的德性，謙卑是效法地的德性。

日譯 聖人は……知恵があり、崇高であり、折り目正しく、へりくだっている。その崇高さは天の徳性に倣ったものであり、その謙虚さは地の徳性に倣ったものである。

韓譯 성인은……지혜가 숭고하고 예절이 겸손하여 자기를 낮추니, 숭고함은 하늘의 덕을 본받아서이고, 겸비함은 땅의 덕을 본받아서이다.

英譯 The sage....is wise and lofty, courteous and humble. Loftiness is to learn from heaven while humbleness is to learn from the earth.

◆◆

聖人則效天地

原文 天生神物，聖人則之。天地變化，聖人效之。天垂象，見吉凶，聖人象之。

——《周易·繫辭上》

今釋 上天生化出神妙的萬物，聖人效法它。天地都不斷地變化，聖人效法它。天上懸垂著日月星辰之象，顯現出吉凶的徵兆，聖人觀察這些物象來製造觀天的儀器。

日譯 天は絶妙な万物を生み出し、聖人はそれを見習う。天地は絶えず変化しており、聖人はそれに見習う。天にはあらゆる天体が鏤められ、吉凶の徵候がはっきり見て取れる。聖人はこれらの物象を観察し、天象を見る器具を造っているのである。

韓譯 하늘은 신묘한 만물을 낳고, 성인은 그것을 본받는다. 천지는 변화하고 성인은 그것을 본받는다. 하늘은 (일월성신의) 형상을 드리워, 길흉의 징조를 드러내고, 성인은 그것을 형상화 한다.

英譯 Heaven creates wonderful things and the sage imitates it. Heaven and earth are changing ceaselessly and the sage learn from the changes. Hanging in the sky are the Sun, the Moon and the stars, from which the signs of blessings and curses are shown. The sage observes these objects and makes devices to observe them.

◆◆

觀天法地

原文 古者包犧氏之王天下也，仰則觀象於天，俯則觀法於地，觀鳥獸之文，與地之宜。近取諸身，遠取諸物。

——《周易・繫辭下》

今釋 古時候伏羲治理天下，擡頭觀察天文氣象，俯身觀察地理形態，觀察飛禽走獸留下的足跡，以及適宜在地上生長的草木，在近處取法於人自身，在遠處取法於各種物象。

日譯 太昔、伏羲は天下を治めるにあたり、頭を上げて天象や気象を仰ぎ見、身をかがめて大地の形態を鳥瞰し、鳥類と獣類の残した足跡や地上に生えた草木の状態を観察し、近きにありては人間自身を手本とし、遠きにありては様々な物象を手本とした。

韓譯 옛날 복희씨가 천하를 다스릴 때, 우러러 하늘의 천문기상을 살피고 굽어서 땅의 지리형태를 관찰하며, 조수의 문양과 땅에 적합한 사물을 살폈다. 가까이는 몸에서 그 법칙을 취하고 멀리는 사물로부터 그 법칙을 취했다.

英譯 In ancient times, when Fu-xi ruled all under heaven, looking up, he contemplated the brilliant forms exhibited in the sky, and looking down, he surveyed the patterns shown on the earth. He contemplated the traces of birds and beasts and the different nature of the soil. Near at hand, in his own person, he found things for reflection, and away from him of things in general.

◆◆

天行健，君子以自強不息

原文 天行健，君子以自強不息。

——《周易·乾卦》

今釋 天的運行剛健強勁，君子效法天的品格，發奮圖強，從不停止。

日譯 天の運行は剛健で力強く、君子は天の品格にならい、自ら努力してやまない。

韓譯 하늘의 운행은 강건하니, 군자는 하늘을 본받음으로써 스스로 힘써 쉬지 않는다.

英譯 Heaven derives its strength from motion. In emulation, the virtuous man never lets up in his efforts to strive for perfection activity.

◆◆

地勢坤，君子以厚德載物

原文 地勢坤，君子以厚德載物。

——《周易・坤卦》

今釋 地的氣勢謙恭和順，君子效法地的品格，積累德性，容載萬物。

日譯 大地の気勢は謙虚で素直である。君子は大地の品格にならい、徳を積み、万物を包容する。

韓譯 땅의 기세는 겸허하니, 군자는 땅을 본받음으로써 덕을 두텁게 하고 사물을 받아들여 싣는다.

英譯 The capacity and sustaining power of the earth is meek and humble. The superior man, in accordance with this, with his high virtue supports men and things.

◆◆

聖人後其身而身先；外其身而身存

原文 天長地久。天地所以能長且久者，以其不自生，故能長生。是以聖人後其身而身先；外其身而身存。

——《老子・第七章》

今釋 上天與大地的存在長長久久。之所以能夠如此長久地存在著，是因爲它們不以生存為自我的憂慮，因此能夠長久地生存。因爲同樣的道理，聖人心甘情願地處於落後的位置卻能夠居於領先的地位，不憂慮自身的問題卻能夠生存得長久。

日譯 天と大地は永久（とこしえ）に存続している。このように永久に存続できるのはなぜだろうか。それは自らの生存を憂うことがないので、永久に存続できるのである。これと同じ道理で、聖人は後ろに下がることに甘んじてもかえって先頭に立つこととなり、自らの問題で憂慮することなく、長く久しく生存することができるのである。

韓譯 하늘과 땅은 아주 오래되었다. 천지가 그렇게 오래될 수 있는 것은 스스로 살려고 하지 않기 때문에 오래 살 수 있는 것이다. 그러므로 성인은 그 몸을 항상 뒤로 하지만 몸이 앞서고, 자신의 몸을 제쳐놓지만 오히려 몸을 보존하게 된다.

英譯 Heaven and earth are eternal and everlasting, because they never worry about their existence. In accordance with this, the sage endures forever because he never minds putting himself at the back since he knows he is at the front. He lives long because he is free from worry about his own life.

◆◆

法自然

原文 道大，天大，地大，人亦大。域中有四大，而人居其一焉。人法地，地法天，天法道，道法自然。

——《老子・第二十五章》

今釋 道的作用沒有邊際無所不包，天“大”，地“大”，人也“大”。宇宙之間有四“大”，而人是其中之一。人取法於地，地取法於天，天取法於道，“道”就是自然而然。

日譯 道の作用に限りはなく、これに包摂されないものはなし。天は「大きく」、地も「大きく」、人もまた「大きい」。宇宙には四つの「大なるもの」があり、人はそのうちの一つである。人は大地を手本とし、大地は天を手本とし、天は道を手本とし、「道」は自然を手本とする。

韓譯 도의 작용은 끝이 없고 포함하지 않은 것이 없을 정도로

크고, 하늘도 크며, 땅도 크고 사람도 크다. 우주 안에 네 개의 큰 것이 있고, 사람이 그 하나를 차지한다. 사람은 땅을 본받고 땅은 하늘을 본받으며, 하늘은 도를 본받고 도는 스스로 그러함을 본받는다.

英譯　The function of the way (Dao) is boundless and infinite. Heaven is vast and so is the earth; so is humanity. There are four vast things in the universe, one of which is man. Man imitates the earth. The earth imitates heaven and heaven imitates the way Dao. Dao is what is natural.

◆◆

天不害，人不爭

原文　天之道，利而不害；人之道，爲而不爭。

——《老子·第八十一章》

今釋　天的規律是施利於萬物而從不損害它們，人間的法則是幫助別人而從不與人爭奪。

日譯　天の規則は本来万物に利益を与え、これを損なうことではない。人間の法則は他人を助けることであり、他人と奪い合うことではない。

韓譯　하늘의 도는 만물을 이롭게 하고 해를 끼치지 않으며, 사람의 도는 남을 위하고 다투지 않는다.

英譯　Heaven's way (Dao) is to benefit all the things without harming them. The principle of humanity, in accordance with it, is to help others without striving with each other.

◆◆

堯則天

原文　子曰："大哉！堯之爲君也！巍巍乎！唯天爲大，唯堯則之。蕩蕩乎！民無能名焉。巍巍乎！其有成功也！煥乎！其有文章！”

——《論語・泰伯》

今釋 孔子說：“偉大啊！堯作爲君主！太偉大了啊！只有天最大，只有堯能夠效法天。廣闊浩大啊！百姓們沒有能夠讚美他的語言。太偉大了啊！他所取得的功績。光彩奪目啊！他所制定的禮樂法度。”

日譯 孔子は「偉大だ！堯の君主はあまりにも偉大だ！天のみが最も大なものであるが、堯だけが天を見習うことができる。広く、雄大である！庶民達が彼を賛美する言葉に困るほど偉大なのだ！彼が立てた手柄はまばゆいばかりに輝いている！彼は礼楽や規範を定めた」と言った。

韓譯 공자께서 말씀하시길 : “위대하도다！요의 군주 됨이여！위대함이여！오직 하늘이 크고, 오직 요가 그것을 본받았다. 크고 크도다！백성들이 이름할 수 없네. 위대하도다！그가 이룬 공이여！빛나도다！그가 제정한 예악법도여！”

英譯 Confucius said, “What a great king Rao was!” Nothing is greater than heaven, yet Rao was the only one who took it as a model. How boundless his kindness was! The common people could not find words to praise it. How great his achievements were and how brilliant his system of rites was!

◆◆

聖人若天地

原文 聖人若天然，無私覆也；若地然，無私載也。

——《管子・心術下》

今釋 聖人像天一樣，無私地覆蓋著萬物；像地一樣，無私地承載著萬物。

日譯 聖人は天の如く、無私に万物を覆い尽くしている。大地の如く、無私に万物を積載している。

韓譯 성인은 하늘과 같아 만물을 사사로이 덮고 있지 않으며, 땅과 같아 만물을 사사로이 싣고 있지 않는다.

英譯 Like heaven, the sage envelops all things selflessly. Like earth, he supports all the things selflessly.

◆◆

聖王法天地

原文 天之行廣而無私，其施厚而不德，其明久而不衰，故聖王法之。

——《墨子・法儀》

今釋 天的行爲廣大而沒有私心，它所施的恩德深厚而不自恃有德，它的光明永久而不衰竭，所以聖王效法天的德性。

日譯 天の行為は広大であるが私心がなく、それによって施された恩恵は深くて厚い。だが自ら徳あることを頼みとせず。その光明は永久で、衰えることを知らない。故に聖王は天の徳性に見習う。

韓譯 하늘의 행함은 광대하며 사사로움이 없고, 그 배품은 두터우며 덕을 덕으로 하지 않으며, 그 밝음은 영구하며 쇠하지 않아, 성왕이 그를 본받는다.

英譯 Heaven is grand and with no selfish thoughts. The favor it gives is deep and it never seeks its own name. Its glory will last forever without diminishing. That is why the sage emulates the nature of heaven.

◆◆

愛人利人，天福之

原文 愛人利人者，天必福之；惡人賊人者，天必禍之。

——《墨子・法儀》

今釋 泛愛他人、為他人謀利的人，天一定會賜福於他；虐待他人、賊害他人的人，天一定會降禍於他。

日譯 他人を広く愛し、他人の利益を図る者に、天はきまって彼に福を授ける。他人を虐待し、他人を賊害する者に、天はきまって彼に災いをもたらす。

韓譯 사람을 사랑하고 이롭게 하는 자는 하늘이 반드시 그에게 복을 내려주고, 사람을 미워하고 해를 끼치는 자는 하늘이 반드시 그에게 재앙을 내려준다.

英譯 Blessings from heaven will fall onto those who love others and work for others' benefits. Misfortunes from heaven will fall onto those who mistreat others and harm others.

◆◆

爲天之所欲

原文 戒之！慎之！必爲天之所欲，而去天之所惡。

——《墨子・天志下》

今釋 要警戒啊！要謹慎啊！一定要做天所希望的（兼愛天下的）事情，杜絕天所厭惡的（不合道義的）事情。

日譯 警戒せよ！慎重になれ！必ず天の望む（天下を兼愛する）ことをし、天の嫌悪する（道義に合わない）ことは根絶せよ。

韓譯 경계하고 삼갈지니！반드시 하늘이 하고자 하는 바를 하고, 하늘이 싫어하는 바를 끊어라.

英譯 Keep alert! Be cautious! Do whatever heaven has asked you to do (loving all the people), and shy away from anything that heaven says is wrong for you to do (the immoral things).

◆◆

順天意

原文 順天之意者，兼也；反天之意者，別也。兼之爲道也，義正；別之爲道也，力正。

——《墨子・天志下》

今釋 順應天的意志，就是要泛愛天下的百姓（如同愛護自己一般）；違背天的意志，就是對待他人與對待自己有所區別。實行兼愛天下的主張，就是以道義為執政的手段；實行區別對待的主張，就是以暴力為執政的手段。

日譯 天の意志に順応するということは天下の庶民を（自分を大切にするように）愛するということである。天の意志に背くということは自分と他人を区別して取り扱うということである。天下を兼愛するという主張を実行に移すことは、道義を執政の手段とすることである。区別して取り扱うという主張を実行に移すことは、暴力を執政の手段とすることである。

韓譯 하늘의 뜻에 순응하는 것은 천하의 백성을 사랑함을 자신을 아끼는 것 같이 하는 兼(겸 : 두가지 이상의 동작이나 행위를 아울러함)이고, 하늘의 뜻을 거스르는 것은 다른 사람과 자신을 대하는 것을 달리하는 별이다. 천하를 겸애하라는 주장은 의로움의 정치를 하라는 것이고, 달리 대하라는 주장은 폭력의 정치를 하라는 것이다.

英譯 To obey the will of heaven is to love all the people in the world (just like loving oneself). To disobey the will of heaven is to treat others different from the way you treat yourelf oneself. Loving others means ruling by means of morality while proclaiming inequality means ruling by means of violence.

◆◆

思誠者，人之道

原文 誠者，天之道也。思誠者，人之道也。至誠而不動者，未之有也。不誠，未有能動者也。

——《孟子・離婁上》

今釋 真誠，是上天的規律。思考並踐行真誠，是做人的原則。非常真誠還不能感動人的事兒，是沒有的。不真誠，就不能打動別人。

日譯 誠は天の規則である。誠を思い、それを実践することは、身を処する際の原則である。至誠にして人を感動させられないことはない。逆に誠でなければ、他人を感動させることはできない。

韓譯 성실함은 하늘의 도리이다. 성실함을 생각하고 실행하려는 것은 사람이 도이다. 지극히 성실하게 행하고도 남을 움직이지 못한 일은 없고, 성실하게 행하지 않고 남을 움직인 일은 없다.

英譯 Sincerity is the law of heaven. To meditate and practice sincerity is the principle for man. No one will not be moved by sincerity. On the contrary, without sincerity, no one will be moved.

◆◆

求天之故

原文 天之高也，星辰之遠也，茍求其故，千歲之日至，可坐而致也。

——《孟子·離婁下》

今釋 天空很高，星辰很遙遠，如果（人類想要）推求它們運行的道理，即使是千年以後冬至或夏至的時刻，也是可以坐著計算出來的。

日譯 天はとても高く、星は遥か遠いところにあるが、もしそれらの運行の道理を探りたいと（人が望む）ならば、たとえ千年後の冬至あるいは夏至の時刻であっても、座して算出することができる。

韓譯 하늘은 높고 별들은 멀리 있으나, 만약 그 까닭은 탐구하면, 천년 후의 동지나 하지의 일도 앉아서 계산할 수 있다.

英譯 Though the sky is high and the stars are remote, one can calculate the solstices of a thousand years hence while seated, if one seeks into the whys and wherefores.

◆◆

聖人原天地之美

原文 天地有大美而不言，四時有明法而不議，萬物有成理而不說。聖人者，原天地之美而達萬物之理。

——《莊子·知北游》

今釋 天地有崇高的美德卻不言語，四季有明顯的規律卻不議論，萬物各有生成的道理卻不申說。聖人以效法天地的美德為根本，以通達萬物的道理為目的。

日譯 天地は崇高な美徳を有しながら何も語らず。四季は明らかな法則を有しながらそれを議論することはない。万物は各々形成の道理を有しながら、自らそれを説くことをしない。聖人は天地の美徳に習い、万物の理に達することを目的とする。

英譯 Heaven and earth have lofty virtues without speaking. The four seasons have their regular cycles without talking. All the things have their fixed pattern without telling. The sage probes into the virtues of heaven and earth in order to master the laws of all things.

◆◆

人志於天地四時

原文 所志於天者，已其見象之可以期者矣；所志於地者，已其見宜之可以息者矣；所志於四時者，已其見數之可以事者矣。

——《荀子・天論》

今釋 （人類）對於天所要了解的，是它所顯現的天象中那些能夠測定氣候變化的天文資料；對於地所要了解的，是它所顯現的適宜條件中那些能夠便利種植莊稼的地文資料；對於四季所要了解的，是它所顯現的規律中那些能夠用來安排農業生產的節氣條件。

日譯 (人類が) 天について理解しようとするものは、天が現す天象のうち、気候の変化が測定できる天文の資料である。大地について理解しようとするものは、大地が現す適合条件のうち、農作物の栽培に適した土地関連の資料である。四季について理解しようとするものは、大地が現す規律うち、農業生産を段取る節気の条件についてである。

韓譯 (인류가) 하늘에 대해 알려고 하는 바는 그 드러난 현상 중에 예측할 수 있는 천문자료이고, 땅에 대해 알려고 하는 바는 그 드러난 적합한 조건 중에 기를 수 있는 지리자료이고, 사계에 대해 알려고 하는 것은 그 드러난 규율 중

에 일삼을 수 있는 기후조건이다.

英譯 From heaven, man may obtain some astronomical data revealed by the heavenly objects in order to predict weather changes. From earth, man may obtain some geographical data revealed by the proper conditions in order to arrange planting. From the four seasons, man may obtain the solar terms revealed by law of heaven in order to arrange agricultural production.

◆◆

天行有常

原文 天行有常，不為堯存，不為桀亡。應之以治則吉，應之以亂則凶。

——《荀子・天論》

今釋 上天的運行有它自身不變的規律，它不會因爲堯（的賢明）而存在，也不會因爲桀（的昏庸）而消亡。（人類如果）順應導致安定的規律來辦事就會吉利，按照導致禍亂的規律來辦事就會凶險。

日譯 天の運行には不変の規則があり、それは尭（の賢明さ）によって存在するわけでもなければ、桀（の愚昧さ）によって失われることもない。（人類が）安定につながる法則にしたがって事を運べば福が来るが、災難と変乱につながる法則にしたがって事を処理すればとても危険なことになる。

韓譯 하늘의 운행은 불변의 규율이 있으니, 요의 현명함 때문에 존재하지도 않고, 걸의 어리석음 때문에 망하지도 않는다. 다스림의 규율로써 반응하면 길하고, 어지러움의 규율로써 반응하면 흉하다.

英譯 Heaven has its own perpetual working laws, which does not exist for the sake of Rao's wisdom; neither will it perish for the sake of Shun's corruption. If man follows the law making people stable and safe, he prospers. If he follows the law leading to disasters, he comes to a bad end.

◆◆

天地無非教

原文　天有四時，春秋冬夏，風雨霜露，無非教也。地載神氣，神氣風霆，風霆流形，庶物露生，無非教也。

——《禮記·孔子閒居》

今釋　上天有四季的循環，春生夏長秋收冬藏，風霜雨露都能養育萬物，這些德性沒有一種不是聖人應當效法的。大地承載著神奇的氣層，氣層醞釀風雨雷霆，風雨雷霆流動變幻，萬物得以顯露和滋生，這些德性沒有一種不是聖人應當效法的。

日譯　天には四季の循環があり、春は生成、夏は生長、秋は収穫、冬は貯蔵の季節である。風、雨、霧、露のいずれもが万物を育む。これらの徳性のすべてを聖人は見習うべきではなかろうか。大地の上には神秘的な大気圏がつくられ、大気圏は風雨や雷を形成し、風雨や雷が千変万化して万物が生成され、繁殖する。これらの徳性のすべてを聖人は見習うべきではなかろうか。

韓譯　하늘은 사계의 순환이 있어, 봄에 낳고 여름에 자라며, 가을에 거두고 겨울에 저장하거나, 바람 비 서리 이슬이 모두 만물을 양육하니, 가르치지 않은 것이 없다. 땅은 신기한 기운을 싣고 있으며, 신기한 기운은 바람과 번개를 만들어 내고, 바람과 번개는 움직이고 변화하여, 만물이 드러나고 번성하니, 가르치지 않은 것이 없다.

英譯 There are four alternating seasons in heaven; planting in spring, growing in summer, harvesting in autumn and storing in winter. Wind, fog, rain and dews all are good for growing things. These are the virtues that a sage should emulate. The Earth carries a layer of marvelous atmosphere, from which wind, rain and thunder are produced. Wind, rain and thunder move and change fantastically, which rears and nurtures all the things. These are the virtues that a sage should emulate.

◆◆

靜法天地，動順日月

原文 古得道者，靜而法天地，動而順日月。

——《淮南子·兵略訓》

今釋 古時候得道的人，安靜是效法天地的德性，行動是順應日月的運行。

日譯 大昔、悟りを開いた者にとって、静は天地の徳性を見習うことであり、動は歳月の運行に順応することであった。

韓譯 옛날 도를 얻은 사람은 고요함으로 천지의 덕성을 본받고, 움직임으로 일월의 운행을 따랐다.

英譯 For those who have received Dao, when they are still, they are following the virtue of heaven and earth. When they are in motion, they obey the working law of the Sun and the Moon.

◆◆

王者動必則天地

原文 聖人有以仰觀俯察，象天地而育羣品；雲行雨施，效四時以生萬物。若用之以順，則兩儀序而百物和；若行之以逆，則六位傾而五行亂。故王者動必則天地之道，不使一物失其性；行必協陰陽之宜，不使一物受其害。

——唐·孔穎達《周易正義序》

今釋 聖人之所以仰頭觀望、俯身察看，是爲了效法天地的品格而養育各種事物；聖人之所以了解雲霞運行、雨水降臨的規律，是爲了效法四季而使萬物生長。如果能夠順應各種規律，就會使陰陽（兩儀）的變化符合節次而各種物類和諧共處；如果違背了各種規律，就會使六位（卦的六爻由下而上各居一位）顛倒，五行混亂。因此王者行動的時候一定要順應天地的規律，不讓一種物體喪失它的本性；行爲的時候一定會與陰陽的運動相協調，不讓一種物類受到傷害。

日譯 聖人はどうして頭を上げ仰ぎ見、身をかがめて鳥瞰するのか？天地の品格を見習って、各種の事物を育むためである。聖人はどうして雲の運行や雨量の規則を理解するのか？四季を見習って万物を成長させるためである。もし各々の法則に順応することができれば、陰陽（両儀）の変化を節目に合わせて物類を調和、共存させることができる。もし各々の規則に背くならば、六段（卦の六段の爻が下から上へそれぞれ一段上になる）が逆になり、五行を乱すこととなる。従って王者が行動する時、必ず天地の法則に順応し、どの本性も失なわないようにする。行動を起こす時、必ず陰陽の運動に調和させ、どの物類も損なわないようにする。

韓譯 성인이 우러러 관망하고 굽어서 살피는 까닭은 천지를 본받아 만물을 양육하려 함이며, 구름이 운행하고 비가 내리는 것을 이해하는 까닭은 사계를 본받아 만물을 자라게 하려는 것이다. 만약 이런 규율에 순응한다면, 음양이 질서가 잡혀 각종 사물이 조화를 이룰 것이고, 이런 규율에

역행한다면 주역의 여섯 위치가 기울어 오행이 어지럽게 될 것이다. 그러므로 왕이 된 자는 움직이면 반드시 천지의 도를 본받아 사물 하나라도 그 본성을 잃게 하지 않고, 행하면 반드시 음양의 마땅함과 조화를 이루어 사물 하나라도 해를 받지 않게 한다.

英譯 The reason why the sage raises his head looking at the sky and lowers his head looking down the earth is to emulate the way in which heaven and earth nurture things. The reason why the sage wants to understand the law of how clouds travel and how rain falls is to follow the way that the four seasons grow plants. If man can obey all the natural laws, the changes of yin and yang will be in accordance with the seasons so that every species can harmoniously coexist with one another. If man disobeys all the laws, the hexagram of divination will be reversed and the five elements will be in chaos. Consequently, when a king starts to do something, he must obey the law of heaven and earth, without letting any species lose their own nature. His conduct must accord with the motion of yin and yang, without harming any species.

(三) 天人合一

天と人類の統一

천인합일

Unity between Heaven and Humanity

◆◆

天地人皆惡盈好謙

原文 天道虧盈而益謙，地道變盈而流謙，……人道惡盈而好謙。

——《周易·謙卦·彖辭》

今釋　天道是減損滿的而增益謙虛的，地道是變動滿的而流向謙虛的，……人道是厭惡滿的而喜歡謙虛的。

日譯　天の道は盈を減らし、謙を益すが、地の道は盈を変え謙へ流れる。……人の道は盈を嫌悪し、謙をよしとする。

韓譯　하늘의 도는 가득찬 것을 덜어 겸허한 곳에 더해주며, 땅의 도는 가득찬 것을 변화시켜 겸허한 곳으로 흐르게 하며, ……사람의 도는 가득찬 것을 싫어하고 겸허한 것을 좋아한다.

英譯　The way of heaven is to reduce the full and benefit the modest. The way of earth is to change the full and flow to the modest.... The way of humanity is to abhor the arrogant and love the modest.

◆◆

盡其心，知其性，則知天

原文　孟子曰："盡其心者，知其性也。知其性，則知天矣。存其心，養其性，所以事天也。夭壽不貳，修身以俟之，所以立命也。"

——《孟子·盡心上》

今釋　孟子說："充分發揮人的善良本心，就是知曉了人的本性。知曉人的本性，就能知道天的本性。保持人的本心，養護人的善性，這是侍奉上天的辦法。無論壽命長短，都不要三心二意，修養自身，等待天命，這就是能夠安身立命的辦法。"

日譯　孟子は次のように言われた。「人間の善良な本心を十分に発揮するということは人間の本性を知ることである。人間の本性を知るということは天の本性を知るということである。本心を保って善性を養うこと、これは天に仕える方法である。寿命がどれだけあるかにかかわらず、ためらうことなく自ら修練に励み、天命を待つこと、これは憂いなく生活し、天命を全うする方法である」。

韓譯 맹자께서 말씀하셨다: "그 마음을 다하는 자는, 본성을 알 것이요. 그 본성을 아는 자는, 천명을 알 것이다. 그 마음을 보존하고, 본성을 기르는 것은 하늘을 섬기는 것이요. 요절하거나 장수하거나 따지지 않고 몸을 닦고 기다리는 것은, 명을 세우는 법이다.

英譯 Mencius said, "Do everything with all your heart, then you may know the nature of humanity. Knowing the nature of humanity may help you know the nature of heaven. To keep and preserve the benevolent nature of humanity is the best way to serve heaven. Whether your life is long or short on the earth, don't be of two minds, just cultivate yourself and wait for heaven's will. This is the good way to preserve life."

◆◆

天地與我並生

原文 天地與我並生，而萬物與我為一。

——《莊子・齊物論》

今釋 天地和我並存，萬物與我合而爲一。

日譯 天地と我は並存し、万物と我は合して一つと為る。

韓譯 천지가 나와 더불어 사니, 만물은 나와 더불어 하나이다.

英譯 Heaven and earth came into existence at the same time. All things in the world and I are one in uniformity.

◆◆

知天之所為

原文　知天之所為，知人之所為者，至矣。

——《莊子・大宗師》

今釋　能夠知曉天道運行的道理，能夠知曉人世運行的道理的人，就達到了認知的極點。

日譯　天道の運行の道理を知ることができ、世の中の運行の道理を知ることができれば、その者は認知の極みに達する。

韓譯　하늘이 하는 바를 알고 사람이 하는 바를 아는 자는 앎의 지극한 경지에 이르렀다 할 것이다.

英譯　To know how heaven works and how man works—that is the ultimate human knowledge.

◆◆

人與天一

原文　何謂人與天一邪？……曰："有人，天也；有天，亦天也。"

——《莊子・山木》

今釋　爲什麼說人與天是合一的呢？……回答說："人類的存在，是天然如此的；天的存在，也是天然如此的。（在這個意義上，兩者是合一的。）"

日譯　どうして天と人間が一体だと言うのか？……その答えは「人類の存在は自然にかくのごとし、天の存在もまた自然にかくのごとし。（この意味において、両者は一つなのである。）」

韓譯　왜 사람과 하늘이 하나라고 말하는가?……대답하여 말하길 : "사람이 존재하는 것도 천연적으로 그런 것이고, 하늘이 존재하는 것 역시 천연적으로 그런 것이다."

英譯 What do you mean by saying that man and heaven are one and the same? "Men came into existence because of Dao (the way) of heaven. Heaven likewise came into existence because of the Dao (way) of heaven. (In this sense, they are the same.)"

◆◆

天地人能參

原文 天有其時，地有其財，人有其治，夫是之謂能參。

——《荀子·天論》

今釋 上天有自己的時令季節，大地有自己的材料資源，人類有自己的治理方法，這叫做能夠互相並列並存。

日譯 天には天の時節や季節があり、大地には大地の材料や資源があり、人間には人間の統治方法がある。これを併存という。

韓譯 하늘에는 그 계절이 있고, 땅에는 그 사물이 있으며, 사람에게는 그 다스림의 방법이 있으니, 이를 가리켜 능히 서로 간여한다고 하는 것이다.

英譯 Heaven has its own seasons and timing. Earth has its own materials and resources. Man has his own ruling laws. This may be called Coexistence.

◆◆

三無私

原文 天無私覆，地無私載，日月無私照。奉斯三者以勞天下，此之謂三無私。

——《禮記·孔子閒居》

今釋 天宇無私地覆蓋著萬物，大地無私地承載著萬物，日月無私地照耀著萬物。（人如果能夠）遵奉這三種無私的精神為天下操勞，就叫做三無私。

日譯 天は無私に万物を覆い尽くし、大地は無私に万物を積載し、歳月は無私に万物を照らしている。（もし人間が）この三種類の無私の精神を遵守し、天下のために尽くすことが（できるならば）、これを「三無私」という。

韓譯 하늘은 사사로움 없이 만물을 덮고 있고, 땅은 사사로움 없이 만물을 싣고 있으며, 일월은 사사로움 없이 만물을 비추고 있다. 이 세 가지의 정신을 받들어 천하를 위해 수고하면, 이를 일러 세 가지의 사사로움이 없음이라 한다.

英譯 Heaven covers all the things unselfishly. Earth supports all the things unselfishly. The Sun and the Moon shine upon all the things unselfishly. If man can observe the three unselfish spirits to rule the world, this is called "Three Unselfishness".

◆◆

合天人之際

原文 善為政者，循情性之宜，順陰陽之序，通本末之理，合天人之際。如是，則天地奉養，而生物豐美矣。

——漢・韓嬰《韓詩外傳》卷七

今釋 善於治政的人，根據人情和本性的需要，順應陰陽變化的次序，通曉起始和結束的道理，調和自然與人世的關係。能夠做到這些，就會得到天地的長養，物產也就豐富了。

日譯 治政に優れた人は、人情と本性の必要に従い、陰陽の変化の順序に応じ、始まりと終わりの道理に精通し、自然と人間の間の調和が取れるようにする。これらをやり遂げることができれば、長期にわたって天地に育まれ、物も豊かになる。

韓 譯　정치를 잘하는 사람은, 인정과 본성의 마땅한 것을 따르며, 음양의 차례에 순응하며, 시작과 끝의 이치에 통달하여, 하늘과 사람의 관계를 조화롭게 한다. 이와 같이 하면, 천지가 잘 길러져 만물이 풍성하게 된다.

英 譯　A good ruler considers the needs of people, follows the sequence of changes of yin and yang, acquainting the way of beginning and end and regulates the relationship between nature and humanity. By doing so, all things can be nurtured well by heaven and earth and what is yielded will be affluent.

◆◆

天人之際，合而為一

原 文　事各順於名，名各順於天，天人之際，合而為一，同而通理，動而相益，順而相受，謂之德。

——漢・董仲舒《春秋繁露・深察名號》

今 釋　事物各自順應自己的名稱，名稱各自順應上天的意願，上天和人類之間，合而爲一，彼此相同並且道理相通，動作起來互相補益，順隨起來互相都能得到幫助，這種情況就叫做有道德。

日 譯　物事が各々の名称に順応し、その名称がそれぞれ天意に順応し、天と人類が合して一つに為り、お互いに同化し、道理が通じ、行動を起こせばお互いに利益を補完し合い、順（したが）えばお互いに助けあう。このような状況のことを徳があるという。

韓 譯　사물이 각기 명분에 순응하고, 명분은 하늘의 뜻에 순응하면, 하늘과 사람사이의 모든 것이 합하여 하나가 되고, 서로 같아져서 이치가 통하게 되며, 움직이면 서로 더하게 되고, 따르면 서로 도움이 되니, 이를 일러 덕이라 한다.

英譯　Things follow their own names. Names follow heaven's will. Heaven and man are one, interacting with each other and interplaying with each other. When interacting they become complimentary. When interplaying, they can benefit each other. This is called morality.

◆◆

天人合一

原文　天亦有喜怒之氣，哀樂之心，與人相副，以類合之，天人一也。

——漢・董仲舒《春秋繁露・陰陽義》

今釋　天也有高興發怒的現象，悲哀快樂的心情，和人是一樣的，用類別關係來觀照它們，上天和人是一致的。

日譯　天にも喜びや怒りの現象、悲しんだり楽しんだりする氣持があり、人と同じである。類別関係に照らして見れば、天と人は一致している。

韓譯　하늘 또한 희로애락의 심기가 있으니, 사람과 서로 버금하고, 유사한 것으로 합하여 보면 하늘과 사람은 하나이다.

英譯　Like man, heaven has its time for joy and wrath, feelings of happiness and sadness. To classify this way, we may see that heaven and man are the same.

◆◆

聖人副天

原文　聖人副天之所行以爲政。

——漢・董仲舒《春秋繁露・四時之副》

今釋　聖人符合天的運行規律來施政。

日譯　聖人は天の運行の規則に合わせて政治を行う。

韓譯　성인은 하늘의 운행규율에 맞추어 정치를 펼친다.

英譯　The sage rules a country according to the working laws of heaven.

◆◆

明於身之與天同

原文　與天同者大治，與天異者大亂；故為人主之道，莫明於在身之與天同者而用之。

——漢・董仲舒《春秋繁露・陰陽義》

今釋　和上天相同就會天下太平，和上天不同就會天下大亂；所以身為君主的要義，沒有比明白自身的所作所爲要與上天相同的道理更重要的了。

日譯　天と同じになれば天下は太平になり、天と異なれば天下は大いに乱れる。だから君主である身の大切な道義は、自身の行為を天と同じにすべきと悟る道理よりも重要なものはない。

韓譯　하늘과 더불어 함께하면 크게 다스려지고, 하늘과 더불어 다르게 하면 크게 어지러워진다. 그러므로 군주의 도는 자신은 하늘과 같은 것을 행해야 한다는 도리를 명백히 하는 것보다 중요한 것이 없다.

英譯　To agree with heaven, the world will be full of peace and to disagree with heaven, the world will be in chaos. The key task of a king is to have the understanding that nothing is more important for him than following heaven's will in whatever he does.

◆◆

上考天，下揆地

原文 夫作爲書論者，所以紀綱道德，經緯人事，上考之天，下揆之地，中通諸理，雖未能抽引玄妙之中才，繁然足以觀終始矣。

——《淮南子·要略》

今釋 著書立說的目的，就是要整治道德，規劃人事。向上要考察天道的變化規律，向下要研究大地的萬事萬物，中間要能夠貫通各種道理。即使不能提煉出深奧玄妙的道理，但要涉獵廣泛，完全可以觀察事物的始末了。

日譯 書を著し説を立てる目的は、道徳を整え、人事の計画を立てることである。上に向けて天道の変化の法則を考察し、下に向けて大地の万物を研究し、中間においては諸般の道理に通じる。たとえ深遠な道理をつかむことができなくとも、広く目を配れば、物事の経緯をすべて観察できるようになる。

韓譯 무릇 책을 지어 논설을 펼치는 목적은 도덕을 올바로 다스리고 인간사를 규획하기 위함이다. 위로는 천도의 변화를 고찰하고, 아래로는 대지의 온갖 일을 헤아리며, 중간에서 모든 이치를 통하게 하면, 비록 현묘한 도리를 이끌어내지 못한다 하더라도, 광범위한 관찰 속에서 사물의 처음과 끝을 관찰할 수 있다.

英譯 The purpose of writing books and doing studies is to rule with morality and set a plan for what to do. Up above, one needs to search for the changing laws of the heavenly objects. Down below, one needs to observe all the things on the ground. In between, one needs to study all these secrets. Though it is unlikely to solve all the mysteries, one still needs to hunt for knowledge extensively enough to get to know the beginning and the end of things.

◆◆

究天理，接人事，備王道

原文　天地之理究矣，人間之事接矣，帝王之道備矣。

——《淮南子・要略》

今釋　天地之間的道理探究清楚了，人世間的事情銜接通暢了，帝王統治天下的方略齊備了。

日譯　天地の間の道理を極めれば、世の中の事が円滑につながるようになり、帝王の天下統治の方策がすべてそろう。

韓譯　천지의 이치를 탐구하고 인간사를 그 사이에 이어서 통하게 하면, 천하를 다스리는 제왕의 도리가 구비된다.

英譯　If one has probed for the laws of heaven and earth and has discerned everything under the sun, then he has got to know the way to rule a country.

◆◆

究天人之際

原文　網羅天下放失舊聞，考之行事，稽其成敗興壞之理，……亦欲以究天人之際，通古今之變，成一家之言。

——漢・司馬遷《報任安書》

今釋　搜羅天下散落的古老傳聞，通過歷史上的事件來了解，總結其中成功失敗、興盛滅亡的道理，……也就是要探究自然與人世的關係，通曉從古至今的變化，形成一家學說。

日譯　天下に散逸した古き伝聞を収集し、歴史上の事件を通じてそれを理解し、その中に出てくる成功や失敗、栄枯、衰亡の道理を総括してみる。……すなわち自然と人間の関係を探究し、古今の変化に精通し、学説を打ち立てる。

韓譯 세상에 누락된 옛 기록들을 망라하고, 역사적 사건들을 고찰하여, 그 성패와 흥망의 이치를 조사하면, ……천인간의 관계를 窮究하고 고금의 변화에 통하여 깨쳐 일가의 학설을 이룬다.

英譯 To search the old folklores scattered everywhere, to understand the historical events, to draw a conclusion of the gains and losses, waxes and wanes in the history …all this is to probe for the relationship between nature and man, understand all the changes from past to present, thus a school of thought may be established.

◆◆

人事必與天地相參

原文 人事必將與天地相參，然後乃可以成功。

——《國語·越語下》記范蠡語

今釋 人間的事情必須和天地運行的規律相契合，然後才可以獲得成功。

日譯 世の中の事は必ず天地の運行の法則と合致させなければならない。そうして始めて成功することができる。

韓譯 인간사는 반드시 천지 운행 법칙과 서로 합치된 후에 성공할 수 있다.

英譯 Only when the worldly things are in accordance with the law of heaven and earth will one succeed.

◆◆

天、地、人三才

原文 人者，天地之心，五行之端，是以稟天地五行之氣而生，為萬物之主，配二儀，以爲三才。

——隋・蕭吉《五行大義・論人配五行》引《文子》佚文

今釋 人，位于天地的中心，是五行的一種，所以能夠稟受天地、五行的元氣而產生，成爲萬物的主宰，並與天地兩儀相配，合而為天、地、人三才。

日譯 人は天地の中心に位置し、五行の一種である。故に天地、五行の活力を受け継いで万物を生みだし、それをつかさどり、天地両儀と組み合わさって、天、地、人の三才となる。

韓譯 사람이라는 것은 천지의 중심이며 오행의 일단이니, 천지 오행의 기운을 받아 생겨나, 만물의 주인이 되고, 천지 양의와 배합하여 天地人 삼재가 된다.

英譯 Man, in the center of heaven and earth, is the beginning of the five elements. That is why he can receive Qi from heaven and earth and the five elements and comes into being and become the ruler of all things. Man,together with heaven and earth, are called the Three Geniuses.

◆◆

聖人與天地合德

原文 聖人與天地合其德，日月合其明，四時合其序。

——宋・周敦頤《太極圖說》

今釋 聖人合乎天地的德性，符合日月的光明，順應四季的時間次序。

日譯 聖人は天地の徳性に合わせ、日と月の光明に合わせ、四季の順序に従う。

韓譯 성인은 천지와 더불어 그 덕에 합하고, 일월과 더불어 그 밝음에 부합하며, 사계와 더불어 그 질서에 순응한다.

英譯 The sage accords himself with the nature of heaven and earth, with the light of the Sun and the Moon, and with the time sequence of the four seasons.

◆◆

為天地立心，為生民立命

原文 為天地立心，為生民立命，為往聖繼絶學，為萬世開太平。

——宋・張載《張子全書・近思録拾遺》

今釋 為天地確立核心的原則，為百姓確立最緊要的使命，繼承以往聖人們的學說，開闢世世代代永葆太平的前景。

日譯 天地のために核心となる原則を打ち立て、庶民のために最も重要な使命を確立し、過去の聖人達の残した学説を受け継ぎ，子孫の将来のために太平を切り開く。

韓譯 천지를 위해 중심을 세우고, 백성을 위해 사명을 확립하며, 과거의 성인들을 위해 끈긴 그들의 학설을 계승하여 만세토록 태평스런 세상을 연다.

英譯 Establishing key principles for heaven and earth, setting the most urgent mission for people and inheriting the thoughts of the ancient sages can help one achieve the prospects of peace from generations to generations.

◆◆

仁人之心，以天地萬物為一體

原文 仁人之心，以天地萬物為一體，訢合和暢原無間隔。

——明・王守仁《王文成公全書・與黃勉之（二）》

今釋 仁人的心，與天地間的萬物是一體的，愉快合恰、和樂順暢，本來就沒有間隔。

日 譯 仁愛の心と天地の間の万物は一体である。愉快に和合し、楽しく順調で、もとより隔たりはない。

韓 譯 인자한 사람의 마음은 천지 만물과 한 몸이 되어, 기쁘고 화합하며 조화롭고 통하여, 원래 틈이라곤 없다.

英 譯 The disposition of the virtuous man accords with that of heaven and earth, pleasant and harmonious, peaceful and smooth without divisions.

◆◆

造化人心，渾合無間

原 文 當雪夜月天，心境便自清澈；遇春風和氣，意界亦自沖融。造化人心，渾合無間。

——明・洪應明《菜根譚》

今 釋 看到下雪的夜晚或明月的天空，心境就自然清靜澄澈起來；遇到春風和暖的日子，思想境界也自然平和。自然界和人心，混同合一沒有距離。

日 譯 雪の降る夜あるいは明月の夜空を仰ぎ見れば、心は自ずと冴えわたる。春風やさしく吹き、ぽかぽかした陽気の日には、ひとりでになごやかな気持ちになる。自然界と人の心が一つに融け合い、距離がなくなる。

韓 譯 눈 내리는 밤이나 달 밝은 밤에 하늘을 보면, 기분은 절로 청정해지며；봄바람이 온화하게 불어오는 것을 만나면 마음 또한 절로 평화로워진다. 자연과 사람의 마음이 합하여 하나가 되면 틈이 없게 된다.

英 譯 Seeing the bright sky on snowy nights, one may feel calm and clear. Bathing in the spring sunshine, one may feel warm and peaceful. Nature and humanity can be blended into one without any discrepancy.

(四) 人與自然

人類と自然

사람과 자연

Humanity and Nature

◆◆

生不失其宜

原文 春三月，山林不登斧斤，以成草木之長；夏三月，州澤不入網罟，以成魚鼈之長。……夫然，則有生而不失其宜，萬物不失其性，人不失其事，天不失其時，以成萬財。

——《逸周書・大聚解》

今釋 春季的三個月，不攜帶斧子進入山林，是爲了讓草木得以生長；夏季的三個月，不向河水湖水中撒網，是爲了讓魚鼈得以生長。……這樣做，就會使生長的物類不喪失適合它們生長的時節，萬物都不會失去本性，人類不會失去職事，上天不會失去四季，這樣就能夠成就萬千的財富。

日譯 春季の三ヶ月間、斧を持たずに山林に入るのは草木を成長させるためである。夏季の三ヶ月間、川や湖に網を投げ込まないのは魚やスッポンを成長させるためである。……こうするのは、物の成長の時機を失わないようにするためであり、万物はその本性を失うことはなく、人類は仕事を失うことはなく、天は四季を失うことはない。このようにして幾千万もの富が築かれる。

韓譯 봄의 삼 개월은 도끼를 들고 산림에 오르지 않음으로써 초목이 성장하게 하고, 여름의 삼 개월은 강물이나 호수에 그물을 치지 않음으로써 어류가 자라게 하며, ……그렇게 하면 살아 있는 사물이 적절한 성장시기를 놓치지 않게 되

고, 만물이 그 본성을 잃지 않게 되며, 사람이 그 일을 잃지 않게 되고, 하늘은 그 사계를 잃지 않게 되어, 온갖 재부를 이루게 된다.

英譯 During the three months in spring, no axe can be brought into the mountains so that the grass and the trees can grow. During the three months in summer, no net can be cast into the rivers and lakes in order so that the fish and crabs can grow... in this way, the creatures will not lose their best seasons for growing. Nor will all the things lose their nature. Nor will man lose his place. Nor will heaven lose its four seasons. Then millions of fortunes can be produced.

◆◆

以時生財，固本用財

原文 以時生財，固本而用財，則財足。

——《墨子・七患》

今釋 遵照財物出產的時節規律，鞏固財物的生產這一根本然後再適度地使用財物，那麼財物就會足夠人類的使用。

日譯 財物が生み出される時節や規則に則り、財物の生産というこの根幹を固めた後、適度にこれを使用するようにすれば、人類が十分使用できる財物が築かれる。

韓譯 계절에 따라 재물이 생겨나니, 그 근본을 공고히 하고 재물을 사용하면, 재물이 풍족하게 될 것이다.

英譯 Obey the timing and season for the production of crops. Keep on producing the crops and properly use the products, then everything is sufficient for man to use.

◆◆

務食，盡地力，節用

原文 凡五穀者，民之所仰也，君之所以爲養也。故民無仰，則君無養；民無食，則不可事。故食不可不務也，地不可不力也，用不可不節也。五穀盡收，則五味盡御於主；不盡收則不盡御。

——《墨子・七患》

今釋 五穀，是人民賴以生活的物質，也是君主得以奉養的東西。因此，如果人民失去了賴以生活的五穀，君主也就失去了得以奉養的東西；如果人民沒有足夠的糧食吃，就不可能從事生産。所以，糧食的生産不能不抓緊，田地的耕種不能不盡力，日常用度不能不節儉。如果五穀都能夠獲得豐收，那麼五味（酸、甜、苦、辣、鹹）的食品就能夠全部進呈給君主享用；如果五穀不能夠獲得豐收，那麼君主也就無法享用五味了。

日譯 五穀は民の生活の糧であるとともに、君主に孝養を尽くすものである。そのため、もし民が生活の糧となる五穀を失ったならば、君主も孝養を失うこととなる。もし民に十分な糧がなくなれれば、生産に従事することができない。しがたって、食糧の生産にしっかり取り組まなければならず、田畑をいっしょうけんめい耕し、日常の出費をひかえるようにしなければならない。五穀がすべて豊作になれば、五味の（酸っぱい、甘い、苦い、辛い、塩辛い）食品すべてを君主に献上し、味わっていただくことができる。もし五穀が豊作にならなければ、君主は五味を味わうことができなくなる。

韓譯 무릇 오곡이라는 것은 백성들이 의지하는 바고, 군주가 그것으로써 양육을 삼는 바이다. 그러므로 백성들이 의지

할 오곡이 없으면, 군주도 양육할 것이 없게 된다. 백성들이 먹을 것이 없게 되면, 일을 할 수 없게 된다. 그러므로 양식의 생산은 힘쓰지 않을 수 없으며, 토지의 경작은 힘쓰지 않을 수 없고, 일상의 사용함은 절약하지 않을 수 없다. 오곡이 다 거두어지면, 다섯 가지 맛이 군주에게 다 진상되겠지만, 오곡이 다 거두어지지 않으면, 다섯 가지 맛이 다 진상되지 않게 될 것이다.

英譯 Five grains are what people depend on living, so it is with the king. If people lose the indispensable five grains, the king himself can not profit from the fields. If people do not have enough food to eat, they can't engage in production. That is why the production of grains should not be neglected. The plough of the field should not be misused and the daily necessities should not be wasted. If the five grains are affluent, the five tastes (sour, sweet, bitter, spicy, and salty) can be presented to the king. Otherwise, the king can not enjoy the five tastes.

◆◆

生財節用

原文 雖上世之聖王，豈能使五穀常收，而旱水不至哉？然而無凍餓之民者，何也？其力時急，而自養儉也。故《夏書》曰：“禹七年水”，《殷書》曰：“湯五年旱”。此其離凶饑甚矣，然而民不凍餓者，何也？其生財密，其用之節也。

——《墨子·七患》

今釋 即使是前代的聖明君王，又豈能使五穀常獲得豐收而又不曾遭受水旱災害呢？可是那時百姓並沒有受凍挨餓，爲什麼呢？這是因爲聖明君王能夠根據時令抓緊生産，同時自己的奉養又十分節儉。《夏書》上記載“禹在位時有七年大水”,《殷書》上記載“湯在位時有五年大旱”。這些記載說明，他們所遭受的災害算是非常嚴重的了，可是百姓並沒有受凍挨餓，爲什麼呢？是因爲他們生産的財物富足，而用度卻十分節儉的緣故。

日譯 たとえ昔の賢君であっても、常に五穀の豊作を約束し、水害や干害に遭わないようにすることができただろうか？だが、あの頃の庶民は寒さに凍え、ひもじい思いをすることがなかった。なぜか？それは、賢君が季節に応じて生産に力を入れ、同時に自分の孝養もまた非常に節約したからである。『夏書』の記載によると「禹の在位期間に七年間の大洪水が起こった」とあり、『殷書』には「湯の在位期間に五年間の大干ばつがあった」とある。これらの記録から、彼らの被った災難はとても深刻だったことがうかがわれる。だが庶民はその時、寒さに凍え、ひもじい思いをすることがなかった。なぜか？それは彼らの築いた財物は豊かであったが、出費の方も非常に節約したからなのだ。

韓譯 비록 전대의 성왕이라 할지라도, 어찌 능히 오곡을 항상 풍부하게 수확하고 가뭄이나 홍수가 이르지 않았겠는가? 그러나 당시에 춥고 배고픈 자가 없었던 것은 무슨 까닭인가? 성왕들의 힘씀이 계절에 맞았으며, 스스로의 양육에는 검소하였기 때문이다. 그러므로 ≪夏書≫에 이르기를: “우 임금 때에 7년 동안 홍수가 내렸다” 고 하며, ≪殷書≫에 이르기를 “탕 임금 때에 5년 동안 가뭄이 들었다” 고 한다. 이런 기록은 당시에 흉년과 기근이 매우 심했음을 말한다. 그러나 백성들이 춥고 배고프지 않았던 것은 무슨 까닭인가? 그것은 재물을 생산함이 풍족하고 그것을 사용함에 매우 절약하였기 때문이다.

英譯 Even for the precedent wise kings, were there any one who had the five grains affluent without suffering natural disasters such as flood and drought? However, why didn't people suffer from famine? It is because the wise kings always encouraged food production according to the seasons, and they used their offerings thriftily. It was recorded in Book of Xia that there were seven years of flood during the reign of Shu. Also recorded in Book of Yin that there were five years of drought during the reign of Tang. These records showed that even though the natural disasters were very severe, people did not suffer from famine. Why? It is because what they have produced was affluent, and people were very thrifty.

◆◆

不違農時

原文 不違農時，穀不可勝食也；數罟不入洿池，魚鱉不可勝食也；斧斤以時入山林，材木不可勝用也。

——《孟子・梁惠王上》

今釋 不要耽誤農作物生長的時間，糧食就會（順利成熟）多得吃不完；不用過於細密的魚網到池塘里捕魚，魚鱉就能（自然生長）多得吃不完；按照樹木的生長規律進山去砍伐，木材就會（長得茂盛）多得用不完。

日譯 農作物の生長の時期を遅らせなければ、食糧は（順調に熟し）食べきれないほど多くなる。池の魚を捕る時に、あまり目の細かい網を使わなければ、魚やスッポンは（自然に成長し）食べきれないほど繁殖する。木の成長の法則に基づいて山に入り伐採を行うと、木材は（盛んに生長し）使いきれないほど多くになる。

韓譯 농사의 때를 어기지 않으면 곡식이 다 먹을 수 없을 만큼 많게 되고, 촘촘한 그물로 못에서 고기를 잡지 않으면 어류가 다 먹을 수 없을 만큼 많게 되고, 식물의 성장 시기에 맞추어 산림에 들어가 도끼로 나무를 베면 목재가 다 쓸 수 없을 만큼 많게 된다.

英譯 Do not delay the time for growing crops, then the crops will grow naturally and you will have more food than you can eat. Do not use the closely-knitted net to fish in the pond, then the fish and crabs will grow naturally and you will have more fish and crabs than you can eat. To chop the trees according to the growing season, the wood will grow naturally and you will have more wood than you can use.

◆◆

苟得其養，無物不長；苟失其養，無物不消

原文 牛山之木嘗美矣，以其郊於大國也，斧斤伐之，可以為美乎？是其日夜之所息，雨露之所潤，非無萌蘖之生焉，牛羊又從而牧之，是以若彼濯濯也。人見其濯濯也，以為未嘗有材焉，此豈山之性也哉？……苟得其養，無物不長；苟失其養，無物不消。

——《孟子·告子上》

今釋 牛山的樹木曾經是很茂盛的，因爲它生長在大城市的郊外；如果總是用斧子去砍伐它，還能夠茂盛嗎？當然，它日日夜夜都在生長著，雨水露珠滋潤著，不是沒有新枝條嫩芽萌發出來，但緊跟著就放牧牛羊，所以變成光禿禿的了。人們看到了光禿禿的樣子，還以爲這山沒有生長過大樹，這難道是山的本性嗎？……假如得到滋養，沒有東西不生長；如果失去了滋養，沒有東西不消亡。

日譯 牛山の木はかつてとても生い茂っていた。というのも、大都市の郊外に生えていたからである。もし、いつも斧でそれを伐採していたら、まだ生い茂ることができるだろうか？もちろん、樹木はは昼夜成長し続けており、雨や露に潤われ、新しい枝に新芽が出ていないわけではなかったが、そのあとすぐに牛や羊の放牧が行われたので、はげ山に変わってしまったのだ。人々はつるつるにはげあがった山の光景を見て、ここにはかつて喬木が生えていなかったのだと思う。だが、これが山の本性とでもいうのだろうか？……栄養が与えられれば、成長しないものはない。もし栄養を失えば、滅亡しないものもないのである。

韓譯 우산의 나무가 일찍이 아름답게 무성하였는데, 큰 성의 외곽에 있어서 도끼로 나무를 함부로 벤다면 무성할 수 있겠는가? 그 나무들이 밤낮으로 자라고, 비와 이슬로 윤택하게 하며, 새로운 싹이 자라지 않지 않지만, 소와 양을 그 자람에 따라 방목하니, 그런 까닭에 산이 그렇게 민둥산이 된다. 사람들이 그 민둥산을 보고 나무가 자란 적이 없다고 여기지만 어찌 산의 본성이 이런 것이겠는가?…… 만약 자양을 얻는다면 자라지 않는 사물이 없고, 자양을 잃는다면 소멸하지 않는 사물이 없다.

英譯 The trees on the OX Mountain were once luxuriant, but as they are on the outskirts of a great capital, they are often subject to axe fellings, can we wonder at the loss of their beauty? Of course, during the respites from axe strokes in the daytime, and at night, nourished by rain and dew, they they do have fresh shoots sprouting and growing, but again cattle and sheep come to pasture on them, stripping them of tender shoots and rendering them bald and barren. The sight of their baldness and barrenness makes people wonder whether the mountain has ever had good trees. Is it in the nature of the mountain? So, getting nourishment, there is nothing that will not grow; losing nourishment, there is nothing that will not perish.

◆◆

資用乏匱，君子何樂

原文 若夫山林匱竭，林麓散亡，藪澤肆既，民力凋盡，田疇荒蕪，資用乏匱，君子將險哀之不暇，而何樂易之有焉？

——《國語・周語下》記單穆公語

今釋 假如山上的林木枯竭，山腳的林木消失，大小湖澤乾涸，百姓的勞力衰敗殆盡，田地荒蕪，可以使用的財物匱乏，居於高位的人危急愁苦還來不及呢，哪裏還有什麼享樂和安逸呢？

日譯 もし山上の林が枯れ果て、ふもとの林が消えてなくなり、大小の湖沼が干上がり、庶民の労働力が衰えてしまったら、田畑も荒れ果て、使用できる財物も欠乏する。このときになって位の高い人が危機感を抱き、心配しても始まらない。享楽や安逸なぞ、もうどこにもないのである。

韓譯 만약 산림이 다하여 고갈된다면, 수풀이 없어지고 못이 마르며, 백성들의 노력이 시들어 다하고, 논밭이 황폐하며, 자원이 결핍되니, 군자는 위급함을 애처로워할 틈도 없는데 어찌 즐거워하며 편안할 수 있겠는가？

英譯 If the mountains are bare and barren, the trees at the foot of the mountain will disappear; the lakes and ponds, large or small, all will become dried up and people will be too weary to work. If the land is deserted and the properties that can be used are scare, how can a man in a high position still enjoy his own comfort and coziness without any worries and anxieties?

◆◆

助生阜，畜功用，蕃庶物

原文 鳥獸孕，水蟲成，獸虞於是乎禁罝羅，矠魚鱉以為夏犒，助生阜也。鳥獸成，水蟲孕，水虞於是乎禁罜鹿，設穽鄂，以實廟庖，畜功用也。……山不槎櫱，澤不伐夭，魚禁鯤鮞，獸長麑麇，鳥翼鷇卵，蟲舍蚳蝝，蕃庶物也，古之訓也。

——《國語・魯語上》記里革語

今釋 鳥獸開始孕育（的時候），水中的動物就生長成熟了，執掌狩獵工作的獸虞就禁止人們安放捕捉動物的羅網，而刺殺一些魚鱉作為夏季的儲備，這是爲了幫助鳥獸生長。（等到）鳥獸生長成熟（的時候），水中的動物則開始孕育，執掌漁業工作的水虞就禁止人們安放撈魚的網，而設置陷阱捕獲鳥獸，來滿足祭祀和日常飲食的需要，（這樣交替地獵獲鳥獸和魚類，是爲了讓它們各自在生長季節得以生長）以儲備足夠的物產供人類採用。……上山砍柴不斬取新長出的枝條，入水打撈不撈取未長大的，打魚禁止打撈魚子和未長成的魚，走獸要讓小鹿小麋得以生長，鳥類要讓新生的與尚未孵化的能夠長成，蟲子也不要捕捉那些幼蟲，（這樣做是爲了）讓萬物能夠繁衍，這是自古就有的訓誡。

日譯 鳥獣が孕み、雛を産む時期になると、水中の動物は成長し、狩猟をつかさどる獣虞は人々が動物を捕らえる網を仕掛けることを禁じ、魚やスッポンを刺殺して夏季の備えとする。これは鳥獣の成長を助けるためである。鳥獣がすっかり成長すると、こんどは水中の動物が産卵し始める。漁業をつかさどる水虞は人々が魚を捕る網を張ることを禁じ、鳥獣を捕る罠を仕掛けて祭祀や日常必要な食べ物を満たし、(このように交互に鳥獣と魚類を捕獲するのは、それぞれ成長に適した季節に成長させるようにするためである）人類が用いるのに十分な物産を蓄える。……山に登って柴刈りをする時も新しい枝を切らず、水に入っても稚魚をすくい取らず、成長していない魚や魚の卵を捕ることを禁じる。獣は子ジカや小さいヘラジカを成長させ、鳥類は新生の鳥やまだ孵化していない卵が成長できるようにし、虫に至っても幼虫を捕らないよう心がける。(このようにするのも）万物を繁殖させるためであり、これは古来からの訓戒である。

韓譯　조수가 새끼를 밸 때가 되면 물벌레가 자라니, 짐승관리사는 그물로 동물을 잡는 것을 금지하고, 어류를 작살질하여 여름 식량으로 삼으니, 이는 조수의 성장을 돕는 것이다. 조수가 자랄 때가 되면 물벌레가 새끼를 배니, 어업을 관장하는 水虞는 그물을 치는 것을 금지하지만, 함정을 설치하여 조수를 잡아 사당과 일상의 수요를 채움으로써, 사람들이 쓰고 사용할 것을 비축한다. ……산에서는 새싹을 베지 않고, 못에서는 어린 물고기를 잡지 않으며, 알을 밴 물고기를 잡는 것을 금지한다. 짐승은 새끼사슴 같은 것들이 자라게 하고, 조류는 새끼나 알들이 자라게 도우며, 벌레들도 유충은 잡지 않음으로써 만물이 번식하니, 예로부터 내려온 교훈이다.

英譯　When the birds and beasts begin to produce, the animals in the waters also begin to ripe. The officials in charge of hunting will prohibit people setting traps to hunt animals. Instead, they encourage people to have more fish and crabs stored for summer’s use. This helps birds and beasts to grow. When the birds and beasts become full-grown, the living things in the waters start to multiply. The officials in charge of fishing will prohibit people casting nets to fish. Instead, traps are to set to hunt birds and beasts to supply for the needs of offerings and for the daily consumptions. In so doing, the alternating means of hunting birds and beasts and fish can keep them growing at the best seasons and give sufficient supplies for people. When people go into the mountains to cut the trees, it is not allowed to cut the newly grown sprouts to keep them grow. When people hunt for birds, the newly hatched ones should also be avoided and the little insects should not be hunted, either. In so doing, all the things can multiply and be fruitful. These are the admonitions passed down from ancient times.

◆◆

養長時，殺生時

原文 養長時，則六畜育；殺生時，則草木殖……草木榮華滋碩之時，則斧斤不入山林，不夭其生，不絕其長也；黿鼉魚鱉鰍鱣孕別之時，罔罟毒藥不入澤，不夭其生，不絕其長也。春耕、夏耘、秋收、冬藏，四者不失時，故五穀不絕，而百姓有餘食也。污池淵沼川澤，謹其時禁，故魚鱉優多，而百姓有餘用也。斬伐養長不失其時，故山林不童，而百姓有餘材也。

——《荀子·王制》

今釋 按時飼養，六畜就生育興旺；砍伐種植適時，草木就繁殖茂盛……草木正在開花長大的時候，不允許攜帶斧頭進入山林，這是爲了不要中斷它們的生長；黿、鼉、魚、鱉、泥鰍、鱔魚懷孕產卵的時候，不允許向湖澤里撒網、投毒，這是爲了不要中斷它們的生長。春天耕種、夏天鋤草、秋天收割、冬天儲藏，這四件事兒都能按時進行，五穀就能不會絕收減產，老百姓就有足夠的糧食吃。池塘、水潭、河流、湖泊，都嚴格地規定禁止捕撈的時間，魚鱉的出產就既好又多，老百姓就有充裕的用品。樹木的砍伐和培育養護，都能遵守樹木生長的時節，山林就不會光禿禿的，老百姓就有充裕的木材。

日譯 時節に照らして飼育すれば、六畜は盛んに繁殖する。伐採や栽培を適切な時期に行えば、草木が生い茂る。……草木に花が咲いて成長している時は、斧をかついで山林に入ってはならない。これはその生長を中断させないようにするためである。スッポン、ヨウスコウワニ、魚、鱉、ドジョウ、タウナギの産卵期、湖沼に網を投げ入れたり、毒物を投入してはならない。これもその生長を中断させないためである。春に耕やし、種を蒔き、夏に除草し、秋に刈り取り、冬に貯蔵する。この四つの仕事をすべて時間どおりに行えば、五穀の収穫が全くなくなったり、減産したりすることはなく、民衆は食べるに困らなくなる。池や沢、川、湖で捕獲を禁じる時期を厳格に取り決めれば、魚やスッポンの捕獲量も増え、庶民には十分な物品が保障される。木の伐採や育成、保護についても、常に木が生長する時節に気を配るようにすれば、山林がつるつるにはげあがったりすることなく、庶民は十分な材木を手に入れることができる。

韓譯 때에 맞추어 기르고 자라게 하면 온갖 가축이 잘 양육되고, 때에 맞추어 베고 심으면 초목이 번성하며, ……초목이 개화하고 잘 자랄 때에는 도끼를 들고 산에 들어가지 못하게 하여, 그들의 생명이 요절하거나 자람이 끊어지지 않게 하려는 것이다. 자라、악어、물고기、미꾸라지、상어 등이 새끼를 배거나 산란을 할 경우, 호수나 연

못에 그물을 치거나 약을 쓰지 못하게 하는 것은 그들의 생명이 요절하거나 자람이 끊어지지 않게 하려는 것이다. 봄에 씨를 뿌리고 여름에 풀을 매며, 가을에 수확을 하고 겨울에 저장을 한다. 이 네 가지 일은 제 때에 진행되어야 오곡의 수확이 끊어지지 않으며, 백성들의 식량이 여유가 있게 된다. 연못이나 택지 또는 냇물이나 호수에 고기 잡는 금지의 시기를 엄격히 하면 어류가 좋고 많게 되어 백성들의 먹을 것이 풍족하게 된다. 베고 기르는데 그 시기를 놓치지 않으면 산림이 벌거숭이가 되지 않으며, 백성들이 사용할 목재가 남아돌게 된다.

英 譯 The Six Domestic Animals will multiply and increase, if they are nurtured and bred according to the seasons. Plants and trees will flourish, if they are cut and planted with the seasons,…If it is the season when the grasses and trees are in the splendor of their flowering and sprouting new leaves, axes and halberds are not permitted in the mountain forest so as not to end their lives prematurely or to interrupt their maturation. If it is the season when the giant sea turtles, water lizards, fish, freshwater turtles, loach and eels are depositing their eggs, nets and poisons are not permitted in the marshes so as not to prematurely end their lives or to interrupt their maturation. By plowing in spring, weeding in summer, harvesting in autumn, and storing up in winter, the four activities are not out of their proper season; thus the production of the Five Grains is not interrupted, and the common people have more than enough to eat. The ponds, lakes, pools, streams and marshes being strictly closed during the proper season is the reason that fish and turtles are in plentiful abundance and the common people have surplus for other uses. The cutting and pruning, the growing and planting, not being out of the proper season is the reason the mountain forest are not denuded and the common people have more than enough timber.

◆◆

善治五穀

原文 今是土之生五穀也，人善治之，則畝數盆，一歲而再獲之；然後瓜桃棗李一本數以盆鼓；然後葷菜百疏以澤量；然後六畜禽獸一而剸車；黿鼉魚鱉鰍鱣以時別，一而成群；然後飛鳥、鳧、雁若煙海；然後昆蟲萬物生其間：可以相食養者，不可勝數也。

——《荀子・富國》

今釋 現在那土地上生長的五穀，如果人們善於管理它，那麼每畝田地就可以出產幾盆（古制十二斗八升為一盆）穀物，一年可以收穫兩次；此外，瓜桃棗李樹所結的果實，每棵樹也得用盆來盛；蔥蒜之類的葷菜以及各種蔬菜多得填滿了坑谷；各種家畜與獵取的禽獸都肥大得一隻就能裝滿一輛車；黿、鼉、魚、鱉、泥鰍、鱔魚按時繁殖，一隻就能變成一群；飛鳥、野鴨、大雁多得就像煙霧彌漫；昆蟲和各種各樣的生物也都得以生長：可以供養人的東西，多得數不過來。

日譯 今あの土地に生えている五穀を、もし人々が立派に管理すれば、一畝あたりの田畑に幾鉢（昔の制度では十二斗八枡が一鉢とされた）もの穀類が生産できる。一年で二回収穫できるようにもなる。このほか、ウリや桃、ナツメ、スモモの木の果実も、木ごとに鉢に盛られ、ネギやニンニクなどの五辛やさまざまな野菜も山ほどある。種々の家畜や捕獲した禽獣はどれも肥えていて、一匹で一台の荷車がいっぱいになってしまうほどである。スッポン、ヨウスコウワニ、魚、鱉、ドジョウ、タウナギはいずれも適した時期に繁殖させれば、一匹が一群になる。鳥やカモ、オオカリの数は膨れあがって煙が立ちこめているかのようである。昆虫と種々の生物もすべて成長している。人間の手に入るものは数えきれないほど多い。

韓譯 지금 이 땅에서 오곡을 생산하고 있는데, 만약 사람들이 이것을 잘 다스린다면 땅 한 마지기에서 여러 항아리의 곡식을 거둘 수 있고, 일 년에 두 번도 수확할 수 있다. 오이와 복숭아, 대추, 오얏나무의 결실은 모든 나무마다 항아리를 풍성하게 채울 수 있으며; 파, 마늘이나 여러 가지 채소도 큰 웅덩이도 채울 수 있다. 여러 가지 가축과 새와 짐승은 한 마리가 수레에 찰 만큼도 자란다. 큰 자라와 악어, 물고기, 자라, 미꾸라지, 전어 등은 철마다 새끼를 번식하여 한 가지만도 무리를 이룬다; 또 나는 새와 오리, 기러기 등은 구름이 덮인 것처럼 많다; 그리고 또 곤충과 각양각색의 생물들이 모두 생장하여: 사람들에게 먹을 것을 제공하는 것이 이루 다 헤아릴 수도 없다.

英譯 Now in regard to the five grains, which are produced by the soil, if a farmer is expert at managing them, then his acreage will produce many pen basins (in ancient times, a pen basin equals to 12 *Dou* and 8 *Sheng*) in the first harvest and can be harvested a second time. Beyond this, with such expertise, the melons, peaches, jujubes and plums will bear fruit into the pen basins and get drum-bushels from vine and tree. Beyond this, with such expertise, aromatic herbs and vegetables will be produced in overflowing quantities. Beyond this, with such expertise, where will be at least one of the Six Domestic Animals or a wild beast for each and every carriage. When the giant sea turtles, water lizards, fish, freshwater turtles, loach and eels are depositing their eggs, each will form a complete (breeding) population. Beyond this, with such expertise, the flying birds, the wild ducks, the wild geese will flock like clouds of smoke over the sea, with it the swarming insects and the myriad thing will be produced at their proper interval. Those that supply food and nourishment will be countless.

◆◆

源深水流

原文 源深而水流，水流而魚生之，情也。根深而木長，木長而實生之，情也。

——《六韜·文韜》

今釋 源頭深遠河水才能常流，河水常流魚類才能生長繁殖，這是合乎自然的情理。根深入土樹木才能長成，樹木長成才能結出果實，這是合乎自然的情理。

日譯 水源が深遠でなければ、その川はなめらかに流れてゆかず、川の水がなめらかに流れてゆかねば魚類は成長し、繁殖することもできなくなる。これは自然の摂理である。根が地下深く伸びていなければ木は成長することができなくなり、木が成長せねば実を結ばない。これも自然の摂理である。

韓譯 근원이 깊은 물이어야 늘 흐르며, 물이 항상 흘러야 어류가 비로소 생장 번식하는 것이니, 이것이 자연의 이치에 합치되는 것이다. 뿌리가 흙에 깊이 들어간 나무라야 오래 성장할 수 있으며, 수목이 장성해야 비로소 과실을 맺을 수 있으니, 이것이 자연의 이치에 합당한 것이다.

英譯 Only when the source of the river is remote and long can the water flow continuously. Only when the water flows continuously can fish multiply. This is nature. Only when the stems are deeply rooted can the trees grow. Only when the trees grow can fruits be yielded. This is nature.

◆◆

不取小魚

原文 夜漁者，得則舍之。巫馬旗問焉，曰："漁爲得也，今子得而舍之，何也？"對曰："宓子不欲人之取小魚也，所舍者小魚也。"

——《呂氏春秋·具備》

今釋 晚上捕魚的人，捉到魚以後卻又放回水里。巫馬旗詢問他說："捕魚就是爲了得到魚。現在你捉到魚以後卻又放回水里，爲什麼？"漁夫回答說："宓子不讓人們捕捉沒有長成的小魚，放回去的是小魚。"

日譯 夜、魚を捕っていた者が、捕まえた魚を水に放した。巫馬旗は彼に尋ねた。「魚を捕るのはそれを得るためであろう？せっかく魚を捕らえたというのにどうして水に放したりしたのか?」。漁夫はこう答えた。「宓子は成長していない稚魚を捕らえてはならないと言ったので、さっき水に戻してやったのは稚魚だった」。

韓譯 밤에 물고기를 잡는 사람이 있었는데, 고기를 잡은 후에는 다시 물속에 놓아주었다. 무마기가 그에게 물었다 : "물고기를 잡는 것은 그것을 얻기 위한 것입니다. 그런데 지금 그대는 물고기를 얻으면 다시 그것을 놓아주는데, 무슨 까닭입니까?" 어부가 대답하였다 : "밀자께서 사람들에게 아직 자라지 않은 작은 물고기는 잡지 못하게 하셨다. 놓아주는 것은 작은 물고기이기 때문이다."

英譯 A man was fishing at night. When he caught a fish, he let it go. Wu Ma Qi inquired of him,"To fish is to catch fish. But you let it go back to the water. Why?" The fisher man answered, "Qin Zi does not permit us to catch the small fish. I have let go a small fish."

◆◆

竭澤而漁，明年無獸

原文 竭澤而漁，豈不獲得？而明年無獸。

——《呂氏春秋·義賞》

今釋 把水塘里的水抽干后把魚打撈乾淨，難道不是頗有收穫嗎？但是，明年就沒有魚可以打撈了。

日譯 池の水をぜんぶ汲み出して、魚を一匹残らず引き上げれば、豊漁になるではないか？ただし、来年引き上げる魚がなくなってしまう。

韓譯 연못의 물을 모두 퍼 낸 다음 물고기를 잡는다면, 어찌 잡지 못하겠는가? 그러나 다음 해에는 아예 잡을 수 없게 될 것이다.

英譯 Will we have more fish if we drain up all the water in the ponds? Yes, but next year you will have none to catch.

◆◆

取之有時，用之有道

原文 取之有時，用之有道，則物莫不多矣。古者不風不暴不行火，草木不折不芟，斧斤不入山林。豺祭獸，然後殺；獺祭魚，然後漁；鷹隼擊，然後罻羅設。是以天子不合圍，諸侯不掩群，大夫不麛不卵，士不隱塞，庶人不數罟。罟必四寸，然後入澤梁。故山不童，澤不竭，鳥獸魚鼈，皆得其所然。

——《詩經・魚麗》毛《傳》

今釋 獲取動植物資源要符合生長時節，使用動植物資源要注意規律，這樣資源就會很豐富了。古代的時候，不進入寒風凜冽的十月不用火燒荒，草木沒有自己折斷就不拿著斧子到山中去砍伐它。（陰曆九月）豺先捕殺野獸陳列著如同祭祀，然後人們才開始捕獵；（陰曆正月）水獺開始捉魚陳列在岸邊如同祭祀，然後人們才開始捕魚；鷹隼這樣的猛禽開始捕食小鳥，然後人們才設置羅網捕捉鳥類。因此，天子打獵時不會完全包圍獵物，諸侯打獵時不襲殺整個獸群，大夫不捕殺幼鹿不取鳥卵，士下魚網時不會阻塞整個河道，普通百姓不會使用過於細密的魚網。魚網一定是四寸以上的，然後才會進入湖泊河流中捕撈。因此山中不會荒無草木，水裏不會枯竭無魚，鳥獸魚鼈，都能自然繁育生長。

日譯 動植物の資源を得るには生長の時節に合わせ、動植物の資源を使う際には規則に留意すべきである。このようにすれば資源はとても豊かになる。その昔、寒風が吹きすさぶ十月にならなければ、野焼きをせず、草や木が自らしおれなければ、斧を担いで山中に入り、それを伐採することもしなかった。（旧暦の９月）ヤマイヌがまず野獣を捕殺し、これを祭ってから、人々ははじめて狩りに出かけた。（旧暦の正月）カワウソが魚を捕り、岸辺にこれを並べ祭るのを見届けてから、人々ははじめて漁に出かけた。タカやハヤブサのような猛禽が小鳥を捕食し始めるのを見てはじめて人々は網を仕掛けて鳥を捕らえた。それ故、天子が猟に出かける時も獲物を完全に包囲したりせず、諸侯が猟をする時も、けものの群全体を襲って片っ端から殺したりはしなかった。太夫は幼い鹿を捕殺せず、鳥の卵も取らなかった。士が網を投げ入れる時、川の流れを堰き止めたりせず、庶民もあまり目の細かい網を使わなかった。網の目は必ず四寸以上に達していなければ、湖や川で漁をとったりしなかった。そのため山中に草木が絶えることはなく、水中に魚がいなくなることもない。鳥や獣、魚、鼈（スッポン）はいずれも自然に生長し、繁殖する。

韓譯 동물, 식물자원을 얻을 때에도, 때에 맞춰 얻고, 도에 맞게 쓴다면, 자원은 늘 풍부할 것이다. 고대에는 북풍이 매섭도록 추울 때에는 불로 산야를 태우지 않았고, 초목이 스스로 꺾이지 않았을 때에는, 도끼를 들고 산에 들어가지 않았다. 승냥이가 먼저 들짐승을 죽여 늘어놓아 마치 제사를 지내는 것 같이 한 연후라야 사람들이 비로소 사냥하기 시작했으며 ; 수달이 물고기를 잡아 마치 제사지내는 것처럼 언덕 가에 늘어놓아야 사람들이 비로소 어로를 시작했다. 또 매와 같이 사나운 것들이 작은 새들을 잡기 시작하여야, 사람들이 비로소 그물을 설치하고 새들을 잡았다. 그리하여 천자가 사냥할 때에도 사냥물을 완전히 포위하지 않았고, 제후가 사냥할 때에도 모든 짐승들을 다 잡지는 않았으며, 대부 또한 어린 사슴이나 새의 알들은 사냥하지 않았고, 선비들도 물고기를 잡을 때 온 강물을 다 막지는 않았다. 일반 백성들은 촘촘한 그물을 사용하지 않아서, 어망은 반드시 4 촌 이상이어야 호수나 강가에 들어갈 수 있었다. 그리하여 산중에는 초목이 황폐하지 않았고, 물속에는 물고기가 고갈되지 않아, 조수와 물고기, 자라, 등이 모두 자연스럽게 번식하고 자라났다.

英譯 To gather the resources of plants and animals should obey the growing season and natural law so that these resources will become more abundant. In ancient times, people did not burn the forests until the windy and cold October. Nor did they cut the grass and trees unless they were broken naturally. (In lunar September,) when the wolves started to hunt the beasts and displayed their preys like offerings, it was the signal for people to hunt beasts. (In lunar January,) when the otters started displaying their preys on the shore like offerings, that was the signal for hunting fish. When the fierce beasts like owls started to capture the little birds, then people could cast nets to hunt the birds. So, when the Prince hunted, he would not besiege all the preys to hunt. Nor would the Vassal besiege the whole beasts. Nor would the Doctor catch the fawns or the bird eggs. Nor would the Doctor block the river channel to get fish. So the common people would not use the closely-knitted net to fish. The fish net should have a mesh of more than four inches. Otherwise they should not be permitted to put into the river. Then the mountains would not become bare and barren. Nor would the waters become dried up without any fish. All the beasts and birds, fish and crabs, could multiply and grow naturally.

◆◆

樹木者，一人養，十人拔，必無餘

原文　今夫樹木者，灌以瀿水，疇以肥壤，一人養之，十人拔之，則必無餘梓，又況與一國同伐之哉？雖欲久生，豈可得乎？

——《淮南子・俶真訓》

今釋　現在種植樹木的人，即使是用泉水來澆灌它，用肥沃的土壤來擁培它，如果一個人培植，卻有十各個要拔掉它，那麼必定連枝條也沒有了，更何況舉國上下都去砍伐它呢？即使想要長久地生存下去，怎麼可能呢？

日譯 今日、植樹をする者がたとえ泉の水を注ぎ、肥沃な土壌で育てようとしても、植樹する者がたった一人で、それを抜いてしまおうとする者が十人いるとすると、枝さえなくなってしまうだろう。ましてや国をあげて上から下まで木々を伐採しようとすればなおさらのことである。生きながらえさせようとしたところで、どうしてそれができようか？

韓譯 지금 나무를 심는 사람이, 물을 끌어다 대주며, 비옥한 흙으로 북돋아주나, 한사람이 기르고, 열사람이 그것을 뽑아버린다면, 말할 필요도 없게 될 것인데, 하물며 온 나라가 함께 그것을 베어버린다면 어찌되겠는가? 비록 오래도록 살아남고자 하나, 어찌 그렇게 될 수 있겠는가?

英譯 Though irrigated with spring water, and maintained with fertile earth, the tree will be left branchless if planted by one and cut by ten, not to mention by the whole country. How could it be possible for the trees to survive no matter how much they wish to?

◆◆

春生夏長，秋收冬藏

原文 昔者神農之治天下也，……甘雨時降，五穀蕃植，春生夏長，秋收冬藏。

——《淮南子·主術訓》

今釋 以前，神農氏治理天下的時候，……雨水按時降落，五穀生長茂盛。春天萌芽，夏季生長，秋季收穫，冬季貯藏。

日譯 昔、神農氏が天下を治めた時、……雨は時間どおりに降り、五穀は豊か実った。春に芽吹き、夏に生長し、秋に収穫し、冬に貯蔵した。

韓譯 옛날 신농씨가 천하를 다스릴 때에는, ……단비가 때에 맞게 내려, 오곡이 풍성하게 성장하였다. 봄에는 싹을 틔우고, 여름에는 성장하여, 가을에는 거두어들이고, 겨울에는 저장하였다.

英譯 In ancient times, when Shen Nong ruled the country.... rain fell timely so the five grains grew abundantly because of the sprouting in spring, growing in summer, harvesting in autumn and storing in winter.

◆◆

農順其時

原文 神農之禁，春夏之所生，不傷不害；謹修地利，以成萬物；無奪民之所利，而農順其時矣。

——《群書治要》卷三十一引《六韜·虎韜》佚文

今釋 神農制定的禁忌是：春天夏天正在生長的物類，不要傷害它們；嚴格地守持對生產有利的土地條件，以促成萬物的生長；不要侵犯民衆的利益，這樣農事就能順應好時光了。

日譯 神農は次のような禁忌を設けた。春や夏に成長するものを傷つけないこと、万物の生長を促すため、生産に有利な土地の条件を厳格に守ること、民衆の利益を損なわないようにすること。こうして農業はそれぞれの時季に順応するようになった。

韓譯 신농씨가 제정한 금기에는：봄과 여름에 만물이 성장하고 있을 때에는 그것을 해치지 못하게 하였다；즉 생산에 유리한 땅의 조건을 엄격히 지키게 하여, 만물을 이루었으며；백성들의 이익을 범하지 못하게 하여, 좋은 때에 맞

추어 농사짓게 하였다.

英 譯 The principal for Shen Nong was: never hurt the species that are growing in spring and summer. Sustain strictly the favorable conditions for production to promote the growth of everything. Never hurt people's interests, then agriculture can go on smoothly.

(五) 重視歷史經驗

歴史的経験を重視する

역사경험 중시

Value Experience from the History

◆◆

鑒于夏殷

原 文 我不可不鑒于有夏，亦不可不鑒于有殷。

——《尚書・召誥》

今 釋 我不能不借鑑夏朝興盛或衰亡的經驗與教訓，也不能不借鑑商朝興盛或衰亡的經驗與教訓。

日 譯 私は夏朝の興亡の経験と教訓に鑑みないわけにはいかないし、商朝の興亡の経験と教訓にも鑑みないわけにはいかない。

韓 譯 우리는 반드시 夏나라의 흥망성쇠를 교훈삼아야 하며, 또한 殷나라의 흥망성쇠도 거울삼아야 한다.

英 譯 The lessons from the wax and wane of Xia Dynasty is something, I have to learn. So it is with the lessons from Shang Dynasty.

◆◆

殷鑒不遠

原文　殷鑒不遠，在夏后之世。

——《詩經・蕩》

今釋　殷朝滅亡的教訓沒有過去多久，就在夏朝滅亡的歷史之後。

日譯　殷王朝の滅亡の教訓は遠くにはない。夏王朝の滅亡のすぐ後にある。

韓譯　은나라가 교훈 삼아야 할 것은 멀리 있지 않으니, 바로 하왕조 멸망의 역사에 있다.

英譯　The Yin Dynasty decayed soon after the Xia. The lessons did not last long.

◆◆

善言天者，必有徵於人

原文　善言古者，必有節於今；善言天者，必有徵於人。

——《荀子・性惡》

今釋　善於談論古代的人，一定對現代的事有所借鑑；善於談論天道的人，一定對於人事有所驗證。

日譯　古代の議論に長けた人は、必ず現代の事柄を幾らか参考にする。天道の議論に長けた人は、必ず人事を幾らか検証する。

韓譯　옛 일을 잘 말하는 사람은, 반드시 오늘날의 일에 대해서도 절제하는 것이 있을 것이며；하늘의 도리를 잘 말하는 사람은, 반드시 사람의 일에 대해서도 증거 하는 것이 있을 것이다.

英譯　He who is good at talking about the past events will surely borrow them for present use. He who is good at talking about heaven's way surely is beneficial for humanity.

◆◆

前車覆而後車戒

原文 周諺曰：“前車覆而後車戒。”

——漢・賈誼《新書・連語》

今釋 周代的諺語說：“前面的車傾覆了，是後面車的借鑑。”

日譯 周王朝のことわざに、「前の車が転覆したら、後の車のいさめとなる」という言葉がある。

韓譯 주나라 속담에 말하길 : “앞 수레가 엎어지면 뒤 수레는 거울로 삼을 것이다.”

英譯 Proverbs in the Zhou dynasty said, “The collapse of the front carriage is the lesson for the carriage behind.”

◆◆

前事不忘，後事之師

原文 野諺曰：“前事之不忘，後事之師也。”是以君子為國，觀之上古，驗之當世，參以人事；察盛衰之理，審權勢之宜，去就有序，變化應時，故曠日長久，而社稷安矣。

——漢・賈誼《新書・過秦下》

今釋 民間的諺語說：“以前的事情不要忘卻，是以後做事情可取法的。”因此有才有德的人治理國家，總是觀察上古的歷史，驗證當前的社會時事，並參照眼前的人事關係；明察興盛與衰敗的道理，審視時勢是否合宜，或離開或靠近，一切變化都與時勢相適應，因此能夠天長地久，國家也就安定了。

日譯 民間に「前事を忘れざれば、後事の師なり」ということわざがある。才と徳のある者が国を治める時、常に上古の歴史を観察し、現在の社会の時事を検証し、眼前の人事関係を参照しようとする。栄枯の道理を明らかにし、時勢が適しているかをじっくり見極め、離れたり近づいたりして、一切の変化を時勢に適応させようと努めたので、国家はとこしえに安定を保った。

韓譯 민간 속담에 말하길："이전의 일들을 잊지 않으면, 뒷날의 본보기로 삼을 수 있다." 하였다. 그리하여 재주와 덕이 있는 사람이 나라를 다스릴 때에는, 언제나 옛 역사를 관찰하여, 현재의 사회사를 검증하고, 아울러 인사 관계에 참조 한다；흥망성쇠의 이치를 밝게 관찰하고, 시세의 마땅함을 깊이 살펴, 혹은 버리고 혹은 취하여, 모든 변화를 때에 맞게 하여야, 오랜 세월동안 사직을 안정시킬 수 있다.

英譯 There is a proverb which says,"Do not forget the past things that might be useful later." So for whose who are wise and virtuous, when they are ruling the country, they study what happened in the history in ancient times, observe what is happening in the current society and compare the present relationships with the past. They discern the reason of prosperity and decaying, select the appropriate time and decide whether to withdraw or to approach and let all the changes accord with time and situation. Then, the country can last forever and be stable and peaceful.

◆◆

不知來，視諸往

原文 古之人有言曰："不知來，視諸往。"

——漢・董仲舒《春秋繁露・精華》

今釋 古時候的人有這樣的說法："不知道將來會怎麽樣的話，就看看過去是怎樣發展的。"

日譯 古人の言葉に次のようなものがある。「将来どうなるかわからないなら、過去の道のりを振り返って見てみるがよい。」

韓 譯 옛사람들은 다음과 같이 말하였다: "장차 다가올 일들을 알지 못하겠거든, 지나간 일들을 잘 살펴보아라."

英 譯 There is a saying in ancient times, "If you do not know what will happen in the future, you may look back at what had happened in the past."

◆◆

前世之興亡

原 文 按《春秋》而觀成敗，乃切悁悁於前世之興亡也。

——漢・董仲舒《春秋繁露・精華》

今 釋 考察《春秋》（這類古代的史書）而了解事情成功或失敗的情況，是深切憂慮前代興盛或滅亡的原因。

日 譯 《春秋》（これらの古代の史書）を考察し、物事の成功や失敗の状況を理解することは、即ち前の時代の栄枯の原因を深く憂慮することである。

韓 譯 춘추에 의하면, "성공이나 실패의 정황들을 이해하려면, 곧 전 시대의 흥망을 깊이 탐구해야 한다." 하였다.

英 譯 To study such classic books as Spring and Autumn and get to know the successes and failures is the reason why people are concerned about the precedent history.

◆◆

空言不如行事

原 文 我欲載之空言，不如見之於行事之深切著明也。

——《史記・太史公自序》記孔子語

今 釋 我想要空發議論，不如借助於歷史的敍述，這樣更能把道理說得深刻而且明白。

日譯 空虛な論議をするより、歴史の叙述を借りてきたほうがいいと私は思う。こうすればもっと深く、はっきりと道理を説明することができる。

韓譯 내가 공연한 말을 쓰는 것보다는, 글을 통해 역사적 사실의 절박함을 명백히 보여주는 것만 같지 못하다.

英譯 If I want to talk about something, I would rather quote what has been said in the history since it may help me elaborate it more deeply and clearly.

◆◆

多識前古，貽鑑將來

原文 考論得失，究盡變通，所以裁成義類，懲惡勸善，多識前古，貽鑑將來。

——唐高祖《命蕭瑀等修六代史詔》

今釋 考察、說明得失的道理，探究、窮盡變化的原因，裁度成爲各種規則，懲戒作惡的、獎勵為善的，多多地了解前朝古代的情況，遺留給將來作爲借鑑。

日譯 損得の道理を考察、説明し、変化の原因を探究し、徹底的に突き止め、様々な規則をつくり、悪事を働いた者を罰し、善事をなした者を奨励し、前王朝や古代についてよく理解し、将来の鏡として残す。

韓譯 득실의 이치를 고찰하고 설명하며, 변화의 원인을 다 탐구하는 것은, 재단하여 각종 규칙을 이루고, 악을 징계하고 선을 장려하며, 고대의 실정을 많이 이해하여 장래에 귀감으로 남기기 위함이다.

英譯 Investigate and understand the reasons of gains and losses, examine and study the reasons of changes, and then all kinds of rules can be made accordingly. Punish the evil-doers and praise the good doers and understand more about the events in history, then lessons can be learned from it.

◆◆

以古為鏡，可以知興替

原文 以銅為鏡，可以正衣冠；以古為鏡，可以知興替；以人為鏡，可以明得失。

——《舊唐書·魏徵傳》記唐太宗語

今釋 用銅來做鏡子，可以照見衣服和帽子是否端正；用歷史來做鏡子，可以知道興盛還是衰亡；用人來做鏡子，可以明白得道還是失德。

日譯 銅を鏡として用いれば、姿を映し、服装を正すことができる。歷史を鏡とすれば、世の興亡盛衰を知ることができる。人を鏡とすれば、得失を明らかにすることができる。

韓譯 구리로 거울을 삼는 것은, 의관을 바르게 할 수 있기 때문이며；옛 것으로 거울을 삼는 것은, 흥성과 쇠퇴를 알 수 있기 때문이며；다른 사람으로서 거울을 삼는 것은, 득실을 밝힐 수 있기 때문이다.

英譯 Bronze as a mirror can help to see whether clothing and hats are dressed all right. History as a mirror can show the waxes and wanes of a country. Man as a mirror can show righteousness and unrighteousness.

◆◆

前代為將來之戒

原文 睹前代史書，彰善癉惡，足為將來之戒。……覽前王之得失，為在身之龜鏡。

——《冊府元龜》卷五五四記唐太宗語

今釋 閱讀前代的史書，（都是）表彰善良的，憎恨醜惡的，這足以對將來起警戒的作用。……看過前代君王成功或失敗的史實，可以作爲自身學習的榜樣或引以爲戒的教訓。

日譯 前代の史書を読めば、（いずれも）善行を称揚し、悪行を憎悪していることがわかる。これは将来に備えて、警戒の役割を果たすに十分である。……前代の君主の成功や失敗の史実を見れば、これを以て自らの模範としたり、戒めとすることができる。

韓譯 전대의 역사책들을 보면, 착한 것을 선양하고 악한 것을 미워하였는데, 이는 족히 장래의 경계가 된다. ……전왕들의 득실을 살펴보면, 자신의 귀감이 될 수 있다.

英譯 Throughout the history books, they all praise the good deeds and criticize the bad deeds, which have the warning effects for the future. After reading the history of how the past kings succeeded or failed, one can learn the lessons from it.

◆◆

借鑑前世

原文 鑑前世之興衰，考當今之得失，嘉善矜惡，取是捨非，足以懋稽古之盛德，躋無前之至治。

——宋・司馬光《進〈資治通鑑〉表》

今釋 借鑑前朝興盛或者衰敗的經驗與教訓，考察現時社會中政治的得與失，表彰好的，警惕變壞，取用正確的，拋棄錯誤的，這樣就能夠擁有古人最高的德性，達到前人不曾實現的治世。

日 譯 前王朝の栄華衰勢の経験と教訓を鏡として、現社会の政治の得失を考察し、すぐれたものを表彰し、悪いものを警戒し、正しいものを採用し、誤ったものを捨てる。こうすれば古人の最高の徳性を備えることができ、先人が実現しえなかった太平の世が訪れる。

韓 譯 이전시대의 흥망성쇠를 살펴, 오늘날의 득실을 고찰하며, 선을 표창하고 악을 경계시켜, 옳은 것을 취하고 잘못된 것을 버린다면, 충분히 옛 성덕을 힘써 헤아려, 옛 사람들이 실현하지 못한 치세에 도달할 수 있을 것이다.

英 譯 Borrow the experiences and lessons from the waxes and wanes of the past dynasties, examine the gains and losses in the current society, commend what is good and warn against what is dangerous, adopt what is right and throw away what is wrong, then you may own all the best virtues of ancient people and have unprecedented peaceful rule.

人性學養

人間性の学識・修養

인성수양

On Human Nature

二　人性學養

人間性の学識・修養

인성수양

On Human Nature

人性，即人的本性，是什麼？這是中國古代先賢們探討的一個基本問題，也是討論其他問題，如道德問題、政治問題等的認識基點。在諸多發人省思的論爭中，孟子的性善論和荀子的性惡論是典型代表。孟子認為，人的本性是善的，要保持住善性，必須進行內在的心性修養；荀子認為，人的本性是惡的，要去除惡的本性，必須強調外在的社會師法教化。因此，兩種觀點殊途同歸，皆引導人們向善。尤其是孟子在探討人性問題時，看到了人與動物的區別，強調了人之所以為人的道德屬性，這一點尤具啟示意義。

與人性問題相關，本專題還選錄與學習和勵志有關的格言警句。這些語錄，提供了中國古代關於學習的目的、態度、方法與途徑等的精闢論述，能夠啟人以津逮；提供了中國古代關於立大志、守意志，以及從自身做起，勇於承擔，兼及家國天下的壯美人生境界，能夠給人以力量。

人間性、つまり人間の本性とは一体何であろうか？これは中国の古代の賢人達が探求した基本的問題の一つであり、他の問題、例えば道徳、政治といった問題を議論する場合においても認識上の出発点になった。人に啓発を与え、深い思考に導く多くの論争の中でも、孟子の性善説と荀子の性悪説はその代表的なものである。孟子は、人間の本性は善であり、善性を堅持するためには、必ず内面的な素養を高めなければならないと考えた。荀子は、人間の本性は悪であり、悪の本性を取り除くには、必ず外在的な社会に手本を立て、教化しなければならないと考えた。したがって、この二つの観点は手段は異なっても結果は同じで、いずれも善へと人々を導くのものである。特に孟子は人間性の問題について探求した際、人間と動物の違いを見出し、人はどうして人と為るかという問題について、人間の道徳的属性を強調した。この点はとくに示唆的な意義を有している。

人間性という問題に関連づけ、本節ではさらに学習や自己啓発についての格言や警句を選んで収録した。これらの語録は、中国古代における学習の目的、態度、方法や経路などを示した透徹した論述の数々ということができ、人々を啓発し、人生の手引きとなるであろう。人々はその昔どのような志を立て、その意志を貫こうとし、自ら実践し、いさぎよく責任を負い、家や天下にまつわる壮大で美しい人生を描こうとしたのか。これらの格言は読者に生きる力を与えることだろう。

인성, 곧 사람의 본성은 무엇인가? 이것은 중국 고대 선현들이 깊이 검토했던 근본 문제이며, 또한 기타문제들, 예를 들면 도덕문제나 정치문제 등을 인식하는 기점이기도 하다. 사람으로 하여금 성찰을 요구하는 논쟁 가운데, 맹자의 성선설과 순자의 성악설이 가장 대표적인 전형이다. 맹자는 인간의 본성은 선한 것이기에, 이 선한 본성을 간직하기 위해 반드시 내재적 심성 수양을 해야 한다고 여겼고 : 순자는 인간의 본성은 악한 것이기에 악한 본성을 제거해야 하기 위해 반드시 외부의 사회적 스승과 법의 교화를 강조해야 한다고 여겼다. 그러나 이 두 관점은,

길은 달라도 귀속하는 바는 같아, 모든 사람을 선으로 인도한다. 더욱이 맹자는 인성문제를 깊이 검토할 때에, 사람과 동물의 차이를 보고, 사람이 사람이 되는 도덕적 속성을 강조하였는데, 이 점이 더욱 구체적으로 의미를 시사한다. 인성문제와 연관하여 이 장에서는 배움과 뜻을 연계하는 내용과 관계된 격언이나 명구들을 선별하여 수록할 것이다. 이러한 어록들은 고대 중국인들이 생각했던 배움의 목적, 태도, 방법 그리고 길 등에 관한 매우 훌륭한 논술들을 담고 있다.

What is human nature, or human essence? It is a fundamental question that the ancient Chinese sages have been probing for and it is also the basis for all the other ethic and political issues. Among the many thought-provoking debates, the typical representatives are Mencius's claim that human nature is good and Xun zi's claim that human nature is evil. Mencius believed that human nature is good and in order to keep the good nature; one needs to cultivate his inner well-beings. However, Xun Zi claimed that human nature is evil and in order to get rid of the evil nature in human; one needs the external social education. As a consequence, the two claims are the same in this respect since both of them asked people to do good. Especially significant is where Mencius discussed the nature of human, he emphasized the difference between human and animals and the moral implications for humans.

Relevant to human nature, this chapter also selects some axioms and epigrams on learning and encouragement. All of these quotations provide the detailed illustrations of how the ancient people dealt with learning objectives, attitude, means and approaches, which is inspiring even for people today. Also included in this chapter is how ancient people built up their ambition and kept their promises, and how they started from themselves and were bold enough to take the responsibilities, and how they took care of their family and the country, etc. They are all very beautiful and encouraging.

(一) 原性

元の性質

본성

The Nature of Humanity

◆◆

性相近，習相遠

原文　子曰：“性相近也，習相遠也。”

——《論語・陽貨》

今釋　孔子說：“人的本性是相近的，由於後天習染不同，人與人之間便相距甚遠了。”

日譯　孔子は「人の本性に大差はないが、後天的な習慣や教育が異なるため、人と人の間の開きが生じる」と言った。

韓譯　공자께서 말씀하셨다 : “사람의 본성은 가까운 것이나, 후천적 습관이 같지 않기 때문에, 사람들 간의 사이가 서로 더욱 멀어졌다.”

英譯　Confucius said, “Men are similar to one another by nature. They differ greatly due to the different growing environment.”

◆◆

人皆有不忍人之心

原文 孟子曰："人皆有不忍人之心。先王有不忍人之心，斯有不忍人之政矣。以不忍人之心，行不忍人之政，治天下可運之掌上。"

——《孟子·公孫丑上》

今釋 孟子說："人人都有憐憫體恤他人的心情。先王因為有憐憫體恤他人的心情，這就有了憐憫體恤他人的政治。用憐憫體恤他人的心情，實施憐憫體恤他人的政治，治理天下就像轉動在手掌上一樣容易了。"

日譯 孟子は「誰もが他人に同情し、おもいやりの心をもっている。先王は他人をおもいやる心をもっていたため、他人をおもいやる政治があった。他人をおもいやる心で、他人をおもいやる政治を行えば、天下を治めることは手の平の上で回すように簡単である」といわれた。

韓譯 맹자께서 말씀하셨다 : "사람마다 모두 다른 사람에게 차마하지 못하는 연민과 구휼의 마음이 있다. 선왕께서는 이러한 연민과 구휼의 마음이 있었기에, 곧 다른 사람에게 차마하지 못하는 정치도 펼 수 있었다. 이 다른 사람에게 차마하지 못하는 마음으로, 다른 사람에게 차마하지 못하는 정치를 펼친다면, 천하를 다스리는 일은 마치 손바닥 위에서 움직이는 것처럼 쉽게 할 수 있을 것이다."

英譯 Mencius said, "All men have a sense of compassion. As the ancient kings had such a sense, they had the compassionate system of government. Ruling with such a government with such a sense, one would find it as easily to rule the world as to roll something on the palm of one's hand."

◆◆

牛之性不同於人之性

原文 告子曰："生之謂性。"孟子曰："生之謂性也，猶白之謂白與？"曰："然。""白羽之白也，猶白雪之白；白雪之白，猶白玉之白與？"曰："然。""然則犬之性猶牛之性，牛之性猶人之性與？"

——《孟子·告子上》

今釋 告子說："天生的東西就叫做性。"孟子說："天生的東西就叫做性，就好比是所有事物的白色都叫做白嗎？"回答道："是的。""白羽毛的白就如同白雪的白；白雪的白就如同白玉的白嗎？"回答道："對呀！""既然這樣，那麼狗的天性就如同牛的天性，牛的天性就如同人的天性嗎？"

日譯 告子は「生まれつきのものは性である」という。孟子が「生まれつきのものが性というなら、すべての物事に関して、白がみな白というのと同じではないのか?」と問うと、「そうだ」と答えた。「白い羽の白が白い雪の白と同じで、白い雪の白が白い玉の白と同じなのか?」と問うとまた「そうだ!」と答えた。「ならば、犬の天性が牛の天性と同じであり、牛の天性が人の天性と同じだとでもいうのか?」と問うた。

韓譯 고자가 말하였다. "타고난 것을 성이라 부른다." 맹자께서 말씀하셨다 : 타고난 것을 성이라 한다면, 흰 것을 모두 희다고 말할 수 있는 것과 같은가? 고자가 대답하기를 : "그렇습니다." "그렇다면 흰 깃털의 흰색과 흰 눈의 흰색이 같고, 흰 눈의 흰색이 백옥의 흰색과 같은가? "그렇습니다." "그렇다면 개의 본성과 소의 본성이 같으며, 소의 본성과 사람의 본성이 같은 것인가?"

英譯 Gao Zi said, "Nature is common to all life." Mencius said, "If nature is common to all life, then is whiteness common to all white things?" "Yes" "Is the whiteness of a white feather the same as the whiteness of white snow, and is the whiteness of white snow the same as the whiteness of white jade?" "Yes." "In that case, are canine nature and oxen nature the same as human nature?"

◆◆

逸居無教，近於禽獸

原文 人之有道也，飽食暖衣，逸居而無教，則近於禽獸。

——《孟子·滕文公上》

今釋 人之所以為人，吃得飽、穿得暖，住得安逸，卻不進行教育，就跟禽獸相差不遠了。

日譯 人が人と為るのは、腹一杯に食べ、暖かい服を着て、安逸に暮らすことだが、教育を行わなければ、禽獣とあまり変わらない。

韓譯 사람이 되는 것에는 도가 있다. 배불리 먹고 따뜻하게 입으며, 편안히 거처하고 가르침이 없다면, 곧 짐승에 가까울 것이다.

英譯 A man is not far from an animal if he is well-fed, warmly-clothed and sheltered yet without education.

◆◆

仁義禮智，我固有之

原文 孟子曰："惻隱之心，人皆有之；羞惡之心，人皆有之；恭敬之心，人皆有之；是非之心，人皆有之。惻隱之心，仁也；羞惡之心，義也；恭敬之心，禮也；是非之心，智也。仁義禮智，非由外鑠我也，我固有之也，弗思耳矣。”

——《孟子·告子上》

今釋 孟子說：“惻隱之心，是人人都具備的；羞惡之心，是人人都具備的；恭敬之心，是人人都具有的；是非之心，也是每個人都擁有的。惻隱之心就是仁，羞惡之心就是義，恭敬之心就是禮，是非之心就是智。仁、義、禮、智這些德行，並不是由外而內地影響我，而是我自身固有的東西，只是不考慮它們罷了。”

日譯 孟子は「惻隠の情は誰もがもっている。悪を恥じる心は誰もがもっている。恭謙な心は誰もがもっている。是非の心は誰もが持っている。惻隠の情は仁であり、悪を恥じる心は義であり、恭謙な心は礼であり、是非の心は知である。仁、義、礼、知というこれらの徳行は、外から内に向かって自分に影響を及ぼすものではなく、自分自身に固有のものであり、ただそれらを考えていないだけだ」と言った。

韓譯 맹자께서 말씀하셨다：“측은해 하는 마음은, 사람마다 모두 가지고 있으며；부끄러워하는 마음도 사람마다 모두 가지고 있으며；공경하는 마음도, 사람마다 모두 가지고 있으며；옳고 그름을 판단하는 마음 또한 사람마다 모두 가지고 있다. 측은해 하는 마음이 인이며, 악을 부끄러워하는 것이 의이며, 공경하는 마음이 곧 예이며, 옳고 그름을 판단하는 마음이 곧 지이다. 인, 의, 예, 지, 이러한 덕행은 밖으로부터 내게 영향을 미쳐오는 것이 아니라, 나에게 본디부터 있는 것인데, 다만 그것을 생각하지 않을 뿐이다.

英譯 Mencius said, “Compassion is a feeling possessed by everyone. So is shame. So is respect. So is the sense of right and wrong.

Compassion means benevolence; shame means righteousness; respect means decorum; and the sense of right and wrong means wisdom. Benevolence, righteousness, decorum and wisdom are not conferred on me by others, they are in my nature. Only I have never sought to discover them in me."

◆◆

仁義禮智，猶四體也

原文 孟子曰："無惻隱之心，非人也；無羞惡之心，非人也；無辭讓之心，非人也；無是非之心，非人也。惻隱之心，仁之端也；羞惡之心，義之端也；辭讓之心，禮之端也；是非之心，智之端也。人之有是四端也，猶其有四體也。"

——《孟子·公孫丑上》

今釋 孟子說："如果沒有惻隱之心，就不是人了；如果沒有羞惡之心，就不是人了；如果沒有辭讓之心，就不是人了；如果沒有是非之心，就不是人了。惻隱之心就是仁的發端，羞惡之心就是義的發端，辭讓之心就是禮的發端，是非之心就是智的發端。人具備仁、義、禮、智這四個方面，就如同他擁有四肢一樣。"

日譯 孟子は「もし惻隠の情がなければ人ではない。もし悪を恥じる心がなければ、人ではない。もし恭謙の心がなくなれば人ではない。もし是非の心がなければ、人ではない。惻隠の情は仁愛の発端となり、悪の恥じる心は義の発端となり、恭謙の心は礼の発端となり、是非の心は知の発端となるのである。人が仁、義、礼、知の四つを備えれば、四肢を持つのと同じである」と言った。

韓譯 맹자께서 말씀하셨다 : "측은해 하는 마음이 없으면, 사람

이 아니며 ; 악을 부끄러워하는 마음이 없으면, 사람이 아니며 ; 사양하는 마음이 없으면, 사람이 아니며, 옳고 그름을 판단하는 마음이 없으면, 사람이 아니다. 측은해 하는 마음은 인의 단서이며 ; 악을 부끄러워하는 마음은 의의 단서이며 ; 사양하는 마음은 예의 단서이며 ; 옳고 그름을 판단하는 마음은, 지의 단서이다. 사람에게 이 네 가지 단서가 있는 것은 마치 우리 몸에 사지가 있는 것과 같다.

英譯 Mencius said, "Whoever has no sense of compassion is not human. Whoever has no sense of shame is not human. Whoever has no sense of modesty and has no sense of right and wrong is not human. The sense of compassion is the beginning of benevolence; the sense of shame the beginning of righteousness; the sense of modesty the beginning of decorum; the sense of right and wrong the beginning of wisdom. Man possesses these four beginnings just as he possesses four limbs."

◆◆

仁義禮智根於心

原文 仁義禮智根於心。

——《孟子・盡心上》

今釋 仁、義、禮、智這些德行都是從心生長、發生出來的。

日譯 仁、義、礼、知というこれらの徳行はいずれも心から生まれるものである。

韓譯 인, 의, 예, 지 이러한 덕행은 모두 마음에 뿌리를 둔다.

英譯 Benevolence (Ren), righteousness (Yi), decorum (Li) and wisdom (Zhi) all come from and are uttered from one's inner heart.

◆◆

理義悅心

原文 口之於味也，有同嗜焉；耳之於聲也，有同聽焉；目之於色也，有同美焉。至於心，獨無所同然乎？心之所同然者，何也？謂理也，義也。聖人先得我心之所同然耳。故理義之悅我心，猶芻豢之悅我口。

——《孟子・告子上》

今釋 口對於味道有相同的嗜好，耳對於聲音有相同的聽覺，眼對於色彩有相同的美感。說到心，就單單沒有相同之處嗎？心的相同之處是什麼呢？是義，是理。聖人早就知曉我們內心相同的理和義了。所以理和義能夠使我心情愉悅，就像豬狗牛羊肉能夠愉悅我的口味一樣。

日譯 口は味について同じ嗜好をもち、耳は音について同じ聴覚をもち、目は色について同じ美感をもつ。では心だけ同じものがないのだろうか？心に共通するものは何であるのか？義であり、理である。聖人は早くから私達の心の内に共通する理と義のことを理解していた。したがって理と義は私を喜ばせることができる。それはブタや犬、牛、ヒツジの肉が私の味覚を喜ばせるのと同じである。

韓譯 입의 맛에 대해서, 같은 기호가 있으며；귀의 소리에 대해서도 같은 들림이 있으며, 눈이 색채에 대해서도 같은 아름다움이 있다. 그런데 마음에는 어찌 같은바가 없겠는가？그렇다면 마음이 같이 느끼는 것은 무엇인가？즉 이치이며, 의리이다. 성인은 우리 마음에 공존하는 이치와 의리를 먼저 깨달았다. 그러므로 이치와 의리가 내 마음을 기쁘게 하는 것은 마치 고기가 우리 입을 즐겁게 해 주는 것과 같다.

英譯 All palates have the same preference in taste, ears have the same preference in sound, and eyes have the same preference in beauty. Are hearts an exception to this general rule? What is common to all hearts is reason and righteousness. The sage is the first to have these common elements that exist in all our hearts. Thus, reason and righteousness appeal to my heart in the same way as animal meats appeal to my palate.

◆◆

放其良心者，猶斧斤之於木

原文 孟子曰：“雖存乎人者，豈無仁義之心哉？其所以放其良心者，亦猶斧斤之於木也。旦旦而伐之，可以為美乎？”

——《孟子・告子上》

今釋 孟子說：“即使在某些人身上表現出來的，難道就沒有仁義之心嗎？他們之所以喪失了自己的良心，也就如同斧子對於樹木一樣，天天去砍伐它，能夠茂盛嗎？”

日譯 孟子はいわれた。「たとえある者たちの言動に表れているようなものでも、まさか仁義の心がないとでもいうのか？彼らが自らの良心をなくしてしまったのは、斧を木に向けるようなものであり、毎日それを切っていれば、繁茂することができようか?」

韓譯 맹자께서 말씀하셨다 : “어떤 사람에게 보존되어 있는 것이, 어찌 인의의 마음이 없을 것인가 ? 그가 자신의 양심을 놓아 버린 것이, 마치 도끼가 나무에 대한 것과 같을 것이니, 날마다 가서 나무를 베어버린다면, 어찌 그 나무가 아름다워지겠는가 ?”

英譯 Mencius said, “Why in some people is there no benevolence and righteousness? He has lost these virtues because he is like the trees under the strokes of the axe everyday. How can he flourish in these virtues?”

◆◆

無恆產而有恒心者，惟士為能

原文 無恆產而有恒心者，惟士為能。

——《孟子·梁惠王上》

今釋 沒有固定產業却有一定的道德操守的，只有士人才能夠做到這樣。

日譯 安定した財産がなくても安定した道徳的な節義を守ることができるのは、学問を修めた識者だけである。

韓譯 일정한 재산이 없는데도, 늘 일정한 마음을 지킬 수 있는 자는, 오직 선비만이 가능하다.

英譯 Only the scholars can have certain morals and moralities without having any measures of livelihood.

◆◆

親親敬長

原文 孟子曰：“人之所不學而能者，其良能也；所不慮而知者，其良知也。孩提之童，無不知愛其親者；及其長也，無不知敬其兄也。親親，仁也。敬長，義也。無他，達之天下也。”

——《孟子·盡心上》

今釋 孟子說：“人不需要學習就能夠做到的，這叫做良能；不需要思考就能夠知道的，這叫做良知。兩三歲的小孩子，沒有不知道愛自己的父母的；等到他長大了，沒有不知道尊敬兄長的。親近父母，這就是仁；尊敬兄長，這就是義；這沒有別的原因，是因為這兩種品行可以通行於天下。”

日 譯 孟子はいわれた。「学ばなくともできること、これを生まれつきの才能というのです。考えなくても知っていること、これを良知というのです。二、三歳の子供でも自分の両親を愛することを知らないものはいない。子供が成長しても、兄を尊敬することを知らないものはいない。両親と親しくすること、これは仁である。兄を尊敬すること、これは義である。これに別の理由はなく、この二つの品行が世に広く通用するものだからです」。

韓 譯 맹자께서 말씀하시길 : "사람이 배우지 않았는데도 할 수 있는 것을, 양능이라 하며, 생각해보지 않아도 알 수 있는 것을 양지라 한다. 어린 아이일지라도, 그 어버이를 사랑할 줄 모르는 이가 없으며 ; 성장하여서는, 그 형을 공경할 줄 모르는 이가 없다. 어버이를 친애함이 인이요. 어른을 공경하는 것이 예이다. 이는 다름이 아니라 온 천하에 공통된 것이기 때문이다.

英 譯 Mencius said, "A man's ability which is not acquired by learning is his intuitive ability. A man's knowledge which is not acquired through reflection is his intuitive knowledge. There are no children who do not love their parents and none of them when grown up fail to respect their elder brothers. It is benevolence to love one's parents and righteousness to respect one's elder brothers. This is for no other reason that these two virtues are universal in the world."

◆◆

我善養吾浩然之氣

原文 "敢問夫子惡乎長？"曰："我知言，我善養吾浩然之氣。""敢問何謂浩然之氣？"曰："難言也。其為氣也至大至剛，以直養而無害，則塞于天地之間。其為氣也配義與道，無是餒也。是集義所生者，非義襲而取之也。行有不慊於心則餒矣。”

——《孟子・公孫丑上》

今釋 “請問先生您長於哪一個方面？”孟子說：“我善於分析人的言辭，我善於培養我的浩然之氣。”“請問什麼叫做浩然之氣呢？”孟子說：“不容易說得明白。作為一種氣，它最偉大、最剛強，用正直進行培養而不加以損害，就會充滿天地之間。作為一種氣，它要與義和道相配合；如果沒有義和道，它就沒有力量了。這種氣是集聚義所產生的，而不是由偶然的義所能夠產生出來的。行為稍微有愧對於心的，它就會疲軟無力的。”

日譯 「先生は、どの方面に長じておられるのかお伺いしたい」孟子はいわれた。「私は人の言葉を分析することに長け、私の“浩然の気”を養うことに長けている」。「お尋ねしますが、“浩然の気”とは何でしょうか?」孟子はいわれた。「はっきりと説明できないものである。一種の気をさすが、それは最も偉大で最も強いものであり、正直な気持ちになってこれを養い、損なうことがなければ、天地の間を満たすようになる。一種の気であるそれは、義と条理とも結びつく。もし義と条理がなくなれば、その力は失われてしまう。この気は義を集めたところに生まれるもので、偶然の義では生じない。行為が少しでも心の期待に背くことがあれば、それはぐったりとなり力を失ってしまう」。

韓譯 “감히 묻겠습니다. 선생님께서는 무엇에 뛰어나십니까?” 맹자께서 대답하셨다: “나는 사람의 말을 잘 분석하며, 나의 호연지기를 잘 기르노라.” “무엇을 호연지기라 하는지 감히 묻겠습니다?” 맹자께서 대답하시기를: “분명히 말하기는 쉽지 않지만, 그 기됨이 지극히 크고 강하여,

정직으로 배양하고 해침이 없으면, 천지 사이에 가득 차게 된다. 그것은 의와 도의 짝이 되어, 의와 도가 없으면 약하게 된다. 이 기운은 의리를 모아서 생겨나는데, 이 의리는 갑자기 취해지는 것이 아니다. 행동하고도 마음에 조금이라도 부끄러운 바가 있으면 호연지기는 무력하게 된다."

英譯 "May I ask, what are you, Master, strong in?" "I am strong in analyzing others' speech and in cultivating my vital energy." "What is the vast vital energy?" "It is difficult to make it clear. Such a vital energy is most great and indomitable. If it is nourished with integrity without our doing anything detrimental to it, it will be omnipresent, filling the whole universe. And it must be integrated with righteousness and morality, otherwise it becomes impotent. Such vital energy results from steady accumulation of righteousness and can not be acquired through accidental righteous acts. If you have something shameful on your conscience, it will become impotent."

◆◆

人皆可以為堯舜

原文 曹交問曰："人皆可以為堯舜，有諸？"孟子曰："然。"

——《孟子・告子下》

今釋 曹交問道："人人都可以成為堯舜，有這麼回事嗎？"孟子說："是的。"

日譯 曹交は「人々はすべて堯舜になることができる、こういうことがあるのか」と尋ねると、孟子は「そうだ」と答えた。

韓譯 조교가 물었다. "사람이 모두 요임금과 순임금이 될 수 있다 하니, 그렇습니까?" 맹자께서 말씀하셨다. "그러하다."

英譯 Cao Jiao asked, "Could it possible for every one to become Rao and Shun?" Mencius replied, "Surely."

◆◆

人性惡

原文 人之性惡，其善者偽也。

——《荀子·性惡》

今釋 人的本性是惡的，那些善的表現是人為和後天養成的。

日譯 人の本性は悪であり、あのような善良さは人為的、後天的に身につけたものである。

韓譯 사람의 본성은 악하다, 그것이 선하게 나타나는 것은 후천적으로 만들어진 것이다.

英譯 The nature of man is evil. All of the goodness in man is nurtured and cultivated later after birth.

◆◆

人之性惡，因有师法

原文 今人之性惡，必將待師法然後正，得禮義然後治。今人無師法，則偏險而不正；無禮義，則悖亂而不治。

——《荀子·性惡》

今釋 人的本性是惡的，一定要待君師和法制的教化以後才能規正，禮制道義的規範以後才得治平。人如果沒有得到君師和法制的教化，那麼就會偏邪而不端正；沒有禮制道義的規範，那麼就會逆亂而不得治平。

日譯 人の本性は悪であり、君師や法制の教化を受けることによってはじめてきちんと正すことができ、礼法の道義に則って規範化されてはじめて平和が訪れる。もし人が君師や法制による教化を受けなければ、よこしまになり、正常でなくなる。礼法の道義に則った規範化がなければ、逆に乱れて平和な世にならない。

韓譯 사람의 본성은 악한 것이어서, 반드시 스승과 법의 교화가 있은 연후라야 바르게 되며, 예의를 얻은 이후라야 다스려질 수 있다. 이제 사람이 스승과 법이 없다면, 편협하고 바르게 되지 않으며；예의가 없으면 어그러져 어지럽게 되어 다스려지지 않는다.

英譯 The nature of man is evil. Only admonitions from the teachers and punishment by the laws can put him right. Only the regulations for courtesy and righteousness can bring peace to the country. If a man does not have admonitions from the teachers and punishment by the law, his deeds will deviate and become transgressed. If a country does not have the regulations for courtesy and righteousness, there will be revolts and no peace in a country.

◆◆

性者，天之就也

原文 凡性者，天之就也，不可學，不可事。禮義者，聖人之所生也，人之所學而能，所事而成者也。不可學、不可事而在人者，謂之性；可學而能、可事而成之在人者，謂之僞，是性、僞之分也。

——《荀子·性惡》

今釋 人的本性是天然成就的，不是通過學習和人為而達成的。

禮義是聖人的創制，是人通過學習和人為就可以達成的。未經學習和人為而為人所天然具備的是性；可以通過學習和人為而由人後天達成的，是偽，這是性和偽的區別。

日譯 人の本性は生得的なものであり、学んだり人為的なものにより形成されるわけではない。礼義は聖人が定めたものであり、学んだり、人為的に達成されるものである。学習や人為によらずに人として生得的に備えているものは性である。学習や人為により後天的に形成されるものは偽である。これが性と偽の違いである。

韓譯 무릇 사람의 본성이란 것은, 하늘이 이룬 것으로, 배울 수도 없으며, 달성할 수도 없다. 예의라는 것은 성인이 창제하신 것으로, 사람이 배워서 능숙할 수 있고 달성할 수 있는 것이다. 배울 수도 없고 달성할 수도 없는데, 사람에게 있는 것을 본성이라 하며；배워서 능숙해지며 행하여 이룰 수 있는 것으로 사람에게 있는 것을 인위라 한다. 이것이 본성과 인위의 구분이다.

英譯 Man's nature is given by birth rather than by learning and cultivation. Righteousness and courtesy is initiated by the sage and can be achieved by learning and cultivation. Things that are given by birth without learning are nature by birth; that can be learnt and cultivated is nurtures later after birth. This is the difference between Nature and Nurture.

◆◆

有師法者，人之大寶也

原文 有師法者，人之大寶也；無師法者，人之大殃也。

——《荀子・儒效》

今釋 君師和法制教化，這是人最大的法寶；沒有君師和法制教化，這是人最大的災殃。

日譯　君師と法制による教化、これは人の最大の宝である。君師と法制による教化が行われなければ、人類にとって最大の災難となる。

韓譯　스승과 법제의 교화가, 사람의 가장 큰 보배이다；스승과 법제가 없다면, 사람의 큰 재앙이리라.

英譯　The greatest treasure of all is the admonitions of the teachers and punishment by law, without which great disasters will fall upon man.

◆◆

墨悲絲染

原文　子墨子言，見染絲者而歎曰：“染於蒼則蒼，染于黃則黃。所入者變，其色亦變。五入必而已則為五色矣。故染不可不慎也。非獨染絲然也，國亦有染。”

——《墨子・所染》

今釋　墨子說過，他看見染絲的人就大發感慨說：“絲這種東西染上青色就變成青色，染上黃色就變成黃色。它所進入的染缸的顏色改變，自身的顏色也隨著改變。五入染缸以後，就具備了五種顏色。所以，染絲不可以不謹慎。並非唯獨染絲是這樣，治國也像染絲一樣。”

日譯　墨子の話しによると、彼は糸を染めている人を見て、感慨深げに次のように言ったという。「糸のようなものは青色に染めれば青色になり、黄色に染めれば黄色になる。それを入れた染瓶の色も変わり、自身の色さえも変えてしまう。五回染瓶に入れると五色になる。それゆえに、糸を染めるのは慎重でなければならない。それはなにも糸を染める時に限ったことではない。国を治めるのも糸を染めるのと同じである」。

韓譯 묵자가 실을 물들이는 자를 보고 감탄하며 말하였다: "파란 색을 물들이면 파래지고, 노란 색을 물들이면 노래진다. 넣는 물감이 변하면 그 색 또한 변한다. 다섯 번 들어가면 반드시 오색이 되어 있다. 그러니 물 들이는 것을 삼가 하지 않을 수 있겠는가? 비단 실을 물들이는 것만 그러한 것이 아니라 나라를 다스리는 것 또한 실을 물들이는 것과 같다."

英譯 Mo Zi once remarked during the visit to a dyer, "As for silk, if dyed with the color of cyan, it will become cyan. If dyed with yellow, it will become yellow. Its color will change with the color of the dye vat. After five times being put in the dye vat, it will have five colors. So keep alert while you are dying. This does not only apply for the silk dying, but it is also applies to the rule of a country."

◆◆

民之性，饑而求食

原文 民之性，饑而求食，勞而求佚，苦則索樂，辱則求榮，此民之情也。

——《商君書·算地》

今釋 老百姓的本性，饥饿就会想着寻找食物，劳累就会想着安逸，痛苦就会想着快乐，耻辱就会想着荣誉，这是百姓的性情。

日譯 民衆の本性は、飢えれば食を求め、苦労すれば安逸を求め、苦痛を感じれば快楽を求め、恥辱を覚えると栄誉を求めるというものである。これが一般庶民の心情である。

韓譯 백성들의 본성은, 굶주리면 먹을 것을 찾고, 힘들면 쉴 것을 구하며, 고통스러우면 즐거운 것을 생각하고, 치욕

스러우면 영예를 생각하게 된다. 이것이 백성들의 성정이다.

英譯 The nature of common people is to seek food when they are hungry, seek comfort when they are weary, seek pleasure when they are in pain, seek honor when they are shamed. This is the nature of common people.

◆◆

好利惡害，人之所有

原文 好利惡害，夫人之所有也。

——《韓非子・難二》

今釋 喜好利益，讨厌害处，这是人皆具备的。

日譯 利を好み害を嫌うこと、これは全て人に備わっている。

韓譯 이익을 좋아하고 해로움을 싫어하는 것은, 대저 사람들이 모두 갖고 있다.

英譯 It is the nature of man to love benefits and hate harm.

◆◆

性有善質

原文 性有善質，而未能為善也。

——漢・董仲舒《春秋繁露・實性》

今釋 人性具有善的材質，却不能夠直接為善。

日譯 人間性は善の特質を備えているが、直接に善に為ることができない。

韓譯 사람의 본성이 선한 자질을 갖추고 있지만, 선을 하는 것은 아직 능숙하지 못하다.

英譯 In man there is raw material to do good, but he can not do good on his own.

◆◆

性如繭卵，待教而善

原文　性如繭如卵，卵待復而為雛，繭待繅而為絲，性待教而為善。

——漢・董仲舒《春秋繁露・深察名號》

今釋　人性就像繭，就像卵，卵等到孵化後才成為雛鳥，繭等到放進沸水裏然後才可以抽絲，人等到接受教育以後，其性才可以成善。

日譯　人間の本性は繭のようであり、卵のようでもある。卵は孵化してはじめてひな鳥になり、繭は湯の中に入れてはじめて糸を繰ることができ、人は教育を受けてはじめてその性が善良となる。

韓譯　인성은 누에고치와 같고 알과 같다. 알은 부화를 기다린 후에 병아리가 되며, 누에고치는 켜진 후에 실이 되듯이, 본성은 가르침을 기다린 이후에 착하게 된다.

英譯　Human nature is like a cocoon, or eggs. The eggs will turn into a bird only when hatched. The cocoon will have silk only when boiled. So too, man will become good only when educated.

◆◆

人之性，善惡混

原文　人之性也，善惡混。修其善則為善人，修其惡則為惡人。

——漢・揚雄《法言・修身》

今釋　人的本性是善恶混合。修养善的一面则为善人，修养恶的一面则为恶人。

日譯　人の本性は善と悪が混在している。善を修めれば善良な人となり、悪を修めれば悪人となる。

韓譯　사람의 본성은 선과 악이 섞여 있다. 그 선한 면을 닦으면 선한 사람이 되고, 그 악한 면을 닦으면 악한 사람이 된다.

英譯　The nature of man is blended with good and evil. To cultivate the good side, he will become a good man. To indulge in the evil side, he will become an evil man.

◆◆

人性有善有惡

原文　人性有善有惡，猶人才有高有下也。

——漢・王充《論衡・本性》

今釋　人性有善也有惡，就如人的才能有高有下一般。

日譯　人間の本性には悪も善もあり、これはまさに人の才能に高低があるのと同じである。

韓譯　사람의 본성은 선도 있고 또 악도 있는데, 마치 사람의 재주가 높은 사람도 있고 낮은 사람도 있는 것과 마찬가지이다.

英譯　There is goodness and evilness in man just as different men have different talents.

◆◆

人生而有欲、有情、有知

原文　人生而後有欲、有情、有知，三者血氣心知之自然也。

——清・戴震《孟子字義疏証》

今釋　人生下來以後就有欲望、有情感、有智慧，作為有軀體有心靈的人具備這三者，是很自然的事情。

日 譯　人は生得的に欲望をもち、感情があり、知恵がある。肉体と魂をもつ者がこの三者を備えているのは、きわめて当たり前な事である。

韓 譯　사람은 태어난 후로 욕망과 감정과 지혜가 있게 되는데, 이 세 가지는 몸과 마음이 있는 사람이라면 아주 자연스러운 것이다.

英 譯　Man has desires, feelings and wisdom the moment when he is born. It is natural for a man who has body and soul to have these three natures.

(二) 講學

学問について

권학

On learning

◆◆

學而時習之

原 文　子曰："學而時習之，不亦說乎？有朋自遠方來，不亦樂乎？人不知而不慍，不亦君子乎？"

——《論語·學而》

今 釋　孔子說："學了之後，再按時復習，不也是很高興的嗎？有朋友從遠方來相會，不也是很快樂的嗎？別人不了解我，而我却不會氣惱，不也是君子嗎？

日 譯　孔子はいわれた。「学んで適時おさらいをするのは、楽しいことではないか。友達が遠方から訪ねて来ても楽しいことではないかね。他人が私のことを分かってくれなくても、私は腹を立てたりしない。これが君子ではないだろうか?」

韓譯 공자께서 말씀하셨다 : "배우고 때로 익히면, 또한 기쁘지 아니한가? 벗이 있어 먼 곳으로부터 찾아오면, 또한 즐겁지 아니한가? 다른 사람들이 알아주지 않아도 성내지 않으면, 또한 군자가 아니겠는가?"

英譯 Confucius said, "Isn't it a pleasure to study and review what you have learnt? Isn't it also great to have friends visit from distant places? Am I not a superior man when others misunderstand me yet I am not angry?"

◆◆

學如不及，猶恐失之

原文 子曰：“學如不及，猶恐失之。”

——《論語・泰伯》

今釋 孔子說：“學習就好像追趕不上似的，還害怕丟掉應該學習的東西。”

日譯 孔子は「学問をするときには自分はまだまだ及ばないという気持ちでやりなさい。しかも猶（な）おこれを失いはせぬかという恐れをいつも抱いておきなさい」といわれた。

韓譯 공자께서 말씀하셨다 : "배움은 아직도 이르지 못한 듯해야 하며, 오히려 그것을 잃을까 두려워하듯 해야 한다."

英譯 Confucius said, "When learning something new, one should worry about being able to acquire it; when one has learnt something, one should worry about forgetting it."

◆◆

毋意，毋必，毋固，毋我

原文　子絕四：毋意，毋必，毋固，毋我。

——《論語・子罕》

今釋　孔子杜絕四種毛病：不憑空猜測，不絕對肯定，不拘泥固執，不主觀武斷。

日譯　孔子は四つの欠点を絶たれた。意地をなくし、無理をなくし、固執をなくし、我欲をなくすということである。

韓譯　공자께서는 네 가지를 끊으셨다 : 즉 사사로운 뜻과, 기필코 우김과, 집착함과 아집이다.

英譯　Confucius never made wild conjectures and never talked in terms of absolutes. He was neither obstinate nor egoistic. These he took to be four faults to be overcome.

◆◆

三人行必有我師

原文　子曰："三人行，必有我師焉！擇其善者而從之，其不善者而改之。"

——《論語・述而》

今釋　孔子說："三人同行，其中一定有我可以師法的人。要選擇人家的優點去照着做，看到人家的缺點，要加以借鉴和改正。"

日譯　孔子は「三人行えば、必ずわが師あり。他人の長所を選びこれに照らして学び、他人の欠点を見れば、これを参考して己をただす」といわれた。

韓譯　공자께서 말씀하셨다 : "세 사람이 가면, 그 중에 반드시 나의 스승이 있다! 사람들의 좋은 점을 택하여 그것을 따

르고, 사람들의 결점을 보거든 그것을 거울로 삼아 자신을 바르게 고쳐야 한다.

英譯 Confucius said, “When walking in the company of other men, there must be one I can learn something from. I shall pick out his merits to follow and his shortcomings for reference to overcome my own.”

◆◆

君子病無能

原文 子曰：“君子病無能焉，不病人之不己知也。”

——《論語・衛靈公》

今釋 孔子說:“君子擔憂自己沒有能力,不擔憂別人不了解自己。”

日譯 孔子は「君子は自ずから才能の無いことを気にし、他人が自分のことを理解してくれないことなど気にしない」といわれた。

韓譯 공자께서 말씀하셨다 : “군자는 자신의 무능함을 근심할 뿐, 다른 사람들이 자신을 알아주지 않음을 근심하지는 않는다.”

英譯 Confucius said, “A superior man fears his own lack of talent more than other’s failure to understand him.”

◆◆

困而不學，民斯為下

原文 孔子曰：“生而知之者，上也；學而知之者，次也；困而學之，又其次也。困而不學，民斯為下矣！”

——《論語・季氏》

今釋 孔子說:“生來就知道的是上等，通過學習然後才知道的是次一等；遇到困惑然後才學習的，又次一等；遇到困惑却還不知道學習的，這樣的人就是下等了。”

日 譯　孔子は「生まれつきこれを知るものは上等である。学んで始めてこれを知るものはその次ぎである。困惑にぶつかって始めて学ぶようなものはまたその次ぎである。困惑にぶつかっても学ぼうとしないものは下等である」といわれた。

韓 譯　공자께서 말씀하셨다 : “태어나면서 아는 자는 최상이요 ; 배워서 아는 자는 그 다음이요, 곤란을 느껴 배우는 자는 또 그 다음이다. 그런데 곤란한데도 배우지 않는 사람은 백성들이 하등이라 부른다.”

英 譯　Confucius said, “Best is the man who is born with knowledge. Better is the man who knows after learning. Good is the man who learns after experiencing difficulties. Bad is the man who never learns even after he meets with difficulties.”

◆◆

好古，敏以求之

原 文　子曰：“我非生而知之者，好古，敏以求之者也。”

——《論語・述而》

今 釋　孔子說：“我不是生來懂得知識的人，而是愛好古代文化，通過勤奮學習而得來的知識。”

日 譯　孔子は「私は生まれながらにしてものごとを知っていたのではなく、昔の時代のものごとを好み、懸命にそれを求めたのだ」と言った。

韓 譯　공자께서 말씀하셨다 : “나는 태어나면서부터 아는 자가 아니라, 옛것을 좋아하여, 민첩하게 그것을 구하는 자이다.”

英譯 Confucius said, "I am not born to know. I know through the loving of ancient cultures and diligent study."

◆◆

好學且好仁

原文 好仁不好學，其蔽也愚；好知不好學，其蔽也蕩；好信不好學，其蔽也賊；好直不好學，其蔽也絞；好勇不好學，其蔽也亂；好剛不好學，其蔽也狂。

——《論語・陽貨》

今釋 愛好仁德，却不愛學習，它的弊端是容易被人欺騙；愛好聰明，却不愛學習，它的弊端是放蕩無羈；愛好誠信，却不愛學習，它的弊端是流於小信而易壞事；愛好直率，却不愛學習，它的弊端是尖刻傷人；愛好勇敢，却不愛學習，它的弊端是犯上作亂；愛好剛強，却不愛學習，它的弊端是狂妄自大。

日譯 仁徳を好んでも学問を好まないと、その弊害として騙されて愚かになってしまう。賢明を好んでも学問を好まないと、その弊害として放埒で歯止めがきかなくなる。誠実信義を好んでも学問を好まないと、その弊害として小義に流されて容易に事をし損じる。率直さを好んでも学問を好まないと、その弊害として言葉は辛辣で人を傷つける。勇ましさを好んでも学問を好まないと、その弊害として上を犯し乱暴になる。意志の強さを好んでも学問を好まないと、その弊害として独り善がりになる。

韓譯 인을 좋아하나 배우기를 좋아하지 않으면, 그 폐단이 어리석고 ; 지혜를 좋아하나 배우기를 좋아하지 않으면, 그 폐단이 방탕해지고 ; 믿음을 좋아하나 배우지 않으면 그 폐단이 해치게 되며, 정직함만 좋아하고 배움을 좋아하

지 않으면 그 폐단이 급하게 되고, 용맹만 좋아하고 배움을 좋아하지 않으면 그 폐단이 어지럽게 되고, 강한 것을 좋아하나 배움을 좋아하지 않으면 그 폐단이 경솔하게 된다.

英譯 To love benevolence without loving learning is to be liable to be fooled. To believe in wisdom without loving learning is to be liable to dissolutions. To be honest without loving learning is to be liable to being made use of and self-destruction. To be straight without loving learning is to be liable to harmful and biting speech. Being courageous without learning is to be liable to be disobedience and to be unyielding without learning is liable to be reckless.

◆◆

日知其所亡

原文 子夏曰："日知其所亡，月無忘其所能，可謂好學也已矣。"

——《論語・子張》

今釋 子夏說："每天都能得到自己所沒有的知識，每月都不忘掉自己已經學會的知識，這就可稱得上是好學了啊。"

日譯 子夏は「每日分からない知識を身に付けることができ、每月すでに身に付けた知識を忘れまいと心がけることを学問好きと言ってよかろう」と言った。

韓譯 자하가 말하였다："날마다 자신에게 없는 지식을 얻고, 달마다 자신의 이미 배운 지식을 잊지 않는다면, 학문을 좋아한다고 말할 수 있다."

英譯 Zi Xia said, "Every day we can learn something that we did not know before. If one does not forget what he has learnt, he is a good learner."

◆◆

吾十有五而志於學

原文　子曰："吾十有五而志于学，三十而立，四十而不惑，五十而知天命，六十而耳顺，七十而从心所欲，不逾矩。"

——《論語·为政》

今釋　孔子說："我十五歲時立志學習，三十歲時能夠依照禮的規範立足於世，四十歲時能夠釋疑解惑，五十歲時能夠知道天意命運，六十歲時能夠分辨別人言語的涵義，七十歲時能做到隨心所欲，而又不越出規矩。"

日譯　孔子は「私は十五才で（学問の道に入ろうと）決めた。三十才で（学問に対する自分なりの基礎）を確立した。四十才で戸惑うことがなくなった。五十才で天命を悟った。六十で何を聞いても動じなくなった。七十になってからは、心のおもむくままに行動しても、道理に背くことがなくなった」と言った。

韓譯　공자께서 말씀하셨다："나는 15 세에 학문에 뜻을 두고, 30 에 자립하였으며, 마흔 살에 미혹됨이 없었으며, 쉰 살에 천명을 알았다. 예순 살에는 귀로 들으면 그대로 이해되었고, 일흔 살에는 마음에 하고자 하는 것을 따라도 법도에 넘지 않았다."

英譯　Confucius said, "At fifteen, my heart was set on learning. At thirty I stood firm. At forty I had no more doubts. At fifty I know the mandate of heaven. At sixty my ear was obedient. At seventy I could follow my heart's desire without transgressing the norm."

◆◆

溫故而知新

原文　子曰："溫故而知新，可以為師矣。"

——《論語·為政》

今釋　孔子說："溫習已掌握的知識，然後能夠有新的認識，就可以做老師了。"

日譯　孔子は「過去の知識をおさらいし、そこから新しい知識を導き出すことができれば、その人を師として仰ぐことができる」と言った。

韓譯　공자께서 말씀하셨다 : "옛 것을 익히고 새것을 알면, 스승이 될 수 있다."

英譯　Confucius said, "If one is able to acquire new knowledge by reviewing old knowledge, he is qualified to be a tutor."

◆◆

思不如學

原文　子曰："吾嘗終日不食，終夜不寢，以思，無益，不如學也。"

——《論語·衛靈公》

今釋　孔子說："我曾經一整天不吃飯，一整夜不睡覺，只去思考，沒有獲得益處，不如去學習。"

日譯　孔子は「私はかつて一日中食事もとらず、一晩中寝もしないで考えたことがあるが、無駄であった。学ぶことには及ばない」と言った。

韓譯　공자께서 말씀하셨다 : "내가 일찍이 종일토록 먹지 않고, 밤이 끝나도록 자지 않고 생각해 보았는데, 이익이 없었다. 배우는 것만 같지 못하였다."

英譯 Confucius said, "I once tried to meditate without eating and sleeping for a whole day without gaining anything. I might as well study."

◆◆

學而不思則罔

原文 子曰："學而不思則罔，思而不學則殆。"

——《論語・為政》

今釋 孔子說："只學習却不思考，就會很罔然；只思考却不學習，就會疑惑不解。"

日譯 孔子は「読書にふけって思索を怠ると、ものごとははっきりしない。思策にふけって読書を怠ると、惑いが解けなくなる」と言った。

韓譯 공자께서 말씀하셨다："배우기만 하고 생각하지 않으면 얻어지는 것이 없고, 생각하기만 하고 배우지 않으면 위태롭다."

英譯 Confucius said, "It throws one into bewilderment to read without thinking. Whereas, it places one in jeopardy to think without reading."

◆◆

敏而好學

原文 子貢問曰："孔文子何以謂之'文'也？"子曰："敏而好學，不恥下問，是謂之'文'也。"

——《論語・公冶長》

今釋 子貢請問："孔文子為什麼被贈謚為'文'呢？"孔子說："因為他聰明靈活，喜歡學習；謙虛好問，不以向下請教為恥，所以被贈諡為‘文’。”

日譯　子貢が「孔文子はどうして文という諡号なのですか」と尋ねると、孔子は「頭が切れて学問を好み、下問することを恥じなかったから、文という諡号なのだよ」と答えた。

韓譯　자공이 물었다 : “공문자는 어찌하여 문이라고 시호하였습니까 ?” 공자께서 대답하셨다 “명민하면서도 배우기를 좋아하였으며 아랫사람에게 묻기를 부끄러워하지 않았다. 이 때문에 문이라 시호한 것이다.”

英譯　Zi Gong asked, “How did Kong Wen Zi get the title wen (learnt)?” Confucius said, “He was diligent and loved to study. He was also unashamed to ask questions from his inferiors. Therefore, he got the name Wen.”

◆◆

忠信如丘，不如丘之好學

原文　子曰：“十室之邑，必有忠信如丘者焉，不如丘之好學也。”

——《論語・公冶長》

今釋　孔子說：“即使是十戶人家的小鎮，也一定有像我這樣忠心、誠實的人，只是比不上我這樣喜歡學問就是了。”

日譯　孔子「だとえ十世帯しかない村でも、私ぐらい忠実に信義を守る者はいるものだ。しかし、私のように学問を好む者はいないだろう」と言った。

韓譯　공자께서 말씀하셨다 : “십호쯤 되는 읍에도, 반드시 나와 같은 충신은 있겠지만, 내가 학문 좋아하는 것은 같지 못할 것이다.”

英譯　Confucius said, “There must be a man who is as loyal and honest as me even in a small town of ten families. But there is none can compare with me in loving knowledge."

◆◆

知之不如好之，好之不如樂之

原文　子曰："知之者不如好之者，好之者不如樂之者。"

——《論語·雍也》

今釋　孔子說："對待知識和學問，瞭解它的人比不上喜歡它的人，喜歡它的人趕不上以它為樂的人。"

日譯　孔子は「知と学問の取り組みは、いくら知識があってもそれを好きな人には及ばない。いくら好きでもそれを楽しんでいる人には及ばない」と言った。

韓譯　공자께서 말씀하셨다："알고 있는 자는 그것을 좋아하는 자만 같지 못하며，좋아하는 자는 그것을 즐기는 자만 같지 못하다."

英譯　Confucius said, "As for knowledge and learning, those who understand it are not comparable with those who like it. Those who like it are not comparable with those who can derive pleasure from it."

◆◆

博學反約

原文　孟子曰："博學而詳說之，將以反說約也。"

——《孟子·離婁下》

今釋　孟子說："廣博地學習，詳細地說解，是為了融通之後回到簡略地說解道理的地步。"

日譯　孟子は「人が広く学んで、これを詳しく説明しようとするのは、学んだことを省みて、自分の考えで要約し、釈明するためなのだ」と言った。

韓譯　맹자께서 말씀하시길 : “널리 배우고 그것을 상세히 설명함은, 장차 도리어 간략하게 설명하기 위해서이다.”

英譯　Mencius said, “Learn extensively and expound in detail so that you can elucidate the essential in brief.”

◆◆

博學篤志，切問近思

原文　子夏曰：“博學而篤志，切問而近思，仁在其中矣。”

——《論語·子張》

今釋　子夏說：“廣泛地學習，堅守自己的志趣；好問且好思考，仁也就在這裏面了。”

日譯　子夏は「広く学んで志をしっかりもち、鋭く質問して身近な問題について考える。こういう中から仁徳が生まれるのだ」と言った。

韓譯　자하가 말하길 : “널리 배우고 뜻을 독실이 하며, 절실하게 묻고 가까운데서 생각하면, 그 안에 인이 있을 것이다.”

英譯　Zi Xia said, “There is no need for one to look for benevolence if one has learned widely, inquired earnestly and dealt with things thoughtfully.”

◆◆

士不厭學，故能成其聖

原文　海不辭水，故能成其大；山不辭土石，故能成其高；明主不厭人，故能成其眾；士不厭學，故能成其聖。

——《管子·形勢解》

今釋　大海不放棄吸納細流，所以能夠匯聚成大海；高山不放棄堆積土石，所以能夠累積成高山；賢明的君主不厭惡人民，所以能夠管理衆人；士子不厭倦學習，所以能夠趨於聖明。

日譯 海は細流を拒まず受け入れることで大海になることができる。高山は土石を拒まず積み上げることで高山になることができる。賢い君主は人民を嫌悪しないので大衆を管理することができる。学生は学ぶこと厭わないので賢明になれる。

韓譯 바다는 물을 사양하지 않기에, 능히 그 큼을 이루며；산은 흙과 돌을 사양하지 않기에, 능히 그 높음을 이룬다；현명한 군주는 백성을 싫어하지 않기에, 능히 그 많은 무리를 다스리며；선비는 배우는 것을 싫어하지 않기에, 능히 그 성스러움을 이룬다.

英譯 The seas become the seas because they never stop accepting the streams. The mountains become mountains because they never stop accumulating the earth and stones. The wise rulers can rule the people well because they never hate people. The learners become learned because they are never tired of learning.

◆◆

心之官則思

原文 心之官則思；思則得之，不思則不得也。

——《孟子·盡心下》

今釋 心的功能就是思考；思考就可以瞭解道理，不思考就不能知曉道理。

日譯 心の機能は考えることであり、考えれば道理が分かるようになるが、考えなければ道理は分からない。

韓譯 마음의 기능은 생각하는 것이다；생각하면 도를 이해할 수 있고, 생각하지 않으면 이해하지 못한다.

英譯 The use of heart is to think. To think is to understand. One will not understand without thinking.

◆◆

盡信《書》不如無《書》

原文 孟子曰："盡信書，則不如無書。"

——《孟子·盡心下》

今釋 孟子說："毫無保留地相信《書》上所說的，還不如沒有《書》。"

日譯 孟子は「『書』にあることをすべて信じるなら、むしろ『書』がないほうがよい」と言った。

韓譯 맹자께서 말씀하셨다："서경의 내용을 완전히 믿는다면, 서경이 없는 것만 같지 못하다."

英譯 Mencius said, "If everything in "The Book of History" was believed it would be better if the book have not been written at all."

◆◆

學不可以已

原文 君子曰：學不可以已。青，取之於藍，而青於藍；冰，水為之，而寒於水。木直中繩，輮以為輪，其曲中規，雖有槁暴，不復挺者，輮使之然也。故木受繩則直，金就礪則利，君子博學而日參省乎己，則知明而行無過矣。

——《荀子·勸學》

今釋 君子說：學習不可以止步。青色是從藍草中提取出來的，却比藍草的顏色為深；冰是由水固化而成的，却比水寒冷。樹木挺直，符合繩墨，通過火烤做成車輪，彎彎曲曲，符合圓規，即使再加曝曬，它也不會再挺直了，原因就在於火烤使它變成這樣啊！所以樹木接受繩墨就挺直，金屬接受磨礪就鋒利，君子廣博地學習，天天多次反省自身，那麼就智識明淨、行為無過了。

日 譯 君子は「学問は立ち止まってはならない。青は藍草から取られるが藍よりも青い。氷は水からできるものだが水より冷たい。木はまっすぐに伸び、墨縄に合うが、火にあぶって車輪につくり変えられると歪曲し、コンパスに合うようになる。たとえ乾燥させても、まっすぐ伸ばすことができなくなるのは火にあぶって歪曲させたからである。同じように木は墨縄を受け入れるとまっすぐになり、金属に磨きをかけると鋭くなり、君子は広く学び、毎日何度も我が身を反省すれば、理知的になり、行為を誤らなくなる」と言った。

韓 譯 군자는 말하길: 학문은 그만 둘 수 없는 것이다. 푸른색은 쪽에서 얻어낸 것이지만 쪽보다 더 푸르고; 얼음은 물로 이루어졌지만, 오히려 물보다 더 차갑다. 나무는 곧아서 승묵에 맞지만 불에 쬐여 굽혀 수레바퀴를 만들면, 그 굽은 자에 들어맞게 되고, 비록 바짝 말린다 하더라도 다시 펴지 못하는 것은, 그것을 굽게 했기 때문이다. 나무는 승묵을 따르면 곧아지고, 쇠는 숫돌에 갈면 날카로워지는 것처럼, 군자는 널리 배우고 날마다 자신을 돌아보아 반성한다면, 아는 것이 밝아져 행동에 허물이 없게 될 것이다.

英 譯 The superior man says, “Learning must never be concluded.” Though blue dye comes from the indigo plant, it is bluer than indigo. Ice is made from water, but is colder than water. A piece of wood, straight as a plumb-line, by steaming, be made pliable enough to bend into the shape of a wheel rim, so its curvature will conform to the compass. Yet, even though it is then allowed to dry out completely in the sun, it will not return to its former straightness because the process of steaming has effected this change. So, wood that has been marked with plump line will be straight, and metal processed by whetstone will be sharp. In broadening his learning, the superior man each day examines himself so that his awareness will be discerning and his actions without excess."

◆◆

君子善假於物

原文 吾嘗終日而思矣，不如須臾之所學也。吾嘗跂而望矣，不如登高之博見也。登高而招，臂非加長也，而見者遠；順風而呼，聲非加疾也，而聞者彰。假輿馬者，非利足也，而致千里；假舟檝者，非能水也，而絕江河。君子生非異也，善假於物也。

——《荀子・勸學》

今釋 我曾經一整天在思考，比不上一會兒功夫學習所得。我曾經踮起腳來向遠處看，不如登上高處看得更為廣遠。登上高處而招手，手臂並沒有加長，但遠處的人都能看到；順着風而呼喊，聲音並未加高，但能清楚地被聽到。借助車馬的人，並非擅長走路，却能行千里；借助舟楫的人，並非能游水，却能渡過江河。君子生來並沒有什麼不同，只是善於借助外物罷了。

日譯 私はかつて一日中考えていたことがあるが、少しの時間を取って学んだものには及ばない。私はかつてつま先で立って遠い所を見たけれども、高いところに上って見た方がよりいっそう遠くを見渡せる。高いところに登って手を振っても腕はべつに長くならないけれども、遠いところも見渡せる。風上からひとを呼べば、声が高くなったわけではないのだけれど、はっきりと聞こえるようになる。輿と馬の助けを借りると、足そのものが強くなるわけではないけれども、千里を進むことができる。舟や楫の助けを借りると、泳ぐことができるようになるわけではないけれども、川を横断することができる。君子というのは、生まれながら能力を持っているわけではなく、ただ他の物から力を借りるのに長けているである。

韓譯 내가 일찍이 종일토록 생각만을 해 보았는데, 잠깐 동안 배우는 것만 같지 못하였다. 내가 일찍이 발 돋음을 해서 바라보았는데, 높은데 올라가서 널리 바라보는 것만 같지 못하였다. 높은 곳에 올라가 손짓을 하면 팔이 더 이상 길어지는 것은 아니지만 보이는 것이 멀며, 바람을 타고 부른다면 목소리를 더 이상 높이지 않더라도 들리는 것이 분명할 것이다. 가령 수레와 말을 타면 걷는데 뛰어나지 않더라도 천리를 갈 수 있으며 ; 배와 노를 이용하면 물에 익숙하지 않더라도 강하를 건널 수 있다. 군자는 태어나면서부터 뭔가 특이한 것은 없지만 사물의 힘을 잘 빌리는 자이다.

英譯 I once spent a whole day in thought, but it was not so valuable as a moment in study. I once stood on my tiptoes to look into the distance, but it was not so effective as climbing up a high place for a broader vista. Climbing to a height and waving your arm does not cause the arm's length to increase, but your wave can be seen farther away. Shouting downwind does not increase the tenseness of the sound, but it is heard more distinctly. A man who borrows a horse and carriage does not improve his feet, but he can extend his travels 1,000 li. A man who borrows a boat and paddle does not gain any new ability in water, but he can cross rivers and seas. The superior man by birth is not different form other men; he is just good at making use of external things.

◆◆

志於道，游於艺

原文　子曰："志於道，據於德，依於仁，遊於藝。"

——《論語·述而》

今釋　孔子說："信仰政治理想，執守道德修養，依據仁愛學說，廣泛涉獵禮、樂、射、御、書、數等文化知識和技能。"

日譯　孔子は「政治の理想を志し、道德を守り、仁愛をよりどころとし、礼、楽、射、御、書、数などの教養や技能を広く涉猟する」と言った。

韓譯　공자께서 말씀하셨다: "도에 뜻을 두고, 덕을 굳게 지키며, 인에 의지하고, 예에서 노닐어야 한다."

英譯　Confucius said, "Stick to your goal, base yourself on virtue, lean upon benevolence and take your recreation in the six arts and skills such as music, the rites, archery, carriage driving, classic books and arithmetic."

◆◆

大學之道

原文　大學之道，在明明德，在親民，在止於至善。

——《禮記·大學》

今釋　大學的宗旨，在於彰顯人們光明的德性，在於教育人民除舊布新，在於使人民達到至善的境界。

日譯　大学（大人となるための学問）の旨は、まず生まれながらに具わった徳性を明らかにすることにある。また、古きを除き新しきを世のなかの人々に普及していくことにある。また、民衆を至善の境地に達成させることにある。

韓譯　대학의 도는, 밝은 덕을 밝힘에 있으며, 백성을 친하게 함에 있으며, 지극한 선에 머무르는데 있다.

英譯　The principle of great learning lies in proclaiming the bright side of human beings, in educating people to get rid of the old and to acquire the new, in reaching the summit of goodness.

◆◆

玉不琢，不成器

原文　玉不琢，不成器；人不學，不知道。

——《禮記・學記》

今釋　玉石不加雕琢，就不能成為器物；人不學習，就不能知曉道理。

日譯　玉は彫刻を施さなければ器にならない。人は学ばなければ道理を知ることができない。

韓譯　옥은 가공하지 않으면, 그릇을 이룰 수 없고；사람은 배우지 않으면 도를 알 수 없다.

英譯　Jade can not become vessels if not carved. So too, man can not understand if not educated.

◆◆

獨學無友，則孤陋寡聞

原文　獨學而無友，則孤陋而寡聞。

——《禮記・學記》

今釋　獨自學習，而沒有朋友一起交流切磋，那麼一定會孤陋寡聞。

日譯　独りで学んで、いっしょに交流し、高め合う友達がいなければ、きっと学識が浅く見聞が狭くなってしまうであろう。

韓譯 홀로 배우고, 함께 할 벗이 없다면, 고루해지고 들은 바가 적게 될 것이다.

英譯 Learning alone without discussing with friends will surely lead to narrow-mindedness.

◆◆

學猶種樹

原文 古之學者為己，以補不足也；今之學者為人，但能說之也。古之學者為人，行道以利世也；今之學者為己，修身以求進也。夫學者猶種樹也，春玩其華，秋登其實；講論文章，春華也；修身利行，秋實也。

——北齊・顏之推《顏氏家訓・勉學》

今釋 古時候的人學習為自身，是要彌補不足；今天的人學習為他人，只是能夠誇說炫耀。古時候的人學習為他人，推行大道，以利世教；今天的人學習為自己，想要修養身心、期求進身。學習這事情就好比種樹，春季欣賞它的花，秋季成熟它的果實；講說文章，這是春季之花；修養身心，利於世道，這是秋季之實。

日譯 昔の人が学んだのは自身の為であり、足らないところを補うのが狙いであった。今の人は他人の為に学んでおり、ただ誇示したいがためである。昔の人は他人の為に学び、道を広め、世に役立とうとした。今の人は自分の為に学び、心身の修養や自ら出世を望む。学ぶことは木を植えるが如く、春にはその花を鑑賞し、秋はその果実が実る。文章を話して聞かせること、これは春の花であり、心身を修養し、時世に役立つこと、これは秋の実りである。

韓譯　옛날 학자들은 자신을 위하여 부족한 것을 보충하였는데; 지금의 학자들은 남을 위하여 잘 설명하고자 할 뿐이다. 옛날 학자들은 다른 사람을 위하여, 도를 행하여 세상을 이롭게 하고자 하였는데; 지금 학자들은 자신을 위하여 몸을 닦아 나아가기를 구할 뿐이다. 대저 배움이라는 것은 나무를 심는 것과 같아서, 봄에는 그 꽃을 감상하고, 가을에는 그 열매를 키우는 것이다; 문장을 강론하는 것은 봄의 꽃이며; 몸과 마음을 닦아 세상을 이롭게 하는 것은 가을의 열매와 같은 것이다.

英譯　People in ancient times learned for their own sake in order to perfect themselves. People today learn for the sake of others in order to show off their knowledge. People in ancient times learned for others' sake in order to spread the truth to help others. People today learn for the sake of themselves to be well-cultivated. Learning is like planting trees: in spring we appreciate the flowers; in autumn we harvest the fruits. Writings articles is like the flowers in spring; cultivating oneself and benefiting the world are like the harvests in autumn.

◆◆

鍥而不舍，金石可鏤

原文　積土成山，風雨興焉；積水成淵，蛟龍生焉；積善成德，而神明自得，聖心備焉。故不積跬步，無以致千里；不積小流，無以成江海。騏驥一躍，不能十步；駑馬十駕，功在不舍。鍥而舍之，朽木不折；鍥而不舍，金石可鏤。

——《荀子・勸學》

今釋　堆土積石，形成山勢，風雨就在這裏發作了；集水聚流，形成淵藪，蛟龍就在這裏生長了；積累善行，達成德行，神智從容，聖賢思想就具備了。所以不累積每一小步，就無法達到千里；不累積滴滴細流，就無法形成江海。好馬奮力一躍，不可能有十步之距；劣馬奔走十天，却可達到千里，功效在於不停止地努力。刻鏤即止，朽木也不能刻斷；刀刻不止，金石也能夠雕刻。

日 譯 土が積もって山となり、風雨がここに現れ、水が集まって淵と成り、蚊龍が生ずる。善行を積むと、徳行が成立し、精神と知に余裕ができ、聖人の思想が備わる。したがって、一歩一歩積み重ねなければ、千里に達することができない。一滴一滴集積しなければ、江海を形成することができない。駿馬が力の限りを尽くして跳ねても十歩の距離にも達しないが、駑馬（どば）が十日駆けると千里に達する。弛まぬ努力をし続けることによって効果が現れる。彫刻が止まれば、朽ち木さえも刻み切れぬ。止めずに刻み続ければ、金石をも彫ることができる。

韓 譯 흙이 쌓여 산을 이루면, 그 곳에서 바람과 비가 일고 ; 물이 모여 연못을 이루면, 그곳에 교룡과 용이 살게 된다 ; 선을 쌓아 덕을 이루면 신명은 저절로 얻게 되고, 성스러운 마음이 갖추어진다. 그러므로 반걸음이 쌓이지 않으면 천리를 갈수 없으며 ; 작은 물이 쌓이지 않으면 강과 바다가 이룩될 수 없다. 명마도 한번 뛰어 열 걸음을 갈 수 없고, 둔한 말일지라도 열배의 노력을 기울인다면 오히려 천리에 도달할 수 있으니, 공을 이루는 것은 쉬지 않고 노력하는데 있다. 자르다 중단하면 썩은 나무도 부러뜨리지 못하지만, 자르기를 그치지 않는다면, 쇠나 돌이라도 충분히 자를 수 있다.

英 譯 Pile the soil and earth together, it will become a mountain, and wind and rain will come into being. Hold the water back, it will become a deep pool, and dragons will have colony here.

Accumulate good deeds; you will have morality and wisdom, then a wise man you will become. So it is impossible to reach a thousand li if not accumulating the small steps. It is impossible to have rivers and seas if not accumulating the drips of water. It is just like be a steed horse that can't jump ten steps without the first step. Ever a bad horse, if it continues to trot on and on for ten days, it still can reach a thousand li. This lies in the perseverance. Stop carving, even the rotten wood can not be shaped. Keep on, even the gold stones can be carved.

◆◆

善學者，假人之長以補其短

原文 物固莫不有長，莫不有短。人亦然。故善學者，假人之長以補其短。故假人者遂有天下。

——《呂氏春秋·用衆》

今釋 萬物本來就是各有所長，各有所短。人也是這樣。因此善於學習的人，能借用他人的長處來彌補自己的短處。能夠借助他人之力的人就能夠擁有天下。

日譯 万物には本来各々の長所があり、各々の短所がある。人間も同じである。そのためよく学べる人は、他人の長所を借りて自分の欠点を補うことができる。他人の力や助けを借りることのできる人は天下を有することができる。

韓譯 만물은 본디 장점이 없는 것도 없으며, 단점이 없는 것도 없다. 사람 또한 그러하다. 그리하여 잘 배우는 사람은, 다른 사람의 장점을 빌어 자신의 단점을 보완한다. 그리하여 다른 사람의 힘을 잘 빌리는 사람은 마침내 천하를 소유할 수 있다.

英譯 All the things have their strengths and weaknesses. So it is with human beings. So those who are good at learning can borrow others' strength to make up for their own weakness. He who is able to borrow others' force can win the world.

◆◆

必學，然後可以安國保民

原文　不學而能安國保民者，未之有也。

——漢・韓嬰《韓詩外傳》卷五

今釋　不學習，就具備安定國家、保養人民的能力，這樣的人是沒有的。

日譯　学ばずに国を安定させ、人民を擁護する能力を備えているという人はいないのである。

韓譯　배우지 않고서 나라를 편안히 하고 백성을 보호할 수 있는 사람은 없다.

英譯　Never have I heard of anyone who is able to stabilize the country and preserving his people without learning from others.

◆◆

知人無務，不若愚而好學

原文　知人無務，不若愚而好學。

——《淮南子・脩務訓》

今釋　聰明的人却不專一於事，還不如愚笨的人却喜好學習。

日譯　聡明なのに一つのことに専念しないなら、愚かでも学問好きな人に及ばない。

韓譯　총명한 사람일지라도 노력하지 않는다면，어리석은 이가 배우기를 좋아하는 것만 같지 못할 것이다.

英譯　Better a fool who loves learning than a wise man who does not concentrate on doing one thing.

◆◆

不學自知，未之有也

原文　不學自知，不問自曉，古今行事，未之有也。

——漢・王充《論衡・實知》

今釋　不學習自己就能知道，不詢問自己就能明白，從古至今，沒有這樣的。

日譯　学ばずに自ら知る、質問せずに自ら分かるなどということはいまだかつてない。

韓譯　배우지 않고 스스로 알 수 있으며, 묻지 않고 저절로 분명해 지는 것은 고금의 어떤 일도 그러한 것은 없다.

英譯　From past to present, never have I heard anyone who could become learned without learning and be knowledgeable without consulting.

◆◆

業精於勤，行成於思

原文　業精於勤，荒於嬉；行成於思，毀於隨。

——唐・韓愈《進學解》

今釋　學業由於勤奮而精益求精，由於玩樂而荒廢；做事情由於慎重思考而獲得成功，由於隨意無心而導致失敗。

日譯　学業や技芸の上達は勤勉あるのみで、道楽におぼれるとなおざりになる。事業の成就は慎重に考えることにあり、気の赴くままにやっていれば失敗を招くこととなる。

韓譯　학업은 부지런히 분발하는데서 정밀해지고, 장난스럽게 하는데서 거칠어 진다；행동은 신중하게 생각하는데서 성

공하고, 게으른데서 실패하게 된다.

英譯 Learning becomes more and more quintessential because of diligence; wasted because of disport. Success comes from careful thinking while failure is the result of negligence.

◆◆

學貴心悟

原文 學貴心悟，守舊無功。

——宋・張載《經學理窟・義理》

今釋 學習重要的是自己心裏要有所感悟，拘守舊說是沒有益處的。

日譯 学問にとって重要なのは自らなにかを悟ること、旧説にこだわるとためにならない。

韓譯 학업에서 귀중한 것은 마음으로 깨닫는 것인데, 옛 학설만을 지키고 있다면 공이 없는 것이다.

英譯 What is important in learning lies in self-understanding. It is of no use holding on the old sayings.

◆◆

窮理致用

原文 讀書將以窮理，將以致用也。今或滯心於章句之末，則無所用也。此學者之大患。

——宋・程顥、程頤《河南程氏粹言・論學篇》

今釋 讀書是為了探求道理，為了學以致用。現在有人將心思僅用在文辭上，那麼將會毫無用處。這是讀書人最大的弊端。

日譯 読書は道理を探究するためにあり、学んで実際に役立てるためにある。現在、ある者は措辞ばかりに頭を使っているが、それではなにも役立たない。これは知識人の最大の弊害である。

韓譯　책을 읽는 것은 이치를 탐구하고 장차 유용하게 쓰기 위함이다. 그런데 지금 어떤 이가 글자의 해석에만 마음을 둔다면, 이는 장차 쓸데가 없을 것이다. 이것이 학자들의 큰 병폐이다.

英譯　Reading is for searching for the truth, for application. Now there are people who focus their attention on how to use the language. This is useless, and it is the greatest weakness of all for the learners.

(三) 勵志

自己励まし
뜻 키우기
Encouragement of Ambitions

◆◆

君子不器

原文　子曰："君子不器。"

——《論語・為政》

今釋　孔子說："君子不要像器具一般只有一定的用途。"

日譯　孔子は「君子は器のように一定の用途だけをもつものであってはならない」と言った。

韓譯　공자께서 말씀하셨다："군자는 한 가지 용도에만 쓰이는 그릇이 아니다."

英譯　Confucius said, "The Superior man is not a utensil which only has limited uses."

◆◆

君子求諸己

原文 子曰："君子求諸己，小人求諸人。"

——《論語·衛靈公》

今釋 孔子說："君子求之于自己，小人求之於別人。"

日譯 孔子は「君子は自分に求めるが、小人は他人に求めるのである」と言った。

韓譯 공자께서 말씀하셨다："군자는 자기에게서 구하지만, 소인들은 남에게서 구한다."

英譯 Confucius said, "The Superior man seeks help from himself while an inferior man seeks help from others."

◆◆

士不可以不弘毅

原文 曾子曰："士不可以不弘毅，任重而道遠。仁以爲己任，不亦重乎？死而後已，不亦遠乎？"

——《論語·泰伯》

今釋 曾子說："士人不可以不剛強而有毅力，因為他責任重大、道途遙遠。以實現仁德為己任，不也沉重嗎？到死方休，不也遙遠嗎？"

日譯 曾子は「読書人は度量が広く意志が強くなければならない。というのはその責任が重く、道は遠いからである。仁徳の実現を自分の務めとすることも責任重大ではないか。死ぬまで止めることはない。この道もまた遠いのではなかろうか」と言った。

韓譯 증자께서 말씀하셨다："선비는 마음이 넓고 뜻이 굳세지 않으면 안 된다. 책임이 무겁고 길이 멀기 때문이다. 仁

으로 자신의 임무를 삼으니 무겁지 아니한가? 죽은 뒤에야 그칠 수 있으니 또한 멀지 아니한가?"

英譯　Zeng Zi said, "A scholar must be resolute and steadfast, for his burden is heavy and his road is long. His burden is to realize the virtue of benevolence in the world. Is that not heavy? Only death will end his journey, is that not long enough?"

◆◆

匹夫不可奪志

原文　子曰："三軍可奪帥也，匹夫不可奪志也。"

——《論語・子罕》

今釋　孔子說："强大的軍隊，可以奪取它的主帥；一個男子漢，却不能迫使他放棄自己的志向。"

日譯　孔子は「大軍といえど、その総大将を奪い取ることができるが、一人の男といえど、その志しを奪い取ることは出来ない」と言った。

韓譯　공자께서 말씀하셨다 : "큰 부대의 장수는 빼앗을 수 있어도, 평범한 장부의 뜻은 빼앗을 수 없다."

英譯　Confucius said, "One can capture the general of a mighty army, but can not force a man to give up his own ambition."

◆◆

歲寒知松柏後彫

原文　子曰："歲寒，然後知松柏之後彫也。"

——《論語・子罕》

今釋　孔子說："天氣寒冷，這時候才知道松柏是最後落葉的。"

日譯　孔子は「寒い冬であればこそ、常緑の松や柏の木の存在を知ることができる」と言った。

韓譯 공자께서 말씀하셨다: "날이 추워진 연후에야, 소나무 잣나무가 나중에 시드는 것을 알 수 있다."

英譯 Confucius said, "Only when the weather turns cold do we realize that the pines and cypresses are the last to shed their leaves."

◆◆

君子重名

原文 子曰："君子疾沒世而名不稱焉。"

——《論語・衛靈公》

今釋 孔子說："君子忌恨的是：直至去世而名聲還不被人稱述。"

日譯 孔子は「君子は死んだ後、自分の名前が忘れられはしないかと気にかける」と言った。

韓譯 공자께서 말씀하셨다: "군자는 세상을 떠나도록 이름이 알려지지 않는 것을 싫어한다."

英譯 Confucius said, "What a superior man worries is that his name has not yet been mentioned even until his death."

◆◆

人能弘道

原文 子曰："人能弘道，非道弘人。"

——《論語・衛靈公》

今釋 孔子說："人能夠把'道'弘大，而不是'道'把人廓大。"

日譯 孔子は「人間こそ道を広めることができるのだ。道が人間を広めるのではない」と言った。

韓譯 공자께서 말씀하셨다: "사람이 도를 크게 할 수는 있지

만, 도가 사람을 크게 하는 것은 아니다."

英譯 Confucius said, "It is man's ability that enhances Dao, whereas it is not Dao that enhances man's ability."

◆◆

君子憂道不憂貧

原文 子曰："君子謀道不謀食。耕也，餒在其中矣；學也，祿在其中矣。君子憂道不憂貧。"

——《論語·衛靈公》

今釋 孔子說："君子致力於謀求'道'而不致力於謀求衣食。耕作也常常餓肚皮，學習就常常得到俸祿。君子憂心的是得不到'道'，而不以得不到財為憂。"

日譯 孔子は「君子は道を得ようと努めるが、食を得ようとはしない。耕していても飢えることはよくあるが、学んでいれば、俸禄は自然に得られる。君子は道のことを心配するが、貧乏を気にかけしない」と言った。

韓譯 공자께서 말씀하셨다 : "군자는 도를 꾀하지 먹을 것을 꾀하지 않는다. 밭을 갈아도 굶주림이 그 안에 있을 수 있고; 학문하는 가운데 벼슬이 있을 수 있다. 군자는 도를 걱정하지 가난을 걱정하지는 않는다."

英譯 Confucius said, "A superior man devotes himself to studying the academic system of ideology instead of seeking food and clothing. If one is engaged in tilling the land, he may often be hungry; if one engages himself in learning, he may be rewarded with an official allowances. Therefore, it is not poverty but learning that a superior man concerns himself with."

◆◆

朝聞道，夕死可矣

原文　子曰：“朝聞道，夕死可矣。”

——《論語·里仁》

今釋　孔子說：“早上知曉真理，即使要晚上死去也可以了。”

日譯　孔子は「朝に正しい道（真理）が聞けたなら、その晩に死んでもかまわない」と言った。

韓譯　공자께서 말씀하셨다 : “아침에 도를 들으면, 저녁에 죽어도 괜찮다.”

英譯　Confucius said, “If I can know Dao in the morning, in the evening I can die content.”

◆◆

士志於道

原文　子曰：“士志於道，而恥惡衣惡食者，未足與議也。”

——《論語·里仁》

今釋　孔子說：“士人有志於真理，但又以吃粗糧、穿破衣為恥，這樣的人就不值得同他探討了。”

日譯　孔子は「読書人が道を志して、粗末な衣食を恥じるようでは、一緒に議論する価値はない」と言った。

韓譯　공자께서 말씀하셨다 : “선비가 도에 뜻을 두고서도, 헤진 옷과 거친 음식을 부끄러워한다면, 족히 함께 말할 것도 없다.”

英譯　Confucius said, “If a scholar is devoted to truth, but is a shamed for eating the coarse food and wearing the rags, he is not worthy to be consulted with.”

◆◆

君子學以致道

原文　子夏曰："百工居肆以成其事，君子學以致其道。"

——《論語・子張》

今釋　子夏說："各種工匠在廠肆中完成他們的活計，君子通過學習來求取自己的道。"

日譯　子夏は「職人達は仕事場でそれぞれの仕事を仕上げる。君子は学問をしてその道を極めるものだ」と言った。

韓譯　자하가 말하였다："온갖 장인들은 공장에 있으면서 그 일을 이루고，군자는 학문으로 그 도에 이른다."

英譯　Zi Xia said, "The craftsman finishes his trade in his workshop while the superior man grasps truth through learning."

◆◆

人不堪其憂，回不改其樂

原文　子曰："賢哉，回也！一簞食，一瓢飲，在陋巷，人不堪其憂，回也不改其樂。賢哉，回也！"

——《論語・雍也》

今釋　孔子說："顏回有修養啊！一竹筐飯，一瓜瓢水，住在簡陋的小胡同裏，別人都受不了這樣的憂愁，可顏回却不改變自有的樂趣。顏回真有修養啊！"

日譯　孔子は「顔回は賢人だ。ろくなものも喰わず、小汚いところに住み、普通の人ならとても我慢できないが、彼はそれを楽しみとして、生活を変えようともしない。本当に顔回は賢人だ」と言った。

韓譯　공자께서 말씀하셨다："어질구나，안회여！한 대그릇의 밥과 한 표주박의 물로，누추한 골목에 거처하는 것을 다

른 사람들은 그 근심을 견디지 못하는데, 안회는 즐거움을 변치 않으니, 어질도다, 안회여!"

英譯 Confucius said, "Yan hui is a well-cultivated man! With a basket of rice, a bowl of water, he lived in a shabby alley, enduring the unbearable miseries without losing his own pleasure. He is really a well-cultivated man!"

◆◆

大上立德

原文 穆叔曰："……豹聞之：'大上有立德，其次有立功，其次有立言。'雖久不廢，此之謂不朽。"

——《左傳·襄公二十四年》

今釋 穆叔說："……豹聽說：'最高的是樹立德行，其次是建立功業，再其次是立下言論。'能夠做到其中一者，即使死了也久久不會被廢棄，這就叫做三不朽。"

日譯 穆叔は「……叔孫豹は『最高のものは徳行を確立することで、次なるものは偉業を成し遂げることで、更に次なるものは後世に言論を残すことである』と言った。その中の一つをやり遂げることができた者は、たとえ死んでも長らく廃されることはない。これを三不朽と言う」と言った。

韓譯 목숙이 말하였다 : "……내가 듣건데 : '가장 좋은 것은 덕행을 세우는 것이고, 그 다음은 공을 세우는 것이며, 그 다음은 말을 남겨놓는 것인데' 이것들은 오래 되어도 없어지지 않으니, 이것을 세 가지 썩지 않는 것이라고 말합니다."

英譯 Uncle Mu said, "It is said by Bao that the first thing is to establish morality. The second is to build one's career and next is to establish his own sayings. If one can do even one of the three, he will not diminish even after his death. This is called the Three Immortalities."

◆◆

富貴不能淫

原文 孟子曰："……富貴不能淫，貧賤不能移，威武不能屈，此之謂大丈夫。"

——《孟子・滕文公下》

今釋 孟子說："……富貴不能使我放縱，貧賤不能使我改變意志，威武不能使我屈節，這樣才稱得上是大丈夫。"

日譯 孟子は「地位や金で誘惑されても、心を動かされることはない。貧しい状況に追い込まれても、守っている行いは変えない。権力や武力で責められても、志が揺らぐことはない。これこそが『男一匹』だ」と言った。

韓譯 맹자께서 말씀하셨다 : "……부귀가 마음을 방탕하게 하지 못하며, 가난이 뜻을 바꾸게 하지 못하고, 위세와 압력에 지조를 굽히지 않으면것, 이를 대장부라 부른다."

英譯 Mencius said, "…He can not be led into dissipation by wealth and rank, nor deflected from his aim by poverty and obscurity, nor made to bend by power and force-all this is the characteristic of a great man."

◆◆

窮則獨善其身，達則兼善天下

原文 古之人，得志，澤加於民；不得志，修身見於世。窮則獨善其身；達則兼善天下。

——《孟子・盡心上》

今釋 古代的人，得志，恩澤嘉惠于百姓；不得志，修養個人品德，以呈現給世人。窮困便獨善其身，得志便兼善天下。

日譯 古代の人は志を得れば、恩沢を庶民に与え、志を得なければ、自ら品徳を修めて世の人に示した。窮乏した時は我が身だけを善くし、出世すれば天下の人々を善くする。

韓譯 옛사람들은 뜻을 얻으면 은택이 백성에게 더해지고；뜻을 얻지 못하면 몸을 닦아 세상에 드러냈다. 드러나지 않으면 그 몸을 홀로 선하게 하고, 영달하면 천하를 아울러 선하게 한다.

英譯 When men in ancient times achieved their ambition, they let all the people enjoy the resultant benefit. When they failed to achieve their ambition, they devoted themselves to self-cultivation so that at least they had their moral character to show to the world. When in poverty, they tried to better their own condition; in power, they tried to better the condition of the whole world as well.

◆◆

修身、齊家、治國、平天下

原文 古之欲明明德於天下者，先治其國；欲治其國者，先齊其家；欲齊其家者，先修其身；欲修其身者，先正其心；欲正其心者，先誠其意；欲誠其意者，先致其知，致知在格物。物格而後知至，知至而後意誠，意誠而後心正，心正而後身修，身修而後家齊，家齊而後國治，國治而後天下平。

——《禮記·大學》

今釋 古代有想要彰顯光明的德行於天下的人，先要治理好自己的國家；想要治理好自己的國家，先要整齊好自己的家庭；想要整齊好自己的家庭，先要修養好自身；想要修養好自身，先要端正自己的心；想要端正自己的心，先要誠實自己的意念；想要誠實自己的意念，先要獲得知識；獲得知識在於探究事物的道理。探究事物的原理然後才能得到知識，得到知識然後才能意念誠實，意念誠實然後才能心正，心正然後才能提高自身修養，提高自身修養然後才能整齊好家庭，整齊好家庭然後才能治理好國家，治理好國家然後才能使天下太平。

日 譯 大昔から德性を明らかにしようとする者は、先ず国をよく治めねばならなかった。国をうまく治めようとする者は先ずその家を秩序正しくせねばならなかった。家を秩序正しくしようとする者は先ず自ら身を立派に修めねばならなかった。自ら身を立派に修めようとする者は先ず自分の心を正さねばならなかった。心を正そうとする者は先ず心の用い方を偽りのないものにせねばならなかった。心の用い方を偽りのないものにしようとする者は先ず（心の本来的な状態である）良知を発揮せねばならなかった。良知を発揮しようとする者は先ず心を用いた自分の行動を良知に照らして矯正した。

自分の行動がすべてにおいて矯正されていれば良知は何の障壁もなく発揮される。良知が発揮されていれば心の用い方が偽りのないものになる。心の用い方が偽りのないものになれば心は正しくなる。心が正しくなってその身が立派に修まる。その身が立派に修まれば、その家が秩序正しくなる。その家が秩序正しくなれば、国がうまく治まる。国がうまく治まれば、天下は平安となる。

韓 譯 옛날에 천하에 밝은 덕을 밝히고자 하는 자는, 먼저 그 나라를 다스리고；그 나라를 다스리고자 하는 자는, 먼저 그 집안을 가지런히 하고；그 집안을 가지런히 하고자 하는 자는 먼저 그 몸을 닦고, 그 몸을 닦고자 하는 자는 먼

저 그 마음을 바르게 하였고, 그 마음을 바르게 하고자 하는 자는 먼저 그 뜻을 성실히 하고, 그 뜻을 성실히 하고자 하는 자는, 먼저 그 지식을 극진히 하였으니, 지식을 극진히 하는 것은 사물의 이치를 궁구함에 있다. 사물의 이치가 이른 뒤에 지식이 지극해지고, 지식이 지극해진 뒤에 뜻이 성실해지고, 뜻이 성실해진 뒤에 마음이 바르게 되고, 마음이 바르게 된 뒤에 몸이 닦이고, 몸이 닦인 뒤에 집안이 가지런해지고, 집안이 가지런해진 뒤에 나라가 다스려지고, 나라가 다스려진 뒤에 천하가 화평하게 된다.

英譯 In ancient times, when a man wanted to reveal his glorious and good deeds to the whole world, he should first of all rule the country well. When he wanted to rule his country well, he should first of all manage his own household well. When he wanted to manage his own household well, he should first of all cultivate himself. When he wanted to cultivate himself, he should first of all have an upright heart. When he wanted to have an upright heart, he should first of all purify himself in thoughts. When he wanted to be honest with his own thoughts, he should first of all gain knowledge. To gain knowledge lies in searching for the truth of the things. When the truth has been found, knowledge can be gained. When knowledge has been gained, his thoughts can be pure. When his thoughts is pure, his heart can be upright. When his heart is upright, he can cultivate himself. When he has cultivated himself, his household can be managed well. When his household is managed well, his country can be ruled well. When the country is ruled well, the world is in peace.

◆◆

人之死，或重於泰山

原文　人固有一死，或重於泰山，或輕於鴻毛，用之所趣異也。

——漢・司馬遷《報任安書》

今釋　凡人總會有一死，但有的人死得比泰山還重，有的人死得却比鴻毛還輕，這是因為應用死的地方不同。

日譯　人間はどのみち死ぬのだが、しかしある人の死は泰山より重く、ある人の死は鴻毛よりも軽い。これは死の用いるところが異なっているためである。

韓譯　사람은 반드시 한 번 죽음이 있게 마련인데, 어떤 이는 그 죽음이 태산보다도 더 무겁고, 어떤 이는 깃털보다도 더 가볍다. 그 이유는 죽음을 쓰는 취지가 서로 다르기 때문이다.

英譯　No one can avoid death. However, some are heavier than the Tai mountain while the others are lighter than the feather. This is because they die for different causes.

◆◆

有志者事竟成

原文　有志者，事竟成。

——《後漢書・耿弇傳》

今釋　有志氣的人做事情終究會獲得成功。

日譯　志のある者はいつかはきっと成功する。

韓譯　뜻을 가진 자는, 일이 마침내 이루어진다.

英譯　Whoever has the will power will finally succeed.

◆◆

老驥伏櫪，志在千里

原文 老驥伏櫪，志在千里；烈士暮年，壯心不已。

——三國・曹操《步出夏門行》

今釋 老的千里馬伏在馬棚裏，它的志向是馳騁千里；有抱負的人雖到了晚年，他的雄心壯志却絲毫未減。

日譯 老いた駿馬は馬小屋につながれていても千里を駆けたいと思い、志のある人は年をとってもはやる心を抑えられない。

韓譯 늙은 준마가 비록 마구간에 엎드려 있지만, 그의 뜻은 천리를 달리는데 있으며 ; 웅지를 품은 선비는 만년에 이르렀다 해도 그의 큰 뜻은 그만두지 않는다.

英譯 Lying in the manger, the old thousand-li horse still dreamed of running a thousand li. So too, the ambitious, though advanced in age, does not at all let go of his ambitions.

◆◆

古之立大事者，必有坚忍不拔之志

原文 古之立大事者，不唯有超世之才，亦必有堅忍不拔之志。

——宋・蘇軾《晁錯論》

今釋 古代成就大事的人，不仅有出众的才能，而且一定有坚忍不拔的意志。

日譯 古に大事をなした者は、人並み優れた才能をもつだけでなく、堅忍不抜の志を持っていた。

韓譯 옛날에 큰 업적을 성취한 인물들은, 뛰어난 재능을 가지고 있었을 뿐 아니라, 또한 백절불굴의 의지를 지니고 있었다.

英譯 Those who accomplished something in ancient times not only had the extraordinary talents but also the strong will.

◆◆

貧不能無志，死不可無補

原文 貧不足羞，可羞是貧而無志；賤不足惡，可惡是賤而無能；老不足嘆，可嘆是老而虛生；死不足悲，可悲是死而無補。

——明・陳繼儒《小窗幽記》

今釋 貧窮不足以讓人羞愧，讓人羞愧的是貧窮且沒有志氣；地位低下不令人討厭，令人討厭的是地位低下而且沒有能力；年老不值得哀嘆，要哀嘆的是年老時還一事無成；死亡不值得悲傷，要悲傷的是死了卻對世人沒有什麼貢獻。

日譯 貧しいということだけで人を恥じ入らせることはできないが、人を恥じ入らせるのは貧しい上に気概がないことである。地位が低いというだけでは嫌いになる理由にはならないが、人を嫌がらせるのは地位が低い上に能力がないことである。年を取ることは悲嘆するに値しないが、悲嘆すべきは年を取ってもまだ何事も成就していないことである。死は悲しむに値しないが、悲しむべきは死んでも世間に対して何の貢献にもならないことである。

韓譯 가난은 족히 부끄러운 것이 아니다, 부끄러운 것은 가난하면서도 기개가 없는 것이다 ; 지위가 낮은 것은 족히 싫어할 것이 아니다, 싫어할 만한 것은 지위가 낮으면서도 능력이 없는 것이다 ; 늙음은 족히 한탄할 것이 아니다, 한탄할만한 것은 늙어서 한가지 일도 이루지 못한 것이다 ; 죽음은 족히 슬퍼할 것이 아니나. 슬퍼할만한 것은 죽어서도 어떠한 공적을 남기지 못하는 것이다.

英譯 Being poor is not shameful; what is shameful is being poor yet without ambitions. Being low in position is not disgusting; what is disgusting is being poor in position yet without competence. Being old is not sad; what is sad is being old yet having never achieved anything. Death is not sorrowful; what is sorrowful is being dead yet having never contributed anything to the world.

◆◆

保天下，匹夫有責

原文 保天下者，匹夫之賤與有責焉耳矣。

——清·顧炎武《日知錄》卷十三

今釋 保衛文明禮教，即使是一般的老百姓，也有責任。

日譯 文明や礼儀、道徳を守ることは、たとえ匹夫であったとしても責任がある。

韓譯 천하를 보존해 나가는 것은, 평범한 범부들에게도 일정한 책임이 있다.

英譯 It is the responsibility of even the common people to help protect the civilization and rites.

◆◆

志不可不高，心不可太大

原文 志不可不高，志不高，則同流合污，無足有爲矣；心不可太大，心太大，則捨近圖遠，難期有成矣。

——清·王永彬《圍爐夜話》

今釋 志氣不能不高，志氣不高的話，就容易受不良環境的影響同流合污，不會有大的作爲；野心不可以太大，野心太大，就會不切實際地去追求遙不可及的目標，難以期望他有什麼成就。

日譯 志気は大きくなくてはならない。志気が小さければ、よくない環境の影響を受け、悪事を働きやすくなってしまい、大きな事業を成し遂げることはできない。野心があまり大きくなってはいけない。野心が大きくなりすぎると、非現実的で、手のとどかない目標を追い求めるようになり、このような人に何かの業績を残すよう期待することは難しい。

韓譯 뜻은 높지 않으면 안 된다, 뜻이 높지 않으면, 세상과 함께 흘러 쉽게 혼탁해지니, 족히 큰 일을 할 수 없다；마음은 너무 커서는 안 된다, 마음이 너무 크면, 비근한 것을 버리고 먼 것만을 도모하니, 기약하여 이룸을 두기 어렵다.

英譯 It is not good for one to have too low ambition. If the ambition is too low, one will be easily influenced by the bad people around him and will amount to nothing. It is not good to have too high ambition, either. Since if the ambition is too high, one will have impractical goals that are hard to achieve.

◆◆

天將降大任於是人也，必先苦其心志

原文 孟子曰：“……天將降大任於是人也，必先苦其心志，勞其筋骨，餓其體膚，空乏其身，行拂亂其所為；所以動心忍性，曾益其所不能。”

——《孟子・告子下》

今釋 孟子說：“……天將要將重大使命降落到某個人的身上，一定會讓他的心思苦惱，讓他的筋骨勞累，讓他的腸胃饑餓，讓他感到窮困，讓他的每一次行動都不如意；這樣是為了震動他的心意，堅韌他的性格，增加他的能力。”

日 譯　孟子は「天が人に大きな使命を与えようとする時は、必ずまずその人の心を苦しめ、筋骨を疲労させ、その身体を飢えさせ、困窮を感じさせ、やることなすこと失敗し、思い通りにさせないようにする。これは試練を与えて強靱な意志を養い、できないことをできるようにさせるためである」と言った。

韓 譯　맹자께서 말씀하셨다 : “……하늘이 장차 큰 임무를 이 사람에게 맡기려 하실 때에는, 반드시 먼저 그 심지를 괴롭게 하며, 그 몸을 수고롭게 하고, 굶주리게 하며, 그 몸을 빈궁하게 하여, 그가 하는 것을 어지럽게 하니 ; 이것은 마음을 분발시키고 성질을 참게 하여 그 능숙하지 못한 바를 돕게 하려는 것이다. ”

英 譯　Mencius said,“…So when heaven is about to place great responsibility upon a man it will first temper his heart and mind, fatigue his bones and muscles with toil, starve him, reduce him to utter destitution and frustrate him in all his attempts so as to stir him up, strengthen his character and develop his capacities.”

道德倫理

倫理道德

도덕윤리

Ethics and Morality

三　道德倫理

倫理道德

도덕윤리

Ethics and Morality

道德是人們在共同的生活和行為中形成的價值準則和規範。按照這樣的道德規範來處理人與人之間的關係便是倫理。在中國古代，人們崇尚道德，道德是人生追求的極高境界。以孔子儒家思想為代表的中國傳統道德觀念，仁義是主要內容。所謂“仁”,就是愛人。所謂“義”,就是宜，即去做應該做的事情。實現仁義的途徑，便是儒家提倡的“忠恕”之道。“忠”就是盡己為人,“恕”就是“己所不欲，勿施於人”，兩者皆要為他人着想。除了仁義之外，中國傳統的道德規範還有孝、慈、友、信、勇、謙、儉，等等。中國傳統道德是人類價值形態的重要組成部分，其中關於尚德、從義、輕利、推己及人等思想，有助於促進不同文化價值間的理解，避免因過度追逐物質利益而引起的諸多紛爭。

道徳は共同の生活や行為の過程で人々が形成した価値基準と規範である。このような道徳規範に則り、人と人の関係を処理することを倫理という。中国では古より、人々は道徳をあがめ尊び、道徳は人生の追求の到達点とされてきた。孔子の儒家思想を代表とする中国の伝統的道徳観によれば、仁義がその中心を占める。「仁」とは他人を愛することである。「義」とは宜、すなわちなすべき事を行うことである。仁を実現する道は、儒家の提唱する「忠恕」の道である。「忠」は相手の立場に立って親身になることであり、行動としての「恕」は、相手に対して自分の望まないことをせず、時には相手に自分の望むことをすることである。両者はどちらも人のためを思うことである。仁義のほかに、中国の伝統的道徳規範には孝、慈、友、信、勇、謙、倹などがある。中国の伝統的道徳は人類の価値形態の重要な構成部分であり、その中の徳をあがめ尊び、義に従い、利益の追求を軽視し、人の身になって考えるといった思想は、異なる文化の価値間の理解を深めることに役立ち、行き過ぎた物的利益の追求に起因する諸々の紛争を避けることができる。

도덕은 사람들이 공동으로 생활하고 행동하는 중에 형성된 가치의 표준이며 규범이다. 이러한 도덕규범에 비추어 사람과 사람과의 관계를 처리하는 것이 곧 윤리이다. 중국고대에는 사람들이 도덕을 숭상하여, 인생에서 추구하는 최고의 경지였다. 공자의 유가사상으로 대표되는 중국의 전통 도덕관념은 仁과 義가 주요 내용이다. 인이라는 것은 곧 사람을 사랑하는 것이고, 의라는 것은 옳다는 것으로, 즉 마땅히 해야만 하는 일이다. 인과 의를 실현하는 길이, 곧 유가에서 제창하는 "忠恕"의 도이다. 충이란 다른 사람을 위해 자신을 다하는 것이요, 서란 "내가 하고 싶지 않은 것을 남에게 시키지 않는 것" 으로, 양자 모두의 핵심은 타인을 배려하는 생각이다. 인의 외에도, 중국 전통적 도덕규범에는 또 孝、慈、友、信、勇、謙、儉 등이 있다. 중국의 전통 도덕은 인류의 가치를 형성하는 주요구성 성분으로, 그 중 덕을 숭상하고, 의를 따르며, 이익을 가벼이 여기며, 자신을 미루어 남을 생각하는 등의 사상은, 서로 다른 문화가치간의 이해를 촉진하는 데 도움이 되며, 과도하게 추구하는 물질적 이익으로 인해 야기되는 여러 분쟁을 피하게 한다.

Morality is the value system and norm of conduct formed in people's lives and behaviors. To conduct things according to these norms is called ethics. In ancient China, people admired morality so much that morality was the supreme standard for people. The typical example of traditional Chinese morals was the thoughts of Confucius, with benevolence being the central idea. Benevolence is to love people. Righteousness is appropriateness, that is, to do what one needs to do. The path towards benevolence and righteousness is faithfulness and forgiveness. Faithfulness is trying one's best to help others while forgiveness is not giving others what one does not want oneself. Both of the ideas stress consideration of other people' s interest. In addition to benevolence and righteousness, the traditional Chinese morality norms also emphasized filial piety, compassion, friendliness, trust-worthiness, courage, modesty and thrift, etc. The traditional Chinese morality consisted of the key components in human value system such as cultivating morality, following righteousness, neglecting one's own interest, and thinking of others, which may promote the understanding between different cultures and avoid the various strives resulting from the excessive pursuit of personal interests.

(一) 尚德

道徳を尚ぶ

상덕

Pursuit of Morality

◆◆

以德服人

原文　孟子曰："……以力服人者，非心服也，力不贍也；以德服人者，中心悦而誠服也，如七十子之服孔子也。"

——《孟子・公孫丑上》

今釋　孟子說:"……仰仗武力來使人服從的，人家不會心悦誠服，只是因人家的力量不夠才服從罷了；依靠道德來使人服從的，人家才會心悦誠服，就像孔子的七十位弟子敬服孔子一樣。"

日譯　孟子は「実力で他人を服従させても、彼らは心から承服しているのではない。力不足だからしぶしぶ承服しているのだ。道徳で他人を心服させる者こそが、心から喜んで誠に服せしめるのだ。孔子の七十人の弟子が師に心服したようなものだ」と言った。

韓譯　맹자께서 말씀하셨다 : "……힘으로 사람을 복종시키는 것은, 진심으로 복종하는 것이 아니라, 힘이 부족해서요 ; 덕으로 사람을 복종시키는 것이, 내면에서 기뻐하며 진실로 복종하는 것으로, 칠십 제자가 공자께 복종했던 것과 같은 것이 그것이다."

英譯　Mencius said, "…To make others obey through armed weapons is not real obedience at all, but out of the temporary insufficiency of power. To make others obey through ethics power is real obedience, like the way the seventy disciples admired Confucius."

◆◆

上德而下功，尊道而賤物

原文 聖人上德而下功，尊道而賤物。道德當身，故不以物惑。

——《管子・戒》

今釋 聖人以德行為上，而以名利為下；尊崇道，而輕視物質利益。身上如肩負道德，因而能夠不被物質利益所誘惑。

日譯 聖人は徳行を尊び、名利を軽蔑する。道徳をあがめ尊び、物的利益を軽視する。身に道徳を担う如く、物的利益に誘惑されないようになる。

韓譯 성인은 덕행을 위에 두고 명리를 아래에 두며, 도를 숭상하여 높이고, 물질을 천시한다. 도덕으로 몸을 감당하게 하니, 이는 물질에 유혹되지 않기 위해서이다.

英譯 The sage values virtues and despises fame and wealth, follows Dao and despises material interests. Since he always bears ethic morals, he is not tempted by the material interests.

◆◆

道之以德，齊之以禮

原文 子曰："道之以政，齊之以刑，民免而無恥；道之以德，齊之以禮，有恥且格。"

——《論語・為政》

今釋 孔子說："用政令來指導人民，用刑法來整飭人民，人民就會逃過制裁而無羞恥之心；用道德來指導人民，用禮教來規範人民，人民就會有羞恥之心，而且會誠心歸服。"

日譯　孔子は「法制禁令など小手先の政治で導き、刑罰を以て統制するなら、人民は法の網をすりぬけ、これを恥とも感じなくなるが、道徳で導き、礼を以て統制すれば、人民は道徳的な羞恥心を持ってその身を正すようになる」と言った。

韓譯　공자께서 말씀하셨다 : "인도하기를 강령으로써 하고, 다스리기를 형벌로써 하면, 백성들이 형벌만 면하려 하고 부끄러움이 없을 것이다. 인도하기를 덕으로써 하고 다스리기를 예로써 하면, 부끄러워함이 있고 또 진심으로 감복할 것이다. "

英譯　Confucius said, "Regulated by the edicts and punishments, the people will know only how to stay out of trouble but will not have a sense of shame. Guided by virtues and the rites, they will not only have a sense of shame, but also know how to correct their mistakes of their own accord."

◆◆

為政以德

原文　子曰："為政以德，譬如北辰，居其所，而衆星共之。"

——《論語・為政》

今釋　孔子說："用道德來治理國家，當政者便會像北極星一樣，只居處在它的位置上，別的星辰都會環繞着它。"

日譯　孔子は「道徳を以って国家を治めれば、ちょうど北極星の如く、その場所にさえいれば、他の星がその周囲をぐるぐるまわってくれるようなものだ」と言った。

韓譯　공자께서 말씀하셨다 : "덕으로 정치하는 것을 비유하자면 북극성이 제자리에 머물러 있는데 뭇별들이 그에게로 향하는 것과 같다. "

英譯　Confucius said, "He who rules his state on a moral basis would be supported by the people, just as the polar star is encircled by all the other stars."

◆◆

修德、講學、徙義

原文　子曰："德之不修，學之不講，聞義不能徙，不善不能改，是吾憂也。"

——《論語・述而》

今釋　孔子說："不修養道德，不講論學問，聽到正義不能奔赴，有缺點不能改正，這是我所憂慮的。"

日譯　孔子は「道徳を身に付けようとせず、学問を論じようともせず、正義を聞いてもついてゆけず、欠点を正すことができぬこと、これは私の憂慮していることである」と言った。

韓譯　공자께서 말씀하셨다 : "덕이 닦여지지 않고, 학문이 강습되지 않으며, 의를 듣고 능히 옮기지 못하며, 불선을 고치지 못하는 것, 이것이 나의 근심이다. "

英譯　Confucius said, "Not to cultivate virtue, not to review what one learned, not to practice personally what is righteous, and not to correct one's mistakes in time-these are all my worries."

◆◆

君子懷德

原文　子曰："君子懷德，小人懷土；君子懷刑，小人懷惠。"

——《論語・里仁》

今釋　孔子說："君子關心的是道德，小人關心的是土地；君子關心的是法度，小人關心的是實惠。"

日 譯　孔子は「君子は道徳を懐うが、小人は土地を懐う。君子は法則を懐うが、小人は実利を懐う」と言った。

韓 譯　공자께서 말씀하셨다 : "군자는 덕을 생각하고, 소인은 토지를 생각하며 ; 군자는 법도를 생각하고 소인은 실리를 생각한다."

英 譯　Confucius said, "While the superior man cherishes virtue, the inferior man cherishes his own place. While the superior man cherishes decrees and laws, the inferior man cherishes his self benefits."

◆◆

崇德

原 文　子曰："主忠信，徙義，崇德也。"

——《論語・顏淵》

今 釋　孔子說："行事以忠誠信實為主，唯義是從，這就算是崇德了。"

日 譯　孔子は「誠実信義を旨として事を運び、ただ義に従うこと、これが徳を崇ぶということなのだ」と言った。

韓 譯　공자께서 말씀하셨다 : "충성과 신실함을 주로 삼으며, 오직 의를 따르는 것, 이것이 덕을 높이는 것이다."

英 譯　Confucius said, "He who conducts things with faithfulness and honesty, and is observant to benevolence can cultivate virtue."

◆◆

鄉原，德之賊

原 文　子曰："鄉原，德之賊也。"

——《論語・陽貨》

今 釋　孔子說："外表裝扮得很有修养，實際却是不講是非，諂媚討好的那種人，是敗壞道德的人。"

日譯　孔子は「とても教養があるようにうわべを装い，実際に是非を講じず、こびへつらって歓心を買うような者は、道徳の腐敗した人である」と言った。

韓譯　공자께서 말씀하셨다 : “겉으로는 수양을 가장하면서 실제로는 옳고 그름을 강론하지 않는 것이, 덕을 해치는 것이다.”

英譯　Confucius said, “A man who looks cultivated, but in fact can not differentiate right and wrong and is always flattering, ruins virtue.”

◆◆

大德不踰閑

原文　子夏曰：“大德不踰閑，小德出入可也。”

——《論語・子張》

今釋　子夏說：“大的道德節操不得越出界限，小節有所出入是可以的。”

日譯　子は「大きな道德は境界線を越えてはならない。小さな徳はある程度境界線から出入りが許される」と言った。

韓譯　공자께서 말씀하셨다 : “큰 덕이 한계를 넘지 않는다면, 작은 절개는 출입하여도 괜찮다.”

英譯　Zi Xia said, “As long as one does not step out of bounds in big matters, it is permissible for one not to be meticulous.”

◆◆

以直報怨，以德報德

原文　或曰：“以德報怨，何如？”子曰：“何以報德？以直報怨，以德報德。”

——《論語・憲問》

今釋　有人說：“用恩德來回報怨恨，怎麼樣？”孔子說：“還能用什麼來回報恩德呢？用正直來回報怨恨，用恩德來回報恩德。”

日譯　ある人が「徳を以て怨みに報いるのはどうであろうか？」と言ったら、孔子は「さらに何を以て徳に報いるか？正直を以て怨みに報い、徳を以て徳に報いなさい」と答えた。

韓譯　어떤 이가 말하였다 : “덕으로써 원망을 갚는다면 어떠합니까 ?” 공자께서 말씀하시길 : “무엇으로써 덕을 갚을꼬? 정직함으로써 원망을 갚고, 덕으로써 덕을 갚아야 한다. ”

英譯　Someone asked, “What do you think of repaying resentment with virtue?” Confucius replied, “Then, what do you repay virtue with? Just repay resentment with fairness and justice, and repay virtue with virtue.”

◆◆

德不孤，必有鄰

原文　子曰：“德不孤，必有鄰。”

——《論語・里仁》

今釋　孔子說：“有道德的人不會孤獨，一定會有同道的人與他為伴。”

日譯　孔子は「道徳をもつ人は、決して孤立することがない。必ず理解してくれる人がいる」と言った。

韓譯　공자께서 말씀하셨다 : “덕 있는 사람은 외롭지 않으니, 반드시 이웃이 있다. ”

英譯　Confucius said, “He who is virtuous will never be lonely. There must be a lot of people with common interests to enjoy companionship with him.”

◆◆

道德不修，學問無以自立

原文 道德不修，學問無以自立，根本蹶而枝葉萎。

——清・章學誠《黠陋》

今釋 不注重修養自身的道德，學問就沒有了建立起來的基礎，根本動搖了，枝葉就會枯萎。

日譯 自ら道徳の修養を重視しなければ、学問を築く土台が失われ、根本が揺るぐと枝葉は枯れしぼむ。

韓譯 자신의 도덕을 닦지 않으면, 학문이 자립할 기초가 없고, 근본이 흔들리면 가지와 잎 또한 시들 것이다.

英譯 If one does not cultivate his own morals in studying, he will lack the basis for cultivation as a tree withers after the shaking up of its roots.

(二) 仁義

仁義

인의

Benevolence and Righteousness

◆◆

仁者愛人

原文 樊遲問仁。子曰："愛人。"

——《論語・顏淵》

今釋 樊遲問什麼是"仁"。孔子曰："愛人。"

日譯 樊遅は「何が『仁』であるかと聞いた。孔子は「他人を愛することだ」と答えた。

韓譯　번지가 인을 물었다. 공자께서 말씀하시길 : “사람을 사랑하는 것이다.”

英譯　Fan Chi asked what Ren (Benevolence) is. Confucius said, “Loving people.”

◆◆

親親為大，尊賢為大

原文　仁者，人也，親親為大；義者，宜也，尊賢為大。

——《禮記・中庸》

今釋　所謂仁，就是愛人，親愛雙親為大仁；所謂義，就是合宜，尊敬賢人為大義。

日譯　仁とは人を愛する心をもつこと。両親を敬愛することを大きな仁愛という。義とはふさわしいことである。賢人を尊敬することを大義という。

韓譯　인은 사람을 사랑하는 것인데, 어버이를 사랑함이 가장 크며 ; 의는 마땅함인데, 어진 이를 존경하는 것이 가장 크다.

英譯　Benevolence is to love people. Loving parents is the greatest benevolence of all. Righteousness is appropriateness. To respect the wise is the greatest righteousness of all.

◆◆

當仁不讓于師

原文　子曰：“當仁不讓于師。”

——《論語・衛靈公》

今釋　孔子說：“面臨實踐仁道的時候，就連老師也不要謙讓。”

日譯　孔子は「仁道の実践にあたっては、師であっても遠慮すべからず」と言いわれた。

韓譯　공자께서 말씀하셨다: “인을 실천할 때에는 스승에게도 양보하지 않는다.”

英譯　Confucius said, “When practicing benevolence, do not give precedence even to the teacher.”

◆◆

克己復禮為仁

原文　顏淵問仁。子曰：“克己復禮為仁。一日克己復禮，天下歸仁焉。為仁由己，而由人乎哉？”顏淵曰：“請問其目。”子曰：“非禮勿視，非禮勿聽，非禮非言，非禮勿動。”

——《論語・顏淵》

今釋　顏淵問什麼是“仁”。孔子說：“約束自己而復歸於禮，這就是‘仁’了。一旦能做到這些,天下的人都稱他為仁人了。為仁完全在自己，難道是靠別人嗎？”顏回說：“請問實行仁德的具體細節。”孔子說：“凡是不合禮的事不要看，不合禮的話不要聽，不合禮的話不要講，不合禮的事不要做。”

日譯　顏淵が「仁」は何であるかと尋ねたら、孔子は「己を克服して礼に帰ることを仁という。いったんこれをやり遂げることができたら、人々は彼のことを仁愛の心がある人と呼ぶようになるだろう。仁を為すことはすべて自分にあり、どうして他人に頼ることができようか?」と答えた。顏回は「仁徳の具体的な内容を教えて下さい」と尋ねたら、孔子は「凡そ礼儀に合わないことを見ず、礼儀に合わない話を聞かず、礼儀に合わない話はせず、礼儀に合わない事をすべからず」と答えた。

韓譯　안연이 인을 물었다. 공자께서 대답하시길: “자기의 사욕

을 이겨 예로 돌아가는 것이 인이다. 하루라도 사욕을 이겨 예로 돌아가면, 천하가 인으로 돌아갈 것이다. 인을 하는 것은 자신에게 달려 있는 것이니, 다른 사람을 의지할 필요가 있겠는가?" 안연이 말하였다: "그 구체적 조목을 듣고 싶습니다." 공자께서 말씀하시길: "예가 아니면 보지 말며, 예가 아니면 듣지 말며, 예가 아니면 말하지 말며, 예가 아니면 움직이지 말아야 한다."

英譯 Yan Yuan asked what Ren (Benevolence) was. Confucius said, "Restrain oneself and return to rites is benevolence. Once you can do these, people under the sun will call you a benevolent man. To be or not to be benevolent lies in oneself. Do you think it depends on others?" Yan Hui said, "Please tell me the details as to how to practice benevolence." Confucius said, "Do not look at things that do not accord with the rites. Do not listen to things that do not accord with the rites. Do not say things that do not accord with the rites. Do not do things that do not accord with the rites."

◆◆

恭寬信敏惠

原文 子張問仁於孔子。孔子曰："能行五者於天下為仁矣。""請問之。"曰："恭、寬、信、敏、惠。恭則不侮，寬則得衆，信則人任焉，敏則有功，惠則足以使人。"

——《論語·陽貨》

今釋 子張問孔子什麼是"仁"。孔子說："能夠實行五個方面於天下就可稱之爲'仁'了。"這五個方面是什麼。"說："恭敬、寬厚、信實、勤敏、慈惠。恭敬就不會遭到侮辱，寬厚就會得到衆人的擁護，信實就會使別人為你效力，勤敏就會獲得事功，慈惠則足以讓別人甘心情愿為你做事。"

日譯　子張は孔子に仁は何であるかと聞いた。孔子は「五つのものを世に行なうを「仁」となす。その五つとは、恭、寛、信、敏、恵である。恭しければ、侮られることはない。寛大であれば多くの人の心を掴める。信（まこと）があれば人民から頼りにされ、機敏であれば業績があがり、恩恵を施せば人が喜んで働いてくれる」と答えた。

韓譯　자장이 공자께 인을 물었다. 공자께서 말씀하셨다:“다섯 가지를 천하에 실천하면 인이 된다.”“그 다섯 가지가 무엇인지 묻기를 청합니다.” 말씀하시기를:“공손함과, 너그러움과, 믿음과, 민첩함과, 은혜로움이다. 공손하면 업신여기지 않고, 너그러우면 뭇사람들을 얻게 되고, 믿음이 있으면 남들이 의지하고, 민첩하면 공이 있고, 은혜로우면 사람을 충분히 부릴 수 있다.”

英譯　Zi Zhang asked Confucius how to be benevolent. Confucius said, “To embrace five qualities at once is benevolence.” Zi Zhang asked, “What are the five qualities?” Confucius said, “They are respectfulness, trustworthiness, diligence and generosity. With respectfulness you will not be humiliated. Tolerance brings the support of the multitude. Being trustworthy wins the trust of others. Diligence paves the way to success, and generosity makes it easy to exercise control over others.”

◆◆

仁者必有勇

原文　子曰：“有德者必有言，有言者不必有德。仁者必有勇，勇者不必有仁。”

——《論語・憲問》

今釋　孔子說：“有德行之人一定有善言，有善言之人不一定有德行。有仁德的人一定有勇敢精神，勇敢的人不一定有仁德。"

日譯　孔子は「徳のある人は、常に適切な発言をするが、適切な発言をするものが徳があるとは限らない。仁者は必ず勇気があるが、勇気があるものが徳を有するとは限らない」と言った。

韓譯　공자께서 말씀하셨다 : "덕이 있는 자는 반드시 훌륭한 말이 있거니와, 훌륭한 말이 있는 자라고 반드시 덕이 있지는 못하다. 인자는 반드시 용맹함이 있거니와, 용맹이 있는 자라고 반드시 인이 있지는 못하다."

英譯　Confucius said, "A virtuous man must have said something of note, but someone who has said something of note is not necessarily a man of virtue. A benevolent man is surely courageous, but a courageous man is not necessarily a man of benevolence."

◆◆

巧言令色，鮮矣仁

原文　子曰："巧言令色，鮮矣仁。"

——《論語・學而》

今釋　孔子說："花言巧語，面貌僞善，必然缺少仁德。"

日譯　孔子は「巧みな言葉で表情をとり繕っている者には仁が欠けている」と言った。

韓譯　공자께서 말씀하셨다 : "말을 듣기 좋게 하고 얼굴빛을 꾸미는 사람 중에는 어진 이가 적다."

英譯　Confucius said, "A man with honeyed words and pretentious appearance will surely be lacking in benevolence."

◆◆

剛、毅、木、訥，近仁

原文　子曰：“剛、毅、木、訥，近仁。”

——《論語・子路》

今釋　孔子說：“剛強、果敢、質樸、慎言，這四種品德接近於仁。”

日譯　孔子は「真正直、勇敢、質実、慎重に発言するという四つの品行は仁に近い」と言った。

韓譯　공자께서 말씀하셨다 : “강하고, 굳세고, 질박하고, 어눌함이 인에 가깝다.”

英譯　Confucius said, “Fortitude, resoluteness, modesty and cautiousness in speaking, these four qualities is equivalent to benevolence.”

◆◆

殺身以成仁

原文　子曰：“志士仁人，無求生以害仁，有殺身以成仁。”

——《論語・衛靈公》

今釋　孔子說：“志士仁人，沒有因爲貪生而損害仁道的，却有不惜犧牲自身因以成全仁道的。”

日譯　孔子は「高い志をもつ人と仁を重んじる人は、命を惜しんで仁を犯すことはなく、自身の命を犠牲にして仁を成し遂げようとする人もいる」と言った。

韓譯　공자께서 말씀하셨다 : “뜻있는 선비와 어진 사람은, 삶을 구하기 위해 인을 해치는 일은 없을 것이나, 몸을 죽여 인을 이루는 경우는 있다.”

英譯　Confucius said, “A man with lofty ideals and benevolence does not gain life at the expenses of damaging benevolence. Instead, he sacrifices his life to perfect benevolence."

◆◆

我欲仁，斯仁至

原文　子曰："仁遠乎哉？我欲仁，斯仁至矣。"

——《論語・述而》

今釋　孔子說："仁距離我們很遙遠嗎？我想要仁，那麼仁就會來。"

日譯　孔子は「仁は遠いものだろうか。私たちが仁を求めると、仁はすぐにやってくる」と言った。

韓譯　공자께서 말씀하셨다："인이 멀리 있는가？내가 인을 하고자 하면，인이 당장 이를 것이다."

英譯　Confucius said, "Do you think that benevolence is far away from us? If I seek it, it will surely be found."

◆◆

博施於民而能濟眾

原文　子貢曰："如有博施於民而能濟眾，何如？可謂仁乎？"子曰："何事於仁，必也聖乎！堯、舜其猶病諸！夫仁者，己欲立而立人，己欲達而達人。能近取譬，可謂仁之方也已。"

——《論語・雍也》

今釋　子貢說："假如有人能夠廣泛地給人民以好處，而又能夠幫助大家，這個人怎麼樣？可以稱得上是仁嗎？"孔子說："這哪裏只是仁呢！那一定是聖！堯與舜恐怕都難以做到！仁是什麼呢？自己想要自立，就會想到幫助別人自立，自己想要通達，就會想到要幫助別人也通達。能夠就近取自身做比喻，將心比心，可以說就是行仁的方法了。"

日 譯 子貢が「もし多くの人たちに恩恵を施して救済することができたら、仁者といってもよいのではないか」と尋ねた。孔子は「人に施すことのできる人は、仁者どころか、聖人と呼んでもいい。聖天子と言った堯や舜の王でさえ、なおそれを悩みとされた。そもそも仁とは何か。自分が立ちたいと思えば人を立たせてやり、自分が到達したいと思えば人を到達させてやって、他人のことでも自分のことのようにひき比べることができる。そういうのが、仁の手立てといえるだろう」と言った。

韓 譯 자공이 말하였다 : “만일 백성에게 은혜를 널리 베풀어 많은 사람들을 구제할 수 있다면 어떻겠습니까 ? 어질다고 할 만합니까 ?” 공자께서 말씀하셨다. “어찌 어질 뿐이겠는가. 반드시 성인일 것이다. 요순도 오히려 이것을 부족하게 여기셨다. 어진 자는 자신이 서고자 함에 남도 서게 하며, 자신이 통달하고자 함에 남도 통달하게 한다. 능히 가까운 자신에게서 비유를 취하는 것을 인을 행하는 방편이라 할 수 있다.”

英 譯 Zi Gong asked, “What do you think of one who can bring bountiful benefits and a better life to all the people? Is he benevolent? Confucius answered, “Far more than benevolent, he would be a sage for whom Rao and Shun (two ancient sages) would be no match. A benevolent man is one who helps others establish what he himself wishes to establish, helps others achieve something he himself wishes to achieve. To be capable of treating others as one would he treated oneself is the best way to be benevolent.”

◆◆

四海之内皆兄弟

原文 司馬牛憂曰：“人皆有兄弟，我獨亡。”子夏曰：“商聞之矣：死生有命，富貴在天。君子敬而無失，與人恭而有禮，四海之内皆兄弟也。君子何患乎無兄弟也？”

——《論語·顏淵》

今釋 司馬牛擔憂地說：“別人都有兄弟，唯獨我沒有。”子夏說：“我聽到過這樣的說法：死生由命運決定，富貴完全由上天掌握。君子敬謹而沒有過失，待人恭敬而合乎禮節，那麼四海之内就都是自己的兄弟了。君子為什麼要擔憂沒有兄弟呢？”

日譯 司馬牛は「人々にはみな兄弟がいるのに、私だけいない」と悲しんで言った。子夏は「私はこういった話しを聞いたことがある。死ぬも生きるもさだめあり、富みも尊（たっと）さも天にあり。君子は慎んで落度無く、人と交わる時も恭しく、礼節を保っていれば、世界中の人はみな兄弟になる。君子は兄弟のいないことなど、どうして気にする必要があろうか」と答えた。

韓譯 사마우가 근심스럽게 말하였다 : “사람들은 모두 형제가 있는데 나만 홀로 없구나.” 자하가 말하였다 : “내가 듣기로 : 죽고 사는 것은 운명에 달려 있고, 부귀는 하늘에 달려 있다. 군자가 공경하여서 잃음이 없고, 남과 더불어 공손하고 예가 있다면, 온 세상에 다 형제일 것이다. 군자가 어찌 형제 없는 것을 걱정하는가?”

英譯 Sima Niu said in worry, “Everyone else has brothers, but I have none.” Zi Xia consoled him by saying, “There is a saying that life and death is decided by destiny, and wealth and rank by heaven. A superior man only has to act earnestly, do nothing wrong, and be respectful and polite, and all men under heaven are his brothers. Why should there be a need for you to worry about having no brothers?"

◆◆

老吾老以及人之老

原文　老吾老，以及人之老；幼吾幼，以及人之幼。天下可運於掌。

——《孟子・梁惠王上》

今釋　敬愛自己的長輩，從而推及到別人的長輩；愛護自己的子女，從而推及到別人的子女。照此，則統治天下，就好像在手裏翻轉東西一樣容易。

日譯　自分の身近な老人を尊敬してよく使え、同様に他の老人にもそのようにし、自分の身近な子供を可愛がり、他の子供にも同じようすれば、天下を治めることは掌で物を転がすようにたやすいことだ。

韓譯　내 노인을 노인으로 섬겨서, 남의 노인에게까지 이르며；내 어린이를 어린이로 사랑해서 남의 어린이에게까지 이른다면, 천하를 손바닥에서 움직일 수 있을 것이다.

英譯　Respect others' elders as his own, adore others' children as his own, in this way, ruling a country would be as easy as turning over things in one's palm.

◆◆

天下兼相愛

原文　若使天下兼相愛，愛人若愛其身，有不孝者乎？視父兄與君若其身，惡施不孝。猶有不慈者乎？視弟子與臣若其身，惡施不慈。故不孝不慈亡有。

——《墨子・兼愛上》

今釋 假如天下人彼此愛護，愛護別人就像愛護自身，還有人不孝嗎？將父兄與君上視作自身，不孝會無處施加。還有不慈愛的人嗎？將弟弟、子女以及臣下視作自身，不慈愛會無處施加。所以，不孝順與不慈愛就都不存在了。

日譯 もし人々がお互いを愛し、他人を愛するが如くわが身を愛するならば、なお孝行をしない者などいるであろうか？父と兄と君主を自分自身と見なせば、親不孝などなくなるだろうし、慈愛をもたない者など存在するだろうか？弟や子女、臣下を自分自身と見なせば、慈愛のないことはできまい。こうして親不孝や慈愛の念をもたない行為は存在しなくなる。

韓譯 만약 천하의 사람들이 모두 사랑하여, 남을 마치 자신의 몸처럼 사랑한다면, 불효할 자가 있겠는가? 아버지와 형과 임금을 보기를 마치 자신의 몸처럼 한다면, 어디에다 불효를 할 것인가? 그리하고도 자애롭지 못할 자가 있겠는가? 제자와 신하 보기를 마치 자신의 몸처럼 한다면 어디에다 자애롭지 못함을 베풀 것인가? 그리한다면 불효와 자애롭지 못함이 없어질 것이다.

英譯 If people in the world love each other as they love themselves, is there still anyone who is not filial? Regard the father and brothers and lord king as yourself, impiety can be found nowhere. Is there still anyone who is without love and affection? Regard the younger brothers, children and the ministers as yourself, such a mar can be found nowhere. Finally, impiety and lack of love and affection will not exist.

◆◆

愛人者，人必從而愛之

原文 愛人者，人必從而愛之。利人者，人必從而利之。惡人者，人必從而惡之。害人者，人必從而害之。

——《墨子·兼愛中》

今釋 爱护别人的人，别人一定会跟着爱护他。施惠予人的人，别人一定跟着施惠予他。厌恶人的人，别人一定跟着厌恶他。祸害别人的人，别人一定会跟着祸害他。

日譯 人を愛すれば、人は必ず彼を愛するようになる。人に恩恵を施せば、人は必ず彼に恩恵を施すようになる。人を嫌えば、人は必ず彼を嫌うようになる。人に危害を加えれば、人は必ず彼に危害を加えるようになる。

韓譯 남을 사랑하는 사람은, 다른 사람도 반드시 그를 사랑할 것이다. 남을 이롭게 하는 자는, 다른 사람들도 반드시 그를 따라 이롭게 할 것이다. 남을 미워하는 자는, 다른 사람들도 또한 따라서 그를 미워하고, 남을 해치는 자는 다른 사람들도 반드시 좇아서 그를 해치게 될 것이다.

英譯 A man who loves others will be loved by others. A man who does favors for others will be favored by others. A man who hates others will be hated by others. A man who harm others will be harmed by others.

◆◆

多行不義，必自斃

原文 多行不義，必自斃。

——《左傳·隱公元年》

今釋 不義的事情做多了，必然會自取滅亡。

日譯 不義なことばかり行っていたら、必然的に自滅する。

韓譯 의롭지 못한 일을 많이 하게 되면, 반드시 스스로 멸망함을 자초할 것이다.

英譯 A man who always does unrighteous things will perish by his own hands.

◆◆

不義而富且貴，於我如浮云

原文 子曰：“飯疏食、飲水，曲肱而枕之，樂亦在其中矣！不義而富且貴，於我如浮云。”

——《論語・述而》

今釋 孔子說：“吃粗食，喝白水，彎着胳膊枕着歇息，快樂就在這當中。用不正當的手段得來的富貴，對於我來說就如浮雲一般。

日譯 孔子は「粗末な飯を食べて水を飲み、腕を曲げてそれを枕にする。楽しみはそこにもあるものだ。道ならぬことで金持ちになり身分が高くなるのは、わたしにとっては浮き雲のようにはかなく、無縁のものだ」と言った。

韓譯 공자께서 말씀하셨다: “거친 밥을 먹고 물을 마시며, 팔을 구부려 베고 눕더라도, 즐거움이 또한 그 가운데 있으리니, 의롭지 못한 부귀는 나에게 마치 뜬구름과 같다.”

英譯 Confucius said, “There is happiness in eating coarse food, drinking cold water and sleeping on the floor. Ill-gotten wealth and rank are just like fleeting clouds to me.”

◆◆

舍生取義

原文 孟子曰：“魚，我所欲也；熊掌，亦我所欲也。二者不可得兼，舍魚而取熊掌者也。生，亦我所欲也；義，亦我所欲也。二者不可得兼，舍生而取義者也。生亦我所欲，所欲有甚於生者，故不為苟得也。死亦我所惡，所惡有甚於死者，故患有所不辟也。”

——《孟子·告子上》

今釋 孟子說："魚是我所喜歡的，熊掌也是我所喜歡的；假如兩者不能兼得，我會捨棄魚，而選擇熊掌。生命是我所喜歡的，義也是我所喜歡的；假如兩者不能兼得，我會捨棄生命，而選擇義。生命雖然是我所喜歡的，但還有比生命更為我所喜歡的，所以我不會苟且偷生。死亡雖然是我所厭惡的，但還有比死亡更讓我厭惡的，所以我不會躲避禍患。

日譯 孟子はいわれた。「魚は我の好物である。熊の掌もまた我の好物である。だが両方を得られなければ、魚をあきらめて熊の掌を選ぶ。生命も私の欲するものであり、また義も我の欲するものである。だが両方を得られなければ、私は生命をあきらめて義を取るだろう。もちろん生命は惜しい。だが、生命よりももっと渴望するものがあるのだ。だからそれを差し置いて目先の安逸を貪ることはしない。もちろん死は嫌悪すべきものである。だが、死よりももっと嫌悪すべきものがあるのだ。だからそのために災いを回避したりしない。」

韓譯 맹자께서 말씀하셨다:"물고기도 내가 원하는 것이요；곰 발바닥도 내가 원하는 것이다. 그러나 이 두 가지를 함께 얻을 수 없다면, 물고기를 버리고 곰 발바닥을 가지겠다. 삶도 내가 원하는 것이요 의도 또한 내가 원하는 것이다. 그러나 이 두 가지를 겸하여 얻을 수 없다면, 삶을 버리고 의를 취하겠다. 삶도 내가 원하는 것이지만, 삶보다 더 심하게 원하는 것이 있기에, 삶을 구차히 얻으려 하지 않

는 것이며, 죽음도 내가 싫어하는 것이지만, 죽음보다 더 심하게 싫어하는 것이 있기에, 피하지 않는 환란이 있는 것이다.”

英譯 Mencius said, “Fish is what I desire, and bear’s paw is also what I desire; if I can’t have both, I will give up fish and take bear’s paw. Life is what I desire, and righteousness is also what I desire. If I can not have both, I will give up life for righteousness. Life is what I desire, but there is something that is even more desirable than life. So, I would not drag out an ignoble existence. Death is what I abhor, but there is something even more abhorrent than death, so I would not eschew disaster.”

◆◆

重死持義而不橈

原文 義之所在，不傾於權，不顧其利，舉國而與之，不為改視，重死持義而不橈，是士君子之勇也。

——《荀子・榮辱》

今釋 義之所在，不受權力脅迫，不會顧及利益；即使會得到整個國家也不會改變態度；雖然重愛死，但會秉持節義而不橈曲以苟活。這是士君子之勇敢。

日譯 義のあるところでは、権力の脅しを受けず、利益を顧みない。たとえ国のすべてを得ることができても態度を変えない。再び死んでも、節義を守り抜いて屈せず、かりそめな生き方をしない。これが士や君子の勇ましさである。

韓譯 옳음이 있는 곳은, 권력에 기울지 않고, 이익을 돌아보지 않으며, 온 나라를 준다 하더라도, 태도를 고치지 않을 것이며, 거듭 죽는다 하더라도 의를 지켜, 굽히지 않

을 것이니, 이것이 선비와 군자의 용기이다.

英譯 Staying with what is just, not swayed by the exigencies of the moment, not given to looking after his own benefit, elevating the interest of the whole state and assisting in realizing them, not acting to change his point of view, weighing the threat of death but upholding his moral duty and not backing away from it—such is the courage of a scholar and a superior man.

◆◆

不義則止

原文 聖人之求事也，先論其理義，計其可否。故義則求之，不義則止；可則求之，不可則止。

——《管子・形勢解》

今釋 聖人在籌畫事情之前，先要看它是否符合道義，思考它是否可行。因此，符合道義的就去籌畫，不符合道義的就停止不做；可行就籌畫，不可行就作罷。

日譯 聖人は事を計画する前に、まずそれが道義に合うかどうかを論じ､それが実行可能かどうかを考える。したがって、それが道義に合えば計画を立て、道義に合わなければ停止する。実行可能なものなら計画し、実行できないものなら取りやめる。

韓譯 성인은 일을 하기 전에, 먼저 그것이 이치와 의에 합당한지를 살피고, 그 일을 할 것인지 아닌지를 헤아린다. 그리하여 의에 합당하면 시행하고, 합당하지 않으면 그만 둔다 ; 즉 할 만하면 하고, 할 만하지 않으면 그만 둔다.

英譯 Before he plans the things, the sage checks to see if what he plans to do accords with the righteousness and carefully he considers the feasibility of the plan. Then he plans to do what accords with righteousness and stops to do what does not accord with righteousness. He plans what is feasible and gives up what is unfeasible.

◆◆

先之以博愛，本之以仁義

原文 明王之理天下也，先之以博愛，本之以仁義，張四維，尊五美。

——唐・朱敬則《五等論》

今釋 賢明的君王治理天下時，首先倡導要博愛大衆，確立仁義的道德根本，推廣（禮義廉恥）四種準則，遵行五種美德。

日譯 賢君が天下を治めるとき、まず大衆を博愛することを提唱し，仁義を道徳の根本として確立し、（礼、義、廉、恥）の四つの原則を普及させ、五つの美徳に従う。

韓譯 현명한 군주가 천하를 다스릴 때에는, 박애를 먼저 하고, 인의를 근본으로 삼았는데, 이 네 가지를 확장해나가면 다섯 가지 미덕이 받들어 행해졌기 때문이다.

英譯 In ruling the country, the wise king advocate loving people first, and then establish the virtuous morals as the basis and promote the Four Principals and obey the five virtues.

◆◆

義所當為，雖死不避

原文 義者，宜也。以之制事，義所當為，雖死不避；義所當誅，雖親不庇；義所當舉，雖仇不棄。

——元・許名奎《勸忍百箴》

今釋 義，就是適當。用義的標準來處理事情，只要是應該做的，即使是死也不逃避；應該譴責的，即使是親人也不袒護；應該推薦的，即使是仇人也不放棄。

日譯 義とは適切のことである。義の基準で事を処理し、やるべきと思うことなら、たとえ死であっても逃避したりはしない。厳しく非難するべきは、たとえ身内であってもかばうことをしない。推挙すべきものは、たとえ仇であっても放棄しない。

韓譯 의는 마땅함이다. 이 의를 써서 일을 처리할 때에, 의에 마땅히 해야 할 것이라면, 비록 죽음도 피할 수 없으며；의에 마땅히 징계할 것이라면, 비록 어버이라도 두둔하지 않으며；의에 마땅히 천거할 자라면, 비록 원수라도 버리지 않는다.

英譯 Righteousness is being just. To judge with the criterion of righteousness means never giving up even in death when dealing with what is right, never showing favoritism even to the family members and relatives when admonishing what is wrong, never excluding even the enemies when recommending officials.

(三)忠恕

容赦

충서

Forgiveness

◆◆

夫子之道，忠恕而已

原文 子曰：“參乎！吾道一以貫之。”曾子曰：“唯。”子出。門人問曰：“何謂也？”曾子曰：“夫子之道，忠恕而已矣！”

——《論語・里仁》

今釋 孔子說：“參啊！我的學說貫穿着一個中心思想。”曾子說：“是。”孔子出去後，學生們問曾子說：“這是什麼意思？”曾子說：“老師的學說，就是忠與恕罷了。”

日譯 孔子は「参よ、私の道は一つのもので貫かれている」と言ったら、曽子はただ「はい」とだけ答えて孔子の言葉の意味を理解した。孔子が席をたつと、学生たちは曽子に向かって「先生は何を言おうとされたのか」と尋ねた。曽子は「先生の説は忠恕、すなわちまごころと思いやりです」と答えた。

韓譯 공자께서 말씀하셨다 : “삼아 ! 내 도는 한 가지 이치로 꿰뚫고 있다.” 하시니 증자가 : “예” 하고 대답하였다. 공자께서 나가시자, 문인들이 “무슨 말입니까 ?” 하고 묻자, 증자가 대답하길 “선생님의 도는 忠과 恕일 뿐이다 !”

英譯 Confucius said, “Shen! There is one consistent idea ownning through my doctrine!” Zeng Zi answered, “Yes!” After Confucius went out, the other disciples asked Zeng Zi, “What did he refer to?” Zeng answered, “He simply referred to Zhong Shu (Faithfulness and forgiveness).”

◆◆

君使臣以禮，臣事君以忠

原文 定公問：“君使臣，臣事君，如之何？”孔子對曰：“君使臣以禮，臣事君以忠。”

——《論語・八佾》

今釋 定公問道：“君主任使臣下，臣下服事君主，該怎麼做呢？”孔子回答說：“君主按照禮來任使臣下，臣下用忠心來服事君主。"

日 譯　魯の定公は「君主が臣下を使い、臣下が君主に仕えるには、どうしたらいいか」と尋ねた。孔子は「君主が臣下に命令する時は礼にしたがい、臣下が君主に仕える時は忠にしたがうのである」と答えた。

韓 譯　정공이 묻기를 : "군주가 신하를 부리며, 신하가 군주를 섬김에 어찌 해야 합니까 ?" 공자께서 대답하셨다 : "군주는 신하 부리기를 예로써 하고, 신하는 군주 섬기기를 충성으로써 해야 합니다. "

英 譯　Ding Gong asked, "How should a ruler appoint his ministers and the ministers serve the ruler? Confucius answered, "A ruler should appoint his minister according to the rites and the ministers should serve him with loyalty."

◆◆

己所不欲，勿施於人

原 文　子貢問曰："有一言而可以終身行之者乎？"子曰："其恕乎？己所不欲，勿施於人。"

——《論語・衛靈公》

今 釋　子貢問道："有沒有一個字可以終身去奉行的呢？"孔子說："大概是'恕'吧？自己不願意的事情，不会強加給別人。"

日 譯　子貢が「生涯を貫き通してもいいと思っている一言はあるか」と尋ねた。孔子は「それは思いやりの心（恕）だろうか。自分が望まないことは人にも無理に押しつけないことだ」と答えられた。

韓 譯　자공이 물었다 : "한마디 말로 종신토록 행할 만한 것이 있습니까 ?" 하고 묻자 공자께서 대답하셨다 : "서일 것이다. 자기가 하고자 하지 않는 것을 남에게 베풀지 않는 것이다. "

英譯 Zi Gong asked, "Is there a single word that a man can follow as his life guide?" Confucius said, "Yes. It is, perhaps, the word 'forgiveness'. Do not impose upon others what you do not desire yourself."

◆◆

盡己之謂忠，以實之謂信

原文 盡己之謂忠，以實之謂信。

——宋・朱熹《四書章句集注・論語集注》

今釋 竭盡自己所能就是忠，誠實以待就是信。

日譯 自らできることを尽くすことは忠であり、誠実を以ってもてなすことは信である。

韓譯 자신의 힘을 다하는 것을 충이라 하고, 성실로 하는 것을 신이라 한다.

英譯 To try one's best to do something is loyalty. To treat others with sincerety is trust.

◆◆

以己之心，度人之心

原文 以己之心，度人之心。

——宋・朱熹《四書章句集注・中庸》

今釋 按照自己心裏所想的去揣度別人會如何去想。

日譯 自分の心に照らして他人はどのように考えるかを推測する。(己が心を以て人の心を度る)。

韓譯 자신의 마음에 비추어, 다른 사람의 마음을 헤아린다.

英譯 Conjecture what others are thinking on the basis of one's own thinking.

◆◆

事上竭忠，事親得孝

原文 夫仁人事上竭忠，事親得孝，務善其美，有過則諫，此為人臣之道也。

——《墨子·非儒下》

今釋 信守仁道的人侍奉君上竭盡其力，服事父母能夠盡到孝道，君上、父母好的地方則加以稱美，犯有過錯則加以勸誡，這是做為人臣應該遵循的道理。

日譯 仁道を忠実に守る人は君主に仕えるにも精一杯尽くし、両親に仕えるにも孝道を尽くし、君主、両親のよいところを褒め称え、過失や誤りを忠告する。これは家臣として従うべき道である。

韓譯 대저 어진 사람은 윗사람을 섬길 때 충성을 다하고, 어버이를 섬길 때 효도를 다하며, 힘써 그 좋은 점을 선양하고, 허물이 있을 때는 간쟁한다. 이것이 신하의 도리이다.

英譯 When serving the lord, the benevolent should do their best. When serving parents, the benevolent demonstrate piety. They praise whatever their lord or parents have done right and exhort whatever they have done wrong. This is the basic principle for a minister and a son to follow.

◆◆

居處恭，執事敬，與人忠

原文 樊遲問仁。子曰："居處恭，執事敬，與人忠。雖之夷狄，不可棄也。"

——《論語·子路》

今釋 樊遲問什麼是"仁"。孔子說："平日里要端莊嚴肅，做事要心存敬畏，與人交往要誠心實意。即使是到了落後的國家，也不要放棄這些。”

日譯 樊遅が仁について尋ねた。孔子は「普段家にいるときは折り目を正し、仕事を行うときは慎重にし、人と交際するときは誠実を尽くす。たとえ夷狄の国に行ったとしてもこれらを棄ててはならないことだ」と答えた。

韓譯 번지가 인을 묻자, 공자께서 대답하셨다 : “거처함에 공손하며, 일을 집행함에 공경하며, 사람을 충성으로 대한다. 비록 변방의 나라에 가더라도 이것들을 버려서는 안 된다.”

英譯 Fan Chi asked what benevolence was. Confucius said, “To be dignified and serious at home, to be in fear at work, to be honest and faithful with people, and even in the backward countries one should never give up these.”

◆◆

以直道教人，以誠心待人

原文 以直道教人，人即不從，而自反無愧，切勿曲以求榮也；以誠心待人，人或不諒，而歷久自明，不必急於求白也。

——清・王永彬《圍爐夜話》

今釋 用正直的美德去教導別人，別人即使不聽從你的意見，而你自己是問心無愧的，千萬不要委曲求全而求得榮耀；要用真誠的心對待他人，即使他人不理解而產生誤會，但日子久了自然會真相大白，不必急於為自己辯白。

日譯 正直な美徳をもって他人を導けば、たとえ他人があなたの意見に従わなくても、自分の良心に問うて恥じることはないのであり、決して自分を曲げてまで誉れを求めようとしてはならない。真摯に他人に接していれば、たとえ他人に誤解され、理解されなくても、日が経てば自ずと真相が明らかになり、急いで自分を弁解する必要はない。

韓譯 정직한 도리로 사람들을 가르치는데, 사람들이 따르지 않는다면, 스스로 부끄러움이 없는지 돌이켜보되, 절대로 굽혀서 영화로움을 구하지 말라 ; 진실한 마음으로 사람들을 대하면, 사람들이 혹 이해하지 못하더라도, 시간이 지나면 명백해 질것이니, 절대로 급하게 자신을 밝히려 들지 말라.

英譯 Teach others the righteous virtues, though they may not listen to your suggestions, you will have a clear conscience. Do not stoop to compromise in order to be praised, but treat others with open-heartedness. Though they may not understand you at the moment, with the passage of time, the truth will finally come out. There is no need to argue for yourself.

(四)孝悌

親や兄によく仕える

효제

Loving one's Brothers

◆◆

孝悌為仁之本

原文 有子曰："其為人也孝弟，而好犯上者，鮮矣；不好犯上，而好作亂者，未之有也。君子務本，本立而道生。孝弟也者，其為仁之本與！"

——《論語・學而》

今釋 有子說："假如爲人孝敬父母，敬愛兄長，却喜好冒犯尊長，這種人是極爲少有的；不喜好冒犯尊長，却喜好造反作亂的，這種人是從未有過的。君子致力於根本的東西，根本確立了，那麼道就會隨之產生了。孝悌，大概就是仁道的根本吧。”

日譯 有子は「その人柄が孝行悌順でありながら、目上に逆らうことを好むような者はほとんどいない。目上に逆らうことを好まないのに、乱を起こすことを好むような者はめったにいない。君子は根本の問題にこそ力を入れる。根本が定まってはじめて進むべき道もはっきりする。孝と悌こそ、人徳の根本であろう」と言った。

韓譯 유자가 말하였다 : “그 사람됨이 효성스러우며 공경하면서, 윗사람을 범하기를 좋아하는 자가 드무니, 윗사람을 범하기를 좋아하지 않고서 난을 일으키기 좋아하는 자는 있지 않다. 군자는 근본을 힘쓰니 근본이 확립되면 인의 도가 생겨나는 것이다. 효와 제는 그 인을 행하는 근본이다.”

英譯 You Zi said, “Rare are people who are filial to their parents and love their brothers but like to offend other elders. Never have I met people who do not like offending others but like rebelling against others. The superior man devotes himself to the basic things. If the basis is established, Dao can be followed accordingly. To be filial and respectful is the basis of benevolence.”

◆◆

孝悌為仁之祖

原文 孝弟者，仁之祖也；忠信者，交之慶也。

——《管子·戒》

今釋 孝敬父母、敬從兄長，是仁道之所以產生的根源；忠誠信實，是交友值得稱道之所在。

日譯　孝と悌は仁道の拠り所である。忠と信は交友が賞賛に値する所以である。

韓譯　부모께 효도하고, 웃어른을 공경하는 것이 인의 근원이 되며 ; 충성과 믿음은 교제의 근간이다.

英譯　To be filial to one's parents and be respectful to one's brothers are the bases of benevolence. To be loyal and faithful is praiseworthy in making friends.

◆◆

弟子入則孝，出則悌

原文　子曰："弟子入則孝，出則悌，謹而信，泛愛眾，而親仁。行有餘力，則以學文。"

——《論語・學而》

今釋　孔子說："子弟家居則孝敬父母，出外則敬從兄長，謹慎行事，言而有信，博愛大眾，親近仁人。親身實踐之後，還有餘力，那麼就要去學習文化技能。"

日譯　孔子は「若者よ。家では孝行をし、外では年長者に悌順たれ。行為を慎しみ、言葉は誠実であれ。だれをも広く愛して仁の人に親しめ。これを実行してなお余裕があるなら、教養や技能を身につけよ」と言った。

韓譯　공자께서 말씀하셨다 : "제자가 들어가서는 효도하고, 나와서는 공손하며, 행실을 삼가고 말을 미덥게 하며, 널리 사람들을 사랑하되, 어진 이와 친해야 한다. 이것을 행하고 남은 힘이 있으면 글을 배워야 한다."

英譯　Confucius said, "At home, a young man should be dutiful towards his parents; going outside, he should be respectful towards his elders; he should be cautious in deeds and trustworthy in words. If he has any more energy to spare, let him devote it to books."

◆◆

孝不在能養而在敬

原文 子游問孝。子曰："今之孝者，是謂能養。至於犬馬，皆能有養；不敬，何以別乎？"

——《論語・為政》

今釋 子遊問什麼是"孝"。孔子說："現在所謂孝，只是指能養活父母。就是犬馬之類的牲畜，也能夠為人所養；如果對父母不尊敬，那麼用什麼來區別孝與養呢？"

日譯 子游が「孝の道」について尋ねた。孔子は「今の孝行は、父母をただ養っているだけだ。人は犬や馬も養うことができる。（そうであるならば）父母を養うだけで尊敬する気持ちが欠けていれば、何を以って人間と動物を区別できようか」と答えた。

韓譯 자유가 효를 물었다. 공자께서 대답하시길 : "요즘의 효라는 것은 봉양하는 것만을 말한다. 이는 개와 말도 능히 봉양할 수 있으니 ; 만일 공경함이 없다면 무엇으로 구별하겠는가 ?"

英譯 Zi You asked about being filial. Confucius said, "Nowadays, one is called a filial son only because one is able to support one's parents. Actually, however, even dogs and horses are no less able to do this. If one does not treat one's parents with reverent respect, what is then the difference between him and animals?"

◆◆

父母在，不遠游

原文 子曰："父母在，不遠游，游必有方。"

——《論語・里仁》

今釋 孔子說："父母在世，不離家遠遊，即使出門遠遊必須有一定的去處。"

日譯 孔子は「両親が健在であれば、遠出をしない。遠出する場合は必ず行き先をはっきりさせておくこと」と答えた。

韓譯 공자께서 말씀하셨다 : "부모께서 계시면, 멀리 나가 놀지 말며, 멀리 나가 놀 때에는 반드시 일정한 장소가 있어야 한다."

英譯 Confucius said, "When one's parents are still alive, it is not good for him to travel afar. If he has to, he must tell where he is going."

◆◆

父母之年不可不知

原文 子曰："父母之年，不可不知也。一則以喜，一則以懼。"

——《論語・里仁》

今釋 孔子說："父母的年齡，不可不牢記在心。一方面是因父母高壽而高興，一方面又因父母年高而憂懼。"

日譯 孔子は「父母の年は知っていなければいけない。一つにはそれで親が健在であることを喜び、一つにはそれで老い先を気遣うのだ」と言った。

韓譯 공자께서 말씀하셨다 : "부모님의 나이는, 반드시 알아야 한다. 한편으로는 부모님의 장수가 기뻐서이고, 한편으

론 부모님의 나이가 많아짐이 두려워서이다."

英譯 Confucius said, "One must always keep in mind one's parents' birthdays. On the one hand, one is glad to offer birthday congratulations. On the other hand, one is worried to see they grow one year older."

◆◆

止於仁、敬、孝、慈、信

原文 為人君，止於仁；為人臣，止於敬；為人子，止於孝；為人父，止於慈；與國人交，止於信。

——《禮記・大學》

今釋 作為人君，要安於仁愛；作為人臣，要安於恭敬；作為人子，要安於孝順；作為人父，要安於慈愛；與國人交往要安於誠信。

日譯 君主は思いやり（仁）に満足しなければならない。家臣は敬うこと（敬）に満足しなければならない。孝子は親に尽くすこと（孝）に満足しなければならない。父は慈しむこと（慈）に満足しなければならない。人と交わる場合には約束を守ること（信）に満足しなければならない。

韓譯 군주가 되어서는 인에 머물고, 신하가 되어서는 공경함에 머물고, 자식이 되어서는 효도에 머물고, 어버이가 되어서는 사랑에 머물고；나라 사람들과 사귐에는 믿음에 머문다.

英譯 As a ruler, one needs to be benevolent. As a subject, one needs to be respectful. As a son, one needs to be filial. As a father, one needs to be compassionate. When dealing with fellow the country men, one needs to be loyal and faithful.

◆◆

教以人倫

原文 聖人有憂之，使契為司徒，教以人倫：父子有親，君臣有義，夫婦有別，長幼有序，朋友有信。

——《孟子・滕文公上》

今釋 聖人又憂慮沒有教化，便使契為司徒，用人倫來教育人民：父子之間要有天然親情，君臣之間要講禮義，夫婦之間要互相愛護並且有內外之別，老少之間要有長幼次序，朋友之間要講求誠實信譽。

日譯 聖人はまた教化していないことを憂えて、契約を司徒と為し、人倫を以て人民を教育する。父子の間には血のつながった情があるべきであり、君臣の間は礼義を重んじなければならず、夫妻の間はお互いを思いやって内と外の区別がなくてはならず、老人と若者の間は長幼の順序がなくてはならず、友達の間は誠実、信用を重んじるべきである。

韓譯 성인이 이를 근심하시어, 설로 하여금 사도를 삼아, 인륜을 가르치게 하셨다 : 부자간에는 친함이 있으며, 군신 간에는 의리가 있으며, 부부간에는 분별이 있으며, 장유 간에는 차례가 있으며, 붕우 사이에는 믿음이 있는 것이다.

英譯 The sage felt great concern about education, and appointed to be Minister of Education so that the people might be taught human relationships, namely, affection between father and son, righteousness between ruler and subject, the distinction between husband and wife, orderly sequence between old and young, and fidelity between friends.

◆◆

男女有别

原文 男女有別，而後夫婦有義；夫婦有義，而後父子有親；父子有親，而後君臣有正。

——《禮記·昏義》

今釋 男女有分別，然後夫婦之間才有道義；夫婦之間有了道義，然後父子之間才有親情；父子之間有了親情，然後君臣之間才有資于事父以事君的正確關係。

日譯 男女の間にはけじめがあって夫婦間の道義が形成される。夫婦間に道義があって父子の間の親しみが生まれる。父子の間には親しみがあるから、君子と家臣の間にも父に仕えるのと同じように君主に仕える正しい関係ができる。

韓譯 남녀의 분별이 있은 후에 부부의 도의가 있으며；부부의 도의가 있은 연후에 아버지와 자식 간의 친한 정이 있으며, 아버지와 자식 간의 친한 정이 있은 연후에, 임금과 신하간의 바른 도리가 있는 것이다.

英譯 Getting to know the difference between man and woman, then proper relationship way between a husband and wife may be built. When the proper relationship is built between a husband and wife, there is affection between a father and son. When affection is built between father and son, proper relationship between the ruler and subjects can be built.

◆◆

君君，臣臣，父父，子子

原文 齊景公問政於孔子。孔子對曰：“君君，臣臣，父父，子子。”公曰：“善哉！信如君不君，臣不臣，父不父，子不子，雖有粟，吾得而食諸？”

——《論語・顔淵》

今釋 齊景公向孔子問政。孔子回答說：“君要按照君道來行事，臣要按照臣道來行事，父要按照父道來行事，子要按照子道來行事。”齊景公說：“說得太好了！假如君不遵循君道，臣不遵循臣道，子不遵循子道，即使有糧食，我能吃得着嗎？”

日譯 斉国の景公が孔子に政治とは何かと質問した。孔子は「主君は主君の本分を、臣下は臣下の務めを、父親は父親の責任を、子女は家族としての務めをそれぞれ果たすことである」と答えた。景公は「いいことを言うぞ。本当にもし君主が君主らしくなく、臣下が臣下らしくなく、父親が父親らしくなく、子女が子女らしくなければ、たとえ穀物が山ほどあったとしても、それを食べて安心して暮らすことができようか」と言った。

韓譯 제 경공이 공자께 정치에 대해 물었다. 공자께서 대답하시길 : “군주는 군주 노릇하고 신하는 신하 노릇하며, 아버지는 아버지 노릇하고 자식은 자식 노릇하는 것입니다.” 공이 말하였다. “좋은 말씀입니다. 진실로 만일 군주가 군주 노릇을 못하고 신하가 신하 노릇을 못하며, 아버지가 아버지 노릇을 못하고 자식이 자식 노릇을 못한다면, 비록 곡식이 있다한들 내가 그것을 먹을 수 있겠습니까?”

英譯 Duke Jing of Qi asked Confucius how to govern a country. Confucius said, “Rulers, subjects, fathers and sons should observe their respective rites.” Duke Jing said, “How true! If the ruler is not a ruler, the subject not a subject, the father not a father, the son not a son, even if there is sufficient grain, will I be able to obtain it?”

◆◆

禮者所以定親疏

原文 夫禮者所以定親疏，決嫌疑，別同異，明是非也。

——《禮記・曲禮上》

今釋 禮是用來界定親疏遠近，判斷嫌疑，鑒別同異，辨明是非的。

日譯 礼は親疎と遠近の境界を定め、疑惑を晴らし、異同を鑑別し、是非を明らかにするために用いられる。

韓譯 대저 예라는 것은 가깝고 먼 관계를 규정하는 것이며, 의심나는 것을 판단하며, 같고 다름을 구별하며, 옳고 그름을 밝히는 것이다.

英譯 Rites are used to set boundaries for intimateness and remoteness, to judge suspicion and innocence, to identify sameness and difference, and to distinguish right and wrong.

◆◆

賢賢易色

原文 子夏曰："賢賢易色，事父母能竭其力，事君能致其身，與朋友交言而有信。雖曰未學，吾必謂之學矣。"

——《論語・學而》

今釋 子夏說："看重品德修養，輕視表面的容貌，侍奉父母能夠竭盡全力，效力君主能夠奉獻自己的生命，與朋友交往能夠言而有信。這樣的人雖自稱未曾學習文禮，我一定說他已經學習過了。"

日譯 子夏は「優れた才能を素直に認め、尊敬し、うわべだけの容姿を軽視し、親の為に尽くし、君主の為に命を捧げ、友たちとは誠実な態度でつきあう。これができる人は、例え自ら学問をしたことがないといったとしても、私はこの人を学問をすでに身に付けた者だというであろう」と言った。

韓 譯 자하가 말하였다:“어진 이를 어질게 여기고 여색을 경시하며, 부모를 섬기되 능히 그 힘을 다하며, 인군을 섬기되 능히 그 몸을 바치며, 벗과 사귀어 말함에 성실함이 있다면 비록 배우지 않았다고 말해도 나는 반드시 그를 배웠다고 하겠다.”

英 譯 Zi Xia said, “If a man values the virtue of his wife more than her appearance, serve for his parents with all his hearts, devotes his life for his ruler, and keeps his promises with his friends, I would then assert that he is well-educated, even though he may never have entered a school.”

◆◆

君父不義，臣子當諫爭

原 文 當不義，則子不可以不爭於父，臣不可以不爭於君。故當不義，則爭之，從父之令，又焉得為孝乎？

——《孝經·諫爭章》

今 釋 當君父做事不符合道義的時候，那麼作為兒子不可不向父親諫爭，臣下不可以不向君上諫爭。所以，當父親做事不合乎義的時候，兒子要加以規諫，如果一味地聽從父親的命令，又怎能稱得上是孝呢？

日 譯 君主や父が不正を働いたならば、その子として父を諫めなくてはならない。その臣下として君主を諫めなくてはならない。それゆえ、父が不正を働けば、その子として諫めるべきであり、単に父の指図に従うだけなら、どうして孝といえようか。

韓 譯 불의한 일에 당해서는, 자식도 아버지에게 간쟁하지 않을

수 없으며, 신하도 임금에게 간쟁하지 않을 수 없다. 그러므로 불의한 일을 당하면 마땅히 간언해야 할 것이니, 아버지의 명령을 좇기만 한다면, 또 어찌 효라 할 수 있겠는가?

英譯 When the lord king has done something that is not in accordance with Dao, the subject has the responsibility to expostulate to the ruler. So it is with the son when his father has done something that does not accord with righteousness. The son should try to expostulate with the father if the latter has done something unrighteous. Always listening to whatever the father orders is not filial at all.

◆◆

君父以白為黑，臣子不能從

原文 君雖尊，以白為黑，臣不能聽；父雖親，以黑為白，子不能從。

——《呂氏春秋・應同》

今釋 君主雖然應該尊敬，但如果他以白為黑，則臣下不能聽從；父親雖然應該親近，但他如果以黑為白，則兒子也不能聽從。

日譯 君主は尊敬すべきであるが、しかしもし彼が白を黒となすなら、臣下はこれに従ってはいけない。父とは親しくすべきであるが、しかしもし彼が黒を白となすなら、息子はこれに従ってはいけない。

韓譯 군주는 마땅히 존경해야 하겠지만, 흰 것을 검다고 하면, 신하는 들을 수 없으며 ; 아버지는 비록 친애할 것이지만, 검은 것을 희다고 한다면, 자식이 따를 수 없다.

英譯 The lord king deserves to be respected, but if he turns white to black, the subject should not listen to him. A father deserves to be admired, if he turns black to white, the son should not listen to him, either.

◆◆

风化自上而行於下

原文 夫風化者，自上而行於下者也，自先而施於后者也。是以父不慈則子不孝，兄不友則弟不恭，夫不義則婦不順矣。

——北齊・顏之推《顏氏家訓・治家》

今釋 教化是從上向下推行的，是從先向後實施的。所以父親不慈愛，兒子就不孝順；兄長不友愛，弟弟就不恭敬；丈夫不合義道，妻子就不順服了。

日譯 教化とは、上に立つ者から下の者に行われ、年長者から若年者に施されるべきものである。それゆえに、父親に愛情がなければ、子どもに孝行を期待することはできないし、兄に友愛の情がなければ、弟も兄を尊敬し親しみを持つことはない。また夫が夫らしく正しく行動しなければ、妻も夫に従わないのである。

韓譯 대저 교화라는 것은 위에서 아래로 행해지는 것이며, 앞에서 뒤로 베풀어지는 것이다. 이 때문에 부모가 자애롭지 못하면 자식이 불효하고, 형이 우애하지 못하면 아우가 공손치 못하고, 남편이 의롭지 못한 즉 아내가 순종하지 않는 것이다.

英譯 Teaching is passed down from the old to the young, from the superior to the inferior. If the father is not compassionate, the son will not be filial. If the older brother is not fraternal, the younger brother will not be respectful. If the husband is not virtuous, the wife will not be submissive.

(五) 诚信

誠実・信義

성실과 믿음

Honesty

◆◆

人不可無信

原文　子曰："人而無信，不知其可也。大車無輗，小車無軏，其何以行之哉？"

——《論語・為政》

今釋　孔子說："人如果沒有信用，不知道那怎麼可以。大車沒有安裝輗，小車沒有安裝軏，那怎麼能夠行車呢？"

日譯　孔子は「人として信義がなければ、うまくやっていけるはずがない。牛車に轅（ながえ）のはしの横木がなく、馬車に轅のはしのくびき止めがないのでは、車として役に立たない。一体どうやって動すというのだろうか」と言った。

韓譯　공자께서 말씀하셨다 : "사람에게 믿음이 없다면 그 가능함을 알 수 없다. 큰 수레에 수레채가 없고, 작은 수레에 수레막이가 없다면 어떻게 길을 가겠는가?"

英譯　Confucius said, "How can one be acceptable without being trustworthy in words? This is just like a cart without a collar-bar or a carriage without a yoke-bar. How can they move forward?"

◆◆

忠信为交之慶

原文　忠信者，交之慶也。

——《管子・戒》

今釋　忠誠信實，是交友值得稱道之所在。

日譯　忠実信義は交友の賞賛に値するところである。

韓譯　충성과 신실함이, 벗과 교제하는 근본이다.

英譯　Loyalty and faithfulness is the credit of a friend.

◆◆

躬自厚而薄責於人

原文　子曰："躬自厚而薄責於人，則遠怨矣。"

——《論語・衛靈公》

今釋　孔子說："對自己責備得重，對別人責備得輕，那麼就會遠離怨恨了。"

日譯　孔子は「自分には厳しく、他人には寛大に、そのような心がけなら、人から怨まれるようなこともあまりない」と言った。

韓譯　공자께서 말씀하셨다 : "몸소 자책하기를 많이 하고, 남을 질책하기를 적게 한다면, 원망이 멀어질 것이다."

英譯　Confucius said, "Being strict with oneself and lenient with others will help you shy away from evils."

◆◆

以約失之者鮮矣

原文　子曰："以約失之者鮮矣。"

——《論語・里仁》

今釋　孔子說："因為嚴於律己而犯錯誤的，這種情況是很少發生的。”

日譯　孔子は「規律をしっかり守っていて過ちを犯すようなことはあまりない」と言った。

韓譯　공자께서 말씀하셨다 : “자신을 잘 단속하면서 잘못을 저지르는 경우는 드물다.”

英譯　Confucius said, “Seldom does a man who regulates his behavior according to the rites make mistakes.”

◆◆

患不知人

原文　子曰：“不患人之不己知，患不知人也。”

——《論語・學而》

今釋　孔子說：“不憂患別人不了解自己，而憂患自己不了解別人。”

日譯　孔子は「他人が自分のことを分かってくれないと嘆かないで、自分が他人を理解していないことを気にすることだ」と言った。

韓譯　공자께서 말씀하셨다 : “남이 나를 알아주지 못할까 근심하지 말고, 내가 남을 잘 알지 못할까 근심하라.”

英譯　Confucius said, “Do not worry about being misunderstood but about understanding others.”

◆◆

以巧言令色足恭、匿怨而友其人為恥

原文　子曰：“巧言、令色、足恭，左丘明恥之，丘亦恥之。匿怨而友其人，左丘明恥之，丘亦恥之。”

——《論語・公冶長》

今釋　孔子說：“花言巧語、形容偽善、過於謙恭，左丘明認為這是恥辱的，我也認為這是恥辱的。心裏隱藏着怨恨，面子上却表現出友好，左丘明認為這是恥辱的，我也認為這是恥辱的。”

日譯　孔子は「ことば巧みにとりつくろい、過剰なうやうやしさを左丘明は恥じとした。丘（私）もこれをやはり恥とする。怨みをかくしてその人に近寄り、友達になろうとすることも左丘明は恥とした。丘もやはりこれを恥とする」と言った。

韓譯　공자께서 말씀하셨다 : “말을 듣기 좋게 하고 얼굴빛을 곱게 하고 공손을 지나치게 하는 것을, 옛날 좌구명이 부끄러워하였는데, 나 또한 이것을 부끄러워한다. 원망을 감추고 그 사람과 사귀는 것을 좌구명이 부끄러워하였는데, 나 또한 이것을 부끄러워한다.”

英譯　Confucius said, “Flattery, false amiability and obsequiousness, these Zuoqiu Ming found shameful. So do I. To be friendly towards someone while concealing one’s hostility, this Zuoqiu Ming found shameful. So do I.

◆◆

見賢思齊

原文　子曰：“見賢思齊焉，見不賢而內自省也。”

——《論語・里仁》

今釋　孔子說：“見到賢人，就要想着向他看齊；見到不賢的人，就要以他為鑒自我省察。”

日譯　孔子は「尊敬できる立派な人に接したら、自分もこのような人になろうと心がけなさい。愚かな行いをする人に接したら、自分の反省の材料にしなさい」と言った。

韓譯　공자께서 말씀하셨다 : “어진 이를 보면 나도 그와 같기를

생각하고, 어질지 못한 이를 보면 안으로 스스로를 반성해야 한다."

英譯 Confucius said, "When you meet a man of virtue, learn from him. When you meet a man without virtue, examine yourself to see if you have the same defects as he has."

◆◆

吾日三省吾身

原文 曾子曰："吾日三省吾身：爲人謀而不忠乎？與朋友交而不信乎？傳不習乎？"

——《論語·學而》

今釋 曾子說："我每天都多次反省自己：為人謀事是否竭盡所能了呢？與朋友交往是否誠信相待了呢？老師傳授給我的東西是否認真復習了呢？"

日譯 曾子は「わたしは日に何回もこう反省する。いったい自分は、人に頼られながら、つい人のことだといいかげんにすませたりはしなかったか？友人に対して誠実でない態度を取ることはなかったろうか？先生が私に伝えられたことを真剣にさらっていないのではないか」と言った。

韓譯 증자께서 말씀하셨다 : "나는 날마다 세 가지로 내 몸을 살핀다 : 남을 위하여 일을 함에 충성스럽지 않았는가? 벗과 사귐에 성실하지 않았는가? 전수 받은 것을 익히지 않았는가?" 이다.

英譯 Zeng Zi said, "Every day I examine myself once and again. Have I tried my uttermost to others? Have I been honest to my friends? Have I diligently reviewed the instructions from the Master?"

◆◆

天道貴信，地道貴誠

原文 天道貴信，地道貴誠。誠信者，蓋二儀所以生植萬物，人君所以保乂黎蒸。

——《晉書》卷八十二記虞預語

今釋 天道崇尚信用，地道尊重誠實。誠信這種道德，大概就是陰陽兩儀能夠生育繁殖萬物、做君主的能夠保有治理百姓的原因。

日譯 天の道は信用を崇め、地の道は誠実を尊ぶ。誠実と信用というこの道徳のおかげで、概ね陰陽の二儀は万物を繁殖させ、育むことができ、君主は庶民を擁し、治めることができる。

韓譯 하늘의 도는 믿음을 귀히 여기고, 땅의 도는 성실을 존중한다. 성실과 믿음, 이 두 도덕은 만물을 생육 번식시킬 수 있는 것이기에, 군주가 백성을 보존하고 다스리는 바탕이다.

英譯 The way of heaven values faithfulness. The way of earth values honesty. Faithfulness and honesty maybe the reason why yin and yang can nurture all the things and the kings can rule all the people.

◆◆

信是立身之本，恕乃接物之要

原文 一信字是立身之本，所以人不可無也；一恕字是接物之要，所以終身可行也。

——清・王永彬《圍爐夜話》

今釋 “信”是立身處世的根本，所以人不能沒有信用；“恕”是接人待物的關鍵，所以人要一輩子施行。

日譯　「信」は処世の根本であるため、人は信用がなければ生きていけない。「恕」は人と接し、人をもてなす際の根幹であり、しがたって人は生涯これを実行すべきである。

韓譯　'믿음' 은 처세의 근본이니, 사람이 신용이 없어서는 안 되는 까닭이다. '용서' 는 만물을 대하는 요체이니, 종신토록 행해야 하는 것이다.

英譯　Faithfulness is the basis for people, without which people can not live. Forgiveness is the key to dealing with people, so one should practice it throughout his lifetime.

(六) 谦廉

謙虛

겸손과 청렴

Modesty

◆◆

過而能改，善莫大焉

原文　人誰無過？過而能改，善莫大焉。

——《左傳・宣公二年》

今釋　一個人誰沒有犯過錯呢？犯了過錯而能夠改正，沒有比這更好的事情了。

日譯　過ちを犯したことがない者はいるだろうか？過ちを犯しても正すことができれば、これ以上よい事はない。

韓譯　사람이 그 누구인들 허물이 없겠는가? 허물이 있을 때 고칠 수 있는 것, 선은 이보다 더 큰 것이 없다.

英譯 Who can be without faults? None is better than a man who can correct his mistakes.

◆◆

以能問于不能

原文 曾子曰："以能問于不能，以多問于寡；有若無，實若虛，犯而不校，昔者吾友嘗從事于斯矣。"

——《論語・泰伯》

今釋 曾子說："能力強的向能力差的人請教，學問多的向學問少的人請教；有好像沒有，充實像是空虛，受到冒犯却不計較，從前我的一位朋友曾經這樣做過。"

日譯 曾子は「能力のある者は能力の劣る者に教えを請い、学のあるものは学がそれほどない者に教えを請う。有るのに無きが如く、実があっても虚の如く、非礼があっても気にしない。昔、私のある友達はこうしていた」と言った。

韓譯 증자께서 말씀하셨다 : "잘하면서도 잘하지 못하는 이에게 묻고, 많으면서도 적은 이에게 묻고, 있어도 없는 것처럼 하며, 가득해도 빈 것처럼 여기며, 잘못을 범해도 따지지 않는 것, 옛날에 내 벗이 일찍이 이일에 종사했었다. "

英譯 Zeng Zi said, "I had a friend who did the following: though capable, he asked the less capable for advice; though he knew a great deal, he consulted those who knew less though he was a man of great learning. He studied as diligently as those who have little knowledge. Though he had rich knowledge, he looked as if he were empty and never minded those who offended him."

◆◆

滿招損，謙受益

原文 滿招損，謙受益。

——《尚書·大禹謨》

今釋 自滿會招致損害，謙虛會獲得益處。

日譯 自惚れれば損になるが、謙遜すれば得をする。

韓譯 자만하면 손해를 부르고, 겸손하면 이익이 더해진다.

英譯 Arrogance incurs damage while humility reaps benefits.

◆◆

夫唯不爭，故天下莫能與之爭

原文 不自見，故明；不自是，故彰；不自伐，故有功；不自矜，故長。夫唯不爭，故天下莫能與之爭。

——《老子·第二十二章》

今釋 不自我表露，所以昭著顯明；不自以為是，所以明白昭彰；不自誇耀自己的功勞，所以擁有功勞；不自負賢能，所以能獲得稱讚。只因為不爭，所以天下沒有誰同他爭。

日譯 自ら見せびらかさないから自ずとそれが明らかになる。自ら認めないから、自ずとその正しさが際立つ。自ら驕らず、功績を上げても自ら誇らないから、自ずと尊敬を受ける。他人と争うことをしないから、世の中に争う相手はいない。

韓譯 스스로를 드러내지 않으니 더욱 드러나고；스스로 옳다고 하지 않으니 더욱 빛난다. 자신을 자랑하지 않기 때문에 참된 공이 있다. 자신을 뻐기지 않기 때문에 영원할 수 있다. 대저 다투지 않기 때문에 천하에 그와 더불어 다툴 수 있는 사람이 없다.

英譯　He does not show himself, therefore, he is seen by everyone. He does not define himself, therefore he is distinct. He does not boast of what he will do, so he succeeds. He is not proud of his work, and therefore it endures. He does not contend, and for that very reason no one under heaven can contend with him.

◆◆

見義不為無勇

原文　子曰："……見義不為，無勇也。"

——《論語・為政》

今釋　孔子說："……碰到正義的事情却不去做，這是沒有勇氣的表現。"

日譯　孔子は「人として当然為すべき正しいこととわかっていながら、それを実行に移さないのは、勇気がないからである」と言った。

韓譯　공자께서 말씀하셨다 : "……의를 보고 행하지 않으면, 용기가 없는 것이다."

英譯　Confucius said, "It is cowardice not to defend the righteous."

◆◆

知恥近乎勇

原文　知恥近乎勇。

——《禮記・中庸》

今釋　知道恥辱就已經接近勇敢了。

日譯　恥を知るは勇に近し。

韓譯　부끄러움을 안다는 것은 용기에 가깝다.

英譯　Having a sense of shame is equivalent to bravery.

◆◆

儉節則昌

原文　儉節則昌，淫佚則亡。

——《墨子・辭過》

今釋　節儉就會昌盛，揮霍就會滅亡。

日譯　節約すれば栄えるが、金遣いが荒いと滅びてしまう。

韓譯　검소하고 절약하면 창성하게 되고, 방탕하고 게으르면 망하게 된다.

英譯　Being thrifty brings about prosperity while extravagance leads to poverty.

◆◆

力而俭者富

原文　侈而惰者贫，而力而俭者富。

——《韓非子・顯學》

今釋　奢侈且懶惰的人貧窮，勤勞且節儉的人富裕。

日譯　贅沢にし、不精な人は貧しくなり、まめにし、節約する人は豊かになる。

韓譯　사치하고 나태한 자는 가난하고, 부지런하고 검소한 자는 부유하게 된다.

英譯　Poor are those who are extravagant and lazy; rich are those who are diligent and thrifty.

◆◆

見素抱樸

原文 見素抱樸，少私寡欲。

——《老子·第十九章》

今釋 表現本色懷抱質樸，減少私心去除欲望。

日譯 物事の本質を見せ、素朴な心をもち、少欲知足を旨とする。

韓譯 소박함을 내보이고 질박함을 껴안으며, 사사로운 욕심을 줄인다.

英譯 Demonstrating inherent qualities embraces simplicity; reducing selfishness removes desires.

◆◆

貧而無怨難

原文 子曰："貧而無怨難，富而無驕易。"

——《論語·憲問》

今釋 孔子說："貧窮却沒有怨恨，這是難以做到的；富裕却不驕横，這是容易做到的。"

日譯 孔子は「貧乏になると恨みがないというのは難しい。金持ちになって驕らないでいるのは易しい」と言った。

韓譯 공자께서 말씀하셨다："가난해도 원망하지 않기는 어렵고, 부유하면서 교만하지 않기는 쉽다."

英譯 Confucius said, "It is difficult for one to make no complaints in poverty, but it is easy for one to show no arrogance in wealth."

(七)理想人格——君子

理想的な人格—君子

이상적 인격——군자

The Ideal Personality of a Superior Man

◆◆

君子見善則遷

原文 君子以見善則遷，有過則改。

——《周易·益卦·象傳》

今釋 君子因此見到善行，就學習它，有了過錯就改正。

日譯 君子は善を見たら直ちに学び、過ちがあれば直ちに改める。

韓譯 군자는 선을 보면 옮겨가고 허물이 있으면 고친다.

英譯 The superior man, in accordance with this, when he sees what is good, learns from it; when he sees his errors, he corrects them.

◆◆

君子泰而不驕

原文 子曰："君子泰而不驕，小人驕而不泰。"

——《論語·子路》

今釋 孔子說："君子安泰，却不驕傲；小人驕傲，却不安泰。"

日譯 孔子は「君子は、堂々として驕り高ぶることはしないが、気の小さい心の狭い人間は、落ち着きがなく驕り高ぶる」と言った。

韓譯 공자께서 말씀하셨다 : "군자는 편안하되 교만하지 않고 ; 소인은 교만하되 편안하지 못하다."

英譯 Confucius said, "A superior man is always tranquil in heart without arrogance while an inferior man is always arrogant without tranquility in heart."

◆◆

士不可懷居

原文 子曰："士而懷居，不足以為士矣。"

——《論語・憲問》

今釋 孔子說："士如果懷戀居處之安逸，就夠不上稱為士了。"

日譯 孔子は「士でありながら安逸な居を懐かしんでいるようでは、士とするに足りず」と言った。

韓譯 공자께서 말씀하셨다 : "선비가 거처의 편안함을 생각한다면, 선비라고 하기에 부족하다."

英譯 Confucius said, "A scholar is not a scholar at all if he indulges himself in the coziness and comfort at home."

◆◆

君子成人之美

原文 子曰："君子成人之美，不成人之惡。小人反是。"

——《論語・顏淵》

今釋 孔子說："君子會幫助別人成就他的优点，不會助長別人的缺点。小人則恰與此相反。"

日譯 孔子は「君子は人の美を成すが、人の悪を成さず、小人はこれに反する」と言った。

韓譯 공자께서 말씀하셨다 : "군자는 남의 아름다움을 이루어주고, 남의 악함을 이루어주지 않는다. 소인은 이와 반대이다."

英譯 Confucius said, "The superior man helps others perfect their merits without fostering others' shortcomings. The inferior man does just the opposite."

◆◆

君子之交淡若水

原文 君子之交淡若水，小人之交甘若醴；君子淡以親，小人甘以絕。

——《莊子·山木》

今釋 君子之間的交情淡泊得象白水一樣，小人之間的交情甘甜得像美酒一樣。君子間淡泊却親切，小人間甘甜却容易斷絕。

日譯 君子の交はりは淡きこと水の若（ごと）く、小人の交はりは甘きこと醴（れい）の若（ごと）し。君子は淡泊でありながら親しさを保ち、小人はなれなれしいが関係が長続きしない。

韓譯 군자의 사귐은 물처럼 담백하지만, 소인의 교제는 단술처럼 달콤하다；군자의 교제는 담백하기 때문에 친분이 두터워지고, 소인의 교제는 달콤하기 때문에 끊어져 버린다.

英譯 The relationship between the superior men is as plain as water while the relationship between the inferior men is as sweet as wine. However, the relationship of the superior man is plain yet intimate while that of the inferior man is sweet yet vulnerable.

◆◆

君子義以爲質

原文 子曰："君子義以爲質，禮以行之，孙以出之，信以成之。君子哉！"

——《論語·衛靈公》

今釋 孔子說："君子按照義來修養自己的品質，依據禮來行事，用謙遜的態度表達出來，依靠信實取得成功。這就是君子啊！”

日譯　孔子は「君子は義を以て自分の品行を高め、礼を以て事を行い、謙虚な態度で表現し、誠実さや信義を以て成功を勝ち取る。これが君子である」と言った。

韓譯　공자께서 말씀하셨다 : “군자는 의로 바탕을 삼고, 예로써 그것을 행하며, 겸손함으로써 그것을 내며, 믿음으로써 그것을 이룬다. 이것이 군자이다.”

英譯　Confucius said, “A man can be called a real superior man when he cultivates his virtues according to righteousness, conducts things with rites, expresses himself with modesty, achieves success with honesty.”

◆◆

君子喻於義

原文　子曰：“君子喻於義，小人喻於利。”

——《論語・里仁》

今釋　孔子說：“君子明了的是義，小人明了的是利。”

日譯　孔子は「君子は正義に鋭敏であり、小人は利益に鋭敏である」と言った。

韓譯　공자께서 말씀하셨다 : “군자는 의에서 깨닫고, 소인은 이익에서 깨닫는다.”

英譯　Confucius said, “A superior man sees righteousness while an inferior man sees benefits.”

◆◆

仁者不憂，知者不惑，勇者不懼

原文　子曰：“君子道者三，我無能焉：仁者不憂，知者不惑，勇者不懼。”子貢曰：“夫子自道也。”

——《論語·憲問》

今釋　孔子說：“君子之道有三，我沒有能力做到：有仁德的人不憂愁，有智慧的人不迷惑，有勇氣的人不畏懼。”子貢說：“這正是老師的自我表白。”

日譯　孔子は「君子の道は三つ考えられるが、私には力が及ばない。すなわち、仁者は心配しない、智者は惑わない、勇者は恐れないということだ」と言った。子貢は「それは先生みずからおっしやられた態度だ」と言った。

韓譯　공자께서 말씀하셨다 : “군자의 도가 셋인데, 나는 익숙하지 못하다 : 어진 자는 근심하지 않고, 지혜로운 자는 미혹되지 않으며, 용기 있는 자는 두려워하지 않는다.” 자공이 말하길 : “선생님께서 스스로 말씀하신 것이다.”

英譯　Confucius said, “I fail to do any of the following three things that a superior man should do. A man of benevolence never worries. A man of wisdom never gets confused and a man of courage never fears,” Zi Gong commented, “That is the Master's self-image.”

◆◆

君子矜而不爭

原文　子曰：“君子矜而不爭，群而不黨。”

——《論語·衛靈公》

今釋　孔子說：“君子自尊而不與人爭執，合群而不與人搞宗派。”

日譯　孔子は「君子は自尊心をもっているが、やたら他人と争わない。仲間を有しているが派閥を結成しない」と言った。

韓譯　공자께서 말씀하셨다 : “군자는 씩씩하되 다투지 않으며,

모이되 파벌을 만들지 않는다."

英譯 Confucius said, "A superior man has self-respect yet he never gets involved in the contention. He is social but never gets involved in the sects."

◆◆

君子貞而不諒

原文 子曰："君子貞而不諒。"

——《論語・衛靈公》

今釋 孔子說："君子講求誠信，但不拘泥於小信。"

日譯 孔子は「君子は正道を守り奴くけれども、馬鹿正直ではない」と言った。

韓譯 공자께서 말씀하셨다 : "군자는 바름을 구할 뿐이요 작은 신의에 얽매이지는 않는다."

英譯 Confucius said, "The superior man pursues accountability, but he never falls into credulity."

◆◆

君子有九思

原文 孔子曰："君子有九思：視思明，聽思聰，色思溫，貌思恭，言思忠，事思敬，疑思問，忿思難，見得思義。"

——《論語・季氏》

今釋 孔子說："君子有九種思慮：看要考慮看得清楚，聽要考慮聽得敏銳，容色要考慮溫和，舉止要考慮恭敬，講話要考慮忠誠，做事要考慮敬慎，有疑惑要考慮去問，發怒要考慮會有後患，見到利益要考慮合乎道義。"

日譯 孔子は「君子には九つの思慮がある。見るときは明瞭に、聴くときはうれべだけでなく、顔色はやわらかに、態度は謙遜して、ことばはまごころいめて、仕事は慎み深く、疑問には問うて残すことなく、腹立ちには後の難儀が及ばないように、利得があるとまは正·不正を見きわめと言うようだ」と言った。

韓譯 공자께서 말씀하셨다 : “군자는 아홉 가지 생각함이 있다 : 눈으로 볼 때는 밝음을 생각하고, 귀로 들을 때에는 귀 밝음을 생각하고, 얼굴빛은 온화함을 생각하고, 모습은 공손함을 생각하며, 말은 진실함을 생각하고, 일은 공경함을 생각하며, 의심스러울 때는 물을 것을 생각하며, 분할 때에는 어려움을 생각하며, 얻을 때에는 옳음을 생각하는 것이다.”

英譯 Confucius said, “A superior man concentrates on the following nine things: seeing clearly when he uses his eyes; hearing accurately when he uses his ears; looking mild when it comes to facial expressions; appearing sedate when it comes to demeanor; being sincere when he speaks; being conscientious when it comes to his office responsibility; seeking advise when he is in the face of difficulty; foreseeing the consequences when he gets angry; asking himself whether it is right when he wants to gain something.”

◆◆

君子不憂不懼

原文 司馬牛問君子。子曰：“君子不憂不懼。”曰：“不憂不懼，斯謂之君子已乎？”子曰：“內省不疚，夫何憂何懼？”

——《論語·顔淵》

今釋 司馬牛問什麽是“君子”。孔子說：“君子不憂愁不恐懼。”

又問：“不憂愁不恐懼，這就是君子了嗎？”孔子說：“君子自我反省，內心無愧，那還有什麼可憂愁和恐懼的呢？”

日譯 司馬牛が孔子に「君子」について尋ねた。孔子は「君子は心配もせず、恐れもしない」と答えた。また「心配もせず恐れもしないなら、それで君子といってよろしいのか」と尋ねた。孔子は「反省してやましくなければ、一体、何を心配し、何を恐れるのか」と答えた。

韓譯 사마우가 군자에 대해 물었다. 공자께서 대답하시길 : “군자는 근심하지 않고 두려워하지 않는다.” 사마우가 말하길 : “근심하지 않고 두려워하지 않으면 군자라 할 수 있습니까 ?” 공자께서 말씀하셨다. “안으로 살펴보아 병통이 없으니 무엇을 근심하고 무엇을 두려워하겠는가 ?”

英譯 SiMa Niu asked what a superior man is like. Confucius said, “A superior man neither worries nor fears.” Sima Niu asked again, “Is any man who is free from worries and fears a superior man?” Confucius said, “The superior man introspects every day without shame, how can he feel worried and fearful?”

◆◆

君子義以為上

原文 子路曰：“君子尚勇乎？”子曰：“君子義以為上。君子有勇而無義為亂，小人有勇而無義為盜。”

——《論語·陽貨》

今釋 子路說：“君子崇尚勇敢嗎？”孔子說：“君子認為義是最重要的。君子只有勇而不講義就會犯上作亂，小人只有勇而無義就會做盜賊。”

日譯 子路は「君子は勇を尊ぶでしょうか」と尋ねた。孔子は「もちろん君子は勇を大切にしている。だが、勇気だけ重んじて義をないがしろにするとみんなが勝手に行動し、時によっては内乱を起こしかねない。小人と言われる教養のない粗雑な人間は、勇敢なことをいいことに義を考えずに勝手に振舞うから、やがて乱暴狼藉に陥り、最後は盗みまで働くようになるのだ」と答えた。

韓譯　자로가 말했다 : “군자도 용맹을 숭상합니까 ?” 하니 공자께서 말씀하시길 : “군자는 의로써 상을 삼는다. 군자가 용기만 있고 의로움이 없으면 반란을 일으키고, 소인이 용기만 있고 의로움이 없으면 도둑질을 한다.”

英譯　Zi Lu said, “Does a superior man admire boldness?” Confucius said, “The superior man values righteousness most. A superior man will rebel if he is bold without righteousness while an inferior man will become a bandit if he is bold without righteousness.”

◆◆

君子坦蕩蕩

原文　子曰：“君子坦蕩蕩，小人長戚戚。”

——《論語・述而》

今釋　孔子說：“君子內心寬廣坦然，小人內心常憂懼不安。”

日譯　孔子は「君子はのびのびしているが、小人はいつでもくよくよしている」と言った。

韓譯　공자께서 말씀하셨다 : “군자는 평탄하듯 여유가 있고, 소인은 늘 근심한다.”

英譯　Confucius said, “A superior man is broad-minded while an inferior man is always full of worries.”

◆◆

君子無終食之間違仁

原文 子曰：“富與貴是人之所欲也；不以其道得之，不處也。貧與賤是人之所惡也；不以其道得之，不去也。君子去仁，惡乎成名？君子無終食之間違仁，造次必於是，顛沛必於是。”

——《論語・里仁》

今釋 孔子說：“富有與尊貴，是人所想要的；不通過仁義之道而得到它，君子決不占有。貧窮和低賤，是人所厭惡的；如果行仁義之道而却得到了貧賤，君子也絕不逃避。君子離開仁道，還能成就自己的名聲嗎？君子哪怕是一頓飯的短暫時間也不會背離仁道，緊急倉促時一定會堅守仁道，顛簸困頓時一定會堅守仁道。”

日譯 孔子は「富と貴い身分、これは誰でも欲しがるものだ。しかしそれ相当の方法（勤勉や高潔な人格）で得たものでなければ、そこに安住しない。貧乏と賎しい身分、これは誰でも嫌がるものだ。しかしそれ相当の方法（怠惰や下劣な人格）で得たのでなければ、それを決して避けない。君子は人徳によらずして名を成すことはできない。君子は食事の瞬間も仁から離れることがなく、急変のときも仁を守り抜き、生活が困窮しても仁から離れない」と言った。

韓譯 공자께서 말씀하셨다 : “부귀는 사람들이 바라는 것이나 정상적인 방법으로 얻지 않았으면 처하지 않고, 빈천은 사람들이 싫어하는 것이나 정상적인 방법으로 얻지 않았다면 버리지 않는다. 군자가 인을 버리면 어디에서 이름을 이룰 수 있겠는가? 군자는 밥을 먹는 동안에도 인을 떠나지 않으니, 경황 중에도 반드시 인을 하며, 위급한 상

황에서도 반드시 인을 한다.”

英譯 Confucius said, “Every one desires wealth and high position, but a superior man would not accept them unless he gets them in a right way. Everyone hates poverty and low status, but a superior man would not get rid of them in an unjust way. How can one be called a superior man if one betrays benevolence? Under no circumstances should a superior man forget to practice benevolence.”

◆◆

君子不重則不威

原文 子曰：“君子不重則不威，學則不固。主忠信，無友不如己者，過則勿憚改。”

——《論語・學而》

今釋 孔子說：“君子不莊重，就不會有威嚴，學習然後就不會固陋。信奉忠誠信實，不要跟不如自己的人交朋友，犯了錯誤就不要怕改正。”

日譯 孔子は「君子は重々しくなければ威厳がない。学問をすれば頑固でなくなる。忠と信とを第一にして、自分より劣ったものを友達にするな。あやまちがあればぐずぐずせずに改めよ」と言った。

韓譯 공자께서 말씀하셨다 : “군자는 무게가 없으면 위엄이 없으니, 배움도 견고하지 못하다. 충과 신을 위주로 하며, 자기만 못한 자를 벗 삼으려 하지 않고, 허물이 있으면 고치기를 꺼려 말아야 한다.”

英譯 Confucius said, “A frivolous superior man can not command respect and his learning can not find firm foundation. Therefore, he should pay great attention to loyalty and sincerity, and not make close friends with those whose morality is inferior to his. If he makes a mistake, he should not be afraid of correcting it."

◆◆

君子慎其獨

原文 君子戒慎乎其所不睹，恐懼乎其所不聞。莫見乎隱，莫顯乎微，故君子慎其獨也。

——《禮記·中庸》

今釋 君子警惕謹慎于別人看不到的地方，小心畏懼於別人聽不到的地方。在別人不易發現的隱暗地方最容易全部表露，在細微的小事上也最容易顯現，所以君子在獨處的時候特別謹慎。

日譯 君子は其の睹えざる所に戒慎し、其の聞えざる所に恐懼す。隠れたるより見あらわるるは莫く、微かなるより顕かなるは莫し。故に君子は其の独を慎むなり。

韓譯 군자는 보지 않을 때에도 경계하고 삼가며, 듣지 않을 때에도 두려워한다. 은미한 것보다 잘 드러나지 않은 것이 없으며, 작은 일보다 더 잘 나타나지 않은 것이 없다. 그러므로 군자는 홀로 있을 때에도 삼가는 것이다.

英譯 The superior man keeps alert in places where on one can see him. He is cautious even in places where no one can hear him. The secret places can easily be exposed to others. The trivial things can easily be shown to others. That is why a superior man is especially cautious even when he is in privacy.

◆◆

君子之道

原文 君子之道也，貧則見廉，富則見義，生則見愛，死則見哀。

——《墨子·脩身》

今釋 君子的原則是：貧窮時表現出廉潔，富裕時表現出仗義疏財，對於活着的人表現出慈愛，對於死去的人表現出哀痛。

日譯 君子の原則は困窮した時、清廉潔白を実行し、豊かな時には義を重んじ、金銭を軽んじ、生きている人に慈愛を注ぎ、死んだ人に哀悼を表することである。

韓譯 군자의 도리는, 가난할 때에는 청렴함을 보이고, 부유할 때에는 의를 보이며, 살아있는 사람들에게는 자애롭고, 죽은 사람에 대해서는 애통함을 나타낸다.

英譯 The precept of the superior man is to manifest nobility when poor, to manifest generosity when rich, to manifest love to the living, and to manifest mourning to the dead.

陰陽五行

陰陽五行思想は中国で紀元前に発生した思想体系。もともとの陰陽思想と、五行（木・火・土・金・水）思想が結びつき、陰陽五行思想として体系化されたのである

음양오행

Yin and Yang and the Five Elements

四　陰陽五行

陰陽五行思想は中国で紀元前に発生した思想体系。もともとの陰陽思想と、五行（木・火・土・金・水）思想が結びつき、陰陽五行思想として体系化されたのである

음양오행

Yin and Yang and the Five Elements

中國古代的陰陽五行思想，原本是各自獨立的兩個系統。它們都是樸素的唯物思想，來源於人類對於世間萬物運動變化過程的觀察與體認。此學說的智慧，在於說明沒有哪一種事物或力量是處於絕對強勢、絕對無敵地位的，只有和平相處以達到各種力量之間的平衡，才是世間秩序的公共準則。

中国古代の陰陽五行の思想は、もとよりそれぞれに独立した二つの系譜を有していた。それらはすべて素朴な唯物思想であり、人類が世の中の万物の運動や変化の過程を観察し、体得したところから生まれた。この学説が示している知恵は、どんな事物や勢力であっても絶対的なものはありえない、平和に共存し、諸勢力の均衡を保つことこそが世の中の秩序を維持する共通の準則であるという点である。

중국 고대의 음양오행 사상은, 본래 각자 독립적 두 계통이었다. 그것들은 모두 소박한 유물사상으로, 인류가 세상만물의 운동변화 과정을 관찰하고 깊이 인식한 데에서 근원한다. 이 학설의 지혜는, 어떤 종류의 사물 혹은 역량도 절대적 강세나 절대무적의 지위에 처하는 것은 없으며, 오직 평화공존으로 각종 역량간의 평형상태에 도달하는 하는 것이, 비로소 세상 질서의 공통 규범임을 설명하는데 있다.

The ancient Chinese idea of yin, yang and five elements was originally two independent systems. They were both simple materialist ideas which originated from the human observations and understandings of things and their changes in the world. The wisdom of this idea lies in its claim that no single substance or single force has the absolute power and invincible position. The world order can be set only when harmony leads to a balance among the different forces.

(一) 陰陽

陰陽

음양

Yin and Yang

◆◆

一陰一陽之謂道

原文　一陰一陽之謂道，繼之者善也，成之者性也。仁者見之謂之仁，知者見之謂之知，百姓日用而不知，故君子之道鮮矣。顯諸仁，藏諸用，鼓萬物而不與聖人同憂，盛德大業至矣哉！富有之謂大業，日新之謂盛德。生生之謂易，成象之謂乾，效法之謂坤，極數知來之謂占，通變之謂事，陰陽不測之謂神。

——《周易・繫辭上》

今釋　一陰一陽運動變化的規律叫作“道”，承繼這一規律的就是

“善”，成就這一規律的就是“性”。仁者發現這一規律就稱之爲“仁”，智者發現這一規律就稱之爲“智”，百姓日常應用此規律卻茫然不知，因此了解君子所論示的“道”的全面意義的人很少。陰陽運動變化的規律顯現在仁德中，潛藏在日用里，鼓動化育萬物的作用自然物為，與聖人體悟此規律而存有憂患之心的過程並不相同，盛美的德行和弘大的功業真是至極無比啊！富有萬物因此稱爲弘大的功業，日日更新而自我完善因此稱爲盛美的德行。陰陽轉化以致生生不絕叫作變易，畫卦形成天的徵象叫作“乾”，畫卦仿效地的法則叫作“坤”，窮極蓍數以預知將來叫作占筮，會通萬物的變化叫作從事，陰陽變化互相轉換而不可測定叫作神妙。

日譯　陰陽の運動や変化の法則のことを「道」というが、この法則を受け継ぐことが「善」であり、この法則を成就させることが「性」である。仁者はこの規則を発見し、「仁」と呼んだ。智者はこの法則を発見し、「智」と呼んだ。庶民はこの法則を日常応用しながら、あまりよく理解していない。ゆえに君子が天下に諭した「道」について、そのすべての意義を理解している人も少ない。陰陽の運動や変化の法則は仁徳の中に現れ、日常の用度の中に潜んでおり、万物を生じさせ、育む役割は自ずと生じる。このことと聖人がこの法則を悟り、心配する過程は必ずしも同じでない。盛徳と大業は比類なきものである。万物がたいへん豊かである、これを大業といい、日々自らを高める、これを盛徳という。陰陽が転化し絶えることはない、これを変化という。卦が天を表した時、「乾」といい、卦が地に倣う法則を「坤」という。蓍草の数のすべてを把握し、将来を予知することを占いという。万物に通じる変化を「事」というが、陰陽の変化が互いに転化し合い、測定不可能なことを「神」という。

韓譯 한 번이 음이면 한 번은 양임을 도라 이르며, 이것을 계속하는 것이 선이요, 갖추어져 있음이 성이다. 어진 자는 이를 보고 仁이라 이르고, 지혜로운 자는 이를 보고 智라 이르나, 백성들은 날마다 쓰면서도 알지 못한다. 그러므로 군자의 도가 드문 것이다. 仁에 드러나며, 쓰임에 감추어져, 만물을 울리되 성인과 함께 근심하지 않으니, 성한 덕과 큰 업이 지극하도다. 풍부하게 소유함을 대업이라 이르고, 날로 새로워짐을 성덕이라 이른다. 생명을 낳고 낳음을 역이라 하고, 모습을 이루는 것을 乾이라 하며, 법을 본받는 것을 坤이라 하고, 수를 지극히 하여 미래를 아는 것을 占이라 하고, 변화를 통함을 일이라 한고, 음양의 측량할 수 없음을 神이라 한다.

英譯 The successive movement of yin and yang constitutes what is called Dao. That which ensues as the result of their movement is goodness; that which shows it in its completeness is the natures of men and things. The benevolent see it and call it benevolence. The wise see it and call it wisdom. The common people, acting daily according to it, yet have no knowledge of it. Thus it is that Dao, as seen by the superior man, is seen by few. It is manifested in benevolence of its operations, and then again it conceals and stores up its resources. It gives their stimulus to all things, without having the same anxieties that possess the saint. Complete is its abundant virtue and the greatness of its stores! Its rich possession is what is intended by "the greatness of its stores;" the daily renovation which it produces is what is meant by "the abundance of its virtue." Production and reproduction is what is called change. The formation of the semblances is what we attribute to Qian; the giving to them their specific is what we attribute to Kun. The exhaustive use of the numbers that turn up in manipulating the stalks, and thereby knowing the character of coming events, is what we call prognosticating; the comprehension of the changes indicated leads us to what we call the business to be done. That which is unfathomable in the movement of the inactive and active operation is the presence of a spirit power.

◆◆

陰陽之義

原文 夫《易》廣矣大矣！以言乎遠則不禦，以言乎邇則靜而正，以言乎天地之間則備矣。夫乾，其靜也專，其動也直，是以大生焉。夫坤，其靜也翕，其動也闢，是以廣生焉。廣大配天地，變通配四時，陰陽之義配日月，易簡之善配至德。

——《周易・繫辭上》

今釋 《周易》的哲理是多麼寬廣、多麼博大啊！用它來解釋遙遠窮深的變化就無止境，用它來描摹近處的事物則寧靜端正，用它來說明天地之間的道理則完備充實無不包羅。乾卦，寧靜的時候是專一的，運動的時候是正直的，所以可以光大生命；坤卦，寧靜的時候是閉合的，運動的時候是舒張的，所以可以擴展生命。寬廣光大的特點正好配合天地之象，變化交通的特點正好配合四季規律，陽剛陰柔的特點正好配合太陽和月亮，平易簡約的美善原理正好配合至高的道德。

日譯 『周易』の哲理はなんと広く、豊かであることか！これを用いて遠く、深い変化を説き明かせばとどまるところを知らず、これを用いて近くの物事を描き出せば、静かになり整う。これを用いて天地の間の道理を説明すれば何もかもが網羅される。乾の卦は静かな時は専一であるが、運動すれば正直になるので、生命を輝かせることができる。坤の卦は静かな時は閉ざされてるが、運動すれば拡張されるので、生命を広げることができる。広く盛んな特徴はちょうど天地の象にぴったり合い、変化し、あらゆる方向に通じる特徴はちょうど四季の法則に適合し、陽剛陰柔の特徴は太陽と月に適合し、平易で簡単明瞭な善の原理は崇高な道徳に適合している。

韓譯 대저 역은 넓고 크다. 먼 것으로 말하자면 제어할 수 없고, 가까움으로 말하면 고요하고 바르며, 천지의 사이로 말하자면 갖추어졌다. 무릇 乾은 그 고요함이 전일하고 그 움직임이 곧다. 이 때문에 큼이 생기며, 곤은 그 고요함이 합하고 그 움직임이 연다. 이 때문에 넓음이 생긴다. 광대함은 천지와 짝하고, 변통은 사시에 배합하며, 음양의 뜻은 일월에 짝하고, 역간의 선은 지극한 덕에 배합한다.

英譯 Wide is Zhou Yi and great! If we speak of it in its farthest reaching, no limit can be set to it. If we speak of it with reference to what is near at hand, still and correct and if we speak of it in connection with all between heaven and earth, it embraces all. There is Qian. In its stillness it is self-absorbed; when exerting its motive power it goes straight forward; and thus it is that its productive action is on a grand scale. There is Kun. In its stillness, it is self-collected and capacious; when exerting its motive power, it develops its resources, and thus its productive action is on a wide scale. In its breadth and greatness, the Yi corresponds to heaven and earth. In its ever-recurring changes, it corresponds to the four seasons. In its mention of the bright or active, and the dark or inactive operation, it corresponds to the sun and moon; and the excellence seen in the ease and ready response corresponds to the perfect operations.

◆◆

立天之道曰陰與陽

原文 昔者聖人之作《易》也，將以順性命之理。是以立天之道曰陰與陽，立地之道曰柔與剛，立人之道曰仁與義。兼三才而兩之，故《易》六畫而成卦；分陰分陽，迭用柔剛，故《易》六位而成章。

——《周易·說卦》

今釋 從前聖人創作《周易》的時候，是要用它來順應天下萬物的性質特徵和自然運數的變化規律。所以確立了天的道理為“陰”和“陽”兩個方面，確立了地的道理為“柔”和“剛”兩個方面，確立了人的道理為“仁”和“義”兩個方面。將兼有三畫的八卦每兩卦相重在一起，所以《周易》的六十四卦都具備六畫；這六畫又分為陰位陽位，交叠運用剛爻和柔爻，所以《周易》各卦具備了六位便蔚然成章。

日譯 その昔、聖人が「周易」を創った際、それを天下の万物の性質や特徴、自然の運算の規則に順応させた。したがって天の法則には「陰」と「陽」、地の法則には「柔」と「剛」、人の法則には「仁」と「義」の二つをそれぞれ確立した。三段の横線をもつ八卦を二つずつ組み合わせてつくることから、《周易》の六十四の卦はすべて六段になっている。この六段はさらに陰と陽に分け、剛の爻と柔の爻を交互に運用する。よって《周易》のそれぞれの卦には六段備わっていることがあたりまえになった。

韓譯 옛날 성인이《易》을 지음은 장차 성명의 이치를 따르려 함이었다. 이 때문에 하늘의 도를 세우니 음과 양이요,

땅의 도를 세우니 부드러움과 강함이요, 사람의 도를 세우니 仁과 義이다. 삼재를 아울러 두 번 하였기 때문에, 역을 여섯 번 그음에 괘가 이루어졌고; 음양으로 나뉘었으며, 번갈아 유와 강을 썼기에, 역이 여섯 자리의 문장을 이룬 것이다.

英譯 In ancient times, when the saints created Zhou Yi, it was with the design that its figures should be in conformity with the principles underlying the natures of men and things, and the ordinances for men appointed by heaven. With this view they exhibited in them the way of heaven, calling the lines yin and yang; the way of earth, calling them the weak and the strong; and the way of men, under the name of benevolence and righteousness. Earth trigram embraced those three powers; and being repeated, its full form consisted of six lines. A distinction was made of the places assigned to the yin and yang lines, which were variously occupied, now by the strong and now by the weak forms, and thus the figure of each hexagram was completed.

◆◆

陰陽者，天地之大理

原文 陰陽者，天地之大理也。

——《管子・四時》

今釋 陰陽學說，就是天地之間最根本宏大的道理。

日譯 陰陽の学説は天地の間の最も根本的で､偉大な道理である。

韓譯 음과 양은 천지간의 가장 큰 이치다.

英譯 Yin and yang is the basic and most profound way between heaven and earth.

◆◆

陰陽禦事

原文 益損、去就、倍反，皆以陰陽禦其事。陽動而行，陰止而藏；陽動而出，陰隱而入。陽還終陰，陰極反陽。以陽動者，德相生也；以陰靜者，形相成也。

——《鬼谷子・捭闔》

今釋 增益或減損、離開或趨附、背叛或回歸，都可以由陰陽來掌握。陽氣運行就行動，陰氣靜止就隱藏；陽氣運行就出動，陰氣隱蔽就進入。陽氣運行到最終復歸于陰，陰氣運行到最後返回到陽。依據陽氣而運動，道德就會增長；依據陰氣而靜止，形勢就會生成。

日譯 增益と減益、去就、反逆と復帰はみな陰陽の法則によりとらえることができる。陽気が動きだせば行動が起こり、陰気が止まると隠れる。陽気が運行すれば出動し、陰気が隠れると進入する。陽気の運行は最後に陰に戻り、陰気の運行は最後に陽に戻る。陽気にしたがって運動すれば徳が増える。陰気にしがたって静止すれば情勢が形成される。

韓譯 이익과 손해, 떠나감과 나아감, 배반과 회귀, 모두 음양으로 그 일을 조절한다. 양기가 움직이면 행동하고, 음기가 정지하면 감추며 ; 양기가 운행하면 나가고, 음기가 가리면 들어온다. 양기가 돌아오면 마침내 음기가 되고, 음기가 극에 달하면 양기로 돌아간다. 양기로 운행하면, 덕이 자라나고 ; 음기로 정지하면, 형세가 이루어진다.

英譯 Increase or decrease, leaving or coming, transgression or regression can all be determined by yin and yang. Yang means motion while yin means stillness. If yang is moving, one takes some actions; if yin is still, one draws the force and hides up.

Yang will finally become yin and yin will finally become yang. Move in yang, morality will increase; be still in yin, things will take form.

◆◆

陰陽變化成章

原文 太一出兩儀，兩儀出陰陽。陰陽變化，一上一下，合而成章。渾渾沌沌，離則復合，合則復離，是謂天常。天地車輪終則復始，極則復反，莫不咸當。日月星辰或疾或徐，日月不同，以盡其行。四時代興，或暑或寒，或短或長，或柔或剛。萬物所出，造於太一，化於陰陽。

——《呂氏春秋·大樂》

今釋 太一產生天地兩儀，兩儀又產生陰和陽。陰陽不斷變化，一上一下，融合而成爲豐富多彩的形體。渾渾沌沌的，分開了又會合，會合了又分開，這就叫做天永恒不變的規律。天地就像車輪一樣不斷轉動，到頭了又重新開始，到了極端又返回來，沒有不恰到好處的。日月星辰，運行得有快有慢，太陽、月亮的軌道不同，但都周而復始地完成各自的運轉。四季交替出現，有時炎熱，有時寒冷；有時白天短，有時白天長；有時柔弱，有時剛強。萬物的產生，都是從太一狀態開始，由陰陽造化而成。

日譯 太一から天地の両儀が生まれると、両儀からまた陰と陽が生まれる。陰陽は絶えず変化し、上下に分かれて、豊富多彩な形体に解け合うようになる。混沌としていて離合を繰り返す、これは天の永続的に変わらざる規則である。天地は車輪のように絶えず回り、極限に達すればまた起点に立ち戻り、極端に達すればまた引き返し、ほどよいところにしか達しない。あらゆる天体は運行し、速いものも遅いものもある。太陽と月の軌道は異なっているが、すべてが循環し、各自の運行を完遂させる。四季の移り変わりにより、時には酷暑になり、時には寒くなる。時には昼が短くなり、時には長くなる。時には弱くなり、時には強くなる。万物の発生はすべて太一の状態からはじまり、陰陽の造化により形成される。

韓 譯 태일은 양의를 낳고, 양의는 음양을 낳는다. 음양은 변화하여, 하나는 위로 하나는 아래로 각각 움직여, 한데 모임으로써 형체를 이룬다. 혼돈의 상태로 부터 흩어졌다가 다시 모이고, 모이면 다시 흩어지는데, 이것을 하늘의 변치 않는 도라고 부른다. 천지는 수레바퀴가 도는 것과 같아서, 마치면 다시 시작하고, 끝까지 가면 다시 돌아오니, 어떠한 것도 모두 합당하지 않은 것이 없다. 해와 달과 별들은 어떤 것은 빨리 가고 어떤 것은 느리게 가는데, 해와 달이 같지 않음으로써 운행을 다한다. 네 계절은 교대로 일어나는데, 혹은 덥고, 혹은 추우며, 또 어떤 것은 짧고, 어떤 것은 길며, 어떤 것은 부드럽고 어떤 것은 억세다. 만물이 생겨나는 것은 태일에서 만들어지고, 음양에 의해 변화한다.

英 譯 The Great Ultimate created the two ultimate of heaven and earth, from which yin and yang were produced. Yin and yang changes constantly, now upward and now downward, then they are combined together, forming into a rich and colorful globe. Vaguely, they converged, and then diverged, then converged again; this is a never-ending law in nature. Like the wheel, heaven and earth rotate, from the beginning to the end, finally return to the starting point again. When they reach to the ultimate, they return to the very beginning. Though the moving speed of the Sun, the Moon and the stars varies, and the orbit of the movement of the Sun and the Moon also differs, they move in a cycle without stop. The four seasons intertwine, sometimes hot, sometimes cold; sometimes the day is shorter, sometimes the day is longer; sometimes gentle, sometimes strong. Everything in the world originated from the Great Ultimate, and made of yin and yang.

◆◆

陰陽之術不可失

原文 陰陽之術，……序四時之大順，不可失也。

——漢・司馬談《論六家要旨》

今釋 陰陽家所主張的道理，……序列（遵循）四季的順次，是不能夠違背的。

日譯 陰陽家の説によると、……序列は四季の順次に従うべきであり、それに背いてはならない。

韓譯 음양가의 주장은, ……사계절의 순서를 차례 짓는데, 어긋나는 것이 없다.

英譯 Experts in yin and yang proclaimed that the sequence of the four seasons should never be disturbed.

◆◆

陰陽家授民時

原文 陰陽家者流，……敬順昊天，曆象日月星辰，敬授民時，此其所長也。

——《漢書・藝文志》

今釋 陰陽家這一學派，……恭敬地遵循天的季節次序，觀察日月星辰的運行變化，從而制定曆法頒佈給百姓使用，這些都是他們擅長的。

日譯　陰陽家という学派は、……天の季節の巡りに恭順し、あらゆる天体の運行の変化を観察し、それによって暦法を定め、公布して庶民の便宜を図った。これらはすべて彼らの長所である。

韓譯　음양가는, ……하늘의 질서를 공경히 따라서, 해와 달과 별의 운행 변화를 관찰하여, 역법을 제정 반포하여 백성들에게 사용하게 하니, 이러한 것들이 모두 그들의 장점이다.

英譯　The yin and yang school scholars are good at making calendars for common people to use by cautiously conforming to the seasoning sequence, observing the motions and changes of the Sun, the Moon and the stars.

◆◆

陰陽一太極

原文　無極而太極。太極動而生陽，動極而靜，靜而生陰。靜極復動。一動一靜，互為其根。……陽變陰合，而生水火木金土，五氣順布，四時行焉。五行一陰陽也，陰陽一太極也，太極本無極也。

——宋・周敦頤《太極圖說》

今釋　無極發展為太極。太極運動產生陽，運動到極至就變成靜止，靜止產生陰。靜止到極至又開始運動。運動與靜止交替出現，相互成爲對方存在的根基。……陽氣變化陰氣配合，產生出五行（水火木金土），五行順次流布，四季交替出現。五行統一於陰陽，陰陽統一於太極，太極根源於無極。

日譯　無極が発展して太極と為る。太極の運動により陽が生れ、運動が極限に達すると静止に向かい、陰が生まれる。静止が極限に達すると運動が再開する。運動は静止と交互に現れ、これが互いの存在の基となる。……陽気が変化すれば陰気に応じて五行（水、火、木、金、土）が生みだされ、五行が順次に流布し、四季が入れ替わりながら立ち現れる。五行は陰陽に統一され、陰陽は太極に統一され、太極は無極を起源とする。

韓譯 무극이 발전하여 태극이 된다. 태극은 움직여 양을 생성하고, 움직임이 극에 이르면 고요하게 변화하는데, 고요하게 되면 음을 생성한다. 고요함이 극에 이르면 다시 움직인다. 한번 움직이면 한번 고요하여, 서로가 서로의 근원이 된다. ……양이 변하면 음이 합해져, 오행인 수, 화, 목, 금, 토를 산생시키는데, 이 다섯 기운은 차례대로 퍼져서 사계절이 교대로 출현한다. 오행은 음양으로 모이고, 음양은 태극으로 모아지는데, 태극은 무극에서 근원하였다.

英譯 The formless finally developed into the Great Ultimate, the movement of which gave birth to yang. To the ultimate it became still, and stillness gave birth to yin. The ultimate of stillness brings forth motion. Motion and stillness intertwine and become interdependent with each other. If yang changes, Yin corresponds with it, then the five elements (water, fire, wood, metal and earth) take shape. The five elements are arranged in order. The four seasons alternate in a cycle. The five elements are united into yin-yang, which again is united into the Great Ultimate. The great Ultimate originated from the formless.

◆◆

天地之間皆有對

原文 天地之間皆有對，有陰則有陽，有善則有惡，有是則有非。

——《河南程氏遺書》卷十五記程頤語

今釋 天地之間的事物都有它的對應物，有陰就有陽，有善就有惡，有是就有非。

日譯　天地の間に存在する事物にはすべて対応物があり、陰があれば陽があり、善があれば悪があり、是があれば非がある。

韓譯　천지간의 모든 것에는 대립되는 것이 있으니, 음이 있으면 양이 있고, 선이 있으면 악이 있고, 옳은 것이 있으면 그릇된 것이 있다.

英譯　Everything amidst heaven and earth exists with their counterpart. Yin corresponds with yang, good with evil, and what is right with what is wrong.

(二) 陰陽和德

陰陽と徳

음양과 덕

Yin-yang and Virtues

◆◆

陰陽合德

原文　子曰："乾、坤，其《易》之門邪？"乾，陽物也；坤，陰物也。陰陽合德而剛柔有體，以體天地之撰，以通神明之德。其稱名也，雜而不越，於稽其類，其衰世之意邪？夫《易》，彰往而察來，而微顯闡幽。開而當名，辨物正言斷辭則備矣。其稱名也小，其取類也大，其旨遠，其辭文，其言曲而中，其事肆而隱。因貳以濟民行，以明失得之報。

——《周易・繫辭下》

今釋　孔子說："乾、坤兩卦，應該是《周易》的門戶吧？"乾，是陽剛的物象；坤，是陰柔的物象。陰陽的德性相配合而剛柔各具其形體，可以用來體察天地之數，可以用來貫通神明的德性。《周易》卦爻辭所稱述的物名，雖然繁雜卻不會逾越正確的順序；稽考卦爻辭所表述的事類，多有憂虞警誡之意，或許是流露出作者警惕世道衰落的思想吧？《周易》的主旨，是昭明彰顯往昔的事情而察曉將來的發展，顯示細微的徵兆並闡發幽深的道理。開篇就名義恰當，辨明物理，語言周正，措辭果斷，天下之理齊備。卦爻辭所稱述的名物雖然細小平凡，但它所取喻的事類卻十分廣泛博大，它的意旨深遠，文辭頗具修飾，語言委曲而能切中事理，所舉的事件明白而闡發的哲理深奧。憑藉著《周易》陰陽兩方面的道理來濟助百姓的行動，可以讓人們明白事物吉凶得失的因果關係。

日 譯　孔子は「乾、坤の二つの卦は『周易』の入門となるであろう」、乾は陽剛の物象である。坤は陰柔の物象である。陰陽の徳性を互いに組み合わせると、剛柔の形体が備わり、これを用いると天地の数を観察することができ、これを用いると神の徳性に通じることができる。『周易』の卦辞と爻辞の提起する物質の名称は繁雑だが、正しい順序を越えることはない。卦辞と爻辞の表している事を考察すると、懸念や警戒の意味が多い。作者が時世の衰退を警戒する思いが吐露されているのかもしれない。『周易』の主旨は過去を明らかし、将来の発展を察知し、かすかな徴候をもはっきり示して深い道理を解明しているということである。冒頭から名称とその意味が適切であり、物理が明らかにされ、言語はよく整い、言葉遣いははぎれがよく、自然の法則が包括されている。卦辞と爻辞が提起する物の名称と形状は小さくて平凡だが、しかしそれが諭す事柄は非常に広く豊かであり、その意図するところは深遠であり、字句は頗る修飾され、言語は曲折しているが的を射ており、事例は明確で、釈明される哲理も奥が深い。『周易』の陰陽の法則に則って庶民を救済する行動を取ることにより、人々は物事の吉凶や損得の因果関係を理解することができるようになる」と言った。

韓譯 공자께서 말씀하셨다 : "건과 곤은《易》의 문인가? 건은 양강의 물상이고 ; 곤은 음유의 물상이다. 음양이 서로 덕성을 합하여 강하고 부드러운 體가 있게 되었으며, 이로써 천지의 일을 체행하며, 신명의 덕을 통한다. 그 이름을 부르는 것이 복잡하나 어그러지지 않으니, 그 종류를 살피는 것이, 쇠퇴한 세상의 뜻인가? 대저《易》은 지나간 것을 드러내고 미래를 살피며, 드러남을 은미하게 하고 그윽함을 밝힌다. 서술이 시작되는 곳마다 마땅하고, 사물을 분별하며 말을 바르게 하고 말을 결단함이 갖추어졌다. 그 이름을 칭함은 작으나, 그 유를 취함은 크며, 뜻이 원대하고, 그 말이 문채 나며, 말이 곡진하면서도 맞으며, 일이 진열되어 있으면서도 은미하다. 음양의 도리로부터 백성의 행동을 구제하여, 길흉 득실의 인과관계를 밝힌 것이다.

英譯 Confucius said, "The trigrams Qian and Kun may be regarded as the gate of Zhou Yi." Qian represents what is of the yang nature; Kun what is of the yin nature. These two unite according to their qualities, and there comes the embodiment of the result by the strong and weak (lines). In this way we have the phenomena of heaven and earth visibly exhibited, and can comprehend the operation of the spiritual intelligence. The appellations and names of the diagrams and lines are various, but do not go beyond the operation of these two nations. When we examine the nature and style of the appended explanations, they seem to express the ideas of a decaying age. Zhou Yi exhibits the past, and discriminate the future; it makes manifest what is minute, and brings to light what is obscure. The author opened the book rightly and distinguished things in accordance with its names, so that all his words were correct and his explanations decisive; the book was now complete. The appellations and names of the diagrams and lines are but small matters, but the classes of things comprehended under them are large. Their scope reaches far, and the explanations attached them are elegant. The words are indirect, but to the point; the matters seem plainly set forth, but there is a secret principle in them. Their object is, through the relationship of yin and yang, to help the people in their conduct, and to make plain the recompenses of good and evil.

◆◆

陰陽沖氣爲和

原文 道生一，一生二，二生三，三生萬物。萬物負陰而抱陽，沖氣以爲和。

——《老子・第四十二章》

今釋 “道”是獨一無二的，獨一無二的道包含陰陽二氣，陰陽二氣相交融又形成一種和諧狀態，在這種陰陽二氣的和諧狀態中，萬物得以產生。萬物自身都包含著陰、陽兩類矛盾性質的因素，這兩種對立的因素如氣體般交流融通以達到和諧。

日譯 「道」はただ一つであり、ただ一つの道に陰陽二気が含まれ、陰陽二気は互いに融合して調和の状態が形成される。このように陰陽二気が調和を保った状態の中で万物は生まれる。万物は自ずと陰陽という相矛盾する二種類の要素を含んでおり、この二種類の対立する要素が気体のように交流し、融和して調和を保つようになる。

韓譯 '도' 는 유일무이한 것으로, 유일무이한 도는 음양 두 기운을 낳으며, 음양 두 기운은 서로 교융하여 조화로움을 형성하는데, 이러한 음양 두 기운의 조화로운 상태가 만물을 낳는다. 모든 만물은 음을 짊어지고 양을 껴안아, 기를 부딪치기에 조화를 이룬다.

英譯 Dao is unique. The unique Dao contains two Qi, yin and yang, which intermingles with each other and forms a harmonious state. Under the harmonious state of yin and yang, all the things come into being.All things contain the two contradictory elements-yin and yang. As the gases amalgamating with each other, the two elements mixed together will reach harmony.

◆◆

相反相濟

原文 清濁、小大、短長、疾徐、哀樂、剛柔、遲速、高下、出入、周疏，以相濟也。

——《左傳·昭公二十年》

今釋 清澈與混濁、細小與龐大、短促與漫長、急速與緩慢、悲哀與快樂、剛強與柔弱、遲緩與迅速、高大與低下、外出與進入、周詳與稀疏，（這些對立的事物）是相互調劑的。

日譯 清濁、大小、長短、緩急、哀楽、剛柔、遅速、高低、出入、疎密（これら対立する物事）は相互に協調している。

韓譯 맑음과 탁함, 작고 큰 것, 짧고 긴 것, 빠르고 느린 것, 슬픔과 즐거움, 강하고 부드러움, 느리고 빠름, 높고 낮음, 나가고 들어옴, 세밀하고 성긴 것으로써 서로 조절한다.

英譯 Lucidity and turbidity, slimness and grandness, shortness and longevity, fastness and slowness, sadness and happiness, strength and weakness, tardiness and rapidity, loftiness and lowness, going out and coming in, denseness and sparseness, all the seemingly opposing things are actually compromising with each other.

◆◆

陰陽之和，莫不有

原文　凡回于天地之間，包于四海之內，天壤之情，陰陽之和，莫不有也，雖至聖不能更也。何以知其然？聖人有傳："天地也，則曰上下；四時也，則曰陰陽；人情也，則曰男女；禽獸也，則曰牡牝雄雌也。"真天壤之情。

——《墨子·辭過》

今釋　凡是循環在天地之間、包羅於四海之內的物質，沒有不具備天地的情性與陰陽和諧的特性的，即使是至尊的聖人也無法改變這一事實。根據什麼知道是這樣的呢？聖人傳說道："天地，就是說上下的關係；四季，就是說陰陽調和變化的次序；人情，就是說男女交合之性；禽獸，就是說公母、雌雄交合之性。"這是真實的天地之情。

日譯　凡そ天地の間を循環し、世界に網羅される物質というものは、天地の性質と陰陽の調和の特性を備えていないものはなく、たとえ最も尊い聖人でもこの事実を変えることはできない。何を根拠にこれを知るようになるのか？聖人は次のように伝えた。「天地は即ち上下の関係を指す。四季は即ち陰陽が調和し、変化する順序のことである。人情は即ち男女交合の性を指す。禽獣はつまり雄と雌、雄雌交配の性を指す」。これが真実の天地の情である。

韓譯　무릇 천지간에 순환하고, 온 세상에 포괄하고 있는 것에

는, 천지의 정성과 음양의 조화의 특성을 갖추지 않음이 없으니, 비록 지극한 성인이라 할지라도 바꿀 수 없다. 어떻게 그러함을 아는가? 성인이 다음과 같이 전하고 있기 때문이다; "천지는 상하의 관계이며, 사 계절은 음양 변화의 순서이며; 사람의 정은 남녀교합의 성이며; 금수는 암수교합의 성이다." 이것이 진실한 천지의 정이다.

英譯 Even the most respectable saint could not change the fact that everything in heaven and earth and among the four seas has the nature of heaven and earth and the harmonious features of yin and yang. By what do we know this? It was said by the saint that, "The relationship of heaven and earth is that of up and down. The sequence of the alternation of the four seasons is that of yin and yang. The human relationship refers to the sex relationship between a man and woman and that of the beasts and herds refer to the intercourse between male and female animals." This is true in everything.

◆◆

志於陰陽，以見其和

原文 所志於陰陽者，已其見和之可以治者矣。

——《荀子·天論》

今釋 （人類）對於陰陽所要了解的，是它們所顯現的和諧關係中那些可以用來治理事物的因素。

日譯 （人類が）陰陽について理解すべき点は、それらが現している調和のとれた関係において、物事の管理に適した要素である。

韓譯 인류가 음양에 대해서 이해하려는 것은, 그것들이 이미 나타난 조화관계 중에서 어떤 것들이 사물을 다스리는 요

소가 될 수 있는가 하는 것이다.

英譯 What man needs to know about yin and yang is to apply what have been manifested through the harmonious relationships between them to manage things in the world.

◆◆

陰陽和

原文 （陰陽）兩者不和，若春無秋，若冬無夏。因而和之，是謂聖度。

——《黃帝內經素問·生氣通天論》

今釋 （陰陽）二者不和諧的話，就像一年之中只有春天沒有秋天，只有冬天沒有夏天一樣。因此，一定要保持陰陽的和諧，這樣的狀態就是最高的標準。

日譯 （陰陽）二者の調和がとれていないなら、一年に春だけあって秋がなく、冬だけあって夏がないのと同じである。必ず陰陽の調和がとれているという状態が最高の基準である。

韓譯 음양 양자가 조화롭지 못하면, 마치 봄만 있고 가을이 없으며, 겨울만 있고 여름이 없는 것과 같다. 그리하여 음양이 조화되어야 聖度라 부른다.

英譯 If yin and yang are inharmonious, it is just like the state where there is only spring without autumn, only winter without summer in a year. So keeping the harmonious state of yin and yang is the top criterion.

◆◆

和陰陽之氣

原文 和陰陽之氣，理日月之光，節開塞之時，列星辰之行，知逆順之變，避忌諱之殃，順時運之應，法五神之常，使人有以仰天承順，而不亂其常。

——《淮南子・要略》

今釋 協調陰陽二氣的關係，理順日月運行的規律，掌握發生、禁止的季節變化，排列星辰運行的順序，知道逆行、順行的變化，避開忌諱和禍殃的發生，順應天時規律的對應改變，確定五星（指水星、金星、火星、木星、土星）之神的活動規則，使人能夠尊奉天道、順應變化，而不會擾亂它的正常規律。

日譯 陰陽二気のバランスを保ち、歳月の運行の規則を整え、発生や禁止の季節の変化を掌握し、星辰の運行を配列し、逆行や順行の変化を知り、禁忌や災禍の発生を避け、時機や規則に順応して変化し、五つの星（水星、金星、火星、木星、土星）の神事の規則を定め、人間が天道を尊び、その正常な規則を乱さないようにする。

韓譯 음양의 기운을 조화롭게 하고, 해와 달의 운행 질서를 다스리며, 열리고 막히는 계절의 때를 절도 있게 하고, 별들의 운행순서를 배열하며, 역행과 순행의 변화를 알고, 금기시하고 꺼리는 재앙의 발생을 피하며, 천시 운행의 변화에 순응하고, 오성 (수성, 금성, 화성, 목성, 토성)의 신묘한 규칙을 본받아, 사람으로 하여금 하늘의 도를 받들고 변화에 순응케 하면, 정상적인 규칙들이 어지러워지지 않는다.

英譯 Coordinate the two Qi of yin and yang. Tidy up the working laws of the Sun and the Moon. Master the seasonal variation to do things or not do things. Array the moving sequence of the stars and understand the regressive and progressive changes.

Avoid the misfortunes and curses and follow the corresponding changes of the natural laws. Establish the working rules of the five planets (Mercury, Mars, Jupiter, Venus, Saturn), then people can respect the way of heaven and adapt to the changes without disturbing the natural laws.

◆◆

陰陽和

原文 賢聖在位，陰陽和，風雨時，日月光，星辰靜，黎庶康寧，考終厥命。

——《漢書・翼奉傳》記漢元帝語

今釋 聖賢的君主在位，陰陽和諧，風調雨順，日月光明，星辰安定，百姓安康寧靜，老人能夠壽終正寢。

日譯 聖人である君主が在位し、陰陽の調和がとれ、天候がおちつき、日と月が輝き、星辰が安定すると、庶民は安心して暮らし、老人は天寿を全うすることができる。

韓譯 성현이 군주의 지위에 있으면, 음양이 조화롭고, 비와 바람이 때에 맞으며, 해와 달이 빛나고, 별자리가 안정되어, 백성들이 편안하게 장수하면서 바르게 삶을 마친다.

英譯 When the sagacious king is in reign, yin and yang are harmonious; the weather is favorable and the crops are growing well; the Sun and the Moon are shining brightly; the stars are set in their places. All the common people enjoy peace and prosperity, and the old die in advanced ages.

(三) 五行

五行（木・火・土・金・水）
오행
The Five Elements

◆◆

五行：水，火，木，金，土

原文　五行：一曰水，二曰火，三曰木，四曰金，五曰土。水曰潤下，火曰炎上，木曰曲直，金曰從革，土爰稼穡。潤下作鹹，炎上作苦，曲直作酸，從革作辛，稼穡作甘。

——《尚書・洪範》

今釋　“五行”的所指，一是水，二是火，三是木，四是金，五是土。水有滋潤下流的性質，火有火焰上升的性質，木有彎曲或挺直的性質，金有適宜熔鑄的性質，土有耕種與收穫的性質。滋潤下流產生鹹味，火焰上升產生苦味，彎曲挺直產生酸味，適宜熔鑄產生辣味，耕種收穫產生甜味。

日譯　「五行」というのは、一は水、二は火、三は木、四は金、五は土を指している。水は下流を潤す性質があり、火は炎が立ち上らせる性質があり、木は歪曲したり、まっすぐ伸びる性質があり、金は鋳造に適した性質をもち、土は耕作や収穫の性質を有している。下流が潤うことにより鹹味が生じ、炎が上昇することにより苦味が生じ、歪曲したりまっすぐに伸びたりすることにより酸味が生じ、鋳造に適していることにより辛味が生じ、耕作や収穫により甘味が生じる。

韓譯　오행이 가리키는 것은：첫째가 물，둘째가 불，셋째가 나무，넷째가 쇠，다섯째가 흙이다．물은 적셔주며 아래로

흐르고, 불은 불꽃이 위로 향하며, 나무는 구부러지거나 곧으며, 쇠는 쓰고자 하는 대로 녹일 수 있으며, 흙은 씨 뿌리고 수확하게 한다. 적셔주며 아래로 흐르는 것은 짠 맛을 만들고, 불꽃은 위로 타오르며 쓴맛을 만들며, 굽고 곧은 것은 신맛을 만들고, 마음대로 녹일 수 있는 것은 매운맛을 만들고, 씨 뿌리고 수확하는 것은 단맛을 만든다.

英譯 The five elements refer to water, fire, wood, metal and earth. Water has the nature of nourishing the lower places of the river; fire that of bringing about flames; wood can be bent and straightened; metal can be melted and molded and earth can be ploughed and harvested. Nourishing the lower places of the river gives salty taste; ascending flames give bitter taste; bending and straightening of wood gives sour taste; melting and molding gives spicy taste and sowing and harvesting gives sweet taste.

◆◆

用五行

原文 因地之性，……用其五行，氣為五味，發為五色，章為五聲。

——《左傳·昭公二十五年》記子產語

今釋 依據大地的本性，……利用大地的五種物質（金、木、水、火、土），散發出五種氣味，呈現出五種顏色，顯示為五種聲音。

日譯 大地の本性に基づき、……大地の五つの物質（金、木、水、火、土）から五味が発せられ、五色が現れ、五声が生じる。

韓譯 대지의 본성에 의하면, ……그 오행 (쇠, 나무, 물, 불, 흙)을 쓰는데 있어서, 흩어지면 다섯 가지 맛을 내고, 다섯 가지 색을 나타내며, 다섯 가지 소리를 보여준다.

英譯 According to the nature of the earth, there are five elements on the earth (metal, wood, water, fire and earth) which emit five smells, manifest five colors and five notes.

◆◆

五德轉移

原文 天地剖判以來，五德轉移，治各有宜，而符應若茲。

——漢・司馬遷《史記・孟子荀卿列傳》

今釋 天地剖分判裂以來，五行循環轉動，治理天下各有相應的方法，天命和人事符合照應得這樣巧妙。

日譯 天地の開闢（カイビャク）以来、五行が循環し、天下の統治にはそれぞれに適した方法があり、天命と人事が呼応しあい、こんなにも巧みである。

韓譯 하늘과 땅이 나뉜 이래로, 오행이 순환하고 변하여, 천하를 다스림에 각각 마땅한 방법이 있으니, 천명과 인사가 이렇게 오묘하게 부합하고 조응하였다.

英譯 Ever since the splitting of heaven and earth, the five elements circulates alternatively, ruling the world with the corresponding means. It is amazing that heaven and man works together in such a harmonious way.

◆◆

五德終始

原文 五行者，五常之形氣也。……五德終始，推其極則無不至。

——漢・班固《漢書・藝文志》

今釋 五行（木、金、火、土、水），是五種常德（仁、義、禮、智、信）

的形體與氣質。……這五種物質相生相剋的道理，推廣開來，無所不包。

日譯 五行（木、金、火、土、水）は、五つの常徳（仁、義、礼、智、信）の形体と気質である。……この五つの物質の相生相克の法則は、広げればこれに包括されないものはない。

韓譯 오행은 다섯 가지 떳떳한 덕 (인, 의, 예, 지, 신) 의 형체며 기질이다. ……이러한 오종의 물질은 서로의 시작과 끝이 되어, 그 궁극으로 미루어 가면 포함되지 않은 것이 없다.

英譯 The five elements (wood, metal, fire, earth and water) are the symbol and temperaments of the five virtues (benevolence, righteousness, decorum, wisdom and faithfulness) … Everything in the universe is ruled by the law of mutual production and mutual destruction among the five elements.

◆◆

五行在天

原文 五行者，……在天為五星，在人為五臟，在目為五色，在耳為五音，在口為五味，在鼻為五臭。

——《隋書・經籍志》

今譯 五行，……在天上就表現為水、火、木、金、土五種星體，在人體中就對應著腎、心、肝、肺、脾五種臟器，用眼睛看來就表現為黑、紅、青、白、黃五種顏色，用耳朵聽就呈現出羽、徵、角、商、宮五種音調，用嘴品嚐就是咸、苦、酸、辣、甜五種味道，用鼻子聞就是朽、焦、膻、腥、香五種味道。

日譯 五行は、……天においては水、火、木、金、土という五つの天体として現れ、人体においては腎臓、心臓、肝臓、肺、脾臓の五つの臓器に対応し、目で見れば黒、赤、青、白、黄の五色として現れ、耳で聞けば羽、徵、角、商、宮の五つの音となり、味わえば塩辛い、苦い、酸っぱい、辛い、甘いという五つの味となり、鼻でかげば朽、焦、羶（羊肉の生臭さ）、腥（魚肉の生臭さ）、香という五つの味となる。

韓譯 오행은, ……하늘에서는 수, 화, 목, 금, 토성으로 나타나고, 인체에서는 신장, 심장, 간, 폐, 비장 등 다섯 장기로 대응되며, 눈에 있어서는, 검은색, 붉은색, 파란색, 흰색, 노란색 등 다섯 색깔이 되며, 귀에 있어서는 우, 치, 각, 상, 궁 오음이 되며, 입에 있어서는 짠맛, 쓴맛, 신맛, 매운맛, 단맛 등 다섯 가지 맛이 되며, 코에 있어서는 썩은 냄새, 탄 냄새, 누린내, 비린내, 향기로운 냄새 등 다섯 냄새가 된다.

英譯 The five elements… in the heaven, are the five planets of Mercury, Mars, Jupiter, Venus, Saturn; in the human body, corresponds with the five organs of kidney, heart, liver, lung and spleen; in people's eyes, are the five colors of black, red, blue, white and yellow; to people's ears, are the five notes of Yu, Zheng, Jiao, Shang, Gong; to the mouth, are the five tastes of salty, bitter, sour, spicy and sweet; to the nose, are the five smells of decaying, burning, goatish, fishy and fragrant.

(四) 五行之德

五行（木・火・土・金・水）の徳

오행의 덕

The Virtues of the Five Elements

◆◆

上善若水

原文　上善若水。水善利萬物而不爭，處衆人之所惡，故幾於道。

——《老子・第八章》

今釋　最善的境界就如水的境界一樣。水有利於萬物卻不爭功，居於別人都很厭惡的低下處，因此它的德性接近於常理。

日譯　最高の善とは水の境地と同じである。水は万物に恵みをもたらしながら功を争わない。人がみな嫌がる低所にあり、そのためその徳性は常識に近い。

韓譯　최고의 선은 물과 같다. 물이 잘하는 것은 만물을 이롭게 해 주나 다투지 않고, 뭇 사람들이 싫어하는 바에 처하면서도, 그의 덕성은 거의 도에 가깝다.

英譯　The highest good is like that of water. The goodness of water is that it benefits all the things. Yet it does not contend, but is content with the places that all men disdain; hence their common virture.

◆◆

弱水勝堅強

原文　天下莫柔弱于水，而攻堅強者莫之能勝，以其無以易之。

弱之勝強，柔之勝剛，天下莫不知，莫能行。

——《老子·第七十八章》

今釋　天下最柔弱的東西是水，然而攻克堅硬剛強的東西時沒有什麼力量能夠勝過水，也沒有什麼能代替它。弱勝強、柔勝強的道理，天下沒有人不知道，然而卻沒有人能夠照著辦。

日譯　天下の中で最も軟弱なものは水であるが、しかし硬く強いものを攻略する際、水に勝る力はなく、それに取って代わることができるものもない。弱いものや柔らかいものが強いものに勝つという道理をみな知っているが、しかしその通りにやれる人はいない。

韓譯　천하에 물보다 더 부드럽고 연한 것은 없다. 그러나 뻣뻣하고 굳센 것을 공격할 때에 어떤 것도 물보다 좋은 것이 없기에 그것과 바꿀 수가 없다. 약이 강을 이기는 것과, 유가 강을 이긴다는 이치는 천하에 알지 못하는 자가 없지만, 이것을 실천할 수 있는 사람은 없다.

英譯　Nothing under heaven is softer or more yielding than water, but when it attacks things hard and resistant there is nothing that can prevail over them. Nor can they find ways to alter it. That the yielding conquers the resistant and the soft conquers the hard is a fact known by all men, yet no one can practise it as water does.

◆◆

土德中正無私

原文　（土）其德和平用均，中正無私，實輔四時：春嬴育，夏養長，秋聚收，冬閉藏。

——《管子·四時》

今釋　土的德性是和平而均等，中正而無私，實實在在地輔助四時：

春天生育，夏天成長，秋天聚集收成，冬天積儲閉藏。

日譯 土の徳性は平和で均等であり、中正かつ無私であり、堅実に季節に適合する。春生命を育み、夏成長し、秋収穫し、冬貯蔵する。

韓譯 흙의 덕성은 화평하고 고르며, 중정하고 사사롭지 않아, 성실하게 네 계절을 돕는데 : 봄에는 낳아서, 여름에는 성장시키며, 가을에는 거두어들이고, 겨울에는 저장하게 한다.

英譯 The virtue of the earth is peace and stability, neutrality and unselfishness, assisting the four seasons diligently: in spring it brings out life; in summer it grows; in autumn it harvests; in winter it stores.

◆◆

源泉混混，不舍晝夜

原文 徐子曰："仲尼亟稱於水，曰：'水哉！水哉！'何取於水也？"孟子曰："源泉混混，不舍晝夜，盈科而後進，放乎四海。有本者如是，是之取爾。"

——《孟子・離婁下》

今釋 徐子說："孔子屢次稱讚水，說：'水呀！水呀！'他是讚美水的什麽呢？"孟子說："有本源的泉水滚滚地流，日夜不停，把低窪的地方注滿後繼續向前流，一直流到海洋。有本源的就會這樣，讚美的就是這一點罷了。"

日譯 徐子は「孔子は幾度も『水なる哉！水なる哉！』と褒め称えたが、彼は水の何を賛美したのであろうか?」と言ったが、孟子は「源泉の水はこんこんと流れて、昼夜止まらない。低いくぼみをいっぱいに満たせば続いて前方へ流れてゆき、海へ流れつく。本源があればこのようになり、この点を賛美したのである」と答えた。

韓譯　서자가 말하였다 : “공자께서 자주 물을 찬미하시어, 말씀하시기를 ; ‘물이여 ! 물이여 ! 하셨는데, 물의 무엇을 찬미한 것입니까 ?” 맹자께서 말씀하셨다. “근원이 있는 샘물이 혼혼히 흘러, 밤낮을 그치지 아니하여 웅덩이가 가득 찬 뒤에 앞으로 나아가서, 줄곧 바다에 이른다. 근원이 있는 것은 곧 이와 같다. 이 점 때문에 찬미하신 것이다.”

英譯　Xu Zi said, “More than once Confucius praised water by saying ‘O, water, water!’ what did he value in water?” Mencius said, “Water from an abundant source rolls on day and night without stop, surging forward only after filling up all the holes in its way, and then going on to the sea. Such is the case with anything that has an abundant source, and this is what Confucius valued in water.”

◆◆

五行之用

原文　水火者，百姓之所飲食也；金木者，百姓之所興生也；土者，萬物之所滋生也。

——《尚書大傳・洪範》

今釋　水和火這兩种物質，是老百姓用來飲用和煮食東西的；金和木這兩种物質，是老百姓藉以創生和成長的；土這種物質，萬物賴以繁衍增長。

日譯　水と火という二種類の物質は、民衆の飲食に欠くことのできないものである。金と木という二種類の物質は、民衆の生活を創造し、成長させるものである。土という物質は、万物を生長、繁栄させるものである。

韓譯　물과 불은, 백성들이 먹고 마실 때 필요한 것이며；쇠와 나무는, 백성들이 이에 의지해 번창하고 성장하며；흙은 만물이 의뢰하여 번식하고 성장하는 것이다.

英譯　Water and fire are used for people to boil and cook food. Metal and wood for people to produce and grow things. The earth is what all the things depend on to multiply.

◆◆

五行之官

原文　五行之隨，各如其序；五行之官，各致其能。

——漢·董仲舒《春秋繁露·五行之義》

今釋　五行的排列，分別和它們的順序相同；五行的職能，各自顯示它們的能力。

日譯　五行の配列は、それぞれにもつ順序と同じである。五行の機能はそれぞれにもつ能力を表わしている。

韓譯　오행의 배열은, 각각 그 순서에 따라 나눠지고；오행의 기능은, 각각 그들의 능력을 보여준다.

英譯　The order of the five elements is arranged by sequence. Each manifests its own function.

◆◆

五行之氣

原文　受木氣多者，其性勁直而瑰仁；受火氣多者，其性猛烈而尚禮；受土氣多者，其性寬和而有信；受金氣多者，其性剛斷而含義；受水氣多者，其性沉穩而多智。

——隋·蕭吉《五行大義·論人配五行》引《文子》

今釋　稟受木的品性多的人，他的性格是剛強正直而且仁愛；

稟受火的品性多的人，他的性格是勇猛熱烈而且崇尚禮儀；稟受土的品性多的人，他的性格是寬厚溫和而且有信用；稟受金的品性多的人，他的性格是剛正果斷而且飽含道義；稟受水的品性多的人，他的性格是沉著穩妥而且富於智慧。

日譯 木の性質を多く受け継いだ人の性格は気丈で正直、仁愛に溢れている。火の性質を多く受け継いだ人の性格は勇しく、情熱的で、儀礼を尊ぶ。土の性質を多く受け継いだ人の性格は寛大で温厚、信用が厚い。金の性質を多く受け継いだ人の性格は剛直で思い切りが良く、また道義をよく守る。水の性質を多く受け継いだ人の性格は落ち着きがあり、確実で、知恵がある。

韓譯 나무의 품성을 많이 받은 사람은, 그 성품이 강직하고 어질며, 불의 품성을 많이 받은 사람은, 그 성품이 용맹스럽고 예의를 숭상하며, 흙의 품성을 많이 받은 사람은, 그 성품이 너그럽고 믿음이 있으며, 쇠의 품성을 많이 받은 사람은, 그 성품이 강단이 있고 도의를 품으며, 물의 품성을 많이 받은 사람은, 그 성품이 침착하고 지혜롭다.

英譯 Those who bear more the character of wood are strong and benevolent; that of fire are enthusiastic and courteous; that of earth are lenient and faithful; that of metal are decisive and humane and that of water are stable and wise.

◆◆

天地用五行

原文 天地之用五行也：水施之，火化之，木生之，金成之，土和之。施生以柔，化成以剛，故木橈而水弱，金堅而火焊。焊堅而濟以和，萬物之所以成也。

——宋·王安石《洪範傳》

今釋 天地任用五行的性能：水就用它施與的功能，火就用它熔化的功能，木就用它生長的功能，金就用它成就的功能，土就用它和諧平正的功能。施與和生長都是柔弱的，熔化和成就都是剛強的，所以木性彎曲而水性柔弱，金質堅硬而火性乾烈。乾烈堅硬就要用和諧平正來調節，萬物這樣就能夠產生了。

日譯 天地は五行の役割を発揮させる。水はその恵みをもたらす機能、火は融解の機能、木は生長の機能、金は成就の機能、土は調和公平の機能をそれぞれ使っている。恵みをもたらしたり成長したりする機能はいずれも弱く、溶解と成就の機能は強い。したがって木の性質は曲がりくねっており、水の性質は柔軟である。金の性質は堅く、火の性格は乾いていて激しい。乾いて激しく、硬いものは調和と公平を以て調節しなければならない。万物はこのようにして生まれる。

韓譯 천지가 오행을 운행함에 : 물은 베풀며, 불은 녹이며, 나무는 자라게 하며, 금은 이루어주며, 흙은 조화롭게 한다. 베풀고 기르는 것은 부드럽고, 녹이고 이루어주는 것은 강하기 때문에, 나무는 굽고 물은 유약하며, 금은 견고하고 불은 말린다. 말리고 견고한 것을 조화로 다스려나가면, 만물은 그렇게 이루어진다.

英譯 Heaven and earth make full use of the functions of the five elements. The function of water is to give; fire is to melt; wood is to grow; metal is to shape and earth is to flatten. Giving and growing is weak while melting and shaping is strong. Wood is yielding and water is gentle while gold is hard and fire is fervent. Hardness and ferventness should be regulated by harmoniousness and flatness. In this way, all things have come into being.

◆◆

修五行之事

原文 聖人修其水、火、金、木、土五行之事，正德、利用、厚生，使天下之人各得其所。

——宋・胡瑗《周易口義・繫辭下》

今釋 有道德的人遵循水、火、金、木、土五行的運行規律來從事活動，樹立正確的道德，利於社會的應用，善待生靈，使天下的人都能到各自所期望的。

日譯 道徳のある人は水、火、金、木、土という五行の運行の法則に従って事を運び、正しい道徳を確立し、社会に適用し、生命を大切にし、天下の人々をすべて各自の期待通りにさせる。

韓譯 성인이 수, 화, 목, 금, 토 오행의 운행규칙에 맞추어 일을 하면, 바른 도덕이 세워지며, 사회의 씀에 이로우며, 생물들을 잘 대하며, 천하의 사람들에게 각각 그 소원하는 것을 얻게 한다.

英譯 The virtuous arrange their activities according to the working laws of water, fire, metal, wood and earth. They set up high moral standards, preparing to be used by the society and being good to all the creatures so that all the people can live up to their own expectations.

(五) 五行生克

五行が相生じたり、相克したりする関係にある

오행상극

The mutual overcoming of the five elements

◆◆

五行無常勝

原文 五行無常勝。

——《孫子兵法・虛實》

今釋 五行（水火木金土）當中沒有任何一種物質能夠永遠居於常勝不敗的地位。

日譯 五行（水、火、土、金、土）の物質のどれ一つをとっても、永遠に常勝不敗の地位を占めるものはない。

韓譯 오행인 수, 화, 목, 금, 토 중 어느 것 하나가 영원히 우월한 지위를 차지하는 것은 없다.

英譯 Among the five elements of water, fire, wood, metal and earth, no single element can permanently stay in an invincible position.

◆◆

五行毋常勝

原文 五行毋常勝，說在宜。

——《墨子・經下》

今釋 五行之間並不常久地存在互相克制的關係，關鍵在於條件的相宜。

日譯 五行の間に常に制約し合う関係というのは存在しないが、

肝心な点は条件が適していることである。

韓譯 오행 중에는 항상 우세한 것이 없고, 관건은 상호 조건의 관계에 있다.

英譯 There is a mutually overcoming relationship among the five elements. The key lies in their appropriate conditions.

◆◆

五行之利

原文 五：合（金）、水、土、火、火（木）離。然火鑠金，火多也；金靡炭，金多也，合（金）之府（成）水，木離木（土）。若識麋與魚之數，惟所利。

——《墨子·經說下》

今釋 五：金、水、土、火、木是各自分離獨立的。燃火能熔化金，是因爲火多；冶金消耗炭，是金比炭（火）多。金生水，木依附於土。如果知道麋適合在山中居住，而魚適合在水中居住的道理，就明白了五行之間的關係取決於條件的相宜。

日譯 五行（金、水、土、火、木）はそれぞれに分離独立している。燃えている火が金を溶かすことができるのは、火は多いからである。冶金に炭を使うのは、金が炭（火）より多いからである。金は水を生み、木は土に依存する。もしヘラジカが山林で棲息し、魚が水中で棲息することに適しているということを知るならば、五行の間の関係はその条件の適性によって決まるということが分かる。

韓譯 오：금, 수, 토, 화, 목은 각자 분리 독립적이다. 불이 금을 녹이는 것은, 불이 많기 때문이며；금이 탄을 없애는 것은, 금이 많기 때문이다. 금은 수를 낳고, 목은 흙에 의지한다. 만약 사슴이 산에 살고, 물고기가 물에 사

는 것이 적합하다는 도리를 안다면, 곧 오행의 관계가 서로 돕고 있음을 알 것이다.

英譯 The five elements of metal, water, earth, fire and wood exist interdependently. The burning fire melts metal since there is much fire in it. Melting metal consumes fire since metal is much more than fire. Metal produces water. Wood is attached to earth. Knowing why the elks are living in the mountain and fish living in the water can help people have an understanding that the relationship between the five elements depends much on the appropriateness of conditions.

◆◆

五行相克

原文 木得金而伐，火得水而滅，土得木而達，金得火而缺，水得土而絕。

——《黃帝內經素問・寶命全形論》

今釋 木遇到金就被砍伐，火遇到水就被熄滅，土遇到木就被撻伐，金遇到火就被銷熔，水遇到土就被阻絕。

日譯 木は金に出会うと伐採され、火は水に出会うと消され、土は木に出会うと差し込まれ、金は火に出会うと熔かされ、水は土に出会うと阻まれてしまう。

韓譯 나무는 금을 만나면 베어지고, 불은 물을 만나면 꺼지며, 흙은 나무를 만나면 고갈되고, 금은 불을 만나면 녹게 되며, 물은 흙을 만나면 막히고 끊기게 된다.

英譯 When wood meets with metal, it will be chopped down; when fire meets with water, it will be put out; when earth meets with wood, it will be leveled; when metal meets with fire, it will melt away; when water meets with earth, it will be blocked out.

◆◆

五行相生

原文　木生火，火生土，土生金，金生水，水生木。

——漢・董仲舒《春秋繁露・五行之義》

今釋　木可以燃燒而生成火，火燒爐成灰就變成土，土中沙礫可以淘金，金屬熔冶后可以變成水態，水份滋潤樹生長成木。

日譯　木は燃えて火となり、燃えかすが灰になれば土にかえり、土の中の砂れきから砂金が採集され、金属が熔けて水に変わり、水で潤された樹は大木に成長する。

韓譯　나무는 연소하여 불을 낳고, 불은 태워서 흙을 낳고, 흙을 정련하면 금을 얻고, 금은 녹은 후에 물을 낳으며, 물은 나무를 성장케 한다.

英譯　Wood can be burned to make fire. When fire is burned out, it will become earth. Gold can be found in the sands of earth. After melting, metal becomes water. Water nourishes trees for them to grow into wood.

◆◆

五行，比相生，間相勝

原文　天地之氣合而為一，分為陰陽，判為四時，列為五行。行者，行也，其行不同，故謂之五行。五行者，五官也，比相生，而間相勝也。

——漢・董仲舒《春秋繁露・五行相生》

今釋　天地之氣，匯合而成爲一種，分開就成爲陰氣陽氣，分爲四季，區分為五行。行，就是施行的意思，因爲各自的施行不同，所以稱爲五行。五行就是五種功能，鄰近的構成滋生關係，間隔的構成克制關係。

日譯 天地の気は、合流し一つとなり、分離すれば、陰気と陽気になり、四季に分かれ、五行に区分される。行とは行うという意味であり、それぞれに異なる行いがあるので、五行という。五行は五つの機能のことであり、隣り合うものから生成の関係が、隔り合うものからは制約の関係が生じる。

韓譯 천지의 기는 모이면 하나로 이루어지고, 나뉘면 음과 양이 되어, 사시를 주관하며, 오행으로 배열된다. 행이란 시행의 의미인데, 그 행함이 각자 같지 않기 때문에, 오행이라 부른다. 오행이란 다섯 가지 기능이며, 가까이서 서로 길러주기도 하고, 떨어져 서로 견제하기도 한다.

英譯 All of the Qi in heaven and earth combines into one and then is separated into two Qi of yin and yang, four seasons and five elements. Xing, which means doing things since each of them have different functions of doing things. The five elements perform different roles with different functions. The adjacent two have mutually productive relationship while the distant two have the mutually destructive relationship.

◆◆

五行生克循環

原文 木壯，水老，火生，金囚，土死；火壯，木老，土生，水囚，金死；土壯，火老，金生，木囚，水死；金壯，土老，水生，火囚，木死；水壯，金老，木生，土囚，火死。

——《淮南子・地形訓》

今釋 木強盛，水乾涸，火產生，金被制服，土死亡。火強盛，木枯死，土產生，水被制服，金死亡。土強盛，火衰弱，金產生，木被制服，水死亡。金強盛，土衰弱，水產生，火被制服，木死亡。水強盛，金衰老，木產生，土被制服，火死亡。

日譯 木が強くなると水は枯れ、火が発生し、金は制圧され、土は亡ぶ。火が強くなると、木は枯れ、土が生まれ、水は制圧されて金は亡ぶ。土が強くなると、火は衰弱し、金が発生し、木は制圧され、水が亡ぶ。金が強くなると、土は衰え、水が発生し、火は制圧され、木は亡ぶ。水が強くなると、金は衰え、木が発生し、土は制圧され、火が亡ぶ。

韓譯 나무가 무성하면, 물이 마르고, 불이 일어나며, 금에 굴복하고, 흙이 죽는다 ; 불이 강성하면, 나무가 쇠약해지고, 흙이 생겨나며, 물에 굴복하며, 금이 죽는다. 흙이 강성하면, 불이 쇠약해지고, 금이 생기며, 나무에 굴복하고, 물이 없어진다. 금이 강성하면, 흙이 쇠약하고, 물이 생기며, 불에 굴복하고, 나무가 죽는다 ; 물이 강성하면, 금이 노쇠하고, 나무가 산생되며, 흙에 굴복하고, 불이 죽는다.

英譯 When wood is strong, water will be dried up; fire being produced, metal being overcome and earth dying. When fire is strong, wood will die, earth being produced, water being overcome and metal dying. When earth is strong, metal will be produced, wood being overcome and water dying. When metal is strong, earth will be weak, water being produced, fire being overcome and wood dying. When water is strong, metal will be weak, wood being produced, earth being overcome and fire dying.

◆◆

五行錯王，相據以生

原文 五行錯王，相據以生。火性銷金，金伐木榮。

——漢・魏伯陽《周易參同契》

今釋 五行交錯地處於勝勢地位，又相互依存而生成。火的性質是能夠消溶金屬，金的勢力減弱了，木就能生長繁榮。

日譯 五行は交錯しながら優位に立ち、また互いに依存しながら生成する。火の性質は金属を熔かすことができ、金の勢力が弱くなれば、木は成長し、繁茂する。

韓譯 오행은 교대로 우세한 지위를 차지하며, 또 서로 의존하여 생성한다. 불의 성질은 금속을 녹일 수 있으며, 금속의 세력이 약해지면 나무는 무성히 자라게 된다.

英譯 Each of the five elements stands in the strongest position by turn, and they are mutually interdependent upon each other. The disposition of fire can melt metal, resulting in the weakening power of metal and the stronger power of wood.

◆◆

五行相害，天地之性

原文 五行所以相害者，天地之性。衆勝寡，故水勝火也。精勝堅，故火勝金。剛勝柔，故金勝木。專勝散，故木勝土。實勝虛，故土勝水也。

——漢・班固《白虎通・五行》

今釋 五行之間存在著相互克制的關係，這是由天地的本性決定的。衆多的戰勝稀少的，所以大水能夠克制星火。精煉的制服堅硬的，所以烈火能夠熔化金屬。剛硬的能夠戰勝軟弱的，所以金能砍伐木。專一勝過分散，所以木可以勝土。

充實勝過空虛，所以土勝於水。

日譯　五行の間には相互に抑制する関係があり、これは天地の本性により定まっている。多勢に無勢というように、洪水は小さな火を抑える。精錬されたものは堅いものに勝るので、烈火は金属を熔かすことができる。硬いものは柔らかいものに勝るので、金で木を伐採することができる。専一は分散に勝るため、木は土に勝つことができ、充実は空虛に勝ることから、土は水に勝つことができるのである。

韓譯　오행사이에 서로 상극의 관계가 있는 것은, 천지의 본성이다. 많은 것이 적은 것을 이기기에, 많은 물이 불을 이긴다. 정련된 것은 강한 것을 굴복시키기에, 불이 금을 이긴다. 강건함이 부드러움을 이기기에, 금이 나무를 이긴다. 전일함이 분산됨을 이기기에, 나무가 흙을 이긴다. 충실함이 공허함을 이기기에, 흙이 물을 이긴다.

英譯　The mutually destructive relationship among the five elements is determined by the nature of heaven and earth. The more in number overcomes the less. This is the reason why much water can overcome fire. The sharper overcomes the weaker. That is the reason why the flaming fire can melt metal. The stronger overcomes the softer. This is the reason why metal can chop wood. The more concentrated overcomes the more scattered. This is the reason why wood can overcome earth. The fuller can overcome the emptier. This is the reason why earth can overcome water.

◆◆

五行相生之理

原文　木生火者，木性溫暖伏其中，鑽灼而出，故生火。火生土者，火熱故能焚木，木焚而成灰，灰即土，故火生土。土生金者，金居石依山津潤而生，聚土成山，山必生石，故土生金。金生水者，少陰之氣溫潤流澤，銷金亦爲水，故金生水。水生木者，因水潤而能生，故水生木。

——隋・蕭吉《五行大義》引《白虎通》佚文

今釋 木生成火的原因，是因爲木的本性是溫暖潛伏在木質中，用力鑽孔烤灼，溫暖的本性就會噴出，所以能夠燃燒產生火。火生成土的原因，是因爲火有熱度所以能焚燒木質，木質燃燒后變成灰，灰就是土，所以火能生成土。土生成金的原因，是因爲金蘊含在石頭中靠山水的潤澤而形成，土聚積在一起就形成了山，山中一定有石頭，所以土能夠生成金。金生成水的原因，是因爲少陰之氣溫暖滋潤流佈澤被，銷鎔了的金也就是水，所以金能夠生成水。水生成木的原因，是因爲水的滋潤能夠幫助萬物生長，所以水能生成木。

日譯 木から火が生じるのは、木の本性として温かさが木質の中に含まれているため、力を入れて木に穴をあけ、これを炙ると、本来の温かさが噴き出してきて燃焼し、火が燃えるのである。火から土が生じるのは、火には熱があるため、木質を燃やすことができ、木質が燃えた後、灰になり、灰はまた土であることから、火から土が生じるのである。土から金が生じるのは、金は石の中で山水の潤いにより形成され、土が積もって山となり、山中には必ず石があるため、土から金が生じるのである。金から水が生じるのは、少陰の気は暖かく潤い、熔かされた金は水であることから、金から水が生じるのである。水から木が生じるのは、水の潤いは万物を成長させることができるので、水から木が生じるのである。

韓譯 나무가 불을 낳는 것은, 나무의 본성인 온난함이 나무 재

질 속에 숨어 있다가, 비벼대면 본성이 분출하여 불을 낳는 것이다. 불이 흙을 낳는 원인은, 불의 열기가 나무를 태우면, 나무는 타서 재가 되며, 재는 곧 흙이기에, 불이 흙을 낳는 것이다. 흙이 금을 낳는 것은, 금은 산수의 윤택함에 의지하여 생성된 돌 속에 포함되어 있는데, 흙이 모여 산을 이루고, 산은 반드시 돌을 낳기에, 흙이 금을 낳는 것이다. 금이 물을 낳는 것은, 소음의 기가 촉촉하게 연못으로 흐르고, 금을 녹이면 또한 물이 되기에, 금이 물을 낳는 것이다. 물은 나무를 낳는데, 물이 만물을 윤택하게 하여 생장하도록 하기에, 물이 나무를 낳는 것이다.

英譯 The reason why wood can make fire is that the disposition of wood is warmly hidden in the wood, when drilled and scorched, the disposition of warmth is revealed, and then fire is made. The reason why fire can become earth is that fire has the heat to burn wood and wood becomes ash when burned. When ash becomes earth, fire makes earth. The reason why earth can become metal is that metal is hidden among the stones nourished by the mountain water. A mound is formed when piles of earth are put together. There must be stones in the mountain, then earth can make metal. The reason why metal can become water is that the moist of yin warms and nourishes the plants, and then the melted metal becomes water. The reason why water can become wood is that water nourishes the growth of all the things.

◆◆

五行生克

原文 金賴土生，土多金埋；土賴火生，火多土焦；火賴木生，木多火熾；木賴水生，水多木漂；水賴金生，金多水濁。

金能生水，水多金沈；水能生木，木盛水縮；木能生火，火多木焚；火能生土，土多火晦；土能生金，金多土變。金能剋木，木堅金缺；木能剋土，土重木折；土能剋水，水多土流；水能剋火，火炎水熱；火能剋金，金多火熄。金衰遇火，必見銷鎔；火弱逢水，必為熄滅；水弱逢土，必為淤塞；土衰遇木，必遭傾陷；木弱逢金，必為砍折。强金得水，方挫其鋒；强水得木，方泄其勢；强木得火，方化其頑；强火得土，方止其焰；强土得金，方制其害。

——宋·徐大昇《玄理賦》

今釋 金依靠土得以生成，土過多的話金就會被埋沒；土依靠火得以生成，火太多的話土就會被燒焦；火依靠木得以生成，木太多的話火就會太熾烈；木依靠水得以生成，水太多的話木就被漂浮起來；水依靠金得以生成，金太多的話水就會變混濁。金能夠生成水，水太多的話金就會隱沒；水能夠生成木，木太多的話水就會減少；木能夠生成火，火太多的話木就會被焚燒；火能夠生成土，土過多的話火就會昏暗不明；土能夠生成金，金太多的話土就會發生變化。金能夠克制木，木過於堅硬的話金就會缺損；木能夠克制土，土過於沉重的話木就會被折斷；土能夠克制水，水太多的話土就會流失；水能夠克制火，火太烈的話水就被燒熱；火能夠克制金，金太多的話火就被消耗至熄滅。金的力量衰弱時遇到火，一定會被銷化鎔解；火的力量衰弱時遇到水，一定會被熄滅；水的力量衰弱時遇到土，一定會被堵塞；土的力量衰弱時遇到木，一定會傾覆下陷；木的力量衰弱時遇到金，一定會被砍伐折斷。金的力量強盛時生成水，才能減少金的鋒芒；水的力量強盛時生成木，才能疏導水的力量；木的力量強盛時生成火，才能化解木的堅硬；火的力量強盛時生成土，才能消弱它的火焰；土的力量強盛時生成金，才能制止土的危害。

日譯 金は土により形成され、土が多すぎると金は埋もれる。土は火により形成され、火が多すぎると土は焦げる。火は木により形成され、木が多すぎると火の勢いが激しくなる。木は水により形成され、水が多すぎると木は浮き上がってくる。水は金により形成され、金が多すぎると水は濁る。金は水により形成され、水が多すぎると金は隠れて見えなくなる。水は木から形成されるが、木が多すぎると水が減る。木は火から形成されるが、火が多すぎると木が焼き払われる。火は土から形成されるが、土が多すぎると火は薄暗くなる。土は金から形成されるが、金が多すぎると土に変化が起こる。金は木を抑えるが、木が硬くなりすぎると金に欠陥ができる。木は土を抑えるが、土が重くなりすぎると木が断ち切られる。土は水を抑えるが、水が多すぎると土は流失する。水は火に克つが、火が激しくなりすぎると水が熱くなる。火は金に克つが、金が多すぎると消えてしまう。金の勢いが衰えて火に出会うと、必ず熔かされる。火の勢いが衰えて水に出会うと、必ず消される。水の勢いが衰えて土に出会うと、必ず堰き止められる。土の勢いが衰えて木に出会うと、必ず転覆して沈む。木の勢いが衰えて金に出会うと、必ず伐採されて断ち切られる。金の勢いが盛んになると水が生成し、これによりはじめて金の矛先が鈍くなる。水の勢いが盛んになると木が生成し、これによりはじめて水の勢いを水路づけることができる。木の勢いが盛んになると火が発生し、これによりはじめて木の堅さを解消することができる。火の勢いが盛んになると土が生成し、これによりはじめてその火炎を弱めることができる。土の勢いが盛んになると金が生成し、これによりはじめて土の危害が抑制される。

韓譯 금은 흙에 의지하여 생기나, 흙이 많으면 금이 묻히고 ; 흙은 불에 의지하여 생기나, 불이 너무 많으면 흙도 탄다 ; 불은 나무에 의지하여 생기나 나무가 많으면 불이 거세게 타 오른다 ; 나무는 물에 의지하여 생기나 물이 너무 많으면 나무가 표류하게 된다 ; 물은 금에 의지하여 생겨나지만 금이 너무 많으면 물이 혼탁하게 된다. 금은 물을 생성할 수 있지만, 물이 너무 많으면 금은 가라앉고 ; 물은 나무를 생장시키지만, 나무가 무성하면 물은 줄어든다. 나무는 불을 만들 수 있지만 불이 너무 많으면 나무를 태워버린다 ; 불은 흙을 만들 수 있지만, 흙이 너무 많으면 불은 꺼져 버린다 ; 흙은 금을 생성하지만 금이 너무 많으면 흙이 변한다. 금은 나무를 이길 수 있지만, 나무가 견고하면 금이 이지러지고, 나무는 흙을 이길 수 있지만, 흙이 무거우면 나무가 부러 진다 ; 흙은 물을 이길 수 있지만 물이 너무 많으면 흙도 떠내려간다 ; 물은 불을 이길 수 있지만 불이 타오르면 물이 끓는다. 불은 금을 이기지만 금이 너무 많으면 불이 꺼진다. 금이 쇠해질 때 불을 만나면, 반드시 녹아 버리고 ; 불이 약해졌을 때 물을 만나면 반드시 꺼질 것이며 ; 물이 약해졌을 때 흙을 만나면 반드시 막히게 된다 ; 흙의 힘이 약해졌을 때 나무를 만나면 반드시 기울어 함몰하고, 나무가 쇠약해졌을 때 금을 만나면 반드시 꺾이게 된다. 금의 역량이 강성할 때는 물을 생성하지만, 금의 날카로운 기세가 꺾이게 된다. 물의 힘이 강할 때 나무를 생성하지만, 물의 힘이 약해진다 ; 나무의 힘이 강성할 때 불을 만들지만 나무의 단단함이 풀어지고, 불의 힘이 강성할 때 흙을 만들지만, 불꽃이 약해지며 ; 흙의 힘이 강성할 때 금을 만들지만, 비로소 흙의 위해를 제지할 수 있다.

英譯 Metal depends on earth to exist, but too much earth buries metal. Earth depends on fire to exist, but too much fire burns the wood. Fire depends on wood to exist, but too much wood makes fire stronger. Wood depends on water to exist, but too much water floods wood. Water depends on metal to exist, but too much metal makes water feculent. Metal can produce water, but too much water buries metal. Water can make wood, but too much wood consumes water. Wood can make fire, but too much fire burns wood. Fire can make earth, but too much earth darkens the flame of fire. Earth can make metal, but too much metal changes the quality of earth. Metal can overcome wood, but too hard wood destroys metal. Wood can overcome earth, but too heavy earth breaks wood. Wood can overcome water, but too much water causes earth to lose. Water can overcome fire, but too big fire heats water. Fire can overcome metal, but too much metal consumes water and finally puts out fire. Meeting with fire, the weak metal will melt. Meeting with water, the weak fire is put out. Meets with earth, the weak water is blocked. Meeting with wood, the weak earth will collapse. Meeting with metal, the weak wood is chopped down. When metal is strong, it can make water, and metal becomes less sharp. When water is strong, it can make wood, and the power of water is reduced. When wood is strong, it can make fire, and the strength of wood will be dissolved. When fire is strong, it can make earth, and the flames of the fire will be weakened. When earth is strong, it can make metal, and the harm of earth can be stopped.

◆◆

克中之用

原 文 所謂克中之用者，如火之炎熾，得水克而成既濟之功；金之頑鈍，得火克而成煆煉之器；木之曲直，得金克而成芟削之材；土之曠墁，得木克而見發生之化；水之泛濫，得土克而成堤障之用。此其所以相克者，實又所以相成也。

——明・張介賓《類經圖翼・五行統論》

今 釋 所說的克制中的作用，就比如：火的性質是熾熱，得到水的克制才能成为火；金的性質是頑固而且不鋒利，得到火的克制才能煅造成鋒利的器物；木的性質是有曲有直，得到金的克制才能成爲的除草的工具；土的性質是空曠平緩，得到木的克制才能呈現出發芽生長的變化；水的性質是汎濫，得到土的克制才能有堤壩的用途。這些看起來是相克制的關係，實際上又是成就它們更多功能的關係。

日 譯 所謂「克つ」（抑制）という役割は、たとえば火の性質は非常に熱く、水に抑制されなければ火になることができない。金の性質は頑丈であるが鋭利ではなく、火に抑制されなければ鋭い器物にならない。木の性質は曲がったり、まっすぐであったりし、金に抑制されなければ除草の道具にならない。土の性質は広大で、ゆるやかであり、木に抑制されなければ発芽したり成長したりすることができない。水の性質は汎濫であり、土に抑制さなければ堤防の役割を果たさない。これらは見たところ互いに抑制し合う関係にあるが、実際にはさらに多くの機能の関係をつくり上げている。

韓 譯 이른바 상극의 작용은, 예를 들자면 불의 성질은 타오르는데, 물을 얻어 억제되면 다스려지는 공을 이루고；금의 성질은 완고하고 둔한데, 불을 얻어 억제되면 예리한

기물을 이루며; 나무의 성질은 굽기도 하고 곧기도 한데, 금을 얻어 억제되면 베고 깎는 기구가 되며; 흙의 성질은 광활하고 평탄한데, 나무를 얻어 억제되면 싹이 트고 자라는 변화를 보이며; 물의 성질은 범람하는데, 흙을 얻어 억제되면 비로소 제방의 쓰임이 있다. 이러한 것들로 볼 때, 상극의 관계가, 실제로는 더 많은 기능을 서로 이루어 줌을 알 수 있다.

英譯 The mutual destructive function of the five elements is actually mutually productive. For example, the nature of fire is so scorching that it needs water to overcome it. The nature of metal is so strong yet blunt that it requires fire to mold it into sharp tools. The nature of wood is so blended and straight and it requires metal to be made into the weeding tools. The nature of earth is so empty and plain that it requires wood to sprout. The nature of water is so overflowing that it requires earth to build dams. It seems that they are mutually destructive of one another, but actually they are mutually productive at the same time.

◆◆

造化之機，不可無生，不可無制

原文 造化之機，不可無生，亦不可無制。無生則發育無由，無制則亢而為害。

——明 · 張介賓《類經圖翼 · 五行統論》

今釋 創造化育的關鍵是，不能夠沒有生成關係，也不能夠沒有克制關係。沒有生成關係的話，發展和長育就都沒有根據；沒有克制關係的話，一種勢力就會過盛最終造成危害。

日譯 創造、育成の鍵は、生成関係と抑制関係の両方がなくてはならない。もし生成の関係がなければ、発達や生長、育成のすべての拠り所がなくなる。もし抑制の関係がなく、一つの勢力が盛んになりすぎると、最終的に危害がもたらされる。

韓譯 창조하고 화육의 관건은, 생성관계가 없어서는 안 되며, 또한 억제관계가 없어서도 안 된다. 생성 관계가 없다면 생장시키고 길러줌의 근거도 없을 것이며, 억제 관계가 없다면 어느 한 세력이 지나치게 강성해져 해가 될 것이다.

英譯 The key of creation is that nothing can exist without the mutual productive relationship or the mutually destructive relationship. Without the former, there is no basis for growth and multiplication; without the latter, one element will become excessively strong which may lead to harm.

(六) 變化與轉化

変化と転化

변화와 전환

Changes and Transformations

◆◆

剛柔相推生變化

原文 剛柔相推而生變化。

——《周易・繫辭上》

今釋 剛強於柔弱兩種對立的力量相互推動就發生了變化。

日譯 剛と柔の二つの相対対する勢力が相互に促進し合あうことで変化が生じる。

韓譯 강함과 부드러움은 서로 대립적 힘이 밀고 당기면서 변화

를 발생시킨다.

英譯 The strong and the weak work on each other, which produces the changes and transformations.

◆◆

窮則變，變則通，通則久

原文 窮則變，變則通，通則久。

——《周易·繫辭下》

今釋 （事物的發展到了）窮盡時就會發生變化，有了變化就通達了，通達了才能夠常久。

日譯 (物事の発展が) 尽きると変化が起こり、変化すれば通じ、通じれば久くなる。

韓譯 지극함에 이르면 변화가 생기고, 변화가 생기면 통하게 되고, 통하면 비로소 오래갈 수 있다.

英譯 When a series of changes have run their entire course, another change ensues. When it obtains free course, it will continue long.

◆◆

禍福相倚相伏

原文 禍兮，福之所倚；福兮，禍之所伏。孰知其極？其無正也。正複爲奇，善複爲妖。人之迷，其日固久。

——《老子·第五十八章》

今釋 災禍啊，幸福就緊靠在他旁邊；幸福啊，災禍就埋伏在它裏面。誰能知道最後的結果是什麼呢？禍福都不是一成不變的。好的可能會變成壞的，善的可能會變成惡的。人們不明白禍福轉化的道理，已經很久了。

日譯　不運な時には、そこに幸運がよりそっており、幸運な時には、そこに不運がひそんでいる。最後の結末が何か知る者はいるのだろうか？災いと福は永久に変わらないものではない。よいものが駄目なものになったり、善が悪なったりする。人々が禍福の転化の道理を理解しなくなってすでに久しい。

韓譯　화는 복이 의지하는 곳이고, 복은 화가 숨어 있는 곳이다. 누구라서 그 끝을 알 수 있겠는가? 그것은 고정됨이 없다. 바른 것이 다시 기울어지고 선한 것이 다시 요망함으로 변할 수 있다네. 사람들이 화와 복의 이치를 잘 모르는 것이 참으로 오래 되었구나.

英譯　It is upon bad fortune that good fortune leans, upon good fortune that bad fortune leans. Who knows what will happen at last? Bad fortune and good fortune never lasts. The good may turn to the bad. The kindness may turn to the evil. For a long time, people haven't realized that good fortune and bad fortune are interchangeable.

◆◆

萬物變化無休息

原文　萬物變化兮，故亡休息……千變萬化兮，未始有極。

——漢・賈誼《鵩鳥賦》

今釋　萬物的變化啊，本來就沒有停息……千變萬化啊，未曾有個終極。

日譯　万物は変化し、もとより止まるところをしらない。……千変万化、未だ終わりはなし。

韓譯　만물의 변화여！진실로 그침이 없구나. ……천만가지 변화여！아직 끝이 없구나.

英譯 The changes in all the things are ceaseless. There is no end for changes.

◆◆

物盛則衰，終始之變

原文 物盛則衰，時機而轉，一質一文，終始之變也。

——《史記・平準書》

今釋 事物發展到最興盛時就會衰敗，時機發展到極限時就會轉變，時而崇尚質樸，時而講究文采，這就是事物周而復始的變化。

日譯 物事の発展は最盛期に達すると衰え、時機の発展が極限に達すると転じ、時に質朴を尊崇し、時に文才を重んじる。これは物事の循環というものである。

韓譯 사물은 흥성하면 곧 쇠퇴하게 되고, 발전하여 극에 이르면 변하게 되며, 때로는 질박함을 숭상하고 때로는 문채를 강구하니, 이것이 곧 끝나면 다시 시작하는 변화이다.

英譯 Extreme prosperity leads to decaying. When things develop to the extreme, it will change, now simple, now sophisticated, cycle after cycle.

◆◆

陰陽，變化之父母

原文 陰陽者，天地之道也，萬物之綱紀，變化之父母，生殺之本始。

——《黄帝內經素問・陰陽應象大論》

今釋 陰與陽的存在及其變化，是自然界的規律，是萬物的秩序，是變化的緣由，是生長或消亡的根本。

日譯　陰と陽の存在とその変化は自然界の法則であり、万物の秩序であり、変化の原因であり、成長や消滅の根本である。

韓譯　음과 양의 존재 및 변화는, 천지간의 규칙이며, 만물의 질서이며, 변화의 근원이며, 생장과 소멸의 근본이다.

英譯　The existence of interchangeability of yin and yang are the way of heaven and earth, the guiding principles of all things, the parents of variations, the foundation of being born and killed.

◆◆

因循革化

原文　天道有因有循，有革有化。因而循之，與道神之；革而化之，與時宜之。故因而能革，天道乃得；革而能因，天道乃馴。夫物不因不生，不革不成。故知因而不知革，物失其則；知革而不知因，物失其均。革之匪時，物失其基；因之匪理，物喪其紀。因革乎因革，國家之矩範也，矩範之動，成敗之効也。

——漢・揚雄《太玄・太玄瑩》

今釋　道，有因襲有遵循，有變革有進化。因襲和遵循，和道一樣神妙；變革和進化，與時勢相適應。因此，因襲又能變革，就能得到天道；變革又能因襲，就能順應天道。事物，沒有因襲就不能發生，沒有變革就不能成長。因此，衹知道因襲不知道變革，就違反了事物的法則；衹知道變革不知道因襲，就會使事物失去常態。變革而不注意時機，就是失去事物發展的基礎；因襲不合乎道理，就會違反事物應有的發展秩序。因革啊因革，是國家必須遵循的法則，運行因革的法則，以達到成功的効驗。

日譯　道は踏襲し、従い、変革し、進化する。踏襲し、従うことは道と同じように神妙である。変革と進化は、時勢に適応する。そのため、踏襲しながら変革することができ、天道に達することができる。変革しながらまた踏襲することもでき、天道に順応することができる。物事は、踏襲しなければ生成せず、変革しなければ成長しない。踏襲を知っているだけで変革を知らないならば、物事の正常な状態が失われる。変革しか知らず踏襲を知らないなら、物事の正常な状態が失われる。変革は時機に注意しなければ、物事の発展の基礎が失われる。踏襲が道理に合わなければ、物事のしかるべき発展秩序に背くことになる。だから因襲と変革は、国家が必ず従うべき法則であり、成功を達成するためには因襲と変革の法則を運用しなければならない。

韓譯 대저 도는 인습도 있고 순환도 있으며, 변혁도 있고 진화하는 것도 있다. 인습과 순환은 도와 마찬가지로 신묘하고 ; 변혁과 진화는 시세에 따라 적응한다. 그리하여, 인습은 변화할 수 있기에 천도를 얻을 수 있다 ; 변혁하여 또 인습할 수 있기에, 천도에 순응한다. 사물은 인습이 없으면 발생하지 않고, 변혁이 없으면 성장할 수 없다. 그리하여, 다만 인습만을 알고 변혁을 모르면, 곧 사물의 법칙에 위반되며 ; 다만 변혁만 알고 인습을 모른다면, 곧 사물의 일정한 태도를 잃게 된다. 변혁은 시기를 주의하지 않으면, 곧 사물발전의 기초를 잃어버리며 ; 인습이 도리에 부합하지 않으면, 곧 사물의 마땅한 발전질서를 상실하게 된다. 인습과 변혁을 반복하는 것, 이는 국가가 반드시 지켜야 할 법칙이며, 법칙대로 움직이는 것이 성공에 도달하는 효험이다.

英譯 There are inheritance and observance, reform and evolution in Dao. Inheritance and observance is as miraculous as Dao itself; reform and evolution accord well with time and condition.

So inherit in the reform, the way of heaven can be found; reform in the inheritance, the way of heaven is observed. For all the things, without inheritance, there is no production; without reform, there is no growth. Inheritance alone without reform disobeys the law of things while reforms alone without inheritance will lose the consistency of the things. Reform without paying attention to time and condition will lose the basis for development of the things. Unreasonable inheritance disobeys the due development sequence of the things. Inheritance and reform, is the guiding principle of ruling the country. Obey the principle, and then success can be achieved.

◆◆

盛則入衰

原文 盛則入衰，窮則更生，有實有虛，流止無常。

——漢・揚雄《太玄・太玄摛》

今釋 強盛到了極點就是衰弱，窮困到了極點就會新生，（道的運行）有時實在有時空虛，或流動或靜止沒有固定不變的常態。

日譯 繁栄を極めれば衰退し、困窮を極めれば新しく生まれ変わる。(道の運行は）時に確かであり、時に虚しい。あるいは移動し、あるいは静止し、不変の常態というものはない。

韓譯 강성함이 극에 달하면 쇠약해지고, 곤궁함이 극에 달하면 다시 새로운 것이 생겨난다. 도가 운행함에 때로는 차고 때로는 비며, 혹은 흐르고 혹은 정지하여 고정불변의 상태가 없다.

英譯 Extreme prosperity leads to decaying; extreme poverty compels the birth of new life. Now real, now void; now moving, now still, there is no consistent state of things.

◆◆

利害相臻

原文　利害相臻，猶循環之無端。

——《文選·于令升晉紀總論》李善注引《六韜》佚文

今釋　有利的與有害的相互轉化，循環往復沒有盡頭。

日譯　利と害が相互に転化し合い、この循環が果てしなく繰り返される。

韓譯　이익과 손해는 서로 이어져 있어, 순환 왕복함에 단서가 없는 것과 같다.

英譯　The advantages and the disadvantages interchange, alternating again and again without an end.

◆◆

萬物生生，變化無窮

原文　萬物生生，而變化無窮焉。

——宋·周敦頤《太極圖說》

今釋　萬物生生不息，變化多端沒有窮盡。

日譯　万物は次から次へと生じて止まず、多彩に変化して尽きることはない。

韓譯　만물은 자라고 자라 그치지 않으니, 변화가 무궁하여 끝이 없다.

英譯　All the things appear and disappear, changing constantly without an end.

◆◆

陰陽之變，五行之化

原文　《易》者，陰陽之變也，五行之化也。出於天，施於人，被於物，莫不有陰陽五行之道焉。……五行者，五事也，五常也，五官也。

——宋・司馬光《溫公易說・易總論》

今釋　《易》這部書，講述的是陰陽之間的變易，五行之間的轉化。它產生於上天（自然），施行在人間，覆蓋了萬物，世間沒有不存在陰陽五行變化規律的地方。五行，就是五种事物，是五种規律，具有五种職能。

日譯　「易」という書は、陰陽間の変化と五行間の転化について述べている。それは天（自然）に生まれ、世の中で行われ、万物を覆い、この世の中に陰陽五行の変化の規則が行き渡らない場所はない。五行は五つの物事であり、五つの規則であり、五つの機能を持つ。

韓譯　《易》이라는 책은 음양의 변화와 오행의 순환을 담고 있다. 그것은 하늘에서 생겨나, 사람에게 베풀어지며, 만물을 덮어주니, 세상에 음양오행의 변화 규율이 없는 곳이 없다. 오행은 다섯 가지 사물이며, 다섯 가지 규율이며, 다섯 가지 기능을 갖추고 있다.

英譯　The book of Zhou Yi recorded the changes between yin and yang and the interchangeability among the five elements. It was born by heaven and it was applied on the earth. It covered all the things. Nothing in this world is not controlled by the law of yin and yang and five elements. The five elements are five substances, having five laws and bearing five functions.

◆◆

變易之道

原文 革，變也。君子觀變革之象，推日月星辰之遷易，以治曆數，明四時之序也。夫變易之道，事之至大、理之至明、跡之至著，莫如四時。觀四時而順變革，則與天地合其序矣。

——宋・程頤《易傳・革卦》

今釋 "革"卦，就是變化的意思。君子觀察不斷變化的物象，推算日月星辰的移動，制定曆法，明白四季的順序。變易的道理，事件最重大、道理最明白、跡象最顯著的，莫過於四季的變化了。觀察四季的變化從而順應變革的情況，這樣就能夠配合天地的運行順序。

日譯 「革」の卦は変化を意味する。君子は絶えず変化する物象を観察し、あらゆる天体の移り変りを推算し、暦法を制定し、四季の順序を明らかにする。変化の道理に関していうと、最も重大な出来事、最も明白な道理、最も顕著な兆しを示すもので四季の変化に勝るものはない。四季の変化を観察し、変革の情況に順応すれば、天地の運行の順序に合わせることができる。

韓譯 '革'은 변화의 의미이다. 군자는 끊임없이 변화하는 물상을 관찰하여, 해와 달과 별들의 이동을 미루어, 역법을 다스리고 사계절의 순서를 밝힌다. 무릇 변하고 바뀌는 도리 중에, 일이 지극히 중대하고, 이치가 지극히 명백하고, 자취가 지극히 뚜렷한 것은, 사계절만한 것이 없다. 사계절을 관찰하여 변화에 순응하면, 천지의 운행과 더불어 그 질서에 합하게 된다.

英譯 The divinatory symbol Ge means change. The superior man always observes the changes of the things, calculating the motion law of the Sun, the Moon and the stars and making a calendar to understand the sequence of the four seasons. Among all the changes, the most significant, the most obvious and the most prominent is the change of the four seasons. Observe the change of the four seasons and follow that change in order to accord with the operation sequence of heaven and earth.

◆◆

陽長則陰消

原文 萬物莫不有時，一陰一陽，一善一惡。陽長則陰消，善增則惡減。斯理也，推之其遠乎！

——《二程遺書》卷十一記程顥語

今釋 萬物沒有什麽是沒有時運的，一會兒陰氣強盛，一會兒陽氣強盛，一會兒善的勢力強盛，一會兒惡的勢力強盛。陽氣生長陰氣就會消退，好的增加壞的就會減少。這個（對立物此消彼長運動變化）道理，推廣起來可以達到永遠。

日譯 万物に必ず時運というものがある。ある時は陰気が盛んになり、ある時は陽気が盛んになり、善の勢力が栄えたり、悪の勢力が栄えたりする。陽気が成長すれば陰気は消え、善の勢力が増せば悪の勢力は減る。この（対立物が互いに消長する運動の変化の）道理を広めると永遠になる。

韓譯 만물의 어떤 것도 시운이 없는 것은 없다, 한번 음기가 성하면 한번 양기가 성하게 되고, 한번 선의 세력이 강성해 지면 한번 악의 세력이 강성해 진다. 양이 자라면 음이 소멸하고 선이 증가하면 악이 감소한다. 이 이치로 미루어 보면 영원까지 노날할 수 있다.

英譯 There is a time for everything. Sometimes the Qi of yin is strong; sometimes the Qi of Yang is strong. Sometimes the power of goodness is in control; sometimes the power of evil is in control. When yang grows, yin will decline. When good things increase, bad things will decrease. This is the everlasting law for everything.

(七) 積漸

少しずつ積み重ねたことまた慣習

미연방지

Avoid the Minute

◆◆

天下難事，必作於易

原文　天下難事必作於易，天下大事必作於細。

——《老子·第六十三章》

今釋　天下的難事都開始於容易的事，天下的大事都開始於一些小事兒。

日譯　天下の難事はすべて簡単な事から始まり、天下の大事はすべて幾つかの小事から始まる。

韓譯　천하의 어려운 일들은 반드시 쉬운 일에서 일어나고, 천하의 큰 일들은 반드시 사소한 것에서 일어난다.

英譯　All the difficult things in the world start with the easy things; all the great things in the world start with the small things.

◆◆

千里之行，始於足下

原文　合抱之木，生於毫末；九層之臺，起於纍土；千里之行，始於足下。

——《老子·第六十四章》

今釋 合抱的大樹，是從細小的萌芽開始生長的；九層的高臺，是由一筐一筐的土堆積起來的；千里的路程，由一步一步走出來的。

日譯 両手で抱くほどの大木も小さな芽から生長したのである。九層の高台も土を一かご一かご積み上げて建造されたのである。千里の道も一歩からはじまるのである。

韓譯 아름드리 큰 나무도 작은 싹에서 성장하였고；구층의 높은 누대도 한 삼태기 흙에서 시작되었으며；천리 길의 여정도 한걸음부터 시작된다.

英譯 A huge tree must grow from a tiny sprout, and a nine-storied terrace must be built upon baskets of earth, so a thousand-li journey must begin step by step.

◆◆

善不積，不足以成名

原文 善不積，不足以成名；惡不積，不足以滅身。

——《周易·繫辭下》

今釋 不積累善行的話，不足以成就美名；不積累惡行的話，不足以危及生命。

日譯 善行を積んでいないならば、名声を得るには値しない。悪行を積んでいないなら、命に危険が迫り来ることはない。

韓譯 선행이 쌓이지 않으면，족히 명성을 이루지 못하고；악행이 쌓이지 않으면，족히 생명을 멸할 수 없다.

英譯 If one does not accumulate good deeds, it is not enough for him to have a good reputation; if one does not accumulate evil deeds, it is not enough to ruin his life.

◆◆

積善之家，必有餘慶

原文 積善之家，必有餘慶；積不善之家，必有餘殃。臣弒其君，子弒其父，非一朝一夕之故，其所由來者漸矣。

——《周易・坤・文言》

今釋 積累善行的人家，一定會有福慶澤及後人；積累惡行的人家，一定會有災禍延及後人。做臣子的弒殺君主，做兒子的弒殺父親，這些壞事不是一朝一夕間發生的，都是漸漸地積累了惡因纔造成的。

日譯 善行を積んだ人は、必ず後世の人々に幸福と慶びをもたらす。悪行を積んだ人は、必ず後世の人々に災を残す。臣下が君主を殺害したり、息子が父を殺したりするような悪事は一朝一夕に発生するものではなく、いずれも悪因が少しずつ積み重なって起こるものである。

韓譯 선행을 쌓은 집안은, 반드시 남은 경사가 있고；불선을 쌓은 집안은, 반드시 남은 재앙이 있다. 신하가 군주를 시해하고, 자식이 그 아버지를 시해하는 것은, 하루아침 하루저녁에 발생한 것이 아니라, 그 유래가 쌓인 것이다.

英譯 A family that insists on doing good deeds may be blessed for many generations. A family that continues doing evil things may be cursed for many generations. The bad things such as a minister killing the king, the son killing the father does not happen overnight, the evils are accumulated day by day.

◆◆

積卑而為高

原文　丘山積卑而為高，江河合水而為大。

——《莊子・則陽》

今釋　丘陵大山要聚積卑小的才能成就自身的高大，長江大河要匯合眾流才能成就自身的廣大。

日譯　丘陵や大山は卑しく、小さきものが寄せ集まって高く聳え立ち、長江や大河はいくつもの渓流が合流して広大になる。

韓譯　언덕이나 산은 낮은 것들이 쌓여 높아졌으며, 강이나 하천은 물이 모여서 크게 되었다.

英譯　The hills and mountains are high because they accumulate the smaller mounds; the seas and rivers are grand because they welcome the smaller streams.

◆◆

盡小者大，積微者著

原文　盡小者大，積微者著。

——《荀子・大略》

今釋　盡量積累微小的就能匯集成巨大的，不斷積累微小的就能變成顯著的。

日譯　微小なものをできるかぎり蓄積すれば巨大になり、微小なものを絶えず蓄積すれば顕著なものになる。

韓譯　작은 것들이 모두 쌓이면 커지고, 은미한 것들이 모두 쌓이면 드러나게 된다.

英譯　To accumulate the smaller things, the small things will finally become grand; to accumulate the tiny things, the tiny things will finally become prominent.

◆◆

秋毫之末，揮於泰山之本

原文 事之危也，聖人知之……以識細微。經起秋毫之末，揮之於泰山之本。

——《鬼谷子・抵巇》

今釋 事情的危險徵兆，聖人可以洞察知曉……在危險還很細小的時候就能發現問題。事情初起時如秋毫一樣微小，發展起來卻能夠撼動泰山的根本。

日譯 物事の危険な兆しを聖人は見通すことができる。……危険がまだ非常に小さいうちから問題を発見することができる。物事の発端は羽毛と同じくらい微小であるが、それが発展すると泰山の土台をも揺り動かす。

韓譯 일의 위험한 징조는, 성인이 알 수 있다, ……위험이 아주 작았을 때 문제를 인식한다. 일이 일어날 때는 가을 터럭 끝 만큼 작지만, 발전하면 태산의 근본도 흔들 수 있다.

英譯 The sage can discern the hidden dangers in advance when they are still small. At the beginning the danger is as small as the mustard, but it will develop to be as big as the Tai Mountain.

◆◆

強者，積於弱

原文 強者，積於弱也；為直者，積於曲也；有餘者，積於不足也，此其道術行也。

——《鬼谷子・謀篇》

今釋 強大的，是由弱小聚集起來的；挺直的，是由彎曲累積起來的；有餘的，是由不足積累起來的，這就是道術的具體體現。

日譯　強大なものは、弱くて小さいものが集まってできている。まっすぐに伸びたものは、くねくねしているものが集まってできている。余剰は不足から蓄えられるものであり、これは道術の具現である。

韓譯　강한 것은 약한 것이 쌓인 것이며；곧은 것은, 굽은 것이 쌓인 것이며；남는 것은 부족한 것이 쌓인 것인데, 이것이 도술의 구체적 체현이다.

英譯　The strong are accumulated from the weak; the straight is accumulated from the bent; the redundant is accumulated from the scarcity. This is the manifestation of Dao.

◆◆

于安思危，于達思窮

原文　賢主愈大愈懼，愈強愈恐。凡大者，小鄰國也；強者，勝其敵也。勝其敵則多怨，小鄰國則多患。多患多怨，國雖強大，惡得不懼，惡得不恐？故賢主于安思危，于達思窮，於得思喪。《周書》曰："若臨深淵，若履薄冰"，以言慎事也。

——《呂氏春秋·慎大》

今釋　賢明的君主，國家越大越憂慮，越強越恐懼。因爲他的大，是削弱蠶食鄰國形成的，他的強是戰勝敵國造成的。戰勝敵國必定多遭人怨恨，蠶食鄰國必定招致許多禍患。多禍患多怨恨的國家，雖然強大，怎麼能不擔心，又怎麼能不害怕呢？因此賢明的君主處在安定的境地時就會考慮危機時該怎麼辦，通達順利的時候就會考慮窮厄困窘時該怎麼辦，在還擁有的時候就會考慮失去時該怎麼辦。《周書》上說：

“如同面臨深淵，如同踩在薄冰上一樣”，說的就是要謹慎行事。

日譯　賢明な君主は国が大きいほど憂慮し、強いほど恐れを抱く。つまり、その国の大きさは隣国を弱体化させ蚕食して形成されたものであり、その国の強さは敵国に打ち勝つことで確立されたものである。敵国に勝てば必ず多くの人の恨みを買い、隣国を蚕食すれば必ず無数の災難が降りかかる。災禍や恨みが多い国は強大であっても、どうして心配もせず、恐れずにいることができようか。そのため賢明な君主は国情が安定していても危機の対策を練り、順風満帆な時にも苦境に立たされた時の応急策を考え、まだ有している時に失えばどうすべきかを考慮する。「周書」に「深淵に臨むが如し、薄氷を踏むが如し」とあるように、慎重に事を運ぶことが大切なのである。

韓譯　현명한 군주는 국가가 커질수록 근심 또한 많아지며, 강성해질수록 두려움 또한 많아진다. 무릇 커진다는 것은 이웃 나라들이 작아지는 것이며；강성해진다는 것은 적들을 이겨야 하기 때문이다. 적들을 이기면 원망이 많아질 것이며, 이웃 나라들이 작아지면 근심이 많아질 것이다. 근심과 원망이 많다면 국가가 비록 강대하다고 하나 어찌 걱정과 두려움이 없겠는가? 그러므로 현명한 군주는 편안할 때 위태로움을 생각하고, 순리적으로 일이 풀릴 때 곤란을 생각하며, 얻을 때에는 잃을 것을 생각한다.《周書》에：“깊은 못에 임하는 것같이 하며, 얇은 얼음을 밟는 것처럼 한다.” 는 말은 일에 삼가고 신중해야 함을 말한 것이다.

英譯　For the wise king, the bigger the country was, the more he became worried; the more powerful the country was, and the more he became fearful. This is because his grandness was the result of invading the neighboring nations and his power of conquering the enemies. When he had conquered the enemies, the enemies hated him. When he had invaded the neighboring countries, it led to many disasters. Though powerful, how could one rule a country with many disasters and hatred without worries and fears? So the wise king considered how to deal with the crises while still in peace and how to deal with poverty while still in prosperity, how to deal with wants while still in plenty. In the Book of Chow, it said, just as facing the abyss, just as trampling onto the thin ice', it means one needs to be cautious in doing things.

◆◆

善不可謂小而無益

原文 善不可謂小而無益，不善不可謂小而無傷。

——漢・賈誼《新書・審微》

今釋 善事不能因爲它小就認爲沒有好處而不去做，壞事不能因爲它小就認爲沒有妨害而去做。

日譯 善事はそれが小さいから無益だとみなして行わないということは許されない。悪事はそれが小さいからあまり害がないだろうと思ってやってはならない。

韓譯 선이 작아서 무익하다고 말해서도 안 되며, 불선이 작아서 해가 되지 않는 다고 말해서도 안 된다.

英譯 Do not refuse to do good things just because it is small; do not do bad things just because it is small.

◆◆

輕始而傲微，必至大亂

原文 非以小善為一足以利天下，小不善為一足以害國家也。當夫輕始而傲微，則其流必至於大亂也。

——漢·賈誼《新書·審微》

今釋 不是因爲做了一點兒好事就足以給國家帶來好處，不是因爲做了一點兒壞事就足以給國家帶來危害。倘若事情開始出現不好的跡象時不重視或者對於細微的惡兆不在乎，這樣演變下去最終一定會出現大的禍亂。

日譯 ちょっとしたよい事をしたからといって国に利益がもたらされるわけではなく、ちょっとした悪い事をしたからといって国に危害がもたらされるわけでもない。よくない兆しが現れた時にこれを重視せず、あるいはかすかな凶兆も気にかけずにいたら、いつの間にかこれが進展し、大きな災難に見舞われるだろう。

韓譯 작은 선이 족히 국가를 이롭게 하는 것은 아니며, 작은 불선이 족히 국가를 해치는 것은 아니다. 그러나 좋지 않은 징조가 나타났을 때 가볍게 여기거나 무시한다면, 그 폐단이 흘러 반드시 큰 어지러움에 이를 것이다.

英譯 It is not because some little good things have been done that the country is prosperous. Neither is it because some little bad things have brought about harm to the country. However, if the evil signs and subtle bad omens appear and no attention is paid to them, the country will surely end up with disasters.

◆◆

積漸

原文 安者非一日而安也，危者非一日而危也，皆以積漸。

——漢・班固《漢書・賈誼傳》

今釋 平安不是一天就能達到平安的，危險不是一天就變危險的，都是積蓄以後才逐漸發生的。

日譯 平穏は一日にして平穏になるわけではなく、危険は一日にして危険になるわけではない。いずれも積み重なって逐次顕在化するのである。

韓譯 안정은 하루아침에 안정되는 것이 아니며, 위태로움은 하루아침에 위태로워지는 것이 아니다. 모두 점점 쌓인 후에 일어나는 것이다.

英譯 Peace is not attained overnight. Neither is danger. They all are accumulated day by day.

◆◆

所積不屬，則災殃流於後世

原文 天下之事，未有不由積而成……所積不善，則災殃流於後世。

——宋・程頤《易傳・坤》

今釋 天下的事情，沒有不是由積累而形成的……積累的事情如果不好的話，就會給後世造成災禍。

日譯 天下の物事は累積により形成されるものである……もし累積されたものがよくなければ、後世に災がもたらされる。

韓譯 천하의 일은, 쌓임으로 말미암아 형성되지 않은 것이 없다. ……쌓인 것이 만약 불선이라면, 재앙이 후세까지 흐

르게 될 것이다.

英譯 Nothing in the world is not formed by accumulation. If the accumulated thing is not good, it will lead to disasters for generations to come.

◆◆

運之也微，成之也著

原文 陰陽之化，運之也微，成之也著。

——清·王夫之《尚書引義·太甲二》

今釋 陰陽的變化，運行的時候是細微的，達成的時候是顯著的。

日譯 陰陽の変化は、運行しているときはあまり目立たないが、成立した時は顕著になる。

韓譯 음양의 변화는, 운행할 때는 미미한 듯 하지만, 이루어지고 나면 현저하게 드러난다.

英譯 The change between yin and yang is indistinct when they are working on their own separately, but it's distinct when they have accumulated to certain amount.

中庸和合

中庸・和合

중용화합

The Middle way, Harmony and Unity

五　中庸和合

中庸・和合

중용화합

The Middle way, Harmony and Unity

中庸,就是以“中”為用。這個“中”並不是簡單化的“折衷”，而是掌握事物平衡關係的高超智慧。根據中國古代的事物生成學說——陰陽學說來看，任何事物內部都包含著既對立又統一的兩個方面，使這兩種對立的力量達到動態平衡（“時中”）的效果，以形成統一、穩定的狀態，這就是“中庸”思想的內涵。此外,從“中”的思想中引伸出“權”的概念，講求對於利害關係的衡量與取捨，以期達到利益最大化的目標，這是“中庸”思想的外延。

和指的是和諧。合指的是團結。這兩種思想強調，在承認和肯定事類之間的差異與衝突是客觀存在的基礎上，尊重個體的不同；兼顧公平、平等的原則，取得平衡、協調、和諧關係，並發展個體間的互補、互利、互助與合作，以達成共同發展的目的。這一點在中國文化中得到極好的體現：中國文化本身即具有融通性，各家思想和協會通，而不是相互排斥，共同塑造了中國式的處世智慧。

同時，中庸和合的思想相信人與人、國與國之間是能夠和諧相處的。因此愛好和平，反對戰爭是此思想的重要內容之一。

中庸とは、「中」を以って用と為すことである。「中」とは単なる「折衷」を現しているのではなく、物事のつり合いを心得た卓越した知恵といえる。中国古代の物事の生成を説いた学説——陰陽学説を紐解くと、いかなる物事の内部にも対立しながら統一するという二つの側面があり、この二つの対立する勢力は動態的な均衡（時勢にあわせて調整される）に達し、統一し、安定した状態を形成する。これが「中庸」という思想の含意である。その他、「中」の思想から「権」の概念が派生し、利害関係の評価と取捨選択について論じられ、ここから利益の最大化が図られる。これは「中庸」の思想の外延といえる。

「和」は調和のことであり、「合」は団結のことである。この二つの思想は、物事の相違と衝突が客観的に存在するということを認め、肯定した上で、個々の物事の差異を尊重し、公平と平等の原則に配慮して均衡、協調、調和のとれた関係を形成するとともに、個々の物事の相互補完、互恵、互助や協力関係を発展させ、共栄に到達することを強調している。この点は中華文化の中によく具現されている。中華文化そのものは親和性を備えており、各流派の思想と調和しあい、通じ合い、互いに排斥することなく、中国的な処世学を共に作り上げている。

これと同時に、中庸和合の思想は人と人、国と国の間の調和が保たれることを確信している。そのため、平和を愛し、戦争に反対する考えがこの思想の重要な内容となっている。

중용은 中으로 쓰임을 삼는다. 이 中은 간단한 절충이 아니라, 사물의 평형관계를 잡는 아주 고도의 지혜이다. 중국 고대의 사물 생성학설에 근거하면, -- 즉 음양학설에서 보자면, 어떠한 사물 내부도 모두 대립 혹은 통일의 두 면을 포함하고 있는데, 이 두 대립적 역량으로 하여금 동적 평형의 상태 (시중) 에 이르게 하여, 통일적이고 안정된 상태를 유지하게 하는 것, 이것이 곧 중용사상이 의미하는 것이다. 이외에, 中의 사상으로부터 權의 개념이 확장되어 나왔는데, 이해관계를 잘 헤아려 취사하는 것을 중요시함으로써 최대의 이익이라는 목표도달을 바라는 것으로, '중용' 사상의 외연이다.

和가 가리키는 것은 화해이다. 合이 가리키는 것은 단결이다. 이 두 사상이 강조하는 것은, 사물간의 차이와 모순을 인정하고 긍정하는 객관존재의 기초 위에서, 개체의 서로 다름을 존중하는 것이다 ; 아울러 공평 평등의 원칙을 돌아보고, 평형과 협조, 화해의 관계를 취하여, 개체간의 상호보완, 상호 이익, 서로 돕고 힘을 합하여, 공동 발전의 목표를 달성하는 것이다. 이 점이 중국 문화 가운데 잘 체현되어 있다 : 중국문화 자체는 융통성을 갖추고 있어, 모든 사상이 조화롭게 서로 통하여, 배척하지 않으며, 중국식의 처세지혜를 만들어 냈다.

동시에, 중용화합의 사상은 사람과 사람, 나라와 나라사이에 조화롭게 서로 처할 수 있다고 믿는다. 그리하여 평화를 사랑하고 전쟁을 반대하는 것이 이 사상의 중요내용 중의 하나이다.

The middle way means standing in the middle in everything. This middle way does not simply compromise but is the supreme wisdom of having grasped the balanced relationship in all things. According to the ancient Chinese creation theory of yin and yang, everything has two opposing and interdependent aspects. When the two opposing powers reach to the motion balance of unity and stability, this is the meaning of the middle way. In addition, from the meaning of the middle way derives the concept of balancing, that is, the measuring and weighing the advantages and disadvantages in order to attain maximum interests. This is the connotative meaning of the middle way.

The idea of harmony and unity admits the differences and conflicts among the things and also respect the differences among the individuals. Based on the principle of justice and equality, it seeks balance, coordination and harmony in order to develop the mutual complementariness' and mutual benefits, mutual help and cooperation, thus mutual development. This is a good manifestation of the Chinese culture of convergence where all of the ideas and thoughts can harmoniously converge together instead of resisting each other. These are way of the Chinese life philosophy.

In the meanwhile, the idea of the middle way and harmony and unity believes that man and man, country and country can get along harmoniously. So loving peace and protesting against war are also the important proclamation of this idea.

(一) 中庸

中庸

중용

The middle way

◆◆

守中

原文 多言數窮，不如守中。

——《老子·第五章》

今釋 說的做的越多越行不通，不如遵行“中”的規律行事。

日譯 言い過ぎたり、やりすぎるほど益々通じなくなる。それよりむしろ「中」の規則を守って事を進める方がいい。

韓譯　말을 많이 할수록 자주 궁지에 몰리므로, “중” 의 규율을 따르며 지키는 것만 못하다.

英譯　The more one says and the more one does, the less it works. Far better is to keep standing in the middle.

◆◆

中庸之德至矣

原文　子曰：“中庸之爲德也，其至矣乎！”

——《論語・雍也》

今釋　孔子說：“中庸作爲一種道德，是至高無上的了！”

日譯　孔子は「中庸は道徳の一つとして最高のものだ」と言った。

韓譯　공자께서 말씀하셨다 : “도덕으로서의 중용의 덕이 지극하구나 !”

英譯　Confucius said, “The middle way is the supreme virtue!”

◆◆

叩其兩端而竭

原文　子曰：“吾有知乎哉？無知也。有鄙夫問於我，空空如也；我叩其兩端而竭焉。”

——《論語・子罕》

今釋　孔子說：“我有知識嗎？沒有知識啊！有個粗鄙的人來向我詢問，非常誠懇的樣子。我就向他詢問事物的兩極（過度和不及），以窮盡事物的面貌讓他知道。”

日譯　孔子はいわれた。「私は知識があるだろうか？いや知識などない。ある粗野な者がたいへん真摯な態度で尋ねてきた。私は彼に物事の両極（過度と不足）について尋ね、物事を徹底的に追究して理解させた」。

韓譯　공자께서 말씀하셨다 : "내게 지식이 있는가 ? 나는 지식이 없노라. 비루한 사내가 나에게 묻는 것이, 매우 간절하다면 ; 나는 사물의 양단을 다 들어서 그에게 알게 하리라."

英譯　Confucius said, "Do I have knowledge? No! Once an illiterate man came to consult me with a question, in a sincere manner, I asked him about the two extremes in order to let him know the whole picture of the things."

◆◆

過猶不及

原文　子貢問："師與商也孰賢？"子曰："師也過，商也不及。"曰："然則師愈與？"子曰："過猶不及。"

——《論語・先進》

今釋　子貢問道："顓孫師和卜商誰好一些？"孔子說："顓孫師過頭了，卜商則不足。"子貢說："那麼顓孫師強一些吧？"孔子說："過頭與不足一樣不好。"

日譯　子貢が「顓孫師と卜商のどちらが優れているのでしょうか?」と尋ねた。孔子は「顓孫師は行き過ぎているが、卜商は足りない」と答えた。子貢は「それでは顓孫師の方がやや優れているのでしょうか?」と尋ねると、孔子は「行き過ぎも不足と同様によくない」と答えた。

韓譯　자공이 물었다 : "顓孫師와 卜商 중 누가 더 낫습니까 ?" 공자께서 말씀하셨다 "顓孫師는 지나치고 卜商은 미치지 못한다." 자공이 또 물었다. "그러면 顓孫師가 더 낫습니까 ?" 공자께서 말씀하셨다 "지나침은 미치지 못함과 같단다."

英譯　Zi Gong asked, "Who is preferable, Zhang Sun Shi or Bu

Shang?" Confucius said, "Zhang tends to go too far, but Bu Sheng tends not to go far enough." Zi Gong said, "So is Zhang preferable in fact?" Confucius said, "The fact is that going too far and not going far enough are equally bad."

◆◆

不得中行，必也狂狷

原文 子曰："不得中行而與之，必也狂狷乎！狂者進取，狷者有所不爲也。"

——《論語・子路》

今釋 孔子説："如果不能得到完全按照中庸的原則行事的人與他相結交的話，那麼一定要結交'狂'與'狷'這兩類人！狂者勇於進取，狷者不肯做壞事。"

日譯 孔子は「もし完全に中庸の原則に則って事を進める人と付き合うことができないならば、『狂者』と『狷者』のような二種類の人と付き合わねばならない。『狂者』は勇しく進んで求めようとし、『狷者』は悪事をはたらくことを認めない」と言った。

韓譯 공자께서 말씀하셨다: "만약 중용의 원칙을 지키는 선비를 얻어 교제하지 못한다면, 반드시 광자와 견자를 취할 것이다. 광자는 용감하여 진취적이고, 견자는 하지 않는 일이 있다."

英譯 Confucius said, "If one is unable to make friends with those who conform to conventions, one had better associate with those who are progressive and straight. Those who are progressive keep forging ahead; those who are straight are never willing to do any evil deeds."

◆◆

中得

原文 中守不忒，不以物亂官，不以官亂心，是謂中得。

——《管子・內業》

今釋 保持中正不生差錯，五官不被外物所擾亂，心神不被五官所擾亂，這就叫做得到中道。

日譯 間違いが起きないように中正を保ち、五官を外界の物事に搔き乱されないようにし、心を五官に搔き乱されないようにすること、これが中庸の道を得るということである。

韓譯 중정을 지켜서 착오가 없다면, 오관이 외물에 어지러워지지 않을 것이며, 심신이 오관에 의해 어지러워지지 않을 것이니, 이를 곧 중도를 얻었다고 말하는 것이다.

英譯 Having achieved the middle way means always standing in the middle without going astray; the five organs never being disturbed by the external things and the mind never being disturbed by the five organs.

◆◆

用其中

原文 執其兩端，用其中於民。

——《禮記・中庸》

今釋 把握著（過度和不及）兩個極端，仔細審度，選擇中庸之道，給百姓做出示範。

日譯 (行き過ぎと不足の）両極をとらえ、注意深く調べ、中庸の道を選び、庶民に範を示す。

韓譯 그 양쪽 극단을 잡아，중용의 도를 택하여 백성에게 쓴다.

英譯 Grasp the two extremes (excess or deficiency), examine carefully and choose the middle, and set a good example for the people.

◆◆

君子時中

原文 君子之中庸也，君子而時中。

——《禮記・中庸》

今釋 有道德的人，能夠遵循中庸的要求，因此他能夠時時刻刻以“中”的標準來選擇行事的方法。

日譯 徳のある人は、中庸の要求に従うことができる。そのため彼はいつでも「中」の基準で事を行う方法を選ぶ。

韓譯 군자가 중용을 지킬 수 있는 것은, 시시각각 중의 표준으로 일을 처리하기 때문이다.

英譯 The virtuous man can follow the requirements of the middle way to conduct things all the time.

◆◆

中立而不倚

原文 君子和而不流，強哉矯！中立而不倚，強哉矯！

——《禮記・中庸》

今釋 有道德的人，態度平和卻不會隨波逐流，真是剛毅堅強啊！他們時常居於中立的位置而不會向任何一端傾斜，真是剛毅堅強啊！

日譯 徳のある人は、物腰が穏やかで流れに身を任せたりしない。誠に剛毅で強靱である！彼らは常に中立に立ちながらどちらの一方にも傾くことなく、誠に剛毅で強靱である！

韓譯　군자는 잘 화합하나 한편으로 치우치지 않으니, 강하고 꿋꿋하도다！늘 중립적 위치에 처하면서 한편으로 기울지 않으니, 강하고 꿋꿋하도다！

英譯　The virtuous man is always calm and peaceful and does not drift with the tide. How strong he is! He always stands in the middle without swerving to either side. How strong he is!

◆◆

君子道中庸

原文　君子尊德性而道問學，致廣大而盡精微，極高明而道中庸。

——《禮記・中庸》

今釋　有道德的人，恭敬地修養自身的道德本性，並通過勤學善問來獲知真理以遵行；達到寬廣博大的境界並且無微不至無幽不明；窮盡高妙光明的德性並通達中庸的道理。

日譯　徳のある人は、恭しく自ら道徳的本性を磨き、また勉学にいそしみ真理を得て、それに遵う。広く豊かな境界に達して精緻を尽くし、高明を極めて中庸の道理に通じる。

韓譯　군자는 공경스럽게 자신의 덕성을 닦고 부지런히 학문에 힘써 진리를 따르니, 광대한 경계에 도달하고 정미한 부분까지 극진히 하여, 훌륭하고 광명한 덕성을 다하고 중용의 도리에 통달한다.

英譯　The virtuous man carefully cultivates his own moral virtues and has access to the truth and conducts it through diligence and inquisitiveness. He then reaches to the supreme state of broadness and loftiness even to the subtlest and the darkest. He exalts to the brightest virtue and reaches to the middle.

◆◆

中和

原文　惟中也者，和也，中節也，天下之達道也，聖人之事也。

——宋・周敦頤《通書・第七章》

今釋　“中”這種狀態，就是和諧，就是合乎規則，這是天下最通達的道理，是聖人的作爲。

日譯　「中」というこの状態は、調和がとれた状態を指し、規則に合っている。これは天下に最も通じた道理であり、聖人の行いである。

韓譯　오직 중용만이, 조화로우며, 규칙에 꼭 배합되며, 천하의 가장 통달한 이치이며, 성인의 일이시다.

英譯　The state of the middle way is being harmonious, is conforming to the rules. This is the broadest way in the world and is what the sage has done.

(二) 和諧和睦

調和・和合

화합과 화목

Harmony

◆◆

知和曰常

原文　知和曰常，知常曰明，益生曰祥。

——《老子・第五十五章》

今釋　通曉和諧的道理叫做恆常，通曉恆常的道理叫做清明，能夠有助於生命長久叫做吉祥。

日譯 調和の道理に精通していることを恒常というが、恒常の道理に精通していることを清明という。生命を長らえることに役立つものを吉祥という。

韓譯 조화의 도리를 아는 것을 영원함이라 하고, 그 영원함의 도리를 아는 것을 밝음이라 하며, 생명을 길게 늘이는 것을 길상이라 한다.

英譯 To understand harmony is to understand the permanent. To understand the permanent is to be illuminated. But to live life to the full is to invite auspiciousness.

◆◆

保合太和

原文 乾道變化，各正性命。保合太和，乃利貞。

——《周易・乾卦・彖辭》

今釋 剛強光明的乾道化生出各種事物，每種事物都包含了乾道的性質和特點。如果能夠保持這種天然的和諧，就會順遂和安定。

日譯 剛強で光明ある乾道は様々な物を生みだし、すべての物は乾道の性質と特徴包含している。もしこのような天然の調和を維持することができるならば、事は順調に進み、安定する。

韓譯 광명정대한 건도가 변화하여, 각종 사물을 바르게 한다. 만약 이러한 천연의 조화를 유지할 수 있다면, 이롭고 안정된다.

英譯 The strong and bright Dao (way) generates all kinds of things, and all kinds of things have the nature and characteristics of Dao. If one can keep this natural harmony, one can live smoothly and stably.

◆◆

禮之用，和爲貴

原文 禮之用，和爲貴。先王之道，斯爲美，小大由之。

——《論語・學而》

今釋 禮儀規範的施行，以能夠達到和諧的境界為可貴。前代帝王的治道，最美好的地方就在這裏，小事大事都遵循著和諧為貴的道理。

日譯 儀礼、規範のはたらきは、調和のとれた境地に達することを貴ぶ。先帝の統治の最もすばらしいところはここにあり、小事も大事も調和を貴ぶという道理にしたがわせるようにした。

韓譯 예의규범의 시행은, 화목함을 가장 귀하게 여긴다. 역대 선왕들의 치도는 이것을 아름답게 여겼다. 그리하여 크고 작은 일에 모두 화목함의 도리를 따른다.

英譯 In conducting the rites, seeking harmony is the most valuable principle. It was cherished by the ancient sage kings in handling state affairs. Great or trivial, they did everything according to this principle.

◆◆

君子和而不同

原文 君子和而不同，小人同而不和。

——《論語・子路》

今釋 君子能夠在諸多事物相矛盾的情況下找到彼此和平相處的方法，而不是簡單地將事物等同划一；小人則是簡單地等同划一，而不能使矛盾的事物達到和諧的境界。

日譯 君子は諸々の物事が互いに矛盾し合うという情況の下で、これらが平和的に共存する方法を見出し、物事が単に同じものであるとは考えない。小人は単純に物事が同じものであると思っているが、矛盾し合った物事を調和させることはできない。

韓譯 군자는 여러 사물이 서로 모순되는 상황에서도 조화로운 방법을 따르며, 맹목적으로 동하지 않으며, 소인은 간단하게 동하면서도 조화롭지 못하다.

英譯 A superior man can search a means to deal with the contradictory things without handling things with the same method. An inferior man, however, handles things equally regardless of the situation, being unable to achieve harmony for the contradictory things.

◆◆

和無寡

原文 有國有家者，不患貧而患不均，不患寡而患不安。蓋均無貧，和無寡，安無傾。

——《論語・季氏》

今釋 掌管國家的人，不擔心財産少，只擔心財富分配不均；不擔心人口少，只擔心境内不安定。因爲財富平均，就無所謂貧窮；上下和睦，就不覺得人口少；境内安定，國家就不會傾覆。

日譯 諸侯や家族を抱えた人は、富が少ないことを心配せず、財産の分配が均等でないことだけを心配している。人口が少ないことを心配せず、領土が安定しないことだけを心配している。財産が均等であれば貧困は問題にならない。上から下まで睦まじければ、人口が少ないとは感じない。領土が安定していれば、国が転覆することはない。

韓譯 국가를 관리하는 사람들은, 가난함을 근심하지 않고 고르지 못함을 근심하며, 백성의 인구가 적음을 근심하지 않고 그들이 편안하지 못함을 근심해야 한다. 대개 부가 고르면 가난함이 없고, 상하가 화목하면 인구의 적음이 없고, 국가가 안정되면 기울어짐이 없다.

英譯 No matter who administers the state or domain, he does not worry about poverty but unfair distribution; he doesn't worry about under-population but instability of the state. As long as wealth is fairly distributed, the common people will not feel the poverty. As long as the state is stable within its territory, the country will not be disturbed.

◆◆

和與同異

原文 公曰："和與同異乎？"對曰："異。和如羹焉，水、火、醯、醢、鹽、梅以烹魚肉，燀之以薪，宰夫和之，齊之以味，濟其不及，以泄其過。……若以水濟水，誰能食之？若琴瑟之專壹，誰能聽之？同之不可也如是。"

——《左傳·昭公二十年》

今釋 齊侯說："和與同不一樣嗎？"（晏子）回答說："不一樣。和諧就好比調製湯羹，要用水、火、醋、醬、鹽、梅來烹調魚和肉，用柴火來燒煮，由廚子加以調和，調配它的味道，味道不足就添加調料，味道太重就加水沖淡。……如果就是用清水來調劑清水，誰愛吃這樣的味道呢？如果用琴瑟僅僅彈奏一個聲調，誰愛聽這樣的聲音呢？不應該一味相同的道理就是這樣的。”

日譯　齊侯が「和と同は異なるのか?」と尋ねた。（晏子）はこう答えた。「その通りだ。調和というのはスープの調理と同じようなもので、水、火、酢、味噌、塩、梅などの調味料を使って魚と肉を料理する。薪をくべて煮込み、コックが味つけする。味が足りないと思ったら調味料を加え、味が重すぎると思ったら水を入れて薄める。……もし清水で清水を調合したら、誰がこんな味のものを食べたいと思うだろう？もし琴瑟で一つの声調だけを奏でたら、誰がこんな音を聞きたいと思うだろう？ひたすら同調すべきではない道理はここにある」。

韓譯　제나라 경공이 말하였다 : 和와 同은 다른 것입니까 ? 안자가 대답하였다 : 틀립니다. 화합은 비유하자면 국을 끓이는 것과 같아서 물, 불, 식초, 간장, 소금, 매실에다 삶은 생선이나 고기를 넣고 나무로 불을 때서 요리사가 그것을 조화시키고 맛을 보아 모자라는 것은 더 넣고 많은 것은 덜어내어 만듭니다. ……만약 맑은 물에다 물을 탔다면 누가 그러한 맛을 좋아할 것입니까 ? 만약 비파가 한 가지 음만을 낸다면 누가 그 음을 좋아하겠습니까 ? 동은 이처럼 불가합니다. 라고 하였다.

英譯　The Marquis of Qi said, “Is there any difference between harmony and sameness?” Yan Zi said, “Definitely. Harmony is like making a soup. It requires water, fire, vinegar, salt, and plum to cook with fish or meat, then to boil and cook with the log fire. The cook mixes them all together and blends the flavor. If it is not tasteful enough, more ingredients will be added. If it tastes too heavy, more water may be used to dilute it. If plain water is used to dilute plain water, who will care for this taste? If one note alone is played with the string, who will love the sound of music? That is why we should try to avoid sameness in a thing."

◆◆

和實生物，同則不繼

原文 和實生物，同則不繼。以他平他謂之和，故能豐長而物歸之；若以同裨同，盡乃棄矣。……先王聘後于異姓，求財于有方，擇臣取諫工，而講以多物，務和同也。聲一無聽，物一無文，味一無果，物一不講。

——《國語·鄭語》記史伯語

今釋 和諧確實能產生出新的事物，一味求同就不能持續發展。不同的事物之間能夠平衡與協調叫做和諧，因此才能夠豐富和發展，同時衆多的物類也會歸附過來；倘若只是用同一的事物不斷補充累積，最終全部事物都會被廢棄。……過去的賢王要到異姓中去迎娶配偶，到四面八方去求得財物，選擇臣子也要錄用能夠發表不同意見的人，這樣才能對多種事物作出比較，這就是為了正確處理和與同的關係。聲音單一就不動聽，事物單一就不會多姿多彩，食物單一就不能吃飽，物類單一就無法比較。

日譯 調和により確かに新しい物事が生まれるが、ひたすら同一を求めれば発展することはできない。異なる物事の間の均衡が取れ、協調することを調和という。こうしてこそ豊かになり発展することができ、また多種の物事も帰順するようになる。もし同一の物事だけを絶えず補充し、累積していたら、いずれはすべての物事が失われてしまうだろう。……昔の賢王は異姓の者の中から妻を娶り、四方八方に財物を求め、臣下を登用する際には違った意見を述べる者も取り立てた。こうしてこそ多様な物事を比較することができるようになる。こうするのも「和」と「同」の関係を正しく処理するためである。音が単調なら人を引き付けることはできず、事象に変化がなければ多彩な世界にならず、食物が単一ならお腹いっぱいにならず、物事が単一なら比較することはできない。

韓譯　화는 확실히 새로운 사물을 만들어 내지만, 한 가지만을 추구하는 동은 발전해 나아갈 수가 없다. 서로 다른 사물간에 균형을 이루고 조화롭게 하는 것을 화라고 하는데 이렇게 하면 만물을 풍부하게 하고 성장하게 할 수 있으니, 만물은 그러한 사람에게로 귀의 한다 ; 그러나 만약에 같은 성질끼리만 더한다면 다 써버리고 나면 모두 버려야 할 것이다. ……이에 선왕은 이성의 왕후를 맞이하였고 여러 곳에서 재물을 구하였으며, 신하를 뽑을 때에는 서로 다른 의견을 발표하는 사람을 등용하여 여러 사물을 비교 강론함으로써 和와 同의 관계를 밝히는데 힘썼다. 소리가 한가지라면 듣지 않을 것이고, 사물이 똑같다면 그 사물만의 특징이 드러나지 않을 것이며, 맛이 똑같다면 맛있게 먹지 않을 것이며, 사물이 똑같다면 비교할 방법이 없게 될 것이다.

英譯　Harmony does produce new things. Pursuing sameness can't have sustainable development. Balance and coordination among different things are called harmony, which enriches and develops further and attracts more things to submit. If only one thing accumulates constantly, in the end the whole thing will be abandoned. The ancient sage kings sought spouses from alien countries and searched for properties from all directions and chose ministers who were not afraid of airing their different opinions in order to make a comparison for many things. This is the way to deal with the relationship of harmony and sameness.

Music of same sound is not euphonious. Things of the same color are not colorful. Food of the same taste can not satisfy. Species of the same kind can not make any comparison.

◆◆

天時不如地利，地利不如人和

原文 天時不如地利，地利不如人和。

——《孟子・公孫丑下》

今釋 天賜的時機不如現實的有利條件重要，現實的有利條件不如人民的團結和睦重要。

日譯 天の賜る時運より実益の方が重要であり、実益より人々の団結と和睦の方が重要である。

韓譯 하늘이 부여한 시기는 현실의 유리한 조건만큼 중요하지 못하고, 현실의 유리한 조건은 사람들의 단결과 화합만큼 중요하지 못하다.

英譯 The God-given opportunity is not as important as the favorable situation in reality and the favorable situation in reality is not as important as the unity and harmony of people.

◆◆

處其和

原文 天地有官，陰陽有藏，慎守女身，物将自壯。我守其一，以處其和。

——《莊子・在宥》

今釋 天地各有職守，陰陽各有居處，謹慎地守護著你自身，萬物自然都會昌盛。我堅守著自然的規律，而與萬物和諧相處。

日譯 天地はそれぞれ持ち場があり、陰陽はそれぞれ棲み分けされ、慎重にその本分が守られると万物は自然に栄える。私は自然の規則をしっかり守り、万物と調和をはかってゆきたい。

韓譯　천지에는 각기 지켜야 할 직분이 있고, 음양에도 각기 거처가 있다. 그러니 당신의 몸을 삼가 지킨다면, 만물은 저절로 왕성해질 것이다. 나는 자연의 규율을 잘 지키면서, 만물과 함께 조화롭게 살 것이다.

英譯　Both heaven and the earth are under control; both yin and yang are in store. If you are careful enough to preserve yourself, everything in the world will develop naturally.

◆◆

天和人和

原文　明白於天地之德者，此之謂大本大宗，與天和者也；所以均調天下，與人和者也。與人和者，謂之人樂；與天和者，謂之天樂。

——《莊子・天道》

今釋　明白了天地的自然規律，這樣的人就可以稱得上是懂得了事物的根本與本原，是能夠與大自然和諧相處的人；按照自己了解的規律來調和天下，就是能夠與人和睦相處的人。與人和睦相處的人，稱爲人樂；與天和諧相處的人，稱爲天樂。

日譯　天地の自然の法則を理解する人は物事の根本と根源が分かっている人と言え、大自然との調和がはかれる人である。自分が理解した規則に則り、天下と調和する人は、人と仲よく付き合うことができる人である。人と仲よく付き付き合える人を「人楽」と呼ぶ。天道と調和がはかれる人を「天楽」と呼ぶ。

韓譯　천지의 자연 규율에 밝다면, 그러한 사람을 사물의 근원을 아는 사람이라 하니, 대자연과 더불어 조화롭게 살 수 있는 자이다；천하와 균형 있게 조절하는 자는, 사람과 조화하는 자이다. 사람과 조화되면 사람의 즐거움이라 하고；하늘과 조화되면 하늘의 즐거움이라 한다.

英譯　A clear understanding of the virtue of heaven and the earth is called "the most fundamental principle", which means "harmony with nature". To bring equality and accord with the world is to be in harmony with men. To be in harmony with men is called "human joy"; to be in harmony with nature is called "heavenly joy".

◆◆

和則勝物

原文　和則一，一則多力，多力則強，強則勝物。

——《荀子・王制》

今釋　和睦協調就能團結一致，團結一致就能凝聚力量，凝聚力量就能強盛，強盛就能戰勝外物。

日譯　仲睦まじく調和すれば一致団結することができ、一致団結すれば力を結束させることができ、力が結束されれば勢い盛んになり、勢い盛んになれば外敵に打ち勝つことができる。

韓譯　화목하면 단결할 수 있고, 단결하면 역량이 많아진다, 역량이 많아지면 강성해지고, 강성해지면 능히 외물과 싸워 이길 수 있다.

英譯　Harmony is unity. Unity is strength. Strength is prosperity. Prosperity can conquer the outer forces.

◆◆

得人和

原文　上不失天時，下不失地利，中得人和，而百事不廢。

——《荀子・王霸》

今釋　上不要違反天運行的時節，下不要喪失土地生長的物產，中又能能夠獲得人民的團結和睦，那麼各種事情都不會荒廢。

日譯　上においては天の運行に背かないようにし、下においては土地に生えている物を喪失しないように努め、中においては人々の団結と和睦を得ることができれば、あらゆる物が荒れ果てることはない。

韓譯　위로 하늘 운행의 때를 어기지 않으며, 아래로 땅이 키우는 산물들을 잃지 않고, 그 가운데 백성들의 화목을 얻을 수 있으면, 만사가 황폐해지는 것이 없게 된다.

英譯　If people do not violate the timing and seasons of the working laws in heaven and do not waste the grains growing from the fields, then in between, they can enjoy unity and harmony and nothing will become desolate.

◆◆

得和以生

原文　列星隨旋，日月遞照，四時代禦，陰陽大化，風雨博施。萬物各得其和以生，各得其養以成。

——《荀子・天論》

今釋　布列在天空的恆星互相伴隨著旋轉，太陽和月亮相互交替著照耀，四季輪流地控制著節氣，陰陽二氣化生萬物，風雨普遍地滋潤萬物。萬物各自在和諧的環境中生存，各自得到應有的滋養成長。

日譯　空に点在する恒星は連なって旋回し、太陽と月は交互に輝き、四季が順に節気を制御し、陰陽の二気が万物を生み、風雨が万物を潤す。万物はそれぞれ調和のとれた環境の中で生き、それぞれしかるべき栄養を得て成長する。

韓譯　하늘의 별들은 때에 맞게 선회하고, 해와 달은 서로 번갈아들며 비춘다. 사계절은 교대로 절기를 제어하며, 음양은 만물을 생장시키며, 바람과 비는 널리 만물을 적셔준다. 만물은 각각 조화로운 환경을 얻어 생존하며, 각자 마땅한 양분을 얻어 성장한다.

英譯　All of the things are living harmoniously on the earth with the nourishment from the stars scattered in the sky revolving with each other's accompaniment. The Sun and the Moon shine on the land interchangeably. The four seasons regulate the timing and seasons alternatively. Yin and yang give birth to all the creatures and wind and rain nourish all the creatures universally.

◆◆

人群居和一

原文　上取象於天，下取象於地，中取則於人，人所以群居和一之理盡矣。

——《荀子·禮論》

今釋　上取法於天（講求和諧的道理），下取法於地（講求和諧的道理），中取法於人（講求和諧的道理），人類所以能夠合群居住、和諧統一的道理全面體現在這裡。

日譯　上においては天道（調和の道理を重んじること）を手本とし、下においては地の法則（調和の道理を重んじること）を手本とし、中においては人（調和の道理を重んじること)を手本とする。人類が仲よく暮らすことができるのは、調和統一の道理をあますところなくここに具現させているからである。

韓譯 위로는 하늘을 본받아 취하며, 아래로는 땅을 본받아 취하며, 가운데로는 사람을 본받아 취한다. 인류가 함께 거주하며, 조화롭게 통일을 이루는 도리가 모두 이 속에 있다.

英譯 High above, follow heaven's way to be harmonious. Down on earth, follow earth's way to be harmonious. In between, follow the people's way to be harmonious, and then people can live on the earth together in harmony and unity.

◆◆

民和齊

原文 民和齊，則兵勁城固，敵國不敢嬰也。

——《荀子・樂論》

今釋 民衆和睦協作、同心同德，那麼兵力就會強勁，城防就會堅固，敵國就不敢來侵犯了。

日譯 民衆がむつまじく協力し合い、一心同体になれば、兵力は強くなり、都市の防衛は堅固になり、敵国は容易に攻め込んでこれなくなる。

韓譯 백성들이 화목하고 협력하며 마음과 덕을 함께하면, 곧 병력이 강성해지고 성이 견고해져서, 적국이 감히 침범하지 못한다.

英譯 If people live harmoniously and cooperatively in unity, the army will become steadfast and the barricades will become steady and enemies from other states will not dare to invade.

◆◆

天地合和

原文　天地合和，生之大經也。

——《呂氏春秋・有始》

今釋　天地交合和諧，是生成萬物的根本原則。

日譯　天地が交合し、調和を保つことは、万物生成の根源的原理である。

韓譯　천지 교합과 조화는 만물을 생성하는 근본 원칙이다.

英譯　The fundamental principle for the growth of all the things is harmony between heaven and earth.

◆◆

人不和以内潰

原文　得地利而人不和，地未可恃；人不和以内潰，未有能保其地利者；失地之利，而後其亡也必也。

——清・王夫之《讀通鑑論》卷十七

今釋　獲得了地形上的有利條件而人民不能團結和睦，地形上的有利條件也就不可靠的；人民不能團結和睦、内部離心離德的話，地形上的有利條件也就不能保持了；喪失了地形上的有利條件，那麼一定是會滅亡的。

日譯　地勢上、有利な条件を獲得しても、人民がむつまじく団結することができなければ、地勢上の有利な条件は役に立たない。人民がむつまじく団結することができず、内部で不和反目しているならば、地勢上の有利な条件を維持できなくなる。地勢上の有利な条件を喪失すれば、必ず滅びる運命にある。

韓譯　지형의 장점을 얻었더라도 백성들이 화합하지 못하면, 지

형은 가히 믿을 것이 못되며 ; 백성들이 화합하지 못해 내부적으로 허물어지면, 능히 그 지형의 장점도 지키지 못한다 ; 지형의 장점을 잃고 나면, 그 망하는 것은 필연적이다.

英 譯 Favorable geographical position is unreliable if there is no unity of the people. Without unity of the people and with the division among the people, the favorable geographical position will not be favorable at all. Without the favorable geographical position, the country will soon perish.

◆◆

太和，和之至

原 文 太和，和之至也。……陰陽異撰，合同而不相悖害，渾淪無間，和之至也。未有形器之先，本無不和，即有形器之後，其和不失，故曰太和。

——清・王夫之《正蒙注・太和》

今 釋 太和，就是和諧到了極至的狀態。……陰陽的變化規律是不同的，和諧會同不互相傷害，統一於一體沒有距離，這就是和諧到了極至的狀態。沒有形體、器物之前，原本就沒有不和諧的，有了形體和器物之後，和諧的狀態也不會失去，所以稱爲“太和”。

日 譯 太和とは調和の極致の状態を指す。……陰陽の変化の規則は異なり、調和をとって互いに傷つけ合わず、統合しても開きがない。これは調和の極みを指す。形や道具をもたない以前、元来調和のとれていないものはなかった。形と道具が形成された後も調和のとれた状態は失われない。これを「太和」と言う。

韓 譯 ‘태화’ 는 조화의 지극한 상태이다. ……음양의 변화규율은 같지 않아, 조화롭게 회동하여 서로 해치지 않으며,

하나로 합하여져 틈이 없으니, 조화의 지극한 상태이다. 아직 형체와 기물이 없기 전에는, 원래 조화롭지 않음이 없으며, 형체와 기물이 있게 된 후로, 그 조화를 잃지 않으니, 그리하여 '태화' 라 한다.

英譯 Supreme Harmony means the extreme state of being harmonious. Though the changing laws of yin and yang are different, they blend into a harmonious state without harming each other. They are united into oneness without discrepancy. This is called Supreme Harmony. Before the items and vessels were taken into shape, nothing was inharmonious. But even after the forming of items and vessels, the harmonious state is still there, this is called Supreme Harmony.

(三)以樂喻和

音楽を以って調和へ導く

음악과 조화

Music Brings about Harmony

◆◆

審一以定和

原文 樂者，審一以定和者也，比物以飾節者也，合奏以成文者也。

——《荀子・樂論》

今釋 音樂，審定一個主音來確定其他的和音，配合各種樂器來調整演出的節奏，一起演奏來構成衆音和諧的樂曲。

日譯 音楽は一つの主調音が定まれば、それに対応する他の和音も定まり、様々な楽器と息を合わせ、重層的で調和のとれたシンフォニーを奏でることができる。

韓譯 음악은, 하나의 주음을 살펴서 기타 화음을 만들어 가며, 각종 악기를 배합하여 잘 조절한다면, 함께 연주하여도 조화로운 음악을 이룰 것이다.

英譯 If the musician can determine a main theme and other consonances, and accompany it with various musical instruments, the harmonious sound of music can be composed.

◆◆

中和之紀

原文 樂者，天下之大齊也，中和之紀也，人情之所必不免也。

——《荀子・樂論》

今釋 音樂，是整齊天下的工具，是中正和諧的要領，是人的情感絕對不能脫離的東西。

日譯 音楽は天下を整える道具であり、中正や調和の極意であり、人の感情が絶対に離れられないものである。

韓譯 음악이라는 것은 천하를 가지런히 하는 공구이며, 중정 화해의 요령이며, 사람의 정감에 있어 없어서는 안 될 것이다.

英譯 Music, is the tool to unite a country, is the essence of neutrality and harmony, and is inseparable with human's feelings.

◆◆

導之以禮樂而民和睦

原文 樂者，聖人之所樂也，而可以善民心。其感人深，其移風易俗，故先王導之以禮樂而民和睦。

——《荀子・樂論》

今釋 音樂是聖人所喜歡的，而且可以用它來改善民衆的思想。

它感人至深，它改變風俗習慣，所以古代的聖王用禮制音樂來引導人民，人民就能和睦相處。

日 譯 音楽は聖人の好むものであり、また音楽を用いて民衆の思想を改善することができる。それは人に深い感動を与え、それは風俗や習慣を変える働きをする。故に古代の聖王は礼法や音楽で人びとを導き、人びとは睦まじく暮らすことができるようになった。

韓 譯 음악이라는 것은, 성인이 즐긴 것이며, 백성의 마음을 개선시킬 수 있다. 그것이 사람을 깊이 감동시켜 풍속과 습관을 변화시킨다, 그리하여 고대의 선왕들은 예악을 제정하여 인도함으로써 백성으로 하여금 화목하게 하였다.

英 譯 Music is what the sage likes most since it can be used to change people's minds. It is thought-provoking and it can change the customs. The ancient sage kings utilized music to guide people to live harmoniously.

◆◆

天地之和，陰陽之調

原 文 凡樂，天地之和，陰陽之調也。

——《呂氏春秋·大樂》

今 釋 凡是音樂，都反映出天地的和諧、陰陽的協調。

日 譯 凡そ音楽は、天地の調和、陰陽の協調を反映させている。

韓 譯 무릇 음악은, 모두 천지의 화음을 반영한 것이며, 음양의 조화로움이다.

英 譯 All music reflects harmony between heaven and the earth and coordination between yin and yang.

(四) 合作、配合

合作、協力

합작과 배합

Cooperation and Coordination

◆◆

君子周而不比

原文 君子周而不比，小人比而不周。

——《論語 · 為政》

今釋 君子是互相合作的關係而不會結黨營私，小人是結黨營私而不是互相合作的關係。

日譯 君子は相互に協力し合う関係を築き、徒党を組んで私利をはかるわけではない。小人は徒党を組んで私利をはかろうとするが、互いに協力する関係ではない。

韓譯 군자는 두루 사랑하되 치우쳐 사사롭지 않으며，소인은 치우쳐 사사롭되 두루 사랑하지 못한다.

英譯 Superior men cooperate with each other without forming cliques to seek their own interests. The inferior man is just the opposite.

◆◆

天地合

原文 天地合而萬物生，陰陽接而變化起，性僞合而天下治。

——《荀子 · 禮論》

今釋 上天和大地相配合，萬物才能夠生育生存；陰氣和陽氣相接觸，變化才能夠出現；本性和人爲的加工改造相結合，天下才能夠治理得好。

日譯　天と地が互いに協力してはじめて万物が生まれ、育つようになる。陰気と陽気が互いに接触してはじめて変化が現れる。本性と人為的な加工や改造が相互に結び付けられてはじめて天下が立派に治められるようになる。

韓譯　천지가 서로 배합하여 만물이 생겨나고, 음양이 교접하여 변화가 일어나며, 본성과 인위가 잘 결합하여야 비로소 천하가 잘 다스려 진다.

英譯　With the collaboration of heaven and earth, all the things can be grown and nurtured. With the contact of yin and yang, changes can appear. With the combination of nature and human work, the world can be managed well.

◆◆

人生不能無群

原文　力不若牛，走不若馬，而牛馬為用，何也？曰：人能群，彼不能群也。……人生不能無群，群而無分則爭，爭則亂，亂則離，離則弱，弱則不能勝物。

——《荀子・王制》

今釋　（人的）力氣比不上牛，奔跑起來比不上馬，但是牛馬受人的驅使，爲什麼呢？回答說：因爲人能夠結合成群體，而它們不能結合成群體。……人生活著不能沒有群體，有了群體卻沒有分別就會發生爭奪，發生爭奪就會產生動亂，產生動亂就會離心離德，離心離德就會使力量衰弱，力量衰弱了就不能勝過外物。

日譯　（人の）力は牛に及ばず、駆けると馬に及ばないのに、牛や馬は人に駆り立てられているのはどうしてだろうか。その答えは次のとおりである。人間は団結して群れをなすことができるが、動物はそれができないからである。

……人間は集団で生活しないと生きていけない。集団があってもそれぞれに区別が付かなければ争いが起き、争いが起きれば動乱が発生し、動乱が発生すれば不和反目し、不和反目すれば力が衰えてしまい、力が衰えると外の物に勝つことができなくなる。

韓譯 힘은 소만 같지 못하고, 달리기는 말만 같지 못한데, 소와 말을 부리는 것은 무엇 때문인가? 말하기를 : 사람은 모여 살 수 있으나, 그들은 모여 살 수 없기 때문이다. …… 사람은 태어나면서부터 모여 살지 않을 수 없는데, 모여 살면서 분별이 없다면 다투게 될 것이고, 다투게 되면 어지러워지고, 어지러워지면 흩어지게 될 것이고, 흩어지게 되면 약해질 것이며, 약해지면 만물을 이길 수 없을 것이다.

英譯 Man is not stronger than the bulls in strength and not faster than the horses in speed, yet he can rule over them. Of is because they can form a group while the animals can not. Man can not live without forming a groups, but when there is a group yet without differentiation, the group will be divided. Division leads to rebellions and rebellions to alienation, alienation to weakness in power, weakness in power to the failure to overcome the other things in the world.

◆◆

治亂存亡，非一人之力

原文 廟廊之材，非一木之枝；狐白之裘，非一狐之腋；治亂安危、存亡榮辱之施，非一人之力也。

——《慎子・內篇》

今釋 修造廟堂的木材，不只是一棵樹上的樹枝；白色狐狸的裘皮，不只是一隻狐狸的腋毛；國家治理得好與壞、昌盛或者滅亡，也不是靠一個人的力量能夠達到的。

日譯 廟堂を建造する材木は、一株の木の枝だけでできるものではない。白色のキツネの皮は、一匹のキツネの腋毛だけでできているのではない。国はよく治められるか否か、隆盛するか衰滅するか、これも一人の力によって達成できるものではない。

韓譯 묘당을 짓는 목재는, 한 나뭇가지로 되는 것이 아니며；흰 여우 모피 옷도, 한 마리 여우의 겨드랑이 털로 되는 것이 아니다；국가가 다스려지고 어지러워지며 안정되거나 위태롭게 되는 것과, 보존되고 멸망하거나 영예롭고 치욕스러운 것, 또한 한 사람의 힘으로 이루어지는 것이 아니다.

英譯 The timber to build a temple does not come from a twig in one tree alone; the fur to make the fur coat does not come from one fox alone; so the ruling of a country, be prosperous or perish, does not depend on one single person's force alone.

◆◆

物合而成，離而生

原文 夫物合而成，離而生；知合知成，知離知生，則天地平矣。

——《呂氏春秋・有始》

今釋 萬物是因爲交合形成的，因爲相互區別而各自存在；懂得交合形成的關係，懂得區別存在的關係，就能了解天地變化的規律。

日譯 万物は交合により形成されるが、互いに区別されて各自存在している。交合により形成される関係、区別により存在する関係がわかれば、天地の変化の規則が理解できるようになろう。

韓譯 대저 만물은 교합하여 형성되고, 분리하여 각자 생존 한다 ; 화합하여 이루어짐을 이해하고 분리하여 생존함을 아니, 곧 천지가 평화롭게 된다.

英譯 All the things come into being because of their blending together and also all the things come into existence because of their separation with each other. Knowing the relationship of blending and separation can help people get to know the law of heaven and earth.

◆◆

千人同心，則得千人之力

原文 千人同心，則得千人之力；萬人異心，則無一人之用。

——《淮南子・兵略訓》

今釋 一千個人能夠同心協力，就可以發揮一千個人的力量；一萬個人如果離心離德，就連一個人的力量也發揮不了。

日譯 千人の心を一つにして協力すれば、千人の力が発揮される。もし万人が不和反目していれば、一人分の力さえ発揮できまい。

韓譯 천 사람의 마음이 같으면, 천 사람의 힘을 얻을 수 있지만, 만인의 마음이 각각 다르면 한 사람의 힘도 쓸 수가 없다.

英譯 A thousand men, working together in unison, can exhaust the power of a thousand men. Ten thousand men, however, if not working together in unison, can’t have the power of even a single person.

◆◆

壹其力

原文 五指之更彈，不若捲手之一挃；萬人之更進，不如百人之俱至也。今夫虎豹便捷，熊羆多力，然而人食其肉而席其革者，不能通其知而壹其力也。

——《淮南子・兵略訓》

今釋 用五個手指更換著彈擊，不如手起五指用拳去撞擊；萬人交替前進，不如百人一起到達。虎豹的行動迅速，熊羆強壯有力，雖然如此，人們能夠吃它們的肉，用它們的皮作席子，是因爲它們不能彼此溝通自己的智能，不能合作使用它們的力量造成的。

日譯 五本の指を入れ替えて弾いても、五本の指を握りこぶしにして叩く方がもっと効果的である。万人が交替で前進するより、百人がいっしょに到着するほうがよい。トラやヒョウの動きは機敏で、クマやヒグマは強健であるが、人々はこれらの動物の肉を食べ、皮をゴザに使っている。なぜならこれらの動物は互いの知能を疎通させず、その力を協力して使おうとしないからである。

韓譯 다섯 손가락을 더욱 강하게 튕긴다 해도, 한 주먹의 힘만 같지 못하며 ; 만 사람이 교대로 나아간다면, 백 사람이 함께 나아가는 것만 못하다. 지금 호랑이와 표범의 행동은 민첩하고 곰은 힘이 매우 세다, 그러나 사람이 그들의 고기를 먹고 그들의 가죽을 방석으로 이용할 수 있는 것은, 그들이 지혜를 통하고 힘을 오로지 할 줄 모르기 때문이다.

英譯 Better to attack with a tight fist than to flick with five fingers alternately. Better to arrive at the destination together with a hundred people than to march alternately with ten thousand.

Swift as the leopard and strong as the bear, people eat their meat and make mattresses with their hides because they can't communicate with each other with their wits, and because they are not able to unite and cooperate with their strength together.

◆◆

用力諧

原文 兵家或言曰："少可以耦衆。"此言所將，非言所戰也。或將衆而用寡者，勢不齊也；將寡而用衆者，用力諧也。

——《淮南子·兵略訓》

今釋 兵家有人說："少量的人可以對付衆人。"這裡說的是所帶領的軍隊數量，不是指實際參加戰鬥的軍隊數量。有的帶領的人多而可以使用的人少，是士卒不能同心合力的原因；有的帶領的人少而可以使用的人多，是士卒能夠同心合力的原因。

日譯 兵家のある人が言った。「少人数でも多勢に対処することができる。」ここで言う率いる軍隊の数というのは、実際に戦闘に参加している軍隊の数を指すのではない。ある者は引き連れている兵士の数が多いが、実戦で使うことのできる兵士は少ない。兵士が一心同体にならない理由はここにある。ある者は引き連れている兵士の数は少ないが、使うことができる兵士は多い。兵士が一心同体になる理由はここにある。

韓譯 병가에서 어떤 사람이 말하였다："적은 인원으로 많은 수를 대적할 수 있다." 여기에서 말하는 인솔하는 군대의 숫사라는 것은 실제 전투에 참가하는 군대의 숫자가 아니다. 인솔하는 무리는 많아도 실제 쓰는 사람이 적은 것은 사졸들의 마음이 같지 않기 때문이며；인솔하는 숫자가

적더라도 많은 수를 쓸 수 있는 것은, 사졸들이 마음을 같이했기 때문이다.

英譯 There is a saying in the army, “The few can defeat the many.” Here it refers to the number of soldiers that are battle-fit, rather than the actual number of soldiers which join the battle. Sometimes the soldiers are numerous but the battle-fit are few since the soldiers can’t unite with each other. Sometimes the soldiers are few, but the battle-fit are many since the soldiers can unite together.

◆◆

物必有合

原文 凡物必有合。合，必有上、必有下，必有左、必有右，必有前、必有後，必有表、必有裏。有美必有惡，有順必有逆，有喜必有怒，有寒必有暑，有晝必有夜，此皆其合也。

——漢·董仲舒《春秋繁露·基義》

今釋 萬物一定有與它相配合的東西存在。相配合就要求：一定有上、一定有下，一定有左、一定有右，一定有前、一定有後，一定有表、一定有裏。有美就一定有醜，有順利就一定有違逆，有喜歡就一定有憤怒，有寒冷就一定有暑熱，有白天就一定有黑夜，這些都是配合。

日譯 万物は必ずそれに呼応するものが存在する。呼応すれば必ず上下、左右、前後、表裏の秩序が要求される。美があれば醜があり、順行があれば逆行があり、喜びがあれば怒りがあり、寒冷があれば猛暑があり、昼間があれば闇夜がある。これらはすべて呼応している。

韓譯 무릇 만물은 반드시 서로 짝이 되는 물건이 있다. 합이 되는 것은 구해보면, 반드시 위가 있으면 아래가 있고, 왼쪽

이 있으면 오른쪽이 있고, 반드시 앞이 있으면 뒤가 있고, 겉이 있으면 속이 있다. 아름다움이 있으면 반드시 추함이 있고, 순리가 있으면 역행이 있고, 기쁨이 있으면 분노가 있고, 추위가 있으면 반드시 더위가 있고 낮이 있으면 반드시 밤이 있으니 이 모든 것들이 서로 맞물려 있다.

英譯 Everything has its own counterparts, for example, upward corresponds with downward, right with left, forward with backward, outside with inside, beauty with ugliness, smoothness with adversaries, happiness with anger, coldness with hotness, daytime with darkness. All of these are in pairs.

◆◆

不和則不可用

原文 不和則不可用。是故四馬不和，取道不長；父子不和，其世破亡；兄弟不和，不能久同；夫妻不和，家室大凶。《易》曰："二人同心，其利斷金。"

——漢・劉向《說苑・敬慎》

今釋 不能和睦相處就不能發揮作用。所以拉車的四匹馬如果不能和協一致的運動，就跑不了長路；父子之間如果不和睦，他們的家世就要敗落；兄弟之間如果不和睦，就不能長久相處；夫妻之間如果不和睦，家庭就會大禍臨頭。《周易》說："兩個人同心同德，就鋒利得能把金屬割斷。"

日譯 和が保たれなければ役割が発揮されない。馬車を引く四匹の馬が一致して動かなければ、長い道を走ることはできない。もし父と子が不和であれば、彼らの家は没落してしまう。もし兄弟が不和であれば、長期間付き合っていくことはできない。もし夫婦が不和であれば、家に大きな災いがふりかかる。「周易」は「二人が一心同体であれば、金属を断ち切ることができるほど鋭利になる」と述べている。

韓譯 화목하지 못하는 것은 작용을 발휘할 수 없다. 그러므로 수레의 네 마리 말이 서로 함께 협력하지 못하면, 먼 길을 갈 수가 없다. 부자간에 화목하지 못하면 그 집은 쇠락해 갈 것이며, 형제간에 화목하지 못하면 오래도록 함께할 수 없다 ; 부부간에 불화하면 가정에 큰 화가 있을 것이다. 《易》에 이르길 ; “두 사람의 마음이 같으면 그 예리함이 금속도 자를 수 있다고 하였다.

英譯 No functions can be executed without harmony. If the four horses that are pulling the carriage don’t move concurrently, they can’t cover long distances. If there is no harmony between father and son, their clan will decay. If there is no harmony among brothers, they can’t get along. If there is no harmony between husband and wife, the disaster will befall upon the family. Book of Zhou Yi says, “Two people can cut the metals with united forces.”

◆◆

合異

原文 和羹之美，在於合異；上下之益，在能相濟。

——《三國志・夏侯玄傳》

今釋 味道調和的湯羹之所以美味，在於它能夠融合各種不同的滋味；上下級之間互有幫助，在於他們能夠協調互補。

日譯 味を調えたスープはなぜおいしいのか。それは様々な味が解け合っているからである。上下間で互いに助けあうこと、それは彼らが協調し補完しあうことである。

韓譯 조화된 국의 좋은 맛은, 서로 다른 맛들의 융화에 있고,

상하간의 상호 도움은, 서로 간의 협조에 있다.

英譯 The fragrant flavor of the mixed soup lies in its blended tastes of different ingredients. The mutual help between the superior and the subordinate lies in their collaboration and complementariness.

◆◆

眾腋成溫，群材合構

原文 珍裘以眾腋成溫，廣廈以群材合構。

——唐・劉知幾《史通・採撰》

今釋 珍貴的裘皮要匯聚衆多的腋毛才能成就它的溫暖，高大的房屋要集合衆多的材料才能修建成功。

日譯 貴重なキツネの皮は、多くの腋毛を集めてはじめて温かくすることができ、高くて立派な家屋は多くの材料を集めてはじめて建造することができる。

韓譯 진귀한 갖옷은 여러 마리의 겨드랑이 털이 모여야 포근해질 수 있고, 고대광실은 많은 목재가 모여야 비로소 세울 수 있다.

英譯 The precious armpit hair of an animal has its warmth only when they are accumulated to a certain amount; the tall building can be built only when the timbers are accumulated.

◆◆

物無獨立之理

原文 物無孤立之理，非同異、屈伸、終始以發明之，則雖物非物也。

——宋・張載《正蒙・動物》

今釋 事物沒有獨自存在的道理，如果不是有相同與差異、彎曲與伸展、結束與開始（這樣對立的情況）同時存在互為變化的話，那麼即使有物的形體也無法獲得使用。

日譯 物事は孤立して存在するという道理はない。もし類似と相違、彎曲と伸展、終束と開始（というような対立する状況）が同時に存在し、互いに変化することがなければ、たとえ物の形体があってもそれを使用することはできない。

韓譯 사물이 독자적으로 존재하는 이치가 없으니, 만일 비슷한 점과 차이점, 구부러진 것과 펴진 것, 마침과 시작으로 밝혀주지 않는다면, 비록 사물이나 사물이 아니다.

英譯 Nothing can exist independently. If there are no such contradictory yet interchangeable situations as sameness and difference, bending and straightness, ending and beginning, nothing can be used even if they have the names.

(五) 中和中正

中庸かつ謙虚
중간과 중정
Mildness and Modesty

◆◆

致中和

原文 喜怒哀樂之未發，謂之中；發而皆中節，謂之和。中也者，天下之大本也；和也者，天下之達道也。致中和，天地位焉，萬物育焉。

——《禮記・中庸》

今釋 歡喜、怨怒、哀傷、快樂這些人類常見的情緒，如果能夠不讓它們顯現出來以保持心中的平靜的話，這就叫做“中”；一旦這些情緒顯現出來，又能夠適度而不過分，這就叫做“和”。“中”這個標準，是天下太平的根本；“和”這個標準，是天下通行的正道。如果能夠完全按照“中”與“和”的標準來行事的話，就會使天地端正，就會使萬物健康生長。

日譯 喜び、恨み、哀れみ、快楽といった人によく見受けられる感情が表に現れず、心が落ち着いている状態を「中」という。これらの感情が表出し、なおかつ度を過ぎることがない状態を「和」という。「中」の基準は、天下の太平を保つ根本である。「和」の基準は、天下に通じる正道である。「中」と「和」の基準に照らして事を運ぶことができれば、天地はよく整い、万物は健やかに生長するようになる。

韓譯 기뻐하고 화내고 슬퍼하고 즐거워하는 정이 표현되지 않은 것을 ‘중’ 이라 하고, 표현하여 모두 절도에 맞는 것을 ‘화’ 라 한다. 중은 천하의 큰 근본이요; 화는 천하의 공통된 도리이다. 중과 화를 극진히 다하면 천지가 제자리를 얻어 편안하고 만물이 건강하게 생육된다.

英譯 If one can hide within oneself common human feelings such as happiness, sadness, mourning and joyfulness and can always keep peace, he is said to be in the middle. Once these feelings are revealed, he still can keep them moderate without going to extremes, he is said to be in harmony. The standard of middle is the essence of peace under the sun while that of harmony is the right way in the world. If one can conduct things completely according to the standards of middle and harmony, heaven and earth will then be in their right places and all the things can grow healthily.

◆◆

德莫大於和，道莫正於中

原文 中者，天下之所終始也；而和者，天地之所生成也。夫德莫大於和，而道莫正於中。中者，天地之美達理也，聖人之所保守也。

——漢・董仲舒《春秋繁露・循天之道》

今釋 中間，是天地開始或終止的位置；和諧，是天地創生成長的原因。德性中沒有比和諧更大的，道理原則沒有比適中更端正的。適中，是天地間最美好通達的道理，是聖人所保護和堅持的。

日譯 「中」は天地の始まりと停止の位置を指す。「和」は天地の造化と成長を導くものである。徳性の中で「和」を凌ぐものはない。道理や原則の中で「中」より正しいものはない。「中」は天地間に通じた最も優れた道理であり、聖人によって守られ、堅持されるものである。

韓譯 ‘중’ 이라는 것은, 천지간의 시작과 끝이요 ; ‘화’ 라는 것은 천지 만물이 탄생하고 성장하는 원인이다. 대저 덕성은 ‘화’ 보다 더 큰 것이 없고, 도리는 ‘중’ 보다 더 바른 것이 없다. ‘중’ 이라는 것은 천지간의 가장 좋은 통달한 도리이며, 성인께서 보호하고 지키던 것이었다.

英譯 Middle, is where heaven and earth begins and ends. Harmony is the cause for the creation of heaven and the earth. No virtue is more beautiful than harmony and no moral principle is more upright than standing in the middle. Middle way is the straightest way in heaven and earth, is what the sage always tries to pursue and sustain.

◆◆

歸於和，止於中

原文　天地之道，雖有不和者，必歸之於和……；雖有不中者，必止之於中。

——漢・董仲舒《春秋繁露・循天之道》

今釋　天地的原則，即使有不和諧的，最終都會歸於和諧……即使有不中正的，最終都會止於中正。

日譯　天地の原則は、たとえ調和していないものであっても最終には調和の域に達するようし……たとえ中正でないものであっても最終的に中正に至るようにする。

韓譯　천지의 원칙은, 비록 조화되지 못함이 있다 하더라도, 결국은 조화로움으로 돌아간다. 비록 중정하지 못함이 있다 하더라도, 반드시 중정으로 마치게 된다.

英譯　The principle of heaven and earth, though disharmony at the beginning, will finally end up with harmony. Though unjust at the beginning, it will finally end up being just.

◆◆

致中和之要決

原文　抑強扶弱，損多溢寡，泄有餘，補不足，制太過，化不及，致中和之要決。

——《難易尋源》

今釋　抑制強大的、扶助弱小的，減損過多的、增加過少的，排出有餘的，補充不足的，克制太過的，化育不及的，這就是達到中和的要訣。

日譯　強いものを抑え、弱いものを助け、過剰なものを減らし、過小なものを増やし、余計なものを排除し、足りないものを補充し、多すぎるものを抑制し、及ばないものを生み育てる。これは中正と調和に達する要諦である。

韓譯　강한 것을 억제하고 약한 것을 도우며, 많은 것을 덜고 적은 것을 더하며, 남는 것을 배출하고 부족한 것을 보충하며, 너무 지나친 것은 억제하고, 미치지 못한 것은 화육시키는 것이, 중화에 도달하는 비결이다.

英譯　The secret of reaching to the middle way is to restrain the powerful and to sustain the weak, to decrease the excessive and to increase the insufficiency, to discharge the redundant and to complete the scarcity, and to reduce the overstaffed and to nurture the understaffed.

◆◆

中正平直，本於自然

原文　中正平直，本於自然之公者也。

——清・章學誠《說林》

今釋　中立正直平等，來源於自然的公正。

日譯　中立、正直、平等は自然の公正から生まれる。

韓譯　중용과 정직과 평등함은, 스스로 그러한 공정함에 근본을 둔다.

英譯　Neutrality, righteousness and equality all come from fairness of nature.

(六) 公平公正

公平かつ公正

공평과 공정

Just and Justice

◆◆

稱物平施

原文　君子以裒多益寡，稱物平施。

——《周易・謙卦・象辭》

今釋　君子削減有餘而增益不足的，衡量物品的多少，做到公平地施與。

日譯　君子は余剰を減らして不足を補い、物品の分量を量り、公平に恵みを与える。

韓譯　군자는 많은 것을 덜어서 부족한 것에 더하며, 물건을 저울질하여 공평하게 베푼다.

英譯　The superior man robs the rich and helps the poor. He measures the number of things in order to guarantee even distribution.

◆◆

天主正，地主平

原文　天主正，地主平。

——《管子・內業》

今釋　上天主張公正，大地主持公平。

日譯　天は公正だと主張し、大地が公平を主宰する。

韓譯　하늘은 공정함을 주장하고 땅은 공평함을 지킨다.

英譯　Heaven proclaims justice while the earth advocates fairness.

◆◆

公平無私

原文 天公平而無私，故美惡莫不覆；地公平而無私，故小大莫不載。無棄之言，公平而無私，故賢不肖莫不用。

——《管子・形勢解》

今釋 上天公正平等沒有私心，所以美麗的或醜惡的沒有它不覆蓋的；大地公正平等沒有私心，所以細小的或巨大的沒有它不承載的。不能廢棄的話就是，要公正平等沒有私心，所以賢能的或不賢能的沒有他不任用的。

日譯 天は公正、平等であり、私心がないゆえに、美しいものも醜いものもみな覆い尽くしている。大地は公正、平等であり、私心がないゆえに、小さなものも巨大なものも積載している。ここで話すべき内容は、公正、平等を保ち、私心をもたないということである。したがって賢く有能な人もそうではない人もみな任用されてしかるべきである。

韓譯 하늘은 공정하고 평등하여 사심이 없는 까닭에, 좋고 나쁜 것을 가리지 않고 덮어주며；땅 또한 공정하고 평등하여 사사로움이 없기에, 크고 작음을 막론하고 실어준다. 버릴 수 없는 말은, 公平無私인데, 어진 이나 불초자나 사용하지 않음이 없기 때문이다.

英譯 Heaven is just and fair without selfishness, so it covers everything no matter whether they are beautiful or ugly. Earth is just and fair without selfishness, so it carries everything no matter whether they are small or big. Thus, for the able, when appointing people, they will use both the competent and the incompetent.

◆◆

王道平平，不黨不偏

原文 《周詩》曰："王道蕩蕩，不偏不黨；王道平平，不黨不偏。其直若矢，其易若厎。君子之所履，小人之所視。"

——《墨子·兼愛下》

今釋 《周詩》說："王道坦坦蕩蕩，沒有偏愛沒有私心；王道平平正正，沒有私黨沒有偏心。它就像箭矢一樣正直，磨石一樣平坦。這是君子所踐履的，小人所仰慕和追隨的。"

日譯 「周詩」にこうある。「王道は蕩蕩たり、偏りがなく私心がない。王道は平平たり、私党がなく私心がない。それは弓の矢のようにまっすぐであり、砥石のように平坦である。これは君子が実行に移すことであり、小人は敬慕し、これに追随する。」

韓譯 《周詩》에 이르길: "왕도는 탕탕하여, 편애함이나 치우침이 없으며; 왕도는 평평하여, 무리 짓거나 편애함이 없다. 그 곧기는 화살과 같으며, 평평하기는 숫돌과 같다. 이것은 군자가 실천하는 것이며 소인이 우러러 따르는 것이다.

英譯 The Poem of Zhou said, "The way of a king is fair and smooth without partiality and prejudice. The way of a king is plain and straight without cults and favors. It is as upright as the archery and as smooth as the grinding stone. This is what the superior man should practice and the inferior man should admire and follow."

◆◆

人無幼長貴賤

原文 天下無小大國，皆天之邑也；人無幼長貴賤，皆天之臣也。

——《墨子·法儀》

今釋 天下的國家無論是大是小，都（一律平等）是天下的邦國；人無論年長年幼富貴貧賤，都（一律平等）是天下的臣民。

日譯 天下の国々はその大きさに関わらず、（すべて平等な）天下の国々である。人は老若、貴賤を問わず、（すべて平等な）天下の臣民である。

韓譯 천하에는 소국도 대국도 없으며, 모두 하늘의 국가일 뿐이다. 사람은 유아도 어른도, 귀한이도 천한이도 없으며, 모두 천하의 백성일 뿐이다.

英譯 All of the countries, regardless of their size, are equal on the earth. All of the people, regardless of their wealth and age, are equal citizens of the world.

◆◆

公而不黨

原文 公而不黨，易而無私，決而無主……古之道術有在於是者。

——《莊子·天下》

今釋 公正而不結黨，平易而沒有偏私，排除主觀的偏見……古代的道理智慧包括這些內容。

日譯 公正にして結党せず、温和にして私心を持たず、主観的な偏見を排除する。……古代の道理や知恵にはこれらの内容が含まれている。

韓譯　공정하여 무리 짓지 않고, 평이 하여 사심이 없으며, 주관을 배제하여 결단코 주장함도 없다. ……옛날의 도리와 지혜는 이러한 내용을 포함하고 있었다.

英譯　Ancient wisdom contained the following: being fair and do not form factions, being easy to approach and selfless, and be decisive and impartial.

◆◆

公生明

原文　公生明，偏生暗。

——《荀子・不苟》

今釋　公正公平會產生聰明，偏私就會產生愚昧。

日譯　公正や公平から聡明さが生まれ、私心から愚昧が生じる。

韓譯　공평함은 총명함을 낳고, 치우침은 우매함을 낳는다.

英譯　Justice and fairness give birth to wisdom; prejudice and selfishness to stupidity.

◆◆

公平中和

原文　公平者，聽（治理）之衡也；中和者，聽之繩也。……偏黨而無經，聽之鬫也。

——《荀子・王制》

今釋　公平，是治理政事的準則；寬嚴適中，是治理政事的準繩。……偏袒而沒有規矩，是治理政事的歪門邪道。

日譯　公平は政務の準則である。適度な寛大さと厳しさをもつことは政務の掟である。……えこひいきして規範をなくするのは、政務の邪道である。

韓譯 공평함은, 정치를 다스리는 준칙이며；중화는, 정치를 다스리는 기준이었다. 편애하고 치우쳐 기준이 없으면, 정사를 다스리는데 왜곡되고 그릇된다.

英譯 Fairness is the yardstick to rule the country. Moderations is the guiding line to manage the country. Partiality without rules is the crooked means to rule the country.

◆◆

中平則民和

原文 中平，則民和而不流。

——《荀子・樂論》

今釋 中正公平，民衆就和睦協作而不是隨波逐流。

日譯 中正かつ公平であれば、民衆はむつまじく協力し合い、物事の成り行きに従わなくなる。

韓譯 중정하고 공평하면, 백성들이 화목하여 멋대로 방종하지 않는다.

英譯 Be just and fair, people will be harmonious and collaborative without drifting with the tide.

◆◆

視正則明

原文 聽和則聰，視正則明。

——《國語・周語下》記單穆公語

今釋 耳朵聽到和諧的聲音就會明白，眼睛看到公正的東西就會清明。

日譯 調和のとれた音を聞けばはっきりと分かるようになり、公正なものを見れば物事に明るくなる。

韓譯　귀는 조화로운 소리를 들을 때에 분명해지고, 눈은 공정한 것을 볼 때에 청명해 진다.

英譯　Ears will be acute when they listen to harmonious sounds and eyes will be illuminated when they see just things.

◆◆

公則天下平

原文　昔先聖王之治天下也，必先公，公則天下平矣。平得於公。嘗試觀於上志，有得天下者衆矣，其得之以公，其失之必以偏。凡主之立也，生於公。故《洪範》曰："無偏無党，王道蕩蕩；無偏無頗，遵王之義；無或作好，遵王之道；無或作惡，遵王之路"。天下非一人之天下也，天下之天下也。陰陽之和，不長一類；甘露時雨，不私一物；萬民之主，不阿一人。

——《呂氏春秋·貴公》

今釋　從前的聖王治理天下，必定把公正放在首位，能這樣，天下也就大治了。天下大治來自於公正。曾經試著察看上古的文獻記載，擁有過天下的人可謂衆多了，他們能得到天下，都是因爲公正，失去天下必定是因爲謀求偏私。凡是君主地位的確立，都來自於公正。因此《洪範》上說："不偏私、不結党，聖王的正道浩蕩廣大；不偏袒、無不平，遵守聖王制訂的法則；沒有誰按照自己的私好做事，大家都遵循聖王的治國之道；沒有誰鬧事造反，大家都遵照聖王的治國之法。"天下不是一個人的天下，是天下人的天下。陰陽二氣調和，不只使一種物類生長；甘露和時雨，不只滋潤一種生物；萬民的君主，也不偏袒任何一個人。

日譯　昔の聖王は天下を統治する際、必ず公正を首位に置くようにした。こうして天下はよく治まった。天下がよく治まるというのは公正に由来する。上古の文献の記載をかつて調べてみたことがある。過去に天下を取った者は大勢いる。彼らが天下を取ることができたのはすべて公正により、天下を失ったのは必ず私利を謀ったためである。およそ君主の地位というものは公正によって確立される。そのため『洪範』には「私に偏らず、党を結成しない、聖王の正道は広々としており、えこひいきせず、不公平をなくし、聖王の制定した法則を守る。個人的な好みで事をなす者などおらず、みんなが聖王の治国の道に従う。騒動を起こし反逆する者などおらず、みんなが聖王の治国の道に従う」とある。天下は一人の天下ではなく、天下の人々の天下である。陰陽二気は調和を保ち、ある一つの物だけが成長するのではない。天が降らせる慈悲の雨や恵みの雨も一つの生物だけを潤しているのではない。万民の君主もいかなる者をもえこひいきはしない。

韓 譯 옛 성왕들이 천하를 다스릴 때에, 반드시 공정함을 앞에 두었는데, 공정하면 천하가 태평하였다. 그러니 태평함은 공정함에서 얻은 것이다. 일찍이 옛 기록들을 살펴보면, 천하를 얻은 자들이 많았는데, 그것을 얻은 것은 공정함 때문이었고, 그것을 잃은 것은 반드시 치우침 때문이었다. 무릇 군주 지위의 확립은 공정함에서 나온다. 그리하여《洪範》에서는 : “편벽됨이 없고 파당함이 없어, 왕도가 탕탕하며 ; 편견도 없고 치우침이 없어, 왕의 뜻을 따르며, 누구도 좋아함을 일으키지 않아, 왕의 도리를 준수하며 ; 누구도 악을 행하지 않아, 왕의 길을 따른다.” 천하는 한 개인의 천하가 아니며, 천하사람의 천하이다. 음양의 조화는 한가지 사물만 성장시키는 것이 아니며 ; 단 이슬과 적절한 비는 한 종류의 사물만 적셔주는 것이 아니며 ; 만민의 군주 또한 한 사람을 편들어서는 안 된다.

英譯 In ancient times when the kings ruled the world, they put fairness and justice in the first place. If they could do this, the world would be peaceful and stable. Stability came from fairness and justice. Looking back at the past documents, one can find that there were many people who had won the world because they were fair and just; they lost the world because they were unfair and unjust. The establishment of a country came from the fairness and justice. In book of Hong Fan it is recorded, "no partiality, no cults, the rule of the kings is long; no partiality, no cult, the laws the kings made can be observed. If no one seeks their own profits, everyone will follow the way of ruling of the kings. If no one rebels against the ruler, every one will obey the ruling laws of the kings." The world is not the world of one person; it is the world of all the people. The alternation of yin and yang does not nurture one thing alone and the dews and seasonal rain do not moisten one creature alone. So the king of all the people should not show partiality to any one person.

◆◆

正直者，公平無私

原文 正直者，順道而行，順理而言，公平無私。

——漢・韓嬰《韓詩外傳》卷七

今釋 正直的人，按照規律來行事，根據道理來說話，公正沒有私心。

日譯 正直な人は規則に基づいて事を行い、道理に則ってものを言い、公正で私心がない。

韓譯 정직한 자는, 도리에 순응하여 행동하고, 이치에 순응하여 말을 하며, 공평하여 사심이 없다.

英譯 The righteous people do things according to the law, speak according to the truth. He is fair and just without partiality.

◆◆

政以均平爲首

原文 古明王之理天下也，政以均平爲首，化以仁惠為本，故能允協人和。

——《晉書》卷一〇六記石季龍語

今釋 古時候英明的君主治理天下，施政以均等公平為首要，教化以仁德恩惠為根本，所以能夠造成和諧的人際關係。

日譯 その昔、英明な君主は天下を治めるにあたり、施政においては均等、公平を最も重視し、教化においては仁徳、恩恵を根幹とした。故に調和のとれた人間関係を形成することができた。

韓譯 옛날 현명한 군주가 천하를 다스릴 때에, 정치는 공평함을 머리로 삼았고, 교화는 어짊과 은혜를 근본으로 하였다. 그리하여 화목한 인간관계를 조성할 수 있었다.

英譯 In ancient times when the wise kings ruled the world, they put fairness and justness in first place in ruling; they put righteousness and benevolence as the basis in teaching so that they could build up harmonious relationships among the people.

◆◆

公平正直

原文 理國要道，在於公平正直。

——唐・吳兢《貞觀政要・公平》

今釋 治理國家最重要的原則，在於要公平正直。

日 譯　国家を治める最も重要な原則は公平と正直である。

韓 譯　나라를 다스리는데 가장 중요한 원칙은, 공평함과 정직에 있다.

英 譯　The most important principle of ruling a nation lies in fairness and justice.

◆◆

至公

原 文　政者，正也。為政之道，莫若至公。

——宋・司馬光《司馬溫公集・上皇太后疏》

今 釋　政，就是公正的意思。處理政務的原則，沒有比公正更重要的了。

日 譯　政とは公正を意味する。政務を行う原則については、公正より重要なものはない。

韓 譯　政이라는 것은 공정하다는 의미이다. 정사를 처리하는 원칙에는 공정함보다 더 중요한 것이 없다.

英 譯　An administer needs to be fair. No principle is more important to a nation than fairness.

◆◆

天下所以服者，常生於不偏

原 文　天下所以服者，常生於不偏；而其不服也，常起於不平。

——宋・楊萬里《馭吏》

今 釋　天下的人之所以信服的原因，通常是因爲沒有偏私；而他們之所以不能信服的原因，通常是因爲缺乏公平。

日 譯　天下の人々がなぜ信服するのかというと、往々にして私心を持たないことに由来する。彼らが信服しないのは、往々にして公平さが欠けているからである。

韓譯 천하의 백성들이 신복하는 이유는 항상 사사로이 편애하지 않는 데서 생기며 ; 백성들이 신복하지 않는 이유는 늘 불공평함에서 시작된다.

英譯 What convinces people is impartiality and what makes people disbelieving is the lack of justice.

(七) 權變

バランスと変化
저울질과 변화
Balance and Change

◆◆

可與立，未可與權

原文 可與共學，未可與適道；可與適道，未可與立；可與立，未可與權。

——《論語・子罕》

今釋 可以跟他一起學習，未必可以跟他一起達到道的要求；可以跟他一起達到道的要求，未必可以跟他一起按照規定立身行事；可以跟他一起按照規定立身行事，未必可以跟他一起權衡情況有所變通。

日譯 彼と一緒に学ぶことができるが、必ずしも彼と一緒に道の求めるところに達することはできまい。彼と一緒に道の求めるところに達することができるが、必ずしも彼と一緒に規定に則って身を処することはできまい。彼と一緒に規定に則って身を処することができても、必ずしも彼と一緒に情勢に即した行動を取ることはできまい。

韓譯　함께 배울 수는 있어도 함께 도에 나갈 수는 없으며, 함께 도에 나아갈 수는 있어도 함께 설 수는 없으며, 함께 설 수는 있어도 함께 권도를 행할 수는 없다.

英譯　People who are good at studying together are not necessarily able to achieve the same. People who are able to achieve the same are not necessarily able to make persistent efforts. People who are good at making persistent efforts are not necessarily able to adapt to circumstances.

◆◆

權輕重

原文　於所體之中而權輕重之謂“權”。權，非爲是也，非爲非也。權，正也。斷指以存掔，利之中取大，害之中取小也。害之中取小也，非取害也，取利也。

——《墨子・大取》

今釋　在具體的選擇中權衡輕重得失叫做“權”。權，並不就是肯定，也並不就是否定。權，是正確的選擇。比如砍斷手指來保存手腕，是在利益之中選擇大的利益，在危害之中選擇小的危害。在危害之中選擇小的危害，並不是要選擇害處，而是要選擇益處。

日譯　具体的な選択において物事の軽重、損得を判断することを「権（はかる）」という。「権」とは、必ずしも肯定することではなく、否定することでもない。「権」は正しい選択をすることである。たとえば腕を守るために指を切ることは、利益の中で大きい利益を選び、危害の中で小さい危害を選ぶことである。危害の中で小さい危害を選ぶことは、害を選ぶのではなくて利を選ぶことなのである。

韓譯 구체적인 물건 중에서 가볍고 무거운 것을 헤아리는 것을 '권' 이라고 말한다. '권' 은 올바른 것을 가리기 위해서도 아니고, 잘못된 것을 가리기 위해서도 아니다. '권' 은 공정한 것이다. 손가락을 자름으로써 팔을 남게 하는 것은 이익 가운데서도 큰 것을 취하는 것이고, 해침 가운데서 작은 것을 취하는 것이다. 해침 가운데서 작은 것을 취하는 것은, 해를 취하는 것이 아니라 이익을 취하는 것이다.

英譯 Weighing the advantages and disadvantages in decision making is called balance. It is neither complete affirmation nor complete negation. Balance is making the right decision, for example, cutting off one of the fingers is to save the arm, is to choose the maximum benefit and to reduce the harm to the minimum. Choosing minimum harm is not to choose harm, but to choose the benefit.

◆◆

權者勿偏

原文 權者，兩而勿偏。

——《墨子·經說上》

今釋 權衡利害，要看兩面而不能僅看一面。

日譯 利害を権（はか）るには、両面とも見なくてはならず一面だけを見てはいけない。

韓譯 '권' 이란, 양편 중 어느 쪽으로도 치우치지 않는 것이다.

英譯 Weighing over the advantages and disadvantages requires looking at both sides instead of one.

◆◆

執中無權，猶執一也

原文 執中為近之。執中無權，猶執一也。所惡執一者，為其賊道也，舉一而廢百也。

——《孟子・盡心上》

今釋 把握住適中的程度是接近於正確的。但是如果只是簡單地折衷而不知道根據實際情況靈活地變通，就和固執於一端是一樣的。之所以痛恨固執於一端的情況，是因爲它損害了真正的中庸之道，僅抓住一點而忘記了兼顧其他因素。

日譯 ほどよい加減をとらえることは正しいものに近づいていることである。単に折衷するだけで、実情に沿って融通を利かせることを知らないなら、一端に固執するのと同じである。なぜ一端に固執することに憤りを感じるのかというと、それは本当の中庸の道を損なっているからである。一時（点）だけを捉えて他の要素に配慮することを忘れているからである。

韓譯 중간을 잡는 것이 도에 가깝다. 중간을 잡고 저울질함이 없는 것은 한쪽을 잡는 것과 같다. 한쪽을 잡는 것을 미워하는 것은 도를 해치기 때문이니, 하나를 들고 백가지를 폐하는 것이다.

英譯 Standing in the middle is approximate to correctness. However, if one simply stands in the middle without making appropriate alterations regarding the situations, he is no better than stubbornness. The disadvantage of stubbornness lies in its breaking the rule of middle way since it only grasps one point without considering all the other elements.

◆◆

可以仕則仕，可以止則止

原文　可以仕則仕，可以止則止，可以久則久，可以速則速，孔子也。

——《孟子・公孫丑上》

今釋　應該做官就做官，應該辭職就辭職，應該繼續幹就繼續幹，應該馬上走就馬上走，孔子就是這樣（根據情況的需要選擇行事的方式）。

日譯　役人になるべき時に役人になること、辞職すべき時に辞職すること、継続してやるべき時に継続してやること、すぐ辞めるべき時にすぐ辞めること、孔子はこのようにしている（情況の必要によって事を進める方法を選ぶこと）。

韓譯　벼슬할 만하면 벼슬하고, 그만둘 만하면 그만두며, 오래 머무를 만하면 오래 머물고, 빨리 떠날 만하면 빨리 떠나신 이는, 바로 공자이시다.

英譯　To stand in the official position when it is time for it, to resign the position when it is time for it, to carry on when it is time to carry on, to leave when it is time to leave, this is what Confucius did according to the situations.

◆◆

行權之道

原文　權者何？權者，反於經，然後有善者也。權之所設，舍死亡無所設。行權有道，自貶損以行權，不害人以行權。

——《春秋公羊傳・桓公十一年》

今釋　權衡變通是什麼呢？權衡變通就是（看似好像）違背了恆

常的規則，（實際上是只有）這樣才能獲得好的結果。權變的根據是，除了死亡沒有它的根據。施行權變也有規則，爲了做到權變可以損害自己的利益，但是不能傷及他人的利益。

日譯　「権」とは何であるのか。「権」とは（見たところ）恒常の規則に背いている（ようにみえる）が、（実際には）このようにしてこそ良い結果が得られるのである。「権」の根拠は、死を除いて根拠というものはない。「権」の践行には規則があり、「権」をやり遂げるのに自分の利益を損なってもよいが、他人の利益を損なってはならない。

韓譯　‘권’ 이란 무엇인가 : ‘권’ 이란 일정한 규칙에 위배되는 것이지만, 그렇게 해야만 좋은 결과가 있는 것이다. ‘권’ 의 근거는, 사망을 제외하면 그의 근거가 없다. ‘권’ 을 시행하는 데에는 규칙이 있는데, 그것을 시행할 때 자신의 이익을 덜어낼 수는 있지만, 타인의 이익을 해쳐서는 안 된다.

英譯　What is flexibility? It seems that flexibility has violated the rule of consistency. But in reality, only through this way can one achieve good results. The basis of flexibility is nothing else but death. There is a rule, even for flexibility, that is, in order to realize flexibility, one may damage one's own interest but not others.

◆◆

不知權宜，必蒙首惡

原文　守經事而不知其宜，遭變事而不知其權……必蒙首惡之名。

——漢・司馬遷《史記・太史公自序》

今釋　固守恆常的辦法而不知道根據變化採取適宜的做法，遭遇變故而不知道權衡利害加以變通……一定會獲得首惡的坏名聲。

日譯　恒常の方法に固執し、変化に即して適宜な方法をとることを知らず、異変に遭遇しても利害を権（はか）って臨機応変に対応することを知らないなら……きっと最悪の評判を博すことになるだろう。

韓譯　떳떳한 일을 지키면서 그 마땅한 것을 알지 못하고, 변고를 만나 저울질할 줄을 알지 못한다면, 반드시 악의 우두머리라는 명성을 얻을 것이다.

英譯　Always keep a fixed method without alterations according to specific situations, without weighing advantages and disadvantages, will surely result in acquiring an evil reputation.

◆◆

有常義，有應變

原文　固有常義，又有應變。

——漢・董仲舒《春秋繁露・精華》

今釋　本來就是既有恆常的道理，又要懂得根據情況採取變通。

日譯　もとより恒常の道理というものがあり、また情況によって融通をきかすことを知らなければならない。

韓譯　원래 영원한 진리가 있는데, 또 상황에 따르는 변통도 있음을 이해해야 한다.

英譯　There is consistency and flexibility in everything.

◆◆

權事而立制

原文　觀天地之象，通古今之事，權事而立制，度形而施宜。

——《淮南子・要略》

今釋　觀察天地間的各種物象，通曉從古至今的事理，權衡事理從而立法度，度量形體從而採取適當的措施。

日 譯　天地の物象を観察し、古今の物事の道理に通じ、事理を権って法を設け、形体を量って適切な措置をとる。

韓 譯　천지간의 각종 만물을 관찰하고, 고금의 사리에 통달하며, 일을 저울질하여 법도를 세우고, 형체를 헤아려 마땅함을 베푼다.

英 譯　One needs to observe all of the things in heaven and earth, to acquaint oneself with all the knowledge from past to present, to weigh over things and set rules and to measure the situations in order to adopt suitable measures.

◆◆

稱輕重而處

原 文　臨事之際，稱輕重而處之，以合於義，是之謂權。

——《河南程氏粹言》記程頤語

今 釋　遇到事情的時候，能夠衡量輕重來選擇處理的辦法，以符合道義的要求，這就叫做“權”。

日 譯　ある事に出会うと、道義に合うように軽重をはかって処理の仕方を選ぶ。これを「権」という。

韓 譯　사정을 만날 때에, 경중에 맞게 처리하고, 의리에 부합하면 이를 ‘권’ 도라 말한다.

英 譯　Balancing means weighing over the advantages and disadvantages when one is confronted with situations and making the right decisions accordingly.

◆◆

道貫於經與權

原 文　經者，道之常也；權者，道之變也。道是個統體，貫於經與權。

——《朱子語類》卷三十七

今釋 規則是常行之道，權衡是變動之道。道是一個統一體，從頭至尾都由規則與權變共同構成。

日譯 規則は常なる道理であり、権衡は変動の道理である。道は統一体であり、首尾一貫して規則と権衡からなる。

韓譯 경이란, 도의 영원함이며；권이란 도의 변통이다. 도는 하나의 통일체로, 경과 권을 꿰뚫고 있다.

英譯 Rule is fixed. Balancing is flexible. Dao is the unity of both.

◆◆

爲人須有主見，做事應知權變

原文 爲人循矩度，而不見精神，則登場之傀儡也；做事守章程，而不知權變，則依樣之葫蘆也。

——清・王永彬《圍爐夜話》

今釋 做人只知道按照規矩辦事，而不能夠發揮自己的主體意志，那就像是戲臺上的木偶一樣；做事只知道遵守章程，而不知道權衡變通，那就只能夠照樣畫葫蘆。

日譯 身を処するのに単にまじめに事にあたるだけで、自らの主体性を発揮することができなければ、でくのぼうと同じだ。仕事をするのに規則を守ることだけにかまけて、利害をはかり、融通をきかすことができないなら、型どおりヒョウタンをまねて写し取れるだけである。

韓譯 사람됨이 규칙만을 따르고, 정신을 보지 못하면, 무대위의 꼭두각시와 같고；일을 함에 규정만을 준수하고 저울질 할 줄 모른다면, 견본만을 따라 그린 조롱박과 같다.

英譯 If one does things strictly according to the customs without using his own mind actively, he is like the puppets on the stage. If one does things strictly according to the regulations without reasoning and balancing on his own, he is like someone copying a picture instead of painting one.

(八) 反對戰爭、愛好和平

戦争に反対し、平和を愛する

반전과 평화

Protesting against War and Loving Peace

◆◆

天下和平

原文 聖人感人心，而天下和平。

——《周易・咸卦・彖傳》

今釋 聖人如果能夠感應到人心的普遍需要，那麼天下就能和平安定了。

日譯 人々の心が普遍的に求めているものにまで聖人が感応することができれば、天下は平和になる。

韓譯 성인께서 인심을 감화시키면, 천하가 화평하게 된다.

英譯 If the sage would feel the needs of the common people, the whole world would be in peace and stability.

◆◆

不以兵強天下

原文 不以兵強天下。其事好還：師之所處，荊棘生焉；大軍之後，必有凶年。

——《老子・第三十章》

今釋　不要靠武力逞強於天下。濫用武力一定會得到報應：軍隊駐扎過的地方，荊棘叢生；大戰過後，一定會遭遇荒年。

日譯　武力に頼って威勢を張ってはならない。武力を濫用したら必ず罰が当たる。軍隊の駐屯したところにはいばらが生い茂る。大戦後、必ず凶年に見舞われる。

韓譯　무력에 의지해서 천하에 강제로 군림하지 않아야 한다. 무력을 남용하면 반드시 되갚음을 받기 때문이다. 군대가 머물렀던 곳은 가시덤불이 자라나고, 큰 군대의 뒤에는 반드시 흉년이 들게 된다.

英譯　Do not flaunt one's superiority by armed force since the abuse of armed force will surely be paid for. Where armies are stationed, thorns and brambles grow. After the war, years of dearth will be followed.

◆◆

取天下者，常以無事

原文　取天下者，常以無事；及其有事，不足以取天下。

——《老子・第四十八章》

今釋　得取天下的人，通常都是不好爭鬥的；至於那些好爭鬥的，就不能夠得取天下。

日譯　天下を取る者は常に争いを好まない者である。争いを好む者は天下を取ることはできない。

韓譯　천하를 차지하려면 언제나 다투는 일이 없어야 한다；그가 다투는 일을 좋아하게 되면, 천하를 차지하기에 충분치 않게 된다.

英譯　He who overcomes the world does not depend on fighting. He who fights does not overcome the world.

◆◆

親仁善鄰，國之寶

原文　親仁善鄰，國之寶也。

——《左傳·隱公六年》

今釋　親近仁義並能與鄰國友好相處，這是一個國家賴以生存的寶貴經驗。

日譯　隣国と友好的に付き合い、仁義に近付くこと、これは一国の存続にかかわる貴い経験則である。

韓譯　어진 이를 가까이하고 이웃 나라와 사이좋게 지내는 것이 바로 국가의 보배이다.

英譯　Loving benevolence and righteousness and being able to get well along with the neighboring nations is the precious experience for a nation for survival.

◆◆

不戰而屈人之兵，善之善者

原文　百戰百勝，非善之善者也；不戰而屈人之兵，善之善者也。故上兵伐謀，其次伐交，其次伐兵，其下攻城。攻城之法，為不得已。

——《孫子兵法·謀攻》

今釋　百戰百勝，不是最好的情況；不用打仗就能夠讓敵人屈服，才是最好的情況。所以軍事手段中最佳的選擇是智謀戰，其次是外交戰，其次是短兵相接，最不好的選擇是攻城。攻城的做法，是出於不得已。

日譯 百戦百勝することが最もよい状況とはいえまい。戦わずして敵を屈服させることが最もよい状況である。それゆえに軍事において最もよい選択は、敵の計略を見破ることであり、次なる選択は外交において敵を孤立させること、その次なる選択は白兵戦であるが、最もよくない選択は城を攻略することである。城を攻略するというやり方は、やむを得ざるものである。

韓譯 백번 싸워 백번 이기는 것은 가장 좋은 것이 아니다 : 싸우지 않고 적의 군대를 굴복시키는 것이 가장 좋은 것이다. 그리하여 군대에서 최상의 선택은 지혜로 도모하는 것이며, 그 다음이 외교전이며, 그 다음이 작은 병사로 상대하는 것이며, 가장 좋지 못한 것이 성을 공격하는 것이다. 성을 공격하는 방법은 부득이한 경우에만 하는 것이다.

英譯 Winning every battle one fights is not the best. What is better is to make the enemies surrender without fighting. Therefore, in the battlefield, the best choice is to win the battle with wisdom, second is through the democratic means, third is by hand-in-hand fighting, the last is to attack the city. Attacking the city is the last resort.

◆◆

用兵之害

原文 兵聞拙速，未睹巧之久也。夫兵久而國利者，未之有也。故不盡知用兵之害者，則不能盡知用兵之利也。

——《孫子兵法·謀攻》

今釋 在用兵方面，聽說過有指揮拙笨但要求速戰速決的，沒見過指揮靈巧而要求戰時曠日持久的。長久地對外用兵而能夠對國家有利的，從來沒有過。所以說，不能夠完全了解用兵的害處的人，也就不可能完全了解用兵的好處。

日譯 戦いについて、指揮が下手でも速攻で勝敗を決するよう要求するということは聞いたことがあるけれども、指揮が巧みで戦争を長引かせるよう要求すると例は見たことがない。長期にわたって対外戦争をし、国に有利になったという例もない。したがって戦争の弊害を完全に理解できない人は、戦争の利点について完全に理解することもできない。

韓譯 병법에서 졸렬하게 싸우더라도 속히 끝맺는 게 좋다는 말은 들었어도, 교묘하게 싸우면서 오래 끄는 게 좋은 경우는 본적이 없다. 무릇 전쟁을 오래 하는데도 나라에 이로웠던 예는 없다. 그러므로 전쟁의 해로움을 다 알지 못한다면 전쟁의 이로움 또한 다 알지 못하는 것이다.

英譯 In conducting war, I have heard of someone who is clumsy in commanding but quick to end the war, but never have I seen a person who is swift in waging a war but slow to end the war. Never was there a man who waged wars outside continuously without bringing any damage to the home country. So if one does not understand the harms of waging wars, neither will he understand the advantages of it.

◆◆

以德服人

原文 以力服人者，非心服也，力不贍也；以德服人者，中心悅而誠服也。

——《孟子·公孫丑上》

今釋 靠武力徵服別人的，人家不會從內心服從，只是因爲人家力量不夠相抗衡；用道德感服別人的，人家才會心悅誠服。

日譯 武力を以って他人を征服しても、彼らは心から服従しているわけでなく、対抗し得るだけの力がないだけだ。道を以って感服させてこそ、人々は心から服従するようになる。

韓譯 힘으로써 사람을 복종시키는 것은 진심으로 복종하는 것이 아니라 힘이 부족해서요. 덕으로써 남을 복종시키는 것은 충심으로 기뻐하여 진실로 복종하는 것이다.

英譯 He who subdues others by armed force will never make others surrender from the bottom of their hearts. They surrender just because they do not have the power to resist. However, if one can subdue others by virtues, people will be obedient from the bottom of their hearts.

◆◆

為陳，為戰，大罪也

原文 有人曰："我善為陳，我善為戰。"大罪也。

——《孟子・盡心下》

今釋 有人說："我擅長排兵布陣，我擅長行軍打仗。"這是最大的罪孽啊。

日譯 ある者が「私は兵を集め陣を構えることに長け、行軍し、戦いをすることにも長けている」と言った。これは最大の罪であろう。

韓譯 어떤 사람이 말하기를 : "내가 진법을 잘 알며, 내가 전쟁을 잘한다." 고 한다면 그는 큰 죄인이다.

英譯 Some say, "I am good at fighting battles and I am good at waging wars." Actually these are the greatest sins.

◆◆

先王耀德不觀兵

原文 先王耀德不觀兵。

——《國語・周語上》記祭公謀父語

今釋 歷史上聖明的君王顯示他們高尚的道德，而不顯示他們精良的武器。

日譯 昔の賢君は高尚な徳を顕示しているが、優れた武器を顕示してはいまい。

韓譯 선왕들은 자신의 덕을 발휘하지 그의 훌륭한 무기를 보여주지 않는다.

英譯 The ancient sage kings manifested their lofty virtues instead of their sophisticated weapons.

◆◆

和平之聲

原文 有和平之聲，則有蕃殖之財。

——《國語・周語下》記樂官州鳩語

今釋 有和樂平正的聲音，就會有用於蕃衍增殖的財富。

日譯 調和の取れた平和の声があれば、繁栄や繁殖に用いる財産ができる。

韓譯 화락하고 평정한 소리가 있다면, 무한한 재화의 번식이 있다.

英譯 Where there are peaceful and harmonious voices where there is increased wealth.

◆◆

和平則久

原文 和平則久，久固則純。

——《國語・周語下》記樂官州鳩語

今釋 和樂平正就會長久，長久穩固就會純正。

日譯 和合して平和であれば久しくなり、久しく安定すれば純粋になる。

韓譯 화락하고 평정하면 능히 오래갈 수 있고, 오래도록 지키면 순정할 수 있다.

英譯 Harmony and peace ensures longevity and longevity ensures purity.

◆◆

兵者，兇器

原文 兵者，兇器也；爭者，事之末也。逆謀陰德，好用兇器，始於人者，人之所卒也。

——《國語・越語下》記范蠡語

今釋 兵器，是不吉祥的器物；爭鬥，是最低等的選擇。倒行逆施的謀略和違背道德的行爲，好動用武力，率先挑起戰事的人，最終會被別人消滅。

日譯 兵器は不吉な道具である。争いは最も程度の低い選択である。正義にもとる策略や道徳に背く行為はより武力に訴えるようになり、率先して戦いをしかける者は最後に他人によって滅ぼされるであろう。

韓譯 병기는 흉기이며；싸움은 가장 낮은 선택이다. 음모로 도덕을 음해하며, 흉기를 잘 쓰는 일을, 남에게 시작한 사람은, 사람 중에 가장 졸장부이다.

英譯 Weapons are evil arms and fighting is the last choice. Those who adopt reversed tactics and conduct immorality to use the weapons and to wage a war will finally be destroyed.

◆◆

舉事爲人者，眾助之；舉事自爲者，眾去之

原文 攻者非以禁暴除害也，欲以侵地廣壤也。……夫為地戰者，不能成其王，為身戰者，不能立其功。舉事以爲人者，眾助之；舉事以自爲者，眾去之。眾之所助，雖弱必強；眾之所去，雖大必亡。

——《淮南子・兵略訓》

今釋 主動發起攻擊的人不是用來禁止暴力消除禍害的，而是用來侵略土地擴張領土的。……爲了爭奪土地而戰的人，不能夠成就他想要稱王的願望；為自身而戰的，不能立下功勞。行事是爲了他人的，衆人幫助他；行事是爲了自己的，衆人離棄他。衆人所幫助的，即使柔弱終究可以堅強；衆人所離開的，即使很強大終究要滅亡。

日譯 すすんで攻撃をしかける者は、暴力で災いを取り除くことを禁じようとしているわけではなくて、侵略し、領土を拡張しようとしているのである。……土地を奪い合うために戦う者は、王となる願望を成就させることはできまい。自分のために戦う者も手柄を立てられない。他人のために事を為す者は、多くの人々に助けられるだろう。自分のために事を為す者は、多くの人々に見捨てられるだろう。多くの人々が助ければ、たとえ弱くても最後には強くなれる。多くの人々が離れていく者は、元来とても強くても結局は滅びるであろう。

韓譯 먼저 공격하는 자는 폭력을 금하고 재해를 없애려는 것이 아

니라, 땅을 침략하여 영토를 넓히려 하는 것이다. ……대저 땅을 위하여 싸우는 자는, 왕이 되고자 하는 소망을 이룰 수 없고, 자신을 위해 싸우는 자는 공로를 세울 수 없으며, 다른 사람을 위하여 일을 행하는 사람은 대중들이 그를 도와준다 ; 자신을 위하여 일을 행하는 사람은 대중들이 그를 버린다. 대중들이 도와주면, 비록 약하나 반드시 강해지고, 대중들이 버린 자는, 비록 강하더라도 반드시 망하게 된다.

英譯 He who waged the war first is not for stopping the violence and getting rid of harms, but for invading others to expand his territory. He who fights in order to plunder others' land can not achieve his dream to become a king. He who fights for himself can not gain the credit. If one does things for others, he will be helped. If one conducts things for himself, he will be abandoned. Helped by others, he will turn weakness to strength. Abandoned by others, despite the mighty power, he will finally perish.

◆◆

兵不必勝，攻不必取

原文 兵不必勝，不苟接刃；攻不必取，不為苟發。故勝定而後戰，鈐縣而後動。

——《淮南子・兵略訓》

今釋 戰爭不一定都能取勝，不要輕易交兵；攻打不一定都能有所得，不要輕易發兵。所以能確定勝利之後才去戰鬥，權衡輕重之後再採取行動。

日譯 戦争は必ずしも勝ちを制するとは限らないので、軽率に接戦しないことである。攻撃しても必ずしも鹵獲があるとは限らないので、軽率に出兵しないことである。従って勝利の手応えを得てから戦いに臨むこと、つまり事の重要さをはかってから行動を取ることが大事である。

韓譯 전쟁에서 반드시 승리할 수만 없으니, 쉽게 교전하지 말 것이며, 공격해서 반드시 얻을 수만 없으니, 쉽게 병사를 내지 마라. 그리하여 승리를 확신한 연후에 싸우러 갈 것이며, 경중을 헤아린 연후에 행동을 취해야 한다.

英譯 Do not wage a war at will since not every war can be won. Do not send out troops since not every attack can be sure to obtain something. Therefore, start a war only when one is sure that he can win. Do not take any actions until one has weighed over all the gains and losses.

◆◆

善爲者不師，善師者不陣，善陣者不戰，善戰者不死

原文 善爲者不師，善師者不陣，善陣者不戰，善戰者不死。至戰國，而暴兵始衆……至秦而興兵並天下，窮兵機武而亡，及項羽尚暴而滅。

——《太平御覽》卷二百七十一引劉向《新序》佚文

今釋 善於治理國家的人不在于精通治軍，善於治理軍隊的人不在于排兵佈陣，善於排兵佈陣的人不在于出戰，善於出戰的人不會輕易去送死。到了戰國時期，殘暴的軍隊開始多起來。……到了秦朝發動軍隊兼併天下，濫用武力，肆意發動戰爭，最終導致國家滅亡，到了楚漢相爭時，項羽崇尚暴力最後也死了。

日譯 国の統治に長けた者は、軍の統制に精通した者ではなく、軍の統轄に長けた者は布陣を行う者ではなく、布陣に長けた者は戦いに出る者ではなく、戦いに出ることに長けた者は犬死なぞしない。戦国時代になると、残虐な軍が多くなった。……秦の時代、軍隊を出動させ、天下を併

合し、武力を濫用してほしいままに戦をした結果、国が滅びてしまった。楚漢が相争う時代になると、項羽が暴力を崇め、彼もついに死んでしまった。

韓譯 국가를 잘 다스리는 것이 군대를 정련시키는데 있지 않고, 군대를 잘 다스리는 것은 병법을 펼치는데 있지 않으며, 진법을 잘 펼치는 것은 싸우는데 있지 않으며, 잘 싸우는 것은 죽지 않는 것이다. 전국시대에 이르러, 잔혹한 군대가 일어나기 시작했다. ……진이 군대를 일으켜 천하를 겸병하였으되, 무력을 남용하여 국가를 멸망하였으며, 항우는 폭력을 숭상하다 결국 망하였다.

英譯 He who is good at ruling the country is not necessarily good at commanding the army. He who is good at commanding the army is not necessarily good at organizing the troops and formations. He who is good at organizing the troops and formation is not necessarily good at fighting. He who is good at fighting does not wage a war at will and be killed easily. During the War Periods, more and more violent armies emerged. During Qing Dynasty, more troops were sent out to fight and more weapons were abused, which led to the final perish of the country. During the war between Chu and Han, Xiang Yu, the one who resorted to violence died a violent death himself.

◆◆

天人相應，立致和平

原文 天人相應，立致和平，國家享無疆之休。

——《續資治通鑑長編》卷二六九

今釋 天道和人事相配合，就能達到和平的境界，國家也能享有長久的讚美。

日 譯 天の道と人事が互いに呼応しあえば平和が訪れ、国も長期にわたり賛美される。

韓 譯 하늘과 사람이 서로 감응하면, 곧 화평의 경지에 도달하여, 국가 또한 끝없는 안식을 누리게 된다.

英 譯 Be harmonious between heaven and humanity, then peace can be achieved from it and the country can enjoy the glory of a long rule.

知行格物

知行合一、知識と行動を一体化させ生きるという実践的な思想となる。格物つまり「窮理」は、心の理と事物の理が分離していて、それを統一することが求められる

지행격물

Knowledge, Practice and Study

六　知行格物

知行合一、知識と行動を一体化させ生きるという実践的な思想となる。格物つまり「窮理」は、心の理と事物の理が分離していて、それを統一することが求められる

지행격물

Knowledge, Practice and Study

這一部份包括兩個方面的內容，其一是古人對認知、實踐及其兩者關係的精闢見解。這些見解有一個多從道德意識與道德行為出發到多從踐履出發的認識過程。其二是古人對事物本質與規律的考察，其中反映了對心物關係的深刻認識。

本節には二つの内容が含まれている。一つは古代の人々の認知、実践及びその両者の関係についての透徹した見解である。これらの見解の多くはまず道徳的意識や道徳的行為から出発し、その後に実践から出発するという一つの認識過程を有している。二つは、古代の人々の物事の本質や法則についての考察であり、その中には、心と物の関係についての深い理解が投影されている。

이 부분은 두 방면의 내용을 포함하는데, 첫째는 옛사람들의 인지와 실천 및 그 두 관계에 대한 냉철한 견해이다. 이러한 견해는 여러 도덕의식과 도덕행위로부터 출발하여 실천에 이르는 인식과정이 있다. 그 둘째는 옛사람들의 사물의 본질과 규율에 대한 고찰로, 그 가운데는 마음과 물질 관계에 대한 깊은 인식을 반영하고 있다.

This chapter consists of two main parts. The first part deals with the elucidate quotations of ancient sages on knowledge and practice and the relationship between them. Some of the viewpoints started from the moral consciousness and morality while others began with practice. The second part includes the investigation of the ancient people on the nature and laws of the existing substances, which reflects the profound understanding between mind and things.

(一)認知

認知

인지

Knowledge

◆◆

知人則哲

原文　知人則哲，能官人；安民則惠，黎民懷之。

——《尚書・皋陶謨》

今釋　能識別人才這就是明智，也就能夠善於任用官員；能夠安定百姓這就是仁惠，百姓就會歸附他。

日譯　人材を識別できること、これを賢明といい、官吏の任用にも長けている。庶民を安じさせることを仁愛といい、庶民は彼に帰順するようになる。

韓譯　인재를 알아볼 수 있다면 명철한 지혜로, 또한 관리를 잘 임용할 수 있을 것이며；백성을 편하게 할 수 있다면 이는 은혜로움으로 백성들이 귀의할 것이다.

英譯　Wise is one who can identify others' talents and is good at appointing them as officials. Benevolent is one who can stabilize the common people and to whom people like to be subjects.

◆◆

知之曰明哲

原文 知之曰明哲，明哲實作則。

——《尚書・說命上》

今釋 洞察事理的人稱為明智，明智的人則能以身作則。

日譯 物事の道理を見通せる者を賢明と言い、賢者は身を以て範を示すことができる。

韓譯 사리에 통찰한 사람을 밝은 지혜라 이르고, 밝은 지혜를 가진 사람은 자신으로 법칙을 삼을 수 있다.

英譯 Wise is one who can penetrate things, so he can set a good example for others.

◆◆

知之為知之，不知為不知

原文 知之為知之，不知為不知，是知也。

——《論語・為政》

今釋 知道就是知道，不說不知道；不知道就是不知道，不硬說知道。這才是真正的明智。

日譯 知っていることは知っているので、知らないと言わない。知らないことは知らないので、無理に知っていると言わない。これこそが真の賢明である。

韓譯 아는 것을 안다고 하고, 모르는 것을 모른다고 하는 것, 이것이 아는 것이다.

英譯 If you understand, say you do and if not, say you do not. This is genuine wisdom.

◆◆

君子三知

原文　不知命，無以為君子；不知禮，無以立地；不知言，無以知人。

——《論語・堯曰》

今釋　不知道人生規律就無法做個君子，不知道禮儀就無法立足社會，不能辨析他人的言論就無法瞭解別人。

日譯　人生の法則を知らなければ君子になることはできず、儀礼を知らなければ社会に根を下ろすことはできず、他人の言論を分析することができなければ他人を理解することはできない。

韓譯　인생의 규율을 알지 못하면 군자가 될 수 없고；예의를 알지 못하면 충분하게 사회에 설수 없고；다른 사람의 말귀를 알아듣지 못하면，사람을 잘 알 수 없다.

英譯　One will never be a superior man if he does not understand destiny. Neither can he stand firm in the society if he does not follow the rites. Neither can he understand others if he can not tell the implied meaning of others' words.

◆◆

知之者不如好之者

原文　知之者不如好之者，好之者不如樂之者。

——《論語・雍也》

今釋　對於學問，懂得它的人不如喜好它的人，喜好它的人不如從事它的人。

日譯　学問について、それを知っていても学問が好きな人には及ばない。学問を好きな人もそれを楽しんでいる人には及ばない。

韓譯　학문에 대하여 이해하는 자는 좋아하는 자만 같지 못하고, 좋아하는 자는 즐기는 자만 같지 못하다.

英譯　Being fond of knowledge is better than merely being acquainted with it. However, taking delight in it is still better than merely being fond of it.

◆◆

生而知之者，上也；學而知之者，次也

原文　生而知之者，上也；學而知之者，次也；困而學之，又其次也；困而不學，民斯為下矣。

——《論語・季氏》

今釋　生來就知道道理，這是上等人；通過學習明白了道理，這是次等人；遇到困難後才來學習，這是更次一等之人；如果遇到困難還不肯學習，這就是最下一等之人了。

日譯　生まれづき道理を知っていること、これは上等な者である。学習をして道理が分かるようになること、これは二等の者である。困難にぶつかってはじめて学習するようになること、これは更に劣っている者である。困難にぶつかっても学びたくないようなら、これは最も劣っている者である。

韓譯　태어나면서 아는 자는 상등이요；배워서 아는 자는 다음이요；통하지 못하는 바가 있어서 배우는 자는 또 그 다음이다；통하지 못하는 것이 있는데도 배우지 않는 백성은 가장 하등이 된다.

英譯　Those who are born with knowledge are the top citizens. Those who obtain knowledge through learning are the next. Those who learn in face of difficulties are lower and those who do not learn even in face of difficulties are the lowest.

◆◆

知彼知己，百戰不殆

原文 知彼知己，百戰不殆；不知彼而知己，一勝一負；不知彼，不知己，每戰必殆。

——《孫子・謀攻》

今釋 在戰爭中，既瞭解對方，又瞭解自己，每戰不會出現危機；如果不瞭解對方，僅僅瞭解自己，那末也就是一勝一負的可能；如果既不瞭解對方，也不瞭解自己，那末每戰都會出現危機。

日譯 戦争の最中、敵を知り己を知るならば、どんなに戦っても危機が生じることはない。自己を知るだけで相手を知らなければ、成否の確率は五分五分である。相手も自己も知らなければ、戦いのたびに危機が生じる。

韓譯 전쟁에서, 상대를 알고 자신을 알면, 백번 싸워도 위태롭지 않으며, 상대를 알지 못하고 자신만을 알면, 한번 이기고 한번 진다；상대도 모르면서 자신도 알지 못하면 싸울 때마다 매번 위태로워질 것이다.

英譯 In the battlefield, if one knows the enemies as well as oneself, every battle he will win. If one merely knows oneself, but doesn't know the enemies, the chances of winning are half to half. If one knows neither oneself nor the enemies, no battle will he win.

◆◆

知其雄，守其雌

原文　知其雄，守其雌，為天下溪。

——《老子・第二十八章》

今釋　深知雄強，卻安於雌柔，做為天下的溪穀。

日譯　雄の強さを十分に知った上で、雌の柔らかさを保つことができれば、天下の渓谷となる。

韓譯　그 강한 남성다움을 알면서，그 부드러운 여성다움을 지킨다면，천하의 계곡이 될 수 있다.

英譯　He who knows the male, yet cleaves to what is female, becomes like a ravine receiving all the things under heaven.

◆◆

知足不辱，知止不殆

原文　知足不辱，知止不殆，可以長久。

——《老子・第四十四章》

今釋　知道滿足就不會蒙受屈辱，知道適可而止就不會帶來危險，這樣才可以保持長久。

日譯　満足する事を知る者は辱めを受けず、適当なところで止めることを知る者は危険を回避して、長く保持することができる。

韓譯　만족할 줄 안다면 욕을 받지 않고，멈출 줄을 안다면 위태로워지지 않을 것이니，가히 오래갈 수 있다.

英譯　Be content with what you have and are, then you will never feel ashamed. Knowing where to stop will spare you from danger. Then you will live safe and sound.

◆◆

知不知，尚矣；不知知，病也

原文　知不知，尚矣；不知知，病也。聖人不病，以其病病。

——《老子・第七十一章》

今釋　知道自己有所不知，這是高明；不知道卻自以為知道，這是毛病。有道的人所以說沒有毛病，因為它能把毛病當作缺點來克服。

日譯　自分にも分からないものがあることを知っていること、これを賢明という。知らないのに自分は知っていると思い込むこと、これを欠点という。なぜ聖人に欠点がないかと言うと、それは欠点を欠点として克服できるからである。

韓譯　알면서도 알지 못하는 것 같은 것이 가장 좋은 것이다. 알지 못하면서도 아는 체 하는 것이 병폐이다. 성인은 병폐에 빠져들지 않는데, 그 병폐를 병폐로 여기기 때문이다.

英譯　Wise is he who knows that there are things that he doesn't't know. Stupid is he who pretends to know when he actually does not know. The sages are not stupid because they regard their stupidity as weakness to overcome.

◆◆

知賢之謂明

原文　知賢之謂明，輔賢之謂能。

——《荀子・解蔽》

今釋　能夠分辨賢人和不賢之人可謂高明，能夠輔佐賢人可謂才能。

日譯　賢人と賢人でない人を見分けることを賢明と言い、賢人を補佐することができることを才能と言う。

韓譯　어진 이를 알아보는 것을 밝음이라 하고, 어진 이를 잘 보

필하는 것을 재능이라 부른다.

英譯 Wise is he who can tell from the capable and the incapable. Able is he who can assist the capable.

◆◆

心有徵知

原文 心有徵知。徵知，則緣耳而知聲可也，緣目而知形可也。

——《荀子・正名》

今釋 心能夠應接外物而有知覺。既然應接外物而有知覺，那末通過耳可以識別聲音，通過眼可以辨別形狀。

日譯 心は外の物に呼応して知覚している。外の物に呼応して知覚するならば、耳を通じて音を聞き分けることができ、目を通して形を見分けることができる。

韓譯 마음이 외물과 접촉하면 지각이 있게 된다. 그리하여 지각이 있게 되면, 귀를 통하여 소리를 구별할 수 있고, 눈을 통하여 형체를 구별할 수 있게 된다.

英譯 The heart has consciousness by contacting with the outside world. Now that contacting with the outside world can arouse one's consciousness, ears can distinguish the sounds and eyes the shapes.

◆◆

知之難，難在自見

原文 知之難，不在見人，在自見。

——《韓非子・喻老》

今釋 瞭解一個人的困難，不在於瞭解別人，而在於瞭解自己。

日譯 ある人の困難を知るということは、他人を知ることにあらず、自らを知ることにあるのである。

韓譯 다른 사람을 알기가 어렵다는 것은, 다른 사람을 이해하는데 있지 않고, 자신을 이해하는 데 있다.

英譯 Knowing one's difficulty does not lie in understanding others, but oneself.

◆◆

知不足然後能自反，知困然後能自強

原文 學然後知不足，教然後知困。知不足然後能自反也，知困然後能自強也。

——《禮記・學記》

今釋 學習之後才會感到知識的不足，教導他人時才會感到自己學識的貧乏。知道自己的不足，才會反求自己；知道自己的貧乏，才會自強不息。

日譯 学んでいくうちに知識の不足を感じ、教えているうちに自分の学識の乏しさを感じるようになる。自分の不足を知ってこそ、自分を顧みるようになり、自分の貧しさを知ってこそ、いっしょうめんけい向上しようとするようになるのである。

韓譯 배운 이후에야 비로소 지식의 부족한 점을 알며, 다른 사람을 가르쳐본 연후에 비로소 학문의 궁핍함을 안다. 자신의 부족한 점을 안 이후라야 스스로를 반성할 수 있으며, 곤란함을 당해본 이후라야 스스로 강해질 수 있다.

英譯 Only after learning can one realize his insufficiency of knowledge. Only after teaching others can one realize his scarcity of knowledge. Knowing his own insufficiency of knowledge, then he will reflect on himself. Knowing his own scarcity of knowledge, then he will persist in learning.

◆◆

知足則樂

原文 知足則樂，務貪必憂。

——宋・林逋《省心錄》

今釋 知道滿足就會快樂，一心貪求必定憂心忡忡。

日譯 満足を知ると楽しくなるが、貪欲に求めていると心が落ち着かなくなる。

韓譯 만족할 줄 알면 즐길 수 있고, 오로지 구하기만 힘쓰면 반드시 근심한다.

英譯 Being content is happiness. Being greedy surely brings about worries.

◆◆

知足者，貧賤亦樂

原文 知足者，貧賤亦樂；不知足者，富貴亦憂。

——宋・林逋《省心錄》

今釋 知足的人，就是貧賤也是快樂的；不知足的人，就是富貴加身也總是憂慮的。

日譯 満足を知る人は貧しくても満ち足りている。満足を知らない人は、富貴な身分であっても心配ばかりしている。

韓譯 만족할 줄 아는 자는, 빈천 또한 즐기고；만족할 줄 모르는 사람은 부귀 또한 근심한다.

英譯 The contented is happy despite poverty. The discontented is worried despite his wealth.

◆◆

知善不薦，聞惡不言，此罪人也

原文　知善不薦，聞惡不言，隱情惜己，自同寒蟬，此罪人也。

——宋·司馬光《資治通鑒》

今釋　知道有善良之人卻不推薦，聽到惡劣的行為卻不批評，隱瞞實情，保護自己，如同寒蟬一樣膽小怕事，這是罪過啊！

日譯　善良な人を知っていても推薦せず、卑劣な行為を耳にしても批判せず、真相を隠し、自分を守ろうとする者は、寒空のセミのように気が小さく臆病である。これは罪深いことだ！

韓譯　능력 있는 자를 알면서도 천거하지 않고, 악을 듣고도 비평할 줄 모르며, 실정을 감추고 자신만을 보호하며, 가을 매미처럼 걱정만 한다면, 이 사람이 곧 죄인이다.

英譯　Knowing a kind man without recommending him, realizing the evil deeds without criticisming them, concealing the truth in order to protect oneself, being as timid as the mouse, these are all sins.

(二) 踐行

実践する

실천

Practice

◆◆

行則思義

原文　君子動則思禮，行則思義。

——《左傳·昭公三十一年》

今釋　君子有所舉動就要考慮是否符合禮儀，有所作為就要考慮是否符合仁義。

日譯　君子がなんらかの言動をする時は、儀礼にかなうかどうかを考えなければならない。なんらかの行為をする時は、仁儀に合うかどうかを考えなければならない。

韓譯　군자는 거동함에 예의에 합당한가를 생각하고, 행동할 때에는 인의에 합당한가를 생각한다.

英譯　However he behaves, the superior man considers whether it accords with propriety. Whatever he does, he considers whether it accords with benevolence.

◆◆

行必果

原文　言必信，行必果。

——《論語・子路》

今釋　說話必須要守信用，做事必須要果斷。

日譯　話をする時は信用を守らなければならないし、事をなす時は思い切りが必要である。

韓譯　말은 반드시 미덥게 해야 하며, 행실은 반드시 과단성이 있어야 한다.

英譯　Whatever he says, he must be trustworthy. Whatever he does, he must be decisive.

◆◆

君子恥言過其行

原文　君子恥其言而過其行。

——《論語・憲問》

今釋　君子認爲，嘴里說的超過了實際做到的是可恥的。

日譯　君子は言ったことが実際にやり遂げたことより大きければ恥じ入る。

韓譯　군자는 그 말이 행실을 초과하는 것을 부끄러워한다.

英譯　The superior man considers it shameful to brag what one can not do in reality.

◆◆

學至於行之而止

原文　學至於行之而止矣。行之，明也，明之，為聖人。

——《荀子・儒效》

今釋　學習道理到了施行它就到頭了。施行它，才能明白道理，明白了道理，就是聖人。

日譯　道理を行動に移すところまで学べばほぼ終了である。行動に移してこそ道理が分かるようになり、道理が分かれば、もう聖人である。

韓譯　학문은 실천에 이르러 그친다. 실천하면，분명해지고，분명해지면 성인이 된다.

英譯　Learning the truth can be stopped only when what is learnt can be put into action. When acting it, one can understand the truth more. He who can understand the truth is a sage.

◆◆

行賢而去自賢之行

原文　行賢而去自賢之行，安往而不愛哉！

——《莊子・山木》

今釋　行為高尚而拋棄自以為高尚的心跡，這樣的人到哪里不受到人們的愛戴呢？

日譯 賢者は意識せずに立派な行為を行うので、誰からも愛されるだろう。

韓譯 어진 행동을 하면서도 스스로 어질다는 생각을 없애면, 어디로 가든 사랑받지 않겠는가?

英譯 If you are virtuous and do not think so, how could you fail to be loved wherever you go?

◆◆

目見之不如足踐之

原文 耳聞之不如目見之，目見之不如足踐之，足踐之不如手辨之。

——漢・劉向《說苑・政理》

今釋 耳聞不如眼見，眼見不如實踐，實踐不如親身體驗分辨。

日譯 聞くものは見たものに及ばないが、見るものは実践に及ばない。実践は自ら体得し、判断したものに及ばない。

韓譯 귀로 듣는 것은 눈으로 보는 것만 같지 못하며, 눈으로 보는 것은 발로 실천함만 같지 못하며, 발로 실천하는 것은 몸소 체험하여 판단하는 것만 같지 못하다.

英譯 Hearing with the ears is no better than seeing with the eyes. Seeing with eyes is no better than practicing and practicing is no better than experiencing in person.

◆◆

言者行之役，行者言之主

原文 言之者，行之役也；行之者，言之主也。

——漢・劉向《說苑・權謀》

今釋 言論是為實踐服務的，實踐是言論的歸宿。

日譯 言論は実践に奉仕するものであり、実践は言論の帰着先である。

韓譯 말이란 실천하기 위한 것이고, 실천은 말의 귀의처이다.

英譯 Words are to serve for action while action is the end of words.

◆◆

行理為實

原文 人之為學，心中思想，口內談論，盡有百千義理，不如身上行一理之為實也。

——明・顏元《顏習齋先生言行錄・卷下・刁過之》

今釋 人治學問，心裏面想的，嘴裏面說的，任憑它有成百上千的道理，不如身體力行一種道理來得實在。

日譯 学問を治めると、心の中で思うこと、口で話すこと、そこには幾百幾千の道理があったとしても、自ら体験し、実行して得た道理ほど確かなものはない。

韓譯 사람이 학문을 하는데, 마음속으로 생각하고, 입으로 토론하는 것이, 수 만가지 이치를 다한다 할지라도, 몸소 한 이치를 실천하는 것만 같지 못하다.

英譯 Thinking and speaking hundreds of thousands of things is incomparable with doing one thing.

◆◆

徒講而不行，遇事終有眩惑

原文 講得一事即行一事，行得一事即知一事，所謂真知矣。徒講而不行，則遇事終有眩惑。

——明・王廷相《與薛君采之二》

今釋 談論了一個道理就要施行這個道理，施行了一個道理就是知道了這個道理，這就是所謂的真正知道了。白白地談論卻不去施行，那麼遇到問題終究是迷惑的。

日 譯　ある道理を議論するならこのことを行わなければならない。道理を実行に移せばこの道理が分かったことになり、これはいわゆる真に物事を知り得たということである。議論しただけでこれを行わなければ、問題にぶつかっても結局は戸惑うだけである。

韓 譯　한가지 일을 토론하면 곧 한가지 일을 실천하고, 한가지 일을 실천하면 곧 한가지 일을 알게 되는데, 이것이 이른바 진정한 지식이다. 공연히 토론만하고 실천하지 않는다면, 일을 만났을 때 끝내 미혹됨이 있게 된다.

英 譯　After talking about one thing, one needs to put it into action. Doing one thing is knowing one thing and is real knowledge. Talking plainly without doing leads to bewilderment.

(三) 知行關係

認識と実践の関係

지행의 관계

The relationship between knowing and doing

◆◆

非知之艱，行之惟艱

原 文　非知之艱，行之惟艱。

——《尚書・說命中》

今 釋　知道並不困難，執行不容易。

日 譯　知ることは困難ではないが、実行することは容易ではない。

韓譯 안다는 것은 곤란한 일이 아니나, 행동하는 것이 오로지 어렵다.

英譯 Knowing is not difficult and doing is not easy.

◆◆

知足者富，強行者有志

原文 知人者智，自知者明。勝人者有力，自勝者強。知足者富，強行者有志。

——《老子·第三十三章》

今釋 能夠識別人的是智慧，瞭解自己的才是高明。戰勝別人是力量的表現，只有戰勝自己才算是強大。知道滿足的就是富有，努力踐行的就是有志氣。

日譯 他人を見分けられる者は知者であるが、自分を理解している者こそが明知を有している。他人に打ち勝つことは力の顕示であり、自分に打ち勝つものこそ強者である。満足を知る者は豊かであり、努力して実行する者には志がある。

韓譯 남을 아는 것은 지혜로움이고, 자기 자신을 아는 것이 비로소 큰 밝음이다. 남을 이기는 것은 힘이 있는 것이고, 스스로를 이기는 것이 진정한 강함이다. 만족할 줄 아는 것이 곧 부유함이고, 실천하고자 노력하는 자가 곧 뜻이 있는 것이다.

英譯 Wise is he who knows others, but wiser is he who knows himself. Powerful is he who can conquer others, but the more powerful is he who can conquer himself. Wealthy is he who is contented, but ambitious is he who can take action.

◆◆

聽其言而觀其行

原文 始吾於人也，聽其言而信其行；今吾於人也，聽其言而觀其行。

——《論語・子路》

今釋 過去我對於別人，是聽他怎麼說就相信他怎麼做；現在我對於別人，是聽她怎麼說，更要看他怎麼做。

日譯 以前、私は他人に対して、言葉を聞いて行いまで信用していたが、今では人に対して、言葉を聞いて、さらに彼がどんな行いをしているかを観察するようにしている。

韓譯 처음에 나는 다른 사람에 대해서, 그의 말을 들으면 그의 행동을 믿었다 ; 그런데 지금은 다른 사람에 대하여, 그의 말을 들으면 더욱 그의 행동을 살피게 되었다.

英譯 For others, I used to think they have done whatever they have said, but now I not only listen to what they are saying but also watch what they are doing.

◆◆

力行近乎仁，知恥近乎勇

原文 好學近乎知，力行近乎仁，知恥近乎勇。

——《中庸》

今釋 喜好學習就離智慧不遠了，知道身體力行就離仁義不遠了，知道羞恥就離勇敢不遠了。

日譯 学ぶことが好きなら知者に近づくことができ、身を以て実行することを知るなら、やがて仁者に近づくことができる。恥を知る人は勇者に近づくことができる。

韓譯 배우기를 좋아하면 지혜에 가깝고, 힘써 행동할 줄 알면

인에 가까우며, 부끄러움을 알면 용기에 가깝다.

英譯 Being fond of learning is not far from wisdom. Doing whatever one says is not far from benevolence. Knowing shame is not far from bravery.

◆◆

見之不若知之，知之不若行之

原文 不聞不若聞之，聞之不若見之，見之不若知之，知之不若行之，學至於行之而止矣。

——《荀子・儒效》

今釋 沒有聽說的不如聽說的，聽說的不如親眼看到的，表面看到的不如深入認識的，只是認識道理的不如付諸實踐的，從學習開始道付諸實踐，這就完備了。

日譯 なにごとも聞かないより聞くほうがいい。ただ聞くより見るほうがいい。ただ見るよりわかるほうがいい。ただわかるより実践するほうがいい。学問は実践してはじめて意味がある。

韓譯 듣지 못한 것은 들은 것만 같지 못하고, 들은 것은 본 것만 같지 못하며, 본 것은 아는 것만 같지 못하다. 또 아는 것은 실천하는 것만 같지 못하니, 배움은 실천에 이르러야 비로소 완비되는 것이다.

英譯 Not having heard something is not as good as having heard it. Having heard it is not as good as having seen it and having seen it is not as good as knowing it. Knowing something is not as good as putting it into practice. Learning reaches its terminus when it is fully put into practice.

◆◆

知止而不行，雖敦必困

原文 知止而不行，雖敦必困。

——《荀子·儒效》

今釋 知理而不付之行動，雖然知道的道理再多，也會感到困惑。

日譯 道理を知っても行動に移さなければ、いくら多くの道理を知っていても、戸惑いを感じるであろう。

韓譯 이치를 아는데서 그치고 행동하지 않는다면, 비록 아는 것이 많다고 해도 곤혹함을 느낄 것이다.

英譯 He who knows something, but has not put into practice, will certainly be reduced to bewilderment loven though he is well grounded in it.

◆◆

知欲圓而行欲方

原文 凡人之論，心欲小而志欲大，知欲圓而行欲方，能欲多而事欲鮮。

——《淮南子·主術訓》

今釋 評論一個人的優點，希望他辦事小心謹慎而志氣遠大，智慧圓通靈活而行為端正，才能傑出廣泛而事業專一。

日譯 人の長所を論じる際、彼が慎重に事を行いながら遠大な志をもち、臨機応変に知恵を働かせながら正しい行いをするよう希求すれば、優れた点が多くなると同時に事業が専門的になる。

韓譯 무릇 사람을 논하는데, 마음은 작고자 하고 뜻은 원대하고자 하며, 지혜는 원만하고자 하고 행동은 단정하고자 하며, 능력은 다양하고자 하고, 일은 분명하고자 해야 한다.

英譯 To evaluate a person's merit, we hope him to be cautious in doing things yet grand in ambition, flexible in wisdom yet upright in action, extensive in skills yet undivided in career.

◆◆

知善不行，雖有拱璧不入其門

原文 知善而不行，見義而不動，雖有拱璧之迎，吾不入其門矣。

——隋・王通《文中子・魏相篇》

今釋 知道善事因該做卻不去做，看到仁義之事卻無動於衷，對於這樣的人，就是有隆重的禮儀，我也不進他的家門。

日譯 善行をすべきだと知りながら行わず、仁儀を見ても見ぬ振りをしている。このような人に礼を尽くして迎えられても、私は彼の家の門をくぐらないだろう。

韓譯 선을 알고도 행동하지 않으며, 의를 보고도 움직이지 않으면, 비록 융숭한 예의로 맞이한다 하더라도, 나는 그 문에 들어가지 않을 것이다.

英譯 For he who know what is good but refuse doing it, see what is benevolent but remain indifferent, no matter how courteous he is, I would not even step into his home.

◆◆

知之者，不如行之者

原文 知之者，不如行之者。

——隋・王通《文中子・禮樂篇》

今釋 懂得道理的人，不如把道理付諸實踐的人。

日譯 道理を知る人は、道理を実践する人に及ばない。

韓譯 도리를 알고 있는 자라도, 도리를 실천하는 자만 같지 못

하다.

英譯 He who knows what is right is inferior to him who puts it into action.

◆◆

知行知止唯賢者

原文 知行知止唯賢者，能屈能伸是丈夫。

——宋・邵雍《伊川擊壤集・代書寄前洛陽簿陸剛叔秘校》

今釋 能夠知道什麼時候應該進行，什麼時候應該停止，只有賢良的人才能做到。能夠做到當屈時能屈，當伸時能伸，這是男子漢大丈夫。

日譯 いつ行うべきか、いつ止めるべきかを知っているのは賢者だけである。屈すべき時に屈し、伸ばす時に伸ばすことができる者が一人前の男である。

韓譯 나아가고 물러날 때를 아는 것은 오직 현명한 자가, 몸을 굽히고 펼 수 있는 것은 오직 대장부만이 능하다.

英譯 Knowing when to start and when to stop, he is an intelligent man. Knowing when to bend and when to stretch, he is a real man.

◆◆

知而不能行，只是未真知

原文 知而不能行，只是未真知。

——《河南程氏遺書》程頤語

今釋 知道了卻不能履行，這說明他還沒有達到真正知道。

日譯 分かっていながらそれを行うことができないなら、本当に分かっているとはいえない。

韓譯 알고도 실천하지 못한다면, 아직 진실로 아는 것이 아니다.

英譯 Knowing without action is not genuine knowing.

◆◆

知有淺深，則行有遠近

原文 知有淺深，則行有遠近，此進學之效也。

——《二程粹言・論學篇》

今釋 認知存在著淺薄和深刻的區別，反映到行為上就存在著志氣遠大和短小的不同，這需要通過學習來改善。

日譯 認知には深浅があり、それは行為において志の大小の差を生む。これは学ぶことにより改善されるものである。

韓譯 얕고 깊은 구별이 있어, 행동하는 데에 반영하여 멀고 가까움이 있다면, 이것이 학습을 통해 얻어지는 효과이다.

英譯 In knowing, there is a difference between shallowness and profoundness. In actions, there are differences between great or small ambitions, both of which can be improved through learning.

◆◆

知為先，行為重

原文 知行常相須，如目無足不行，足無目不見。論先後，知為先；論輕重，行為重。

——《朱子語類》卷九

今釋 知道與行動總是相互依賴的，猶如有眼無腳不能行走，有腳無眼看不見道路。論先後關係，知道為首先；論輕重關係，行動更為重要。

日譯 知ることと行動は常に相互に依存し合い、それは目があっても足がなければ歩くことはできず、足があっても目がなければ道が見えないことと同じである。その前後関係を論じれば、知ることが先にくる。その重要さについて論じれば、行動がいっそう重要である。

韓譯　안다는 것과 행동하는 것은 늘 상호 의존적인 것이어서, 마치 눈만 있고 다리가 없으면 가지 못하고, 다리만 있고 눈이 없으면 길을 보지 못하는 것과 같다. 선후관계를 가지고 말하자만 아는 것이 먼저이지만；무겁고 가벼운 것으로 따지자면 행동이 더욱 중요하다.

英譯　Knowing and doing are interdependent just as one can't walk if he has eyes but without feet and he can't see the path if he has feet but without eyes. As to the sequence, knowing is first. As to the significance, doing is more important.

◆◆

致知力行

原文　致知力行，用功不可偏，偏過一邊，則一邊受病。

——《朱子語類》卷九

今釋　達到認知和努力踐行，這兩種功夫都不可偏頗，偏頗一邊，就使另一邊受到損害。

日譯　認知に到達してその実行に努める、そのどちらの努力も偏ってはならない。片方に偏れば、もう一方に損害を来たすことになる。

韓譯　앎에 이르고 힘써 행동하는 것은, 두 공부 모두 치우쳐서는 안 된다. 어느 한쪽으로 치우치면, 다른 한쪽은 손해를 받게 된다.

英譯　As regard to knowing and acting, one should not swerve on either side. If one side is favored, the other will be damaged.

◆◆

知之愈明，則行之愈篤；行之愈篤，則知之愈明

原文 知之愈明，則行之愈篤；行之愈篤，則知之愈明。

——《朱子語類》卷十四

今釋 認知越是明澈，那末踐行也就更是徹底；踐行越是徹底，那末認知也就更是明澈。

日譯 認知が冴えれば冴えるほど行動が徹底される。行動が徹底すればするほど、認知が更に冴える。

韓譯 아는 것이 더욱 명철해지면, 실천하는 행동 또한 더욱 독실해 진다. 행동이 더욱 독실해 지면, 지혜로움 또한 더욱 밝아진다.

英譯 The clearer his knowledge is, the more thorough his action is. The more thorough his action is, the clearer his knowledge becomes.

◆◆

知善不行者謂之狂

原文 知善不行者謂之狂，知惡不改者謂之惑。

——《太平御覽・疾患部》

今釋 明明知道對自己有益的事情卻不去履行的，這就是狂妄；明明知道對自己有損害的事情卻屢做不改的，這就是迷惑。

日譯 明らかに自分のためになると知りながらこれを実行しないことを高慢という。明らかに自分の損になると知りながらこれを改めようとしないことを惑いという。

韓譯 선을 알면서도 행동하지 않는 것을 망령되다 이르고, 악을 알면서도 고치지 않는 것을 미혹됨이라 한다.

英譯 Knowing clearly what is good for him but without doing is called arrogance. Knowing clearly what is bad but still doing it is called bewilderment.

◆◆

知是行之始，行是知之成

原文 知是行的主意，行是知的功夫；知是行之始，行是知之成。

——明・王守仁《傳習錄》

今釋 知識是行動的指導，行動是知識的實施；知識是行動的開始，行動是知識的成果。

日譯 知識は行動を導くものであり、行動は知識を実行に移すことである。知識は行動の始まりであり、行動は知識の成果である。

韓譯 지식은 행동의 취지이며, 행동은 지식의 공부이다；지식은 행동의 시작이며, 행동은 지식의 완성이다.

英譯 Knowledge is the guidance of action while action is knowledge put into practs of knowledge. Knowledge is the beginning of action while action is the result of knowledge.

◆◆

知行合一

原文 我今說個知行合一，正要曉得一念發動處便是行了。發動處有不善，就將這不善的念克倒了，徹根徹底不使那一念不善潛伏在胸中。

——明・王守仁《傳習錄》

今釋 我講知行合一，目的是讓人知道當一個念頭萌發時，踐行的步驟也就開始了。這發動之處如有不善的東西存在，就把這不善的念頭克制住，消滅推翻它，徹頭徹尾地不讓那不善的念頭潛伏在胸中。

日譯　私が知ることと行うことを一致させると説くのは、ある考えが芽生えた時、実践も同時に始まっているということを皆に知ってもらうためである。始まりにおいてよくないものがあれば、このよくない考えを克服し、消し去って、このような考えが心の中に浮かぶ余地を与えないことである。

韓譯　내가 지금 지행합일을 설명하는 것은, 바로 하나의 생각이 일어날 때 곧 실천할 것을 깨닫게 하는 것이다. 생각이 일어나는 곳에 불선한 것이 있으면, 곧 이 불선한 생각을 극복하여, 철두철미하게 이 불선한 생각이 가슴 속에 잠복되지 않게 해야 한다.

英譯　When I talk about the unity of knowledge and action, I mean whenever something appears in the mind, the action starts. If there is something bad in the mind, one needs to restrain it and get rid of it until the evil thoughts have been completely removed from one's mind.

◆◆

知行終始不相離

原文　知行終始不相離。

——清・王夫之《讀四書大全說》

今釋　認知與踐行始終是分不開的。

日譯　知ることと行うことは終始分けることができないものである。

韓譯　아는 것과 행동하는 것은 처음부터 끝까지 서로 떨어질 수 없다.

英譯　Knowledge and action can never be separated.

◆◆

行可兼知而知不可兼行

原文　且夫知也者，故以行為功者也；行也者，不以知為功者也。行焉可以得知之效也，知焉未可以得行之效也。……行可兼知，而知不可兼行。

——清・王夫之《尚書引義・說命中》

今釋　認知這東西，本是通過行動才能發揮作用；而踐行這東西，卻不需要借助認知就能發揮作用。踐行可以獲得認知的功效，認知卻不能獲得踐行的功效。……踐行中可以包含著認知，而認知的過程卻不能包含著踐行。

日譯　知というものは、元来行動により効力を発揮するものである。しかし実践というものは、その役割を発揮するのに知を必要としない。実践は知の効果を得ることができるが、知は実践の効果を得ることができない。……実践の中に知が含まれることはあるけれども、知の過程に実践が含まれることはない。

韓譯　대저 안다는 것은, 행동을 통하여 비로소 작용이 발휘되는 것이나；행동한다는 것은, 아는 것으로 작용을 발휘할 수 없다. 실천은 지혜를 얻는 효과가 있지만, 아는 것은 실천의 효과를 얻을 수 없다. ……행동은 아는 것을 겸할 수 있지만 아는 것은 행동을 겸할 수 없다.

英譯　Knowledge can be revealed by action whereas action does not depend on knowledge to be revealed. Action may have the effects of knowledge, but knowledge can not have the effects of action. Action includes knowledge, but the process of gaining knowledge does not include action.

◆◆

知所不豫，行且通焉

原文　知所不豫，行且通焉。

——清·王夫之《思問錄·內篇》

今釋　如果認知上還有不太明白的事，只要付諸實踐，也就會弄通了。

日譯　認知上、まだはっきりしない事があったとしても、実践すればすぐ分かるようになる。

韓譯　지식은 예상하지 못한 것이 있을 수 있지만, 다만 실천이 따랐을 때 완전히 통할 수 있다.

英譯　If there is something unclear in knowledge, just put it into action, and it will soon be clear.

◆◆

知行為二，雖知猶無知，雖致猶不致

原文　知行為二，雖知猶無知，雖致猶不致。

——清·唐甄《潛書·知行》

今釋　把認知與踐行割裂為二，雖然有知識猶如沒有一樣，雖然有所作為猶如沒有作為一樣。

日譯　認知と実践を二つに切り離したら、知識があってもないのと同じであり、なにか為したところで為さらざることと同じである。

韓譯　지식과 실천은 둘로 나눌 수 있는 것은, 비록 안다고 하지만 무지와 같을 수 있고, 행위를 하는 것은 하지 않은 것과 같을 수 있기 때문이다.

英譯　If knowledge and action are split into two, there will be no knowledge and action though actually there is.

(四)格物

格物つまり「窮理」は、心の理と事物の理が分離していて、それを統一することが求められるのである。

격물

Studying

◆◆

仰則觀象於天，俯則觀法於地

原文 仰則觀象於天，俯則觀法於地，觀鳥獸之文與地之宜，近取諸身，遠取諸物。

——《周易・繫辭下》

今釋 抬頭觀察天象，低頭觀察地形，還觀察鳥跡獸蹄與地上的植物，近的取自身體，遠的取自萬物。

日譯 頭をもたげて天象を観察し、頭を下げて地形を観察し、また鳥の爪跡やけもののひづめ、地上の植物を観察し、近くは自分自身の体から取り、遠くは万物から取る。

韓譯 우러러 하늘의 상을 관찰하고, 굽어 지형을 관찰하며, 새와 짐승의 무늬와 지상의 식물을 관찰하며, 가까이는 자신에게서 취하고 멀리로는 만물에게서 취하였다.

英譯 Looking up, he contemplated the brilliant forms exhibited in the sky, and looking down he surveyed the patterns shown on the earth. He contemplated the footprints and trails of birds and beasts and the different fertility of the soil. Near at hand, in his own person, he found things for consideration and the in things in general in the distance.

◆◆

萬物皆備於我

原文 萬物皆備於我矣。反身而誠，樂莫大焉。

——《孟子・盡心上》

今釋 萬事萬物我都具備了。反躬自問而覺得誠實無假，這是最大的快樂。

日譯 私は万物のすべてを備えている。我が身を振り返ってみて誠実で偽りがないと感じるなら、これは最大の快楽ではないか。

韓譯 모든 일과 만물이 나에게 모두 갖추어져 있다. 자신의 몸을 돌이켜보아 성실하면, 이보다 더 큰 쾌락이 없다.

英譯 Everything is here in me. It is the greatest happiness for me to know, when examining myself, that I am true to myself.

◆◆

薪盡火傳

原文 指窮於為薪，火傳也，不知其盡也。

——《莊子・養生主》

今釋 作為點火用的火燭，總會燃燒盡的，然而火種卻傳了下去，永遠沒有止盡。

日譯 薪を火にくべると燃え尽きてなくなってしまうが、火種は伝わっていき永遠に尽きることはない。

韓譯 손가락은 불붙이는 일을 다 했지만, 불은 계속 타 내려가, 영원히 꺼질 줄 모른다.

英譯 The faggots and the firewood may be consumed, but the fire will burn on. No one knows when the fire will end.

◆◆

人皆知有用之用，而莫知無用之用

原文 桂可食，故伐之；漆可用，故割之。人皆知有用之用，而莫知無用之用也。

——《莊子・人間世》

今釋 桂樹因為可以食用，所以被人砍伐；漆樹因為可以使用，所以被人割裂。人們都懂得有用的用途，而不知道無用的用途。

日譯 桂樹は食べることができるので伐採される。ウルシの木は使うことができるので切られる。人々はたいがい有用の用を知っているが、無用の用を知らない。

韓譯 계수나무는 먹을 수 있기 때문에 베어지고；옻나무는 쓸모 있기 때문에 쪼개진다. 사람들은 모두 쓸모 있는 것의 쓸모는 알아도, 쓸모없는 것의 쓰임은 알지 못한다.

英譯 Cinnamon trees are edible, and so they are cut down. Varnish trees are useful, and so they are slashed. Everyone knows the usefulness of being useful, but does not know the usefulness of being useless.

◆◆

鳧脛雖短，續之則憂；鶴脛雖長，斷之則悲

原文 長者不為有餘，短者不為不足。是故鳧脛雖短，續之則憂；鶴脛雖長，斷之則悲。

——《莊子・駢拇》

今釋 長的並非都是多餘的，而短的並非都是不足的。因此，野鴨的腿雖短，給它加長就會難受；仙鶴的腿雖長，給它斷去一截就會悲傷。

日譯 長いものがすべて余分なわけではなく、短いものがすべて不足しているわけでない。カモの足は短いが、それを長くすればちょっと具合がわるい。ツルの足は長いが、それを切ったら哀れである。

韓譯 길다고 그것이 남은 것이라 여기지 않으며, 짧다고 그것이 부족한 것이라 여기지 않는다. 그리하여 물오리는 다리가 비록 짧지만 그것을 길게 이어주면 괴로워하고, 두루미의 다리는 비록 길지만, 그것을 잘라주면 상심한다.

英譯 Being long is not to be considered superfluous and being short is not to be considered deficient. Thus, short as its legs are, the duck will come to trouble if we stretch them out. Long as the legs are, the crane will come to grief if we cut them short.

◆◆

臭腐複化為神奇，神奇複化為臭腐

原文 萬物一也。是其所美者為神奇，其所惡者為臭腐；臭腐複化為神奇，神奇複化為臭腐。故曰：通天下一氣耳。

——《莊子・知北游》

今釋 天下萬物都是一樣的，只不過是人們把自己所喜愛的東西視為神奇，而把所厭惡的東西視為腐臭。隨著好惡的改變，腐臭的又變化為神奇，神奇的又變化為腐臭。所以說，貫通天下生死的是一氣為之而已。

日譯 天下の万物はすべて同じであるが、人々が自分たちの好きなものを神秘的とみなし、嫌いなものを腐っていて臭いと見なしているだけである。好き嫌いの変化に従って、腐って臭いものが神秘的になったり、神秘的なものが腐って臭いものになったりするのである。したがって、天下の万物は一気の離れ集まりの連続な循環であって一からなるものだというべきである。

韓譯 천하 만물은 모두 같다. 그런데 사람들은 아름다우면 신기하다 하고, 추악하면 썩은 냄새가 난다고 한다；썩은 것은 다시 변화하여 신기하게 되고, 신기한 것은 다시 변화하여 썩은 냄새가 나는 법이다. 때문에 천하는 하나의 기로 통하는 것이다.

英譯 All things in the world are in the same circle of life and death. Thus, beauty can be considered as something miraculous while ugliness can be considered obnoxious. Something obnoxious can be transformed into something miraculous and something miraculous can be transformed into something obnoxious. So it is said, "everything in the world is attributed to the same vital energy."

◆◆

致知在格物

原文 致知在格物，物格而後知致。

——《大學》

今釋 達到認知的途徑在於考究事物，事物之理被考究出來了，對事物的認知也就完成了。

日譯 認知に達する方途は物事を探究することであり、物事の道理が探究されれば物事の認知に達する。

韓譯 지식에 이르는 것은 사물의 이치를 궁구함에 있고, 사물의 이치를 궁구한 이후에 지식이 완성되어 진다.

英譯 The path to knowledge lies in studying. After the study, knowledge of the things can be obtained.

◆◆

誠能成物

原文　誠者物之終始，不誠無物。是故君子誠之為貴。誠者非自誠己而已也，所以誠物也。

——《中庸》

今釋　“誠”貫徹於一切事物的起點和終點，沒有“誠”就沒有事物。所以君子最重視“誠”。“誠”不僅僅成就自己，而且成就一切事物。

日譯　「誠（まこと）」はすべての物事の始まりと終わりを貫くもので、「誠」がなければ物事は存在しない。したがって君子は最も「誠」を重視する。「誠」は自分自身を成就させるだけではなく、すべての物事を成就させるものである。

韓譯　‘성’ 은 사물의 시작과 끝을 관철하며, ‘성’ 이 없으면 사물도 없게 된다. 이 때문에 군자는 ‘성’ 을 귀중하게 여긴다. 성은 스스로 자신을 완성할 뿐 아니라 일체의 사물도 성취시켜 준다.

英譯　Honesty is the beginning and end of all the things. Without honesty, nothing can exist. So the superior man values honesty most since honesty can not only perfect oneself but also perfect everything.

◆◆

一分為二

原文　八卦相錯，然後萬物生焉。是故一分為二，二分為四，四分為八，八分十六，十六分為三十二，三十二分為六十四。

——宋・邵雍《皇極經世全書・觀物外篇》

今釋　八卦相互錯綜組合，然後產生了萬物。所以說萬物是由“一”

不斷地兩分而成的，諸如一分為二，二分為四，直至無限。

日譯　八卦の相互に入り込んだ組合せから万物が生じる。それゆえに万物は「一」から絶えず二分される。一が二になり、さらに二が四になり、四が八になり、これが無限に繰り返される。

韓譯　팔괘가 서로 섞이고 조합된 연후에, 만물이 생겨난다. 이런 연유로 하나로 부터 둘로 나뉘고, 둘은 넷으로 나뉘고, 넷은 팔로 나뉘고, 팔은 십육으로 나뉘며 십육은 삼십이로 나뉘고, 삼십이는 육십사로 나뉜다.

英譯　The eight diagrams are intertwined with each other and combined together, producing all things. So we may see that all things are produced when one thing is divided into two, two to four, until infinity.

◆◆

以物觀物

原文　以物觀物，性也；以我觀物，情也。性公而明，情偏而暗。

——宋・邵雍《皇極經世全書・觀物外篇》

今釋　用萬物之理去觀察和對待萬物，反映出的是本性；用主觀的我來觀察和看待萬物，反映出的是私情。本性是普遍而明晰的，而私情是偏執而不明的。

日譯　万物の理を以って万物を観察し対処すれば、そこに反映されるのは本性である。主観的な我を以って万物を観察し、評価すれば、そこに私的な感情が反映される。本性は普遍的ではっきりしているが、私的な感情はいこじで暗い。

韓譯　만물의 이치로 만물을 관찰하면, 본성을 반영하고；주관

적 나로부터 만물을 관찰하면 사사로운 정을 반영한다. 본성은 보편적이고 명석하지만, 사사로운 정은 치우치고 어둡다.

英譯 Observing things in the way as it is reflects nature. Observing things with the subjective eyes reflect subjective opinions. Being natural is universal and clear while being subjective is prejudiced and vague.

◆◆

能以物觀物，而兩不相傷

原文 觀物之樂複有萬萬者焉，雖有死生榮辱轉戰於前，曾未入於胸中，則何異四時風花雪月一過乎眼也。誠為能以物觀物，而兩不相傷者焉，蓋其間情累都忘去爾。

——宋・邵雍《伊川擊壤集序》

今釋 觀物所帶來的快樂豈止千千萬萬，就是生死榮辱這樣的大喜大悲的事情相繼出現在眼前，也不會侵擾心胸，不異於四季的風花雪月在眼前一晃而過。如果確實能夠以物觀物，就會使心與物兩不相傷害，這是因為觀物中的情性牽累都拋在了腦後。

日譯 物を観る楽しみは幾千幾万あるというだけではない。生死や栄辱のような大事が次々と目の前で起こっても、心が掻き乱されることはなく、四季の花鳥風月が目の前であっというまに通り過ぎてゆくこととなんら変わりはない。確かに物を以って物を観ることができるならば、心と物を傷つけ合わないようにすることができる。これは物を観る雑念を頭から追い払っているからである。

韓譯 관물에 따른 쾌락이 어찌 천천만만에 그치겠는가? 비록 죽고, 살고, 영화로움과 욕됨이 눈앞에서 갈마든다 해도,

가슴속에 들어오지 않으면 어찌 사계절의 풍화와 설월이 눈앞을 지나가는 것과 다르리오. 만약 확실히 만물의 이치로 만물을 볼 수 있다면, 마음과 물, 둘 모두 서로 상하지 않을 것이다. 그것은 만물 중의 실정에 매달려 있던 것들이 모두 머릿속에서 잊혀 지기 때문이다.

英譯 Happiness from observing things is countless. Great happiness and sadness such as life and death, pride and shame will occur in succession without disturbing one's mind, just as the wind, flowers, snow and the Moon in the four seasons fleeting past one's eyes. If one can observe things with the eyes of things, neither the mind nor the things will be hurt since all of the feelings from observing things will be forgotten behind.

◆◆

天地萬物之理，無獨必有對

原文 天地萬物之理，無獨必有對，皆自然而然，非有安排也。

——《河南程氏遺書》程顥語

今釋 天地萬物的道理，都是兩兩相對的，沒有單獨一方面的存在，這都是自然而然的事情，並非有意的安排。

日譯 天地万物の理は、すべて対になっている。片方だけが存在するのではない。これは自然なものであり、決して意図的に手配されたものではない。

韓譯 천지 만물의 이치는, 홀로 있는 것이 아니라 반드시 상대적이다. 이것은 모두 자연의 자연스러운 이치이지, 억지로 그렇게 안배한 것이 아니다.

英譯 All things exist in the form of opposing pairs. Nothing exists alone. They are all arranged by nature, not by human intentions.

◆◆

即物窮理

原文　所謂致知在格物者，言欲致吾之知，在即物而窮理也。

——宋・朱熹《大學・格物補傳》

今釋　所謂的達到認知的途徑在於考究事物，說的是想要讓我達到認知，就在於接觸事物而窮究它的道理。

日譯　知に達する道は物事を推し究めることであり、私を認知に到達させるには、事物に接し、その道理を深く究めることだと言うのである。

韓譯　이른바 앎에 이르는 것이 사물을 궁구함에 있다는 것은, 내가 앎에 이르고자, 사물을 접촉하여 그 이치를 궁구해야 함에 있다는 것을 말한 것이다.

英譯　The path towards knowledge lies in studying. That is, if you want to know something, you should come into contact with it and study it.

◆◆

格物致知

原文　格物致知，便是要知得分明；誠意、正心、修身，便是要行得分明。

——《朱子語類》卷十四

今釋　推究事物之理來達到認知，就是要求認識得深刻明白；講究誠意、正心和修身，就是要求一舉一動都分明得體。

日譯　事物の道理を探究して認知に達するには、認識を深め、はっきりさせることである。誠意、正直な心や修身を重んじ、一挙一動がすべて明らかで適切であるようにすべきである。

韓譯　사물의 이치를 추구하여 앎에 이르고자 하는 것은, 곧 지식을 더욱 깊고 명백하게 하고자 함이다 ; 뜻을 성실히 하여 마음을 바르게 하고 몸을 닦으며, 행위가 분명하게 되도록 하고자 할 것이다. 일거일동에서 모두 분명히 체득할 수 있을 것이다.

英譯　Knowing through studying is to know clearly, honestly, uprightly and decently, is to be clear and correct in every single act.

◆◆

致知、格物，只是一事

原文　致知、格物，只是一事，……格物，以理言也；致知，以心言也。

——《朱子語類》卷十五

今釋　達到認知和推究事物之理，指的是同一件事，……推究事物之理，是從道理上說；達到認知，是從心思上說。

日譯　認知に到達するということと物事の道理を探究するということは同じことを指している。……物事の道理の探究は、道理の面から説いているのであり、認知に到達するというのは、考えの面から説いているのである。

韓譯　지식에 이르는 것과 사물의 이치를 추구하는 것은, 다만 같은 일이다. ……사물의 이치를 추구하는 것은 이치로 말한 것이요 ; 지식에 이르는 것은 마음으로 말한 것이다.

英譯　Knowing and studying are the same thing. From the perspective of the theory, it is studying. From the perspective of the mind, it is knowing.

◆◆

格物謂實做其事

原文 格字乃手格猛獸之格，格物謂犯手實做其事。

——明・顏元《顏習齋先生言行錄・卷上・剛峰》

今釋 （“格物”的）“格”字就是徒手格鬬猛獸的“格”，“格物”就是說用手切實地去做事。

日譯 （「格物」の）「格」という字は素手で猛獣と格闘する「格」であり、「格物」とはつまり手を使って適切に事をおこなうという意味である。

韓譯 ‘格’ 이라는 글자는 맨손으로 맹수와 격투한다는 것으로, ‘格物’ 은 손을 써서 실제로 그 일을 하는 것을 말한다.

英譯 Literally, the word Ge means capturing animals with bare hands. Ge Wu means doing things with one’s own hands.

◆◆

知之方有二：格物，致知

原文 夫知之方有二，二者相濟也，……博取之象數，遠證之古今，以求盡乎理，所謂格物也。虛以生其明，思以窮其隱，所謂致知也。

——清・王夫之《尚書引義・說命中二》

今釋 了解事物的方法有兩種，兩種方法互為補充，……廣泛地觀察物象和數目，用古往今來的經驗來證實，希望能夠窮盡其中的道理，這就是“格物”。排除心裏的固有觀念從而能夠看得更加明白，努力思索以探究其中隱秘的道理，這就是“致知”。

日譯 物事を理解する方法には二つあり、この二つの方法は相互補完しあっている。……物象と数を広く観察し、古今の経験に照らし合わせて実証し、その中の道理を徹底的に究めたいと望むこと、これを「格物」という。心のなかのこだわりを取り除くことによって物事が更にはっきり見えるようになり、その中に隠された道理の探究に努めようとすること、これを「致知」という。

韓譯 대저 지식의 방법에는 두 가지가 있는데, 두 가지 방법은 서로 보완된다, ……물상과 수목을 광범하게 관찰하며, 고금의 경험을 실증하여, 그 안의 이치를 다 구하는 것이, 곧 格物이요. 마음을 비움으로써 그 밝음이 자라고, 사색에 힘써 은미한 것을 탐구해가는 것이, 곧 致知이다.

英譯 There are two ways to get to know things, and they are complementary. One is called Ge Wu, that is, observing extensively the objects and figures and trying to exhaust the meanings in it with the experiences from the past to the present. The other is called Zhi Zhi, that is, excluding all the other external forces in order to probe for the hidden truth in a thing.

以民為本

国民本位

이민위본

On People as the Prime Concern

七　以民為本

国民本位

이민위본

On People as the Prime Concern

以民為本的認識與學說是中國傳統思想文化的精華，它包括了諸如貴民、重民、富民、愛民與養民等方面的論述。從《尚書》的“民主”意識到《孟子》的“民為貴，社稷次之，君為輕”和《晏子春秋》“以民為本”的主張，再到近代譚嗣同的“非君擇民而民擇君”的民主主義，無不閃爍著真理的光輝。

人民本位の認識と学説は中国の伝統的な思想や文化の真髄であり、そこには人民を尊ぶこと、重んじること、豊かにすること、愛すること、養うことなどが説かれている。『尚書』にある「民主」の観念から『孟子』の「民を貴しとし、社稷これにつぎ、君を軽しとなす」という言葉、また『晏子春秋』の「民を本となす」という主張、さらには近代、譚嗣同の唱えた「君が民を選ぶにあらず、民が君を選ぶ」という民主主義の思想に至るまで、これらは時を経ても真理の輝きを放っている。

백성으로 근본을 삼는다는 인식과 학설은 중국 전통사상과 문화의 정수로, 그것은 여러 貴民、重民、富民、愛民과 養民 등의 여러 이론을 포함하고 있다. 《尙書》의 민주의식에서 부터《孟子》의 “백성이 귀하고 사직이 다음이며, 군주가 가장 가볍다” 는 의식과《晏子春秋》의 “백성으로 근본을 삼는다” 는 주장에서부터, 다시 근대 담사동의 “군주가 백성을 선택하는 것이 아니라 백성이 군주를 선택 한다" 는 민주주의는, 찬란한 진리의 광채가 아닌 것이 없다.

The concept and theory of people interest as prime concern is the elite of traditional Chinese ideas and cultures, which includes such ideas as putting people in the first place, respecting people, creating wealth for people, loving people and raising people, etc. All of the past classics shed light into this glorious truth from the democratic idea of Book of Shang to the idea of "people the first, country the second and the king the least" in Mencius, to the people as the prime concern in Spring and Autumn of Yanzi, to the recent democratic proclamation of Tan Ci-Tong that it was people who elected the sovereign rather than the sovereign selected people.

(一) 貴民為民

国民に尊重し奉仕する

귀민위민

Respect People and Work for People

◆◆

民為邦本，本固邦寧

原文 民可近，不可下。民惟邦本，本固邦寧。予視天下，愚夫愚婦，一能勝予。

——《尚書·五子之歌》

今釋 人民只可親近，不可以輕賤。人民是國家的根本，根本牢固了，國家才能安寧。我看天下的事情，就是一般愚笨的人，也能勝過我。

日 譯　人民は親しくすることはできても、見下してはいけない。人民は国の根本であり、根本が堅固になれば、国は安寧になる。天下を見てみれば、普通の愚かな者でも私に勝つことができる。

韓 譯　백성은 가까이 할 수는 있어도 하대해서는 안 된다. 백성은 오직 나라의 근본이니, 근본이 견고해야 나라가 편안하다. 내가 천하를 보니, 어리석은 지어미와 지아비들이라 할지라도 모두 능히 나보다 낫다.

英 譯　People are to be love, not to be slighted. People are the foundation of a country. Only when the foundation is stabilized, can the country enjoy stability and security. If I look at things of the world this way, even the stupid men and women can be won over.

◆◆

天之愛民甚矣，豈使一人肆於民上

原 文　天之愛民甚矣，豈使一人肆於民上，以從其淫，而棄天地之性？必不然矣。

——《左傳・襄公十四年》

今 釋　上天是非常愛護人民的，怎能讓一個人在人民頭上作威作福，以此滿足自己的私欲，而違背天地愛民的本性？必定不能的。

日 譯　天はたいへん人民を愛護している。人民の頭上にあぐらをかいて威張り、権力を濫用して私欲を満たすことがどうして許されようか。人民を愛する天地の本性に背いてはならない。これは決して許されないことだ。

韓 譯　하늘은 백성들을 아주 사랑한다. 그러니 어찌 한사람이

백성들 위에서 마음대로 하며, 자신의 사사로운 욕심을 채움으로써, 천지 애민의 본성을 어기게 할 수 있겠는가? 그러니 절대 그리해서는 안 된다.

英譯 Heaven loves people so much. How could it possible for it to let one person stand above all the other people to do evils to satisfy his own private desires without obeying heaven's nature of loving people? Definitely impossible.

◆◆

民無信不立

原文 子貢問政。子曰："足食，足兵，民信之矣。"子貢曰："必不得已而去，於斯三者何先？"曰："去兵。"子貢曰："必不得已而去，於斯二者何先？"曰："去食。自古皆有死，民無信不立。"

——《論語・顏淵》

今釋 子貢問治理國家之事。孔子說："糧食充足，軍備完整，百姓對國家信任。"子貢說："如果不得已要去掉一項，那麼這三項中先去掉哪一項呢？"孔子說："去掉軍備。"子貢說："如果迫不得已要再去掉一項，那麼在剩下的兩項中先要去掉哪一項呢？"孔子說："去掉糧食。因為自古以來人都免不了一死，如果百姓不信任國家，國家就無法存在。"

日譯 子貢が政治のことを尋ねた。孔子は「食料を充足し、軍備をととのえ、人民には政治を信頼させることだ」と答えた。子貢が「やむをえない理由でこの三つのうち一つを捨てるとすればどれを先にしますか」と問うと、先生は「軍備を捨てる」と答えた。さらに「やむをえずこの二つのうち一つを捨てるとすればどれを先にしますか」と問うと、先生は「食料を捨てる。食料がなければ人は死ぬが、昔から死はつきものだ。人民が国を信用しなくなると国は存続できなくなる」と答えた。

韓譯 자공이 국가를 다스리는 일에 대해 물었다. 공자께서 말씀하시길："먹을 것이 충족되고, 군대가 갖추어지면, 백성들은 국가에 대해 신의를 지킬 것이다." 자공이 말하였다："만약 부득이해서 이 세 가지 중에 하나를 버린다면 무엇을 먼저 합니까?" 공자께서 말씀하셨다. "군대를 버려야 한다." 자공이 말하였다. "만약 또 부득이해서 다시 한 가지를 버린다면 무엇을 먼저 합니까?" 공자께서 말씀하셨다. "양식을 버려야 한다. 왜냐하면, 예로부터 사람은 누구나 다 죽음을 면할 수 없거니와, 만약 백성이 국가를 믿지 못한다면 국가는 존재할 방법이 없기 때문이다."

英譯 Zi Gong asked what was needed for government. Confucius said, "Sufficient food, sufficient armaments, and common people's trust in the government." Zi Gong asked, "Suppose you were forced to be without one of the three, which one would you get rid of first?" "Armaments". He went on asking, Confucius said, "Food. Although man will die of hunger without food, man has been destined to die since time immemorial but if people lose their trust in the government then the country has lost its basis."

◆◆

百姓足，君孰與不足

原文 百姓足，君孰與不足？百姓不足，君孰與足？

——《論語・顏淵》

今釋 老百姓的用度充足了，你怎麼會不夠？如果老百姓的用度不足，你怎麼又會夠？

日譯 万民が十分だと言うのに、あなたはどうして足りないというのでしょう。万民が足りないと言うのに、あなたはなぜ十分だというのでしょう。

韓譯 백성이 풍족하다면 군주가 누구와 더불어 부족할 것이며, 백성이 풍족하지 못하다면 군주가 누구와 더불어 풍족하겠는가?

英譯 How can you fail to get enough when the people have enough? How can you get enough when the people do not have enough themselves?

◆◆

因民之所利而利之

原文 子張曰：“何謂惠而不費？”子曰：“因民之所利而利之，斯不亦惠而不費乎？”

——《論語・堯曰》

今釋 子張問：“什麼叫做惠及百姓，而國家又不耗費呢？”孔子說：“根據百姓的利益要求，引導他們做得利的事情，這樣不就既讓百姓得到恩惠，國家也沒有大的耗費了嗎？”

日譯 子張が「庶民に恩恵を与えても国は浪費しないとはどういうことですか」と尋ねると、孔子は「庶民の望みにどおりに利益を得させよう導くことだ。これこそが庶民に恩恵を与えて、国は浪費しないことではなかろうか」と答えた。

韓譯 자장이 물었다 : “무엇이 백성에게 은혜로우며, 또 낭비하지 않는 것입니까?” 공자께서 대답하셨다 : “백성들이 이롭게 여기는 것을 근거로 그들의 이익을 얻을 수 있는 일로 인도하는 것, 이것이 백성에게 은혜롭되, 낭비하지 않는 것이 아니겠는가?”

英譯　Zi Zhang asked, "Would you please explain to me what is 'benefiting people without the government spending too much government?'" Confucius said, "Guide people to do what is beneficial for them based on their own interests, then people can have the benefits and the government don't need to spend too much."

◆◆

博施於民

原文　博施於民而能濟眾。

——《論語・雍也》

今釋　給予老百姓多方面的好處，又能夠救濟廣大的群眾脫離困難。

日譯　庶民にひろく恩恵を与え、大勢の民衆を救済し、困窮から脱却させる。

韓譯　백성들에게 널리 은혜를 베풀어 많은 사람들의 곤란을 구제할 수 있다.

英譯　Bring people bountiful benefits and save the common people from difficulties.

◆◆

以民為本

原文　卑而不失尊，曲而不失正者，以民為本也。苟持民矣，安有遺道？苟遺民矣，安有正行焉？

——《晏子春秋・內篇問下之二十一》

今釋　地位雖低卻不失尊嚴，處境委曲卻不失中正的的人，是因為他們能把人民當成根本。如果能夠把握人民的意向，怎末會有丟掉原則的事情呢？如果把人民的利益丟在腦後，怎末能夠有中正的行動呢？

日 譯　地位が低くても尊厳を保っており、窮地に立たされても中正を失わないのは、彼らが人民を根本としているからである。人民の意向をとらえることができるならば、どうして原則をなくしてしまうようなことがあろうか？人民の利益を忘れてしまえば、どうして中正の行動が取れようか？

韓 譯　지위는 비록 낮으나 존엄함을 잃지 않고, 왜곡된 처지에서도 바름을 잃지 않은 사람은, 백성으로 근본을 삼았기 때문이다. 만약 진실로 백성들의 뜻을 지키고자 한다면 어찌 원칙을 버릴 수 있을 것이며, 백성의 이익을 버리고자 한다면, 어찌 바른 행동을 할 수 있겠는가？

英 譯　The secret of never losing one's dignity in low position and never losing one's uprightness in adversaries is because he always considers people's interest as the basis. If one can grasp what people are thinking, how can the principle be lost? If one forgets people's interest, how can he remain upright?

◆◆

意莫高於愛民，行莫厚於樂民

原 文　意莫高於愛民，行莫厚於樂民。……意莫下於刻民，行莫賤於害民。

——《晏子春秋・內篇問下之二十一》

今 釋　思想沒有比愛民更為高尚的了，行為沒有比讓民快樂更為敦厚的了。……反之，思想沒有比苛刻百姓更為卑下的了，行為沒有比損害百姓更為下賤的了。

日 譯　人民を愛するという思想より崇高なものはないし、人民を快く楽しませるという行為より篤実なものはない。……これに反して、庶民に苛刻な要求をするという思想より卑しいものはないし、庶民に損害を与えるという行為より賎しいものはない。

韓 譯　뜻은 백성을 사랑하는 것보다 더 높은 것이 없으며, 행동은 백성을 즐겁게 해주는 것보다 더 두터움이 없다. …… 뜻은 백성에게 가혹하게 하는 것보다 더 낮은 것이 없고, 행위는 백성을 해치는 것보다 더 천한 것이 없다.

英 譯　No thought is loftier than loving people and no act is more sincere than making people happy. On the contrary, no thought is meaner than mistreating people and no act is more obnoxious than harming people's interest.

◆◆

為萬民興利除害，富民眾寡，安危治亂

原 文　立正長也，非高其爵、厚其祿、富貴佚而錯之也，將以為萬民興利除害，富民眾寡，安危治亂也。

——《墨子・尚同中》

今 釋　古代設置行政長官的目的，並非是為了提高他們的爵位、增加他們的俸祿、讓他們安逸才安排的。是為了讓這些官員替百姓興利除害，使貧窮的富裕起來，使人口少的多起來，讓危險的安定起來，使動亂的局面得到治理。

日 譯　古代に行政長官という職が設けられたのは、彼らの爵位を高めたり、彼らの俸禄を増やしたり、安逸に過ごさせるためではなかった。官吏たちが庶民の利を図り、弊害を取り除き、困窮者を豊かにさせ、人口を多くしたり、危険な情勢を安定させ、動乱を制するためであった。

韓 譯　옛날 행정장관을 세운 목적은, 그들의 작위를 높이고, 그

들의 봉록을 더하여, 부귀하고 편히 지내라는 조치가 아니라, 장차 만백성들을 유익하게 해주어 재난을 없애며, 백성들을 부유하게 하고 적은 것을 많게 하며, 위태로운 것을 편안하게 하고 어지러운 것을 다스려 주라는 것이었다.

英譯 The purpose of setting up the administrative governors in ancient times was not to raise their ranks and to increase their allowances so that they might live comfortable lives, but to let them seek benefits for people and remove harms from people, to bring wealth to the poor, to help the unpopulated areas become populated, to appease the dangers and subdue the rebellions.

◆◆

與民偕樂，故能樂

原文 古之人與民偕樂，故能樂也。

——《孟子・梁惠王上》

今釋 古時候的人能夠與百姓一起歡樂，所以才能得到真正的快樂。

日譯 昔の人は庶民と一緒に喜ぶことができたので、本当の楽しみを得ることができた。

韓譯 옛 사람들은 백성들과 함께 즐길 수 있었기에, 진정한 쾌락을 얻을 수 있었다.

英譯 People in ancient times enjoyed life together with the common people. That was real happiness.

◆◆

得道多助，失道寡助

原文 得道多助，失道寡助。寡助之至，親戚畔之；多助之至，天下順之。

——《孟子・公孫丑下》

今釋 凡是能夠施行仁政的，就會得到眾多人的幫助；背離仁政之道的，就會很少有人幫助他。幫助者少到極點，就會眾叛親離；幫助者多到極點，普天之下的百姓都會歸順他。

日譯 およそ仁政を行うことができる者は、多くの人々から助けられる。仁政の道に外れた者は、助けが得られない。支持者がごくわずかになれば、人心を失い全く孤立してしまう。支持者が圧倒的に多くなれば、天下の民はみな彼に従う。

韓譯 무릇 어진 정치를 시행하면 많은 사람들이 도와주고, 어진 정치에서 이탈되면 도와주는 사람이 적다. 도와주는 사람이 적은 것의 극치에는 친척들도 배반하고, 도와주는 사람이 많은 것의 극치에는 천하의 백성들이 따른다.

英譯 One who is moral will have many to support him, and one who is not moral will not have many to support him. In extreme cases, the latter will have his relations turn against him, while the former will have the world follow him.

◆◆

民事不可緩

原文 民事不可緩也。……民之為道也，有恆產者有恆心，無恆產者無恆心。

——《孟子・滕文公上》

今釋 百姓的事情不可以拖延。……因為百姓的道理是，有了固定的產業就有了安定的心情，如果沒有固定的產業就沒有安定的心情。

日譯 民に関わる事は遅らせてはならない。……庶民の道理とは、定まった産業があれば心が落ち着くが、もし定まった産業がなければ安心できないのである。

韓譯 백성의 일은 늦출 수가 없다. ……왜냐하면 백성들의 도리는, 고정적인 재산이 있는 자는 안정된 마음을 갖고, 고정적인 재산이 없는 자는 안정된 마음이 없기 때문이다.

英譯 Never postpone what you should do for people. The way of the common people is this: those who have constant measures of livelihood will have constant hearts, and those who have no constant means of livelihood will not have constant hearts.

◆◆

國之本在家，家之本在身

原文 天下之本在國，國之本在家，家之本在身。

——《孟子・離婁上》

今釋 天下的基礎是國，一國的基礎是家庭，一家的基礎是人。

日譯 天下の基礎は国にあり、一国の基礎は家にあり、一家の基礎は人にある。

韓譯 천하의 근본은 국가에 있고, 한 국가의 근본은 가정에 있으며, 한 가정의 근본은 사람에 있다.

英譯 The world is based on the state, the state on the family, and the family on the individuals.

◆◆

得天下有道，得其民，斯得天下矣

原文 桀紂之失天下也，失其民也；失其民者，失其心也。得天下有道，得其民，斯得天下矣。

——《孟子・離婁上》

今釋 桀和紂所以喪失天下，這是因為失去了人民的支持；失去了人民的支持，這是因為失去了民心。獲得天下有道，得到人民的支持，也就得到天下了。

日譯 桀と紂はなぜ天下を失なったのかというと、人民の支持を失ったからである。人民の支持を失ったのは、人心を失ったためである。天下をとるには道がある。人民の支持を獲得すれば、天下をとることができる。

韓譯 걸과 주가 천하를 잃은 것은, 백성의 지지를 잃었기 때문이다；백성을 잃었다는 것은 그 마음을 잃은 것이다. 천하를 얻는 것에 길이 있으니, 백성의 지지를 얻으면 천하를 얻을 것이다.

英譯 The reason why king Jie and King Zhou lost their country was that they lost the support of their people. They lost the support from their people because they lost the people's trust. The way to win over the world is to win the people's support first, and then the country will be yours.

◆◆

民為貴

原文 民為貴，社稷次之，君為輕。

——《孟子・盡心下》

今釋 人民最為重要，國家次要，國君最輕。

日譯 人民は最も重要であり、国家はその次であり、君主は最も軽い。

韓譯 백성이 가장 귀하고, 국가의 사직이 그 다음이며, 군주가

가장 가볍다.

英譯 Of prime importance are the people. Next comes the country and of least importance is the sovereign king.

◆◆

民之所利立之，所害除之

原文 民之所利立之，所害除之，則民人從。

——《管子·幼官》

今釋 對人民有利的事情就要支持，對人民有害的事情就要清除，這樣人民才會服從。

日譯 人民に利をもたらす事なら支持しなければならず、人民に害をもたらす事なら除去しなければならない。こうして人民は従うようになる。

韓譯 백성의 이익이 되는 일은 견지해 나가야 하며, 백성의 해가 되는 일은 제거해 나가야, 백성들이 비로소 복종하게 된다.

英譯 Do whatever is good for people and do not do whatever is bad for them, and then people will follow you.

◆◆

爭天下者，必先爭人

原文 爭天下者，必先爭人。明大數者得人，審小數者失人。

——《管子·霸言》

今釋 要想爭奪天下，必定要首先爭奪民眾。洞悉天下大勢的人能夠得到人心，斤斤計較的人就會失去人心。

日譯 天下を奪いたければ、まず民衆を奪うことである。大下の大勢を知り抜く人は人の心を得ることができ、細かいことにけちけちする人は人の心を失う。

韓 譯　천하를 다투고자 하는 사람은, 반드시 먼저 백성들을 다투어야 한다. 천하의 대세에 밝은 자는 민심을 얻을 것이고, 작은 계교를 살피는 자는 민심을 잃을 것이다.

英 譯　In order to win the world, one must, first of all, win the people. He who has the holistic overview of the world situation will win people's hearts. He who haggles over every ounce of interest will lose people's hearts.

◆◆

立天子以爲天下

原 文　立天子以爲天下，非立天下以爲天子也；立國君以爲國，非立國以爲君也；立官長以爲官，非立官以爲官長也。

——《愼子・威德》

今 釋　確立天子是爲了讓天下人過得好，而不是讓天下人供天子一人來驅使；確立國君是爲了把國家治理好，而不是建立國家讓國君一人來享受；確立官長是爲了把事情辦好，而不是提供官職讓官長濫用。

日 譯　天子を立てるのは天下の人々の暮らし向きをよくするためであり、天下の人々を天子一人に使役させるためではない。君主を立てるのは国を立派に治めるためであり、建国して君主一人を楽しませるためではない。長官を立てるのは行政を立派に行わせるためであり、官職を提供して長官に濫用させるためではない。

韓 譯　천자를 세우는 것은 천하를 잘 다스리기 위함이지, 천하에 그를 세워 천자로 삼기 위한 것이 아니고；나라의 군주를 세우는 것은 나라를 다스리기 위함이지, 나라에 그를 세워 군주로 삼으려는 것이 아니며；관리들의 우두머리를

세우는 것은 일을 잘 처리하기 위함이지, 관직에 그를 세워 관리의 우두머리로 삼으려는 것이 아니다.

英 譯 The installation of the Son of Heaven is to let all the people live a good life, not to let all the people be controlled by him. The installation of the Sovereign king is to better rule the country, not to let him enjoy the whole country alone. The installation of the officials is to ask them to do the things well, not to provide them with the authority to abuse power.

◆◆

爲天下位天下

原 文 堯、舜之位天下也，非私天下之利也，爲天下位天下也，論賢舉能而傳焉。

——《商君書・修權》

今 釋 堯舜治理天下，並不是要獨自佔有天下的利益，是爲了謀求天下的福祉來治理天下的，衡量選擇賢能的人來接替自己的位置。

日 譯 堯と舜が天下を治めたのは、天下の利益を独占するためではなく、世の中の福祉を図るためであり、賢い有能な人物を選んで自分の位を引き継がせるためであった。

韓 譯 요, 순 임금이 천하를 다스릴 때에는, 천하의 이익을 사사로이 차지하지 않았고, 천하를 위하여 천하를 다스렸으며, 어진 이를 잘 선택하여 자신의 지위를 물려주었다.

英 譯 At the times of Rao and Shun, they ruled the country in order to seek benefits for the people instead of seeking benefits for them selves. They selected the able and the competent to take their places.

◆◆

天之生民非爲君

原文 天之生民，非爲君也；天之立君，以爲民也。

——《荀子・大略》

今釋 上天生育民衆，並不是爲了君主；上天確立君主，卻是爲了民衆。

日譯 天が民衆を育むのはなにも君主のためではない。天が君主を擁立するのは民衆のためである。

韓譯 하늘이 백성을 낸 것은 군주를 위한 것이 아니요；하늘이 군주를 세운 것이 도리어 백성을 위한 것이다.

英譯 People are not born for the sovereign king. Instead, Heaven set up the king for the the people.

◆◆

水則載舟，水則覆舟

原文 君也，舟也；庶人者，水也。水則載舟，水則覆舟。

——《荀子・王制》

今釋 君主好比是船，百姓好比是水。水可以承載船，水也可以把船淹沒。

日譯 君主は船、庶民は水のようなものである。水は船を浮かばせることができるが、船を転覆させることもできるのである。

韓譯 군주는 마치 배와 같으며；백성은 마치 물과 같다. 물은 배를 띄울 수도 있고, 물은 배를 뒤집을 수도 있다.

英譯 A sovereign king is just like a boat and his people are like water. On the one hand, the water can push the boat forward; on the other hand, the water may overturn the boat.

◆◆

天之立君，以為民也

原文 天之生民，非為君也。天之立君，以為民也。

——《荀子・大略》

今釋 上天誕生民眾，並非為了君主的統治；而上天推出君主，則是為了給民眾謀利。

日譯 天が民衆を生み出したのは、決して君主の統治のためではない。天が君主を担ぎ出すのは、民衆に益をもたらすためである。

韓譯 하늘이 백성을 낸 것은 군주를 위한 것이 아니다. 하늘이 군주를 세운 것은, 백성들의 권리를 돕기 위해서이다.

英譯 People are born not for the sovereign's rule but the kings are born to seek benefits for the people.

◆◆

置君非以阿君

原文 置君非以阿君也，置天子非以阿天子也，置官長非以阿官長也。德衰世亂，然後天子利天下，國君利國，官長利官，此國所以遞興遞變也，亂難之所以時作也。

——《呂氏春秋・恃君》

今釋 確立國君並不是爲了迎合國君，確立天子並不是爲了迎合天子，確立官長並不是爲了迎合官長。道德衰敗世事混亂之後，天子以天下來謀取私利，國君以國家來謀取私利，官長以官職來謀取私利，這就是國家不斷發生變亂，亡國的災難不時降臨的原因。

日譯 君主を擁立するのは君主に迎合するためではなく、天子を擁立するのは天子に迎合するためではなく、長官を擁立するのは長官に迎合するためではない。道が衰え、世が乱れた後、天子は天下で私利を図り、君主は国家で私利を図り、長官は官職で私利を図る。これが起因となって国家の変乱が続き、国を滅びす災難が幾度となく降りかかる。

韓譯 군주를 두는 것은 군주에 영합하기 위한 것이 아니며, 천자를 두는 것은 천자에 영합하기 위한 것이 아니며, 관리의 우두머리를 두는 것은 관리의 우두머리에게 영합하기 위한 것이 아니다. 도덕이 쇠퇴하고 세상이 어지러워진 연후에, 천자가 천하에서 이익을 취하고, 군주가 국가에서 이익을 취하며, 관리의 우두머리가 관직에서 이익을 취하여, 이것이 곧 나라의 변란이 끊이지 않는 원인이며, 망국의 재난이 때도 없이 일어나는 원인임을 뒤늦게 안다.

英譯 The installation of the Sovereign king was not to cater for the king. Neither was the installation of the Son of Heaven and the officials. After the corruption of moralities, the Son of Heaven and the Sovereign king and the officials all started to seek their own benefits with their power. This was the very reason why revolts were frequent in some countries and why disasters often befell them.

◆◆

利天下者，天下啓之

原文 利天下者，天下啓之；害天下者，天下閉之。天下者非一人之天下，乃天下之天下也。取天下者，若逐野獸，而天下皆有分肉之心。若同舟而濟，濟則皆同其利，敗則皆同其害。然則皆有以啓之，無有以閉之也。

——《六韜・武韜・發啟》

今釋 能夠讓天下人獲得利益的人，天下人就會歡迎他；會讓天下人遭受傷害的人，天下人就會抗拒他。天下並不是一個人的天下，而是天下人的天下。取得天下，就像是在追逐野獸的人，天下人就都有分食他的肉的想法。這就好比是許多人乘坐一條船來渡河，能夠安全渡過呢，大家就一起獲利，船如果損壞了，大家就一同受害。能這樣與天下人同利害，大家就都會歡迎他，不會有人抗拒他了。

日譯 人々に利益をもたらすことのできる人であれば、人々はその者を歓迎する。人々を傷つける人であれば、人々はその者に反抗する。天下は一人の天下ではなく、天下の人々の天下である。天下をとることは、野獣を追う人のようであり、人々はみなその肉の分け前に預かろうというと考えている。これはまさに大勢の人が一隻の船に乗り込んで川を渡るようなものであり、安全に渡ることができれば、全員が利益を得るが、もし船が損壊してしまえば、全員が被害をこうむる。このように人々とともに利害を共有すれば、みなはその者を歓迎し、反抗する者はいなくなる。

韓譯 천하를 이롭게 하는 자는, 천하 사람들도 그를 환영하고; 천하를 해치는 자는 천하 사람들도 그에게 저항한다. 천하는 한 사람의 천하가 아니라, 곧 천하 사람들의 천하이다. 천하를 얻은 자는 마치 들짐승을 쫓는 사람과 같아, 천하 사람들이 모두 그 고기를 나누어 먹기를 생각한다. 이를 비유하자면 많은 사람들이 한 배를 타고 강을 건너는데, 안전하게 건너면 모두가 그 이익을 함께하고, 배가 훼손되면 모두가 그 해로움을 함께 한다. 그러한즉 모두가 함께하면 그를 환영하고 그렇지 않으면 그를 거절하는 사람이 있게 된다.

英譯 Whoever brings benefits to the people will be well-received by people. Whoever brings harms to people will be rejected by people. The country does not belong to one person alone, but to all the people. After one has won a country, as after a successful hunting of the wild animals, all the people would like to share the meat with him. Just as all the people are in a boat, when the boat arrives at the dock, all the people will land safely. If the boat is wrecked, all the people in it will meet with disaster. Anyone who can share weal and woe with all the people will be welcomed by all the people and no one will go against him.

◆◆

以百姓為天

原文　王者以百姓為天。百姓與之則安，輔之則強，非之則危，背之則亡。

——漢・韓嬰《韓詩外傳》卷四

今釋　做君王的人把百姓當作天。百姓贊成他就能安定，輔佐他就能強盛，反對他就會危險，背離他就會滅亡。

日譯　君主となる者は庶民を天とみなす。庶民が彼に賛同すれば安定し、彼を補佐すればその勢力は盛んになる。だが彼に反対すれば危険に陥り、彼に背離すれば亡びる。

韓譯　군왕은 백성으로 하늘을 삼아야 한다. 백성이 함께 하면 편안하고, 백성이 도와주면 강성하고, 백성이 반대하면 위태로워지고, 백성이 등을 돌리면 멸망한다.

英譯　The Sovereign king should consider all the common people as heaven. If all the people are for him, he will be safe and stable. If all the people help him, he will be prosperous. If all the people are against him, he will be in danger. If all the people are against him, he will be overthrown.

◆◆

天立王以爲民

原文 天之生民，非爲王也，而天立王以爲民也。故其德足以安樂民者，天予之；其惡足以賊害民者，天奪之。

——《春秋繁露・尧舜不擅移、湯武不專殺》

今釋 上天創生了百姓，不是爲了讓君王役使的，而上天確立君王是爲了讓百姓過上好日子。所以，如果君王的德性足以讓百姓生活安定快樂的話，天就把權力給與他；如果君王的惡行足以危害百姓生活性命的話，天就會剝奪他的權力。

日譯 天が庶民を創生したのは、君主に使役させるためではなく、天が君主を擁立するのは、庶民の暮らし向きをよくするためである。したがって、君主の徳性が立派で、庶民が楽しく暮らし、生活が安定していれば、天は権力を彼に与えるが、君主の悪行が庶民の生活や命を危険にさらすようであれば、天はその君主の権力を剝奪する。

韓譯 하늘이 백성을 낸 것은, 군주를 위함이 아니며, 하늘이 군주를 세워 백성을 보살피게 함이다. 그러므로 군주의 덕이 백성들을 편안하고 즐겁게 하면 하늘이 그에게 권력을 주고, 군주의 악행이 백성들을 해치면 하늘은 그의 권력을 박탈한다.

英譯 Heaven created all the people not for the king to control, rather, heaven set up the king to lead his people to have better lives. If the king is good enough to lead his people to have stable and peaceful lives, heaven will empower him. If the king is bad enough to hurt his people, heaven will deprive him of his power.

◆◆

民爲本

原文 聞之於政也，民無不爲本也：國以爲本，君以爲本，吏以爲本。故國以民爲安危，君以民爲威侮，吏以民為貴賤，此之謂民無不為本。聞之於政也，民無不爲命也：國以爲命，君以爲命，吏以為命。故國以民爲存亡，君以民為盲明，吏以民爲賢不肖，此之謂民無不爲命也。

——漢・賈誼《新書・大政上》

今釋 聽說治理國政的人，沒有不把百姓當作根本的：國家要把百姓作爲根本，君王要把百姓作爲根本，官員要把百姓作爲根本。所以國家把是否有利於百姓作爲安全或是危險的標準，君王把是否贏得民心作爲享有威望還是受辱的標準，官員把是否讓百姓滿意作爲尊貴還是低賤的標準，這就叫做沒有不把百姓當作根本的。聽說治理國政的人，沒有不把百姓當作自己生命的：國家要把百姓當作自己的生命，君王要把百姓當作自己的生命，官員要把百姓當作自己的生命。所以國家把是否有利於百姓作爲國家存在還是滅亡的準則，君王把是否贏得民心作爲自身昏聵還是聖明的標準，官員把是否讓百姓滿意作爲自己賢明還是不肖的標準，這就叫做沒有不把百姓當作自己生命的。

日譯 国政を行う人で、庶民を根本としない者はいない。国家は庶民を根本とし、君主は庶民を根本とし、官吏は庶民を根本とするという。したがって国家は庶民に有益であるかどうかを、国が安泰か危険にさらされているかを判断する目安とする。君主は人心を勝ち取れるかどうかを、威信が保たれているか辱められているかを判断する目安とする。官吏は庶民を満足させられるかどうかを、自身が尊敬されるか見下されているかを判断する目安とする。

すなわち庶民を根本としないものはなく、統治する者も庶民を自身の生命とみなさない者はいないということを示している。国、君主、官吏は庶民を自分の生命とみなす。したがって国は庶民に有益であるかどうかを、国の生亡をはかる目安とし、君主は人心を勝ち取れるかどうかを、自身が愚昧か賢明であるかをはかる目安とし、官吏は庶民を満足させられるかどうかを、自身が賢明か不肖であるかをはかる目安とする。このことは庶民を自分の生命とみなさない者はいないということを示しているのである。

韓譯　다스림을 듣는 사람은, 백성을 근본으로 삼지 않음이 없다 : 국가도 백성을 근본으로 삼고, 군주도 백성을 근본으로 삼고, 관리도 백성을 근본으로 삼는다. 그리하여 국가는 백성으로 편안함과 위태로움을 삼으며, 군주는 백성으로 위엄과 업신여김을 삼으며, 관리는 백성으로 귀함과 천함을 삼으니, 이를 가르켜 백성이 근본이 아님이 없다고 하는 것이다. 다스림을 듣는 사람은 백성이 천명이 아님이 없다. 국가는 백성으로 명을 삼으며, 군주는 백성으로 명을 삼으며, 관리는 백성으로 명을 삼는다. 그리하여 국가는 백성으로 존망을 삼고, 군주는 백성으로 어둡고 밝음을 삼으며, 관리는 백성으로 어짐과 불초를 삼으니, 이것을 일러 백성이 천명이 되지 않음이 없다고 하는 것이다.

英譯　It is said that in ruling a country one should consider all the common people as the basis of the country. The country should consider all the people as the basis, so it is with the Sovereign king and the officials. If a country puts all the people's benefits as the criterion of safety or danger, if the Sovereign king put winning his people's hearts as the criterion of prestige or shame;

if the officials put all the people's satisfaction as the criterion of respect or disgrace, it can really be called 'considering all the people as the basis.' It is said that in ruling the country one should consider all the common people's lives as his own. The country should consider all the people as its own life, so it is with the Sovereign king and the officials. If the country put all the people's benefits as the criterion of surviving or perishing; if the Sovereign king put winning the hearts of all the people as the criterion of stupidity or wisdom; if the officials put all the people's satisfaction as the criterion of competence or incompetence, this can really be called 'considering all the people as their own life.'

◆◆

用天下之心為心

原文 治天下者，當用天下之心為心，不得自專快意而已也。

——《漢書》卷七十二記鮑宣語

今釋 治理天下的人，應該順應天下人心，不能只顧著滿足自己的欲望。

日譯 天下を治める人は、天下の人々の心に順応するべきで、自分の欲求を満たすことばかり考えてはいけない。

韓譯 천하를 다스리는 사람은, 마땅히 천하백성의 마음으로 자신의 마음을 삼아야지, 자신의 욕망을 만족시키는데 오로지 해서는 안 된다.

英譯 The ruler should satisfy his people's needs instead of satisfying his own desires only.

◆◆

國以民為基，貴以賤為本

原文 國以民為基，貴以賤為本。願察開辟以來，民危而國安者誰也？下貧而上富者誰也？

——漢・王符《潛夫論・邊議》

今釋 國家以百姓為基礎，上層之人以下民為根本。請考察建國以來，讓百姓處在危險的境地，而國家能夠安穩的情況有嗎？讓平民貧困不堪，而上層官吏能夠富足的情況有嗎？

日譯 国は民を基礎と為し、上層の人は下層の人民を根本と為す。建国以降を振り返ってみて、庶民が危険な立場に置かれているのに国が安定しているということはあっただろうか？民衆が貧しくて途方に暮れているのに上層の官吏が豊かで満ち足りているという状況はあっただろうか？

韓譯 국가는 백성을 기반으로 삼고, 윗사람들은 아랫사람으로 근본을 삼는다. 개국이래를 고찰해 보면, 백성이 위태로운데 국가를 편안히 한 자가 누가 있었는가? 아랫사람들이 가난한데 윗사람들이 부유한자가 누가 있었는가?

英譯 People are the basis of a country and people in lower ranks are the basis of people of higher ranks. Ever since the foundation of the country, can you find times when people were living in danger while the country was still enjoying stability? Can you find times when people were in poverty while the officials in high ranks could still enjoy affluence?

◆◆

天之立君，蓋誅暴除害利黎元也

原文 故天之立君，非私此人也以役民，蓋誅暴除害利黎元也。

——漢・王符《潛夫論・班祿》

今釋 所以說，上天所以設立君主，並非偏私這個人，讓他奴役百姓，而正是為了讓他除暴安良，為蒼生謀福利。

日譯 それゆえ、天が君主を立てるのは、決して彼をえこひいきし、庶民を奴隷のように酷使させるためではない。まさに彼に暴虐を取り除かせて善良な庶民を安んじさせ、庶民の福利を図るためなのである。

韓譯 그리하여 하늘이 군주를 세운 것은, 이 사람을 편애하여 백성들을 부리게 한 것이 아니라, 대개 그로 하여금 잔혹함과 해를 물리치게 하고 백성들의 복리를 도모하게 함이다.

英譯 The reason why heaven set up kings in this world is not to let them enslave people because they are favored by heaven, but to ask them to remove the evils and bring stability to the good and wealth to the common people.

◆◆

民存則社稷存，民亡則社稷亡

原文 人主承天命以養民者也，民存則社稷存，民亡則社稷亡。故重民者，所以重社稷而承天命也。

——漢・荀悅《申鑒・雜言上》

今釋 君主是擔負上天之命來撫養人民的，所以人民存在，那末國家就存在；人民滅亡，那末國家就會滅亡。對人民重視的人，所以才重視國家的作用，而擔負起上天的使命。

日譯 君主は天の命を受けて人民を養う。したがって人民が存在すれば、国家も存続し、人民が滅びれば、国家も滅びる。人民を重視する者であるから、国の役割を重視し、天の使命を受けるのである。

韓譯 군주는 하늘의 명을 받들어 백성을 기르는 자이니, 백성들이 존재하면 사직이 존재하고, 백성들이 없으면 사직도 없다. 고로 백성을 중시하는 자는 사직을 중하게 여기고 천명을 잘 받든다.

英譯 The sovereign king carries the mission of heaven to foster people, so only when people can survive, the country can survive. If people perish, the country will perish as well. He who loves people loves the country and fulfills the mission from heaven.

◆◆

天下非一人之天下

原文 天下者非一人之天下也，天下人之天下也。所以王者必通三統，明天命所受者博，非獨一姓也。

——唐・趙蕤《長短經・懼戒》

今釋 天下並不是一個人的天下，是天下人的天下。所以做君王的必須知道“三統”（即歷史循環論，認爲天之道周而復始，黑、白、赤三者循環往復），明白可以秉受天命的人很多，並不是只有某一個姓氏才有這樣的權利。

日譯 天下け一人の天下ではなくて、天下の人々の天下である。したがって君主は必ず「三統」（即ち歴史循環論を指し、天の道は循環し、黒、白、赤の三者が絶えず循環を繰り返すということ）を知っていなければならない。天命を受けることのできる人は多く、これはある限られた姓に与えられた特権ではない。

韓譯 천하는 결코 한 사람의 천하가 아니며, 천하 사람들의 천하이다. 그러므로 군왕이 되는 사람은 반드시 '삼통' 을 알아서, 천명을 받을 수 있는 자는 많으며, 결코 한 성씨가 아님을 명백히 알아야 한다.

英譯 The country is not a country of one person. It is the country of all the people. So the Sovereign king should get to know the Three rules (that is, the black, white and red will rule the country alternatively). He should get to know that there are many people who can fulfill the heaven's mission of ruling the country, not his family alone.

◆◆

民者，國之根本

原文 民者，國之根本也。天下雖亂，民心未離，不足憂也。天下雖治，民心離，可憂也。……有民則有天下，有國家；無民，則天下空虛矣，國家名號矣。空虛不可居，名號不足守，然則民其與天下存亡乎！其與國家衰盛乎！自古四夷不能亡國，大臣不能亡國，惟民能亡國。民，國之根本也，未有根本亡而枝葉存者。

——宋·石介《根本》

今釋 百姓是國家的根本。天下雖然紛亂，民心沒有離散的話，就不必擔憂。天下治安還不錯，民心卻已離散的話，就得擔憂了。……能夠保有百姓就能夠保有天下、保有國家，不能保有百姓的話，天下就空虛了，國家也就只是個名號而已。空虛的天下就不可能安居，僅有名號的國家也無法保守，這樣看來，百姓不是和天下共存亡的嗎？不是和國家同盛衰的嗎？從古至今，四周的外族不能夠使國家滅亡，叛亂的大臣也不足以使國家滅亡，能夠使國家滅亡的就是百姓。百姓是國家的根本，沒有根本喪失了枝葉還能夠存在的道理。

日 譯 庶民は国の根本である。天下が混乱していても、人心がばらばらになっていなければ心配する必要はない。社会の治安がそう悪くなくても、人心がばらばらになっていれば、これは心配しなければならない。……庶民を擁すれば天下を擁し、国を擁することができる。もし庶民を擁することができないならば、天下は空虚になり、国はただ名ばかりになる。空虚な天下は安らかな暮らしを約束せず、名ばかりの国があってもそれを守ることはできない。こうして見れば、庶民は天下と存亡を共にし、国とともに盛衰するということがわかる。太古から今日まで、周辺の他民族も、武装反乱を企てた大臣も国を滅ぼすことはできなかったが、それができたのは庶民である。庶民は国家の根本であり、枝葉がなくなれば根本も存在する道理がなくなる。

韓 譯 백성은 국가의 근본이다. 천하가 비록 어지럽더라도 민심이 이반 되지 않았다면 족히 근심할 것이 없으며, 천하가 비록 다스려지더라도 민심이 떠났다면 근심할 일이다. ……백성이 있으니 천하가 있고, 국가가 있다 ; 백성이 없으면 천하가 텅 비고 국가도 이름만 불릴 뿐이다. 텅 비어 있으면 거처할 수 없고, 겨우 이름만 있는 국가라면 족히 지킬 수 없으니, 오직 백성이 천하와 더불어 존재하고 멸망할 것이며, 국가와 더불어 쇠퇴하고 흥성할 것이다! 옛부터 사방 오랑캐가 나라를 망치지 못했으며, 대신이 나라를 망치지 못했으며, 오직 백성만이 나라를 없앨 수 있었다. 백성은 국가의 근본이니, 근본이 망하고 지엽이 남는 경우는 없다.

英譯 People are the basis of a country. You do not have to worry though the country is in a chaos if people are still working together. What needs to worry is that the country is still in good order but people are not working together. Whoever can keep the people's hearts together can rule the country. Otherwise, the country will only have the empty name. Then this country will not exist long. Isn't it obvious that people and country are coexisting? That people and the country share the same fate? From the past to the present, we may see that the neighboring nations could not destroy the country, nor could the rebellious ministers, but the people could. People are the basis of a country, just as the tree can not survive without the roots.

◆◆

以天下為主，君為客

原文 古者以天下為主，君為客，凡君之所畢世而經營者，為天下也。

——清・黃宗羲《明夷待訪錄・原君》

今釋 在古代都是以天下百姓安危為主，而君主是次要的。君主花費畢生精力所經營的，都是為了天下的眾生。

日譯 昔、天下の庶民の安否が要であり、君主は二次的であった。君主が生涯かけて仕事をするのは、すべて天下の民のためである。

韓譯 고대에는 모두 천하 백성의 안위를 제일로 삼고 군주는 그 다음이었다. 무릇 군주가 세상을 마치도록 힘을 다해 세상을 경영하는 것은 오직 천하 백성들을 위해서였다.

英譯 In ancient times, people's safety was always put in the first place, and that of the king came next. Whatever the king had devoted his whole life to do, he should do for his people.

◆◆

為天下，非為君；為萬民，非為一姓

原文　緣夫天地之大，非一人之所能治，而分治之群工。故我之出仕，為天下，非為君也；為萬民，非為一姓也。

——清・黃宗羲《明夷待訪錄・原君》

今釋　由于國家廣大，不是一人所能統治的，於是分別設置許多官員治理。因此，我所以出來做官，是為天下辦事，並非為了君主；是為百姓辦事，並非為皇族服務。

日譯　国が広大なので、一人で統治することはできない。そこでそれぞれに官吏を置き、統治することになった。故に私が役人になることを申し出たのは、天下のために仕事をすることであって決して君主のためではない。庶民のために仕事をするのであって、決して皇族のために奉仕するのではない。

韓譯　천지는 광대하기 때문에 한사람이 통치할 수 있는 것이 아니다, 그리하여 나누어 많은 관원들을 설치한다. 그러므로 내가 관리가 되어 나가는 것은 천하를 위한 것이지 군주를 위한 것이 아니며, 만백성들을 위한 것이지 황족에 충성하기 위한 것이 아니다.

英譯　Since the country is so big that a single person is unable to manage it well, a lot of officials are needed to assist the leaders. I have become an official not for the king but for the country. I do things for people rather than for the royal family.

◆◆

不以一己之利為利，而使天下受其利

原文　不以一己之利為利，而使天下受其利；不以一己之害為害，而使天下釋其害。

——清・黃宗羲《明夷待訪錄・原君》

今釋　古代的君主不追求自己的私利，而是想辦法讓天下之人獲得利益；不把自己的禍害當作禍害，而是使天下百姓都能避免禍害。

日譯　古代の君主は私利を求めず、天下の人々に益をもたらす方法を模索していた。己の災いを災いとせず、天下の民が災いから免れるようにした。

韓譯　고대의 군주들은 자신의 이익을 추구하지 않고, 천하 백성들로 하여금 그 이익을 받게 하였으며；자신의 재해를 해로 여기지 않고, 천하의 백성들로 하여금 모두 그 재앙을 피하게 하고자 하였다.

英譯　The ancient kings never sought their own benefits, but sought benefits for all the people. They did not consider their own difficulties, but tried to help their people out of difficulties.

◆◆

非君擇民，而民擇君也

原文　生民之初，本無所謂君臣，則皆民也。民不能相治，亦不暇治，於是共舉一民為君。……夫曰共舉之，則非君擇民，而民擇君也。

——清・譚嗣同《仁學》三十一

今釋　人類社會初始時，本來就沒有所謂的君臣，大家都是民眾。民眾之間不方便治理，大家也無暇治理，於是共同推舉一

人作為君主來管理大家的事情。……既然君主是大家推選出來的，那末不是君主選擇人民，而是人民選擇了君主。

日譯 人類社会の草創期、いわゆる君臣など存在せず、すべてが民衆であった。民衆の間で管理するのは不便が生じたし、だれもそんな余裕はなかった。そこで皆で一人の君主を推挙し、みんなの管理にあたってもらうようにした。……君主はみんなに選出されているので、君主が人民を選んだのではなく、人民が君主を選んだのである。

韓譯 인류의 초기 사회에는, 본래 군신이라 부르는 것이 없었으며, 모두가 백성이었다. 그런데 백성들 사이에 다스리는 일이 불편해지고, 모두들 또한 다스릴 겨를도 없었다. 이에 공동으로 한사람을 추대하여 군주로 삼았다. ……대저 공동으로 추대하였다는 것은, 군주가 백성을 선택하였다는 것이 아니라, 백성들이 군주를 선택하였다는 것이다.

英譯 At the beginning of human history, there were no such distinction in rank such as kings and ministers. All the people were the same. But later it was found that it was inconvenient to manage the country by all and people had no leisure time in managing. So a specific person was elected from among the people to manage all the affairs for people. king cannot choose his people but people can choose their king.

◆◆

君末民本

原文 夫曰共舉之，則因有民而有君；君末也，民本也。天下無有因末而累及本者，亦豈可因君而累及民哉！

——清・譚嗣同《仁學》三十一

今釋 既然君主是大家推舉出來的，也就是因為有了百姓的推舉而後纔有君主的存在；君主是樹梢，百姓是樹幹。天下沒有因為末梢而傷害根本的，又怎能讓君主來傷害百姓呢？

日譯 君主はみんなから推挙されたというのであれば、庶民に選ばれた後に君主が存在するようになったのである。君主は木の梢であり、庶民は木の幹である。天下は末端のために根本を損なうわけがない。君主はどうして庶民を傷つけることができようか？

韓譯 대저 군주를 공동으로 추대 하였다는 것은，백성들이 있기 때문에 군주가 있는 것이다；그러므로 군주는 지엽이고 백성은 근본이다. 천하에 지엽으로 인하여 근본을 상하게 하는 것은 없으니，또한 어찌 군주로 인하여 백성을 상하게 할 수 있단 말인가？

英譯 Since the king is elected by all the people, that is to say, it is people who elect the king so that the king exists. The king is the branch of a tree while the common people are the stem. Just as no branch hurts its stem, no king should hurt his people.

◆◆

君也者，為民辦事者也；臣也者，助民辦事者也

原文 君也者，為民辦事者也；臣也者，助民辦事者也。……事不辦而易其人，亦天下之通義也。

——清・譚嗣同《仁學》三十一

今釋 君主，它是為了給人民辦事而設立的職位；臣僚，它是協助君主給人民辦事的職位。……倘若他們空占其位而不為民辦事，那末就要撤掉他們，這也是天下的公理。

日譯 君主、それは人民のためになる仕事を行うために設けられた職位である。文武諸官、それは君主に協力し、人民のために仕事をする職位である。……もし彼らがいたずらにそ

の職位を占め、人民のために仕事をしなかったら、彼らを免職しなければならない。これも天下の正当な道理である。

韓譯 군주란 것은, 백성들을 위해 일을 하기 위하여 세운 직위이다；신하라는 것은 백성들을 도와 일을 하는 자이다. ……일을 잘 하지 못할 때에 그 사람을 바꾸는 것은, 천하의 공통된 도리이다.

英譯 The sovereign kings are set up to seek benefits for the people. Official ministers are set up to assist the king to serve the people. If they stay in the posts without doing anything good for the people, they should be removed from their posts. This is the maxim under the sun.

(二)富民養民

国民が豊かになるよう、国民の租税を少なくする
부민양민
Bringing Wealth for People

◆◆

政在養民

原文 德惟善政，政在養民。

——《尚書・大禹謨》

今釋 以行仁政為德，仁政的首要任務是養民。

日譯 仁政を行うことを徳となし、仁政の最も重要な任務は人民を養うことである。

韓譯 덕으로 만이 오직 선정을 할 수 있는 것은, 어진 정치가 백성들을 돌보는 것을 임무로 삼기 때문이다.

英 譯　.Be benevolent in administration, the key of which is to support all the people.

◆◆

明君制民之產，必使仰足以事父母，俯足以畜妻子

原 文　是故明君制民之產，必使仰足以事父母，俯足以畜妻子，樂歲終身飽，凶年免於死亡，然後驅而之善，故民之從之也輕。

——《孟子・梁惠王上》

今 釋　所以明君規定百姓的產業，一定要保証他們能夠上足以贍養父母，下足以撫養妻子兒女；好年成豐衣足食，壞年成不至於餓死；然後督促他們行善，百姓就會很容易接受。

日 譯　賢君は庶民の產業について、上に対して親を十分に養なうことができ、下に対して妻や子供を扶養できるよう保証することを規定めている。豊作の年には衣食が満ち足り、凶作の年には餓死することがないようにする。それから彼らの善行を促せば、庶民はすんなり受け入れるだろう。

韓 譯　그러므로 현명한 군주는 백성의 생산을 규정해 주되, 반드시 위로는 부모를 섬길 수 있고, 아래로는 처자를 기를 수 있게 한다；그리하여 풍년에는 종신토록 배부르고, 흉년에는 사망을 면할 수 있게 한다；그런 뒤에야 백성들에게 선행을 재촉하니, 백성들이 모두 쉽게 명령을 받아들이는 것이다.

英 譯　So a wise ruler will decide on such a plan for the people's means of support as to make sure that they can support their parents as well as their wives and children, and that they have enough food in good years, and are saved from starvation in bad years. Then he will urge them to do good, and under these circumstances the people will willing by follow him.

◆◆

材萬物，養萬民

原文 王天下，治萬變，材萬物，養萬民。

——《荀子・富國》

今釋 君主要統一天下，治理國家種種事物，開發利用種種財富物，以便撫養所有百姓。

日譯 君主は天下を統一し、国家の様々な物事を管理し、様々な財物を開発、利用し、それによってすべての庶民を扶養する。

韓譯 군주가 천하를 통일하고자 하는 것은, 국가의 여러 변화를 잘 다스리고자 하는 것이며, 만물을 잘 이용하고자 하는 것은, 만백성들을 잘 기르기 위함이다.

英譯 To rule the world the king must deal with all sorts of changes and make best use of all the things and look after the welfare of a vast population.

◆◆

使民夏不宛暍，冬不凍寒，事成公立，上下俱富

原文 使民夏不宛暍，冬不凍寒，急不傷力，緩不後時，事成公立，上下俱富。

——《荀子・富國》

今釋 使百姓夏天不受暑氣之害，冬天不受寒氣之凍，緊迫時不損傷勞力，舒緩時不耽誤農時，建功立業，上下皆為富足。

日譯 庶民を夏の暑気の害や冬の凍てつく寒気から守り、緊急時にも労働力を損なうことがないようにし、閑散期にも農期を遅らせず、功を立てて業績を残し、上から下までみんなを豊かにする。

韓譯 백성들이 여름에는 더위의 피해를 입지 않고, 겨울에는 추위에 얼지 않게 하고, 급할 때는 힘을 상하지 않게 하고, 태평할 때 농사시기를 놓치지 않도록 하고, 일이 이루어지고 공이 세워지게 하는 것은, 상하가 함께 잘 살기 위함이다.

英譯 For the common people not to suffer from the heat and thirst in summer; nor to suffer from the cold in winter. nor to suffer injuries from overfatigue in busy seasons, nor be too lax in slack seasons, then there will be universal success for both the ruler and the ruled.

◆◆

天之所覆，地之所載，莫不盡其美、致其用，以養百姓

原文 天之所覆，地之所載，莫不盡其美、致其用，上以飾賢良，下以養百姓而安樂之。

——《荀子・王制》

今釋 凡是天所覆蓋的，地所承載的萬物，無不盡量地用它的珍美，發揮最大的用途，車服一類的供給賢良之士，衣食一類的撫養百姓，讓他們都能安樂的生活。

日譯 およそ天が覆っているもの、地が積載している万物は、できるだけその珍美を利用し、その用途を最大限に生かし、車服の類を才徳のある人に与え、衣食の類で庶民を養い、彼らがみな安心して楽しく暮らせるようにする。

韓譯 대저 하늘이 덮어주고, 땅이 만물을 실어주는 것은, 그의 아름다움을 헤아려 다하고, 최대의 용도를 발휘하여, 위로는 현량들을 분식하게 하고, 아래로는 백성들을 길러 안락한 생활을 하게 하지 않음이 없다.

英譯 All the things under heaven and earth have their own goodness.

We should take good advantage of their preciousness and beauty to exert their greatest uses. For example, carriages and garments should be provided for the intelligent; clothes and food should be provided for the masses of common people. Then, they may enjoy their lives abundantly.

◆◆

以富樂民為功，以貧苦民為罪

原文 故夫為人臣者，以富樂民為功，以貧苦民為罪。

——漢・賈誼《新書・大政上》

今釋 做為一個臣子，把能夠使百姓富足快樂視為功績，把造成百姓貧困痛苦視為罪過。

日譯 臣下たる者、庶民を豊かにし、快楽をもたらすことを功となし、庶民に困窮や苦痛をもたらすことを罪となす。

韓譯 고로 신하된 자들은, 백성들을 부유하게 하고 편안케 하는 것으로 공을 삼고, 백성들을 가난하고 힘들게 하는 것으로 죄를 삼는다.

英譯 An official should regard the common people's abundance and happiness as his merits and his people's poverty and painfulness as his demerits.

◆◆

老人老，孤人孤，病者養，死者喪

原文 老人老，孤人孤，病者養，死者喪，男子畝，婦人桑，之謂恩。

——漢・揚雄《法言・先知》

今釋 讓老人得到供養，讓孤子得到救濟，讓有病的人得到醫治，讓死人得到安葬，男子能有地種田，婦人可以養桑，這就是恩惠。

日譯 老人が養われ、孤児が救済され、病人に治療を受けさせ、死者を安らかな眠りにつかせる。男子は農作をする土地を持ち、婦人も桑を飼い育てることができる。これを恩恵というのである。

韓譯 노인들을 잘 봉양하고, 고아들을 잘 구제하며, 병자들을 잘 치료하며, 죽은 자들을 잘 장사지내며, 남자들로 하여금 농사짓게 하고, 부인들로 하여금 길쌈하게 하는 것이, 바로 은혜를 베푸는 것이다.

英譯 The old being supported, the orphans being provided for, the sick being healed, the dead being buried, men have fields to plough and women have silkworms to rear. This is called grace from God.

◆◆

為國者，以富民為本

原文 為國者，以富民為本。

——漢・王符《潛夫論・務本》

今釋 做為一國之君，當以富民為本。

日譯 一国の君主たる者、民を豊かにすることが根本である。

韓譯 한나라의 군주는 백성들을 부유하게 하는 것으로 마땅히 근본을 삼는다.

英譯 As the king of a country, he should always consider how to create wealth for the people.

◆◆

養以大道，民樂其生

原文 衣足以暖身，食足以充口，器足以給用，居足以避風雨。

養以大道，而民樂其生。

——晉·傅玄《傅子·檢商賈》

今釋　讓百姓有足夠的衣服暖身，有足夠的食物充飢，有足夠的器物使用，有足夠的房屋避風雨，用天下的正理撫養百姓，百姓就能快樂的生活。

日譯　庶民には体を暖める十分な服や腹の足しになる十分な食品、日用の道具や風雨をしのぐ家を用意する。天下の正しい道理で庶民を養えば、民は気持ちよく暮らすことができる。

韓譯　백성들로 하여금 의복을 풍족하게 하여 몸을 따뜻하게 하고, 먹을 것을 풍족하게 하여 베고픔을 달래고, 기물을 풍족하게 사용할 수 있도록 공급하며, 집을 만들어 비와 바람을 피하게 한다. 천하의 정도로 백성들을 기르면, 백성들은 쾌락한 생활을 할 수 있다.

英譯　The masses of common people should have enough clothes to prevent them from the cold, enough food to satisfy their stomachs, enough tools for their daily use and enough buildings to shield them from wind and rain. Rear and nurture the common people in a righteous way, and then they may enjoy their happy lives.

◆◆

為君之道，先存百姓

原文　為君之道，必須先存百姓，若損百姓以奉其身，猶割股以啖腹，腹飽而身斃。

——唐·吳兢《貞觀政要·君道》記唐太宗語

今釋　作君主的原則，必須首先存養百姓，如果是損害百姓的利益來侍奉自身的話，就好像是割下腿上的肉來滿足肚子的需要，肚子吃飽了，自己也就死了。

日譯 君主の原則は、まず庶民を養わなければならないということである。もし庶民の利を損なって自身に仕えさせるならば、足の肉を切って腹の足しにするようなもので、腹いっぱいにはなっても、自分もすぐに死んでしまうだろう。

韓譯 군주의 도는, 반드시 백성을 기르는 것을 먼저 해야 하는데, 만일 백성을 해쳐서 자신을 받들게 한다면, 이는 마치 넓적다리의 살을 베어 배를 만족시키는 것과 같으니, 배는 부를지라도 자신은 죽어갈 것이다.

英譯 The principal of being a ruler is to nurture people first. If he wants to satisfy his own desires by sacrificing people's interests, it is like one who cuts the flesh of one's leg to satisfy his stomach. The stomach might be satisfied, but his life is gone.

◆◆

理財常以養民為先

原文 戶口滋多，則賦稅自廣，故其理財常以養民為先。

——宋・司馬光《資治通鑒》卷二二六引唐代劉晏語

今釋 戶口越多，那末賦稅的來源自然就廣，所以說理財的思路應當首先考慮撫養百姓，使人口興盛起來。

日譯 戸数が多いほど、租税源が自ずと広くなる。そこで理財のやり方としてはまず民を養い、人口が増えるようにすべきである。

韓譯 호구가 점점 많아지면 세금 또한 점점 넓어진다. 그리하여 이재의 사용을 생각할 때에는 늘 백성들을 기르는 것을 우선으로 삼아야 한다.

英譯 The more the people, the more extensive the tax sources will come. So the way to manage the country, first of all, is to rear and nurture the masses of common people and to increase the population.

◆◆

明君不厚其所資而害其所養

原文　明君不厚其所資而害其所養。

——唐・陸贄《陸宣公集・均節賦稅恤百姓》

今釋　好的君主不能為了讓國家財富雄厚，而傷害國家對百姓撫養的義務。

日譯　よき君主は国の富を豊かにすることだけを考え、民を扶養する国の義務を損なってはならない。

韓譯　훌륭한 군주는 국가의 재산을 늘리기 위하여 백성들을 기르는 의무를 해치지 않는다.

英譯　A good king should never increase the country's wealth at the expense of the common people's interests.

◆◆

養民者，君也

原文　天生斯民，能為民立君，不能為君養民。養民者，君也。

——《李覯集・安民》

今釋　上天生育百姓，能夠替百姓選立君主，卻不能替君主撫養百姓。撫養百姓是君主的天職。

日譯　天は民を生み、民に代わって君主を選ぶことができるが、君主に代わって庶民を養うことはできない。民を養うことは君主に与えられた聖職である。

韓譯　하늘이 백성을 낼 때에，백성을 위하여 군주를 세운 것이지，군주를 위하여 백성들을 부양하는 것이 아니다. 백성

들을 부양하는 것은 군주의 직분이다.

英譯 Heaven created the common people and selected a king for them, but it will never replace the king to rear and nurture the people. To rear and nurture all the common people is the heavenly mission for the king.

◆◆

三代以仁義取天下，本於救斯民

原文 三代以仁義取天下，本於救斯民，而非以位為樂也。

——《陳亮集·問答》

今釋 夏商周三代用仁義奪取了天下，這是為了拯救百姓，而不是喜歡君主的座位。

日譯 夏商周三つの王朝は仁儀により天下を奪い取ったが、これは庶民を救うためであり、君主の座を狙ったわけではない。

韓譯 하, 은, 주 삼대는 인과 의로 천하를 취하였다. 이는 백성들을 구하는 것을 근본으로 삼았지, 그 지위를 이용하여 즐기려는 것이 아니었다.

英譯 During the Xia, Shang and Zhou dynasties, the country was won over by benevolence. This was to save people, not for the pleasure of sitting on the throne.

◆◆

君既養民，又教民，然後治民

原文 君既養民，又教民，然後治民。

——《葉適集·民事上》

今釋 君主既要撫養百姓，還要教育百姓，然後才是管理百姓。

日譯　君主は民を養うばかりでなく、民の教育も行い、その後で民を管理しなければならない。

韓譯　군주는 먼저 백성들을 부양하고, 또 백성들을 가르치고, 난 후에 백성들을 관리해야 한다.

英譯　A king, first of all, needs to rear the masses of common people, then to educate them, finally to manage them.

◆◆

為國者，莫急於養民

原文　為國者，莫急於養民。

——明・丘濬《大學衍義補・固邦本》

今釋　做為一國國君，沒有比撫養人民更為首要的了。

日譯　一国の君主として、人民を扶養することよりも重要な仕事はない。

韓譯　한 나라를 다스리는데, 백성들을 부양하는 것보다 더 급한 것은 없다.

英譯　As a king, nothing is more important than to rear and nurture his people.

◆◆

人君修德以善其政，不過為養民而已

原文　人君修德以善其政，不過為養民而已。

——明・丘濬《大學衍義補・正朝廷》

今釋　君主提高道德修養，改善施政水準，都是為了撫養好人民罷了。

日譯　君主が徳の修養を高め、施政を改善するのは、人民を立派に扶養するためである。

韓譯　군주는 덕을 닦아 그 정사를 잘 펴 나가는 것은, 백성들을 잘 부양하기 위함일 뿐이다.

英譯　The end of promoting morals and improving administration levels is to rear and nurture the masses of common people well.

◆◆

為治有本末，養民有先後

原文　為治有本末，養民有先後，制其產使無不均，詳其教使無不學。

——明・方孝孺《遜志齋集・周官上》

今釋　治國有本末之分，養民有先後之別，那就是妥善規定每戶擁有的產業，避免分配不均的現象；周到的實行對百姓的教育，讓每個人都來學習。

日譯　国を治めるにも本末の区別があり、人民を養うにも順序というものがある。つまり各世帯ごとに所有する産業を適切に定め、不均等にならないよう努めることである。庶民に行き届いた教育を施し、すべての人が学べるようにすることである。

韓譯　나라를 다스리는데 근본과 지엽이 있듯이, 백성들을 부양하는 데도 먼저 할 것과 나중 할 것이 있다. 그 산업을 잘 조정하여 고르게 분배가 되게 하여야 하며, 교육을 면밀하게 실행하여 백성으로 하여금 배우지 못함이 없도록 해야 한다.

英譯　There are ins and outs in ruling a country. There is first and last in rearing people. That is, in property distribution, try to stipulate the properties for each family to avoid uneven distribution; in education, try to be extensive so that everybody will have the equal opportunity to learn.

◆◆

一人憂則天下樂

原文　為人上者，只是使所治之民個個要聊生，人人要安分，物物要得所，事事要協宜，這是本然職分。……一人憂則天下樂。

——明・呂坤《呻吟語・治道》

今釋　做為眾人之上的君主，就要讓自己治理下的人民，個個都能生活下去，人人都安於自己的工作，各種物品都能發揮作用，每件事情都要協調適宜，這些都是君主的本職。……這樣，一人憂慮而天下百姓都能得到歡樂。

日譯　衆人の上に立つ君主は、統治する民一人一人が生活できるようにし、誰もが自分の仕事に励み、各々の物がみな効力を発揮し、一切の事がうまく調和するように心がける。これらはすべて君主のなすべき仕事である。……こうして一人憂慮していても、天下の民はみな心から歓んでいる。

韓譯　잘 다스리는 군주는, 자신의 백성들 개개인이 모두 잘 생활해 나갈 수 있게 하는데, 사람마다 모두 자신의 일에 편안해 하며, 각종만물이 모두 작용을 발휘케 하며, 일마다 모두 마땅하고 조화롭게 하는 것이, 바로 군주본연의 직분이다. ……그리하여 한사람의 근심으로 천하를 편안케 되는 것이다.

英譯　As a king is above all the people, he should make sure that everyone under his rule can have their means to survive, that everyone is content with their work, that everything can be made full use of, that everything is coordinated properly. These are the heavenly missions for the king. … In so doing, though he may worry, all the rest of people may enjoy their lives.

◆◆

天下之治亂，不在一姓之興亡，而在萬民之憂樂

原文 天下之治亂，不在一姓之興亡，而在萬民之憂樂。

——清・黃宗羲《明夷待訪錄・原臣》

今釋 天下的安定與動亂，不在於關系到某個君主的興旺和滅亡，而在於關系到百姓的痛苦和快樂。

日譯 天下の安定と動乱は、君主の興亡とは関わりなく、庶民の苦痛と快楽に関わる。

韓譯 천하가 다스려지고 어지러워지는 것은, 왕실 한 집안의 흥망에 있지 않고, 만백성들의 근심과 즐거움에 달려 있는 것이다.

英譯 Stability or revolt in a country does not depend on the rise or fall of a certain king, but on the bitterness or happiness of the common people.

◆◆

養民為義

原文 以養民為義，而即以養民為利，而不可屑屑然求財貨之私以為利。

——清・王夫之《四書訓義》

今釋 把撫養百姓視為最高的正義，也就是把撫養百姓視為最大的利益，而不是急匆匆地把追求財貨上的利益當作最大的利益。

日譯 民を養うことを至高の正義だとみなすことは、民を養うことを最大の利益とみなすことであり、物資的利益をせっかちに求めることを最大の利益とみなすことではない。

韓譯 백성을 부양하는 것을 최고의 정의로 여긴다는 것은, 즉 백성부양을 최대의 이익으로 삼는 것이지, 분주하게 재화

의 사사로운 이익을 추구하는 것을 이익으로 삼지 않는다는 것이다.

英譯 The greatest benefit of all for the king is rearing and nurturing all the people instead of pursuing the material interests ruthlessly.

◆◆

生民之生死，公也

原文 一姓之興亡，私也；而生民之生死，公也。

——清・王夫之《讀通鑑論》卷十七

今釋 統治者一家的興盛或者敗亡，那是私利；百姓的生存還是死亡，才是公利。

日譯 統治者の一家の興亡の問題は私利である。庶民の生死の問題こそ、公の利益にかかわる。

韓譯 통치자 일가의 흥망은, 사적인 것이나；백성들의 생사는, 공적인 것이다.

英譯 The rise and decline of one family of the ruler is private interest. The survival and death of all the people is public interest.

◆◆

天下之事皆養民之事

原文 天下之官皆養民之官，天下之事皆養民之事。

——清・唐甄《潛書・考功》

今釋 天下所有的官應該都是撫養百姓的官，天下所有的事情都應該是有關撫養百姓的事情。

日譯 天下のすべての官職はみな庶民を扶養するための官職であるべきであり、天下のあらゆる事柄は庶民を扶養する事と関わっているべきである。

韓譯　천하의 관리들은 모두 백성들을 부양하는 관리이며, 천하의 일이란 모두 마땅히 백성들을 부양하는 일이어야 한다.

英譯　All the officials should be the officials to rear people. All the things they do should be the things related to rear people.

◆◆

雖官有百職，職有百務，要歸于養民

原文　雖官有百職，職有百務，要歸于養民。

——清・唐甄《潛書・考功》

今釋　官府雖然設有許多職位，每一職位又擔任許多的事務，最重要的是都要落實到撫養百姓上。

日譯　役所には多くの職位があり、職位ごとにさらに多くの事務を受け持っているが、最も重要なことは庶民を扶養することである。

韓譯　비록 관직이 수없이 많고, 직분에 수많은 업무가 있다 하더라도, 가장 중요한 것은 백성을 기르는 일로 귀착하여야 한다.

英譯　There are a lot of ranks in the officials and every rank is responsible for many things, but of first priority is to nurture people.

◆◆

富在編戶，不在府庫

原文　富在編戶，不在府庫。若編戶空虛，雖府庫之財積如山丘，實為貧困，不可為國矣。

——清・唐甄《潛書・存言》

今釋　要富在百姓家，不富在政府倉庫。如果百姓家中空虛，就是政府倉庫中的財物堆積如山，實際上也是貧困的，這不是強國的辦法。

日譯 庶民の家を豊かにすべきであり、役所の倉を豊かにするのではない。もし庶民の家が空っぽで、役所の倉に財物が山と積まれていても、実際には貧しいことに変わりない。これは強国の行うやり方ではない。

韓譯 부는 백성의 집에 있어야지, 나라의 창고에 있어서는 안 된다. 만약 백성의 집안이 비어 있는데, 비록 나라 창고에 재물이 산처럼 쌓여 있다하여도, 실로 곤궁한 것이지 강국의 정책이 아니다.

英譯 Wealth should not be hoarded in the country's storehouse, but at the common people's homes. If there is nothing at people's homes, the country is actually poor no matter how much wealth there is in the country's storehouses since this is not the way to make a country rich.

◆◆

因其自然而無以擾之，而財不可勝用

原文 海內之財，無土不生，無人不生……因其自然而無以擾之，而財不可勝用。

——清・唐甄《潛書・富民》

今釋 天下的財富，有土地的地方就會滋生，有人的地方就會創造……只要官不擾民，讓百姓因地制宜，那末財富是使用不盡的。

日譯 天下の財は土地のあるところに生まれ、人のいるところで創られる。……役人が人民のじゃまをせず、庶民に任せて適切な方法をとれば、財が尽きるということはないのである。

韓譯 천하의 재화는 땅으로 인해 생겨나지 않음이 없고, 사람으로 인해 생겨나지 않음이 없다. ……백성들을 수고롭게 하지 않고, 백성들로 하여금 땅을 알맞게 사용하게 하면 재화는 아무리 사용해도 다하지 않는다.

英譯 Where there is land, there is wealth. Where there are people, there are reproductions. As long as the officials don't disturb people and let people adopt measures according to local conditions, wealth will become inexhaustible.

健康養生

健康・養生

건강양생

On Health Regimen

八　健康養生

健康・養生

건강양생

On Health Regimen

中華民族早在人類文明的發育時期就對生命現象、生命健康與自然的關系，特別是有關養生、延年益壽等問題予以特別的考究。在五千多年的養生保健實踐中，總結出一系列的養生理念與養生方法，至今仍有寶貴的借鑒意義。

中華民族は人類文明が芽生え、発展に向かい始めた早い時期から、生命の現象、生命の健康と自然の関係、特に養生や長寿などに関する問題をよく探究していた。五千年余りの実践の中から、養生に対する体系的理念と方法が導き出された。これらは今なお貴重な意義を有している。

중화민족은 일찍이 인류문명의 발육시기에 생명현상, 생명건강과 자연의 관계에 대하여, 특히 양생 장수 등의 문제와 관련하여 특별한 탐구를 하였다. 오천여년간의 양생보건을 실천하는 가운데, 일련의 양생이론 및 양생방법을 총괄해내어, 오늘날에도 여전히 귀중한 귀감이 되는 의의가 있다.

Even since the early civilization, people in China have been interested in some life phenomenon, the relationship between health care and nature, especially related to such topics as regimen and longevity. During the five-thousand-year practice of regimen, they have accumulated a series of regimen ideas and many life preserving methods, which are still precious and significant for people today.

(一) 養生理念

健康・養生

양생이념

Ideas of Preserving Life

◆◆

法於陰陽，和於術數，食飲有節，起居有常，不妄作勞

原文 上古之人，其知道者，法於陰陽，和於術數，食飲有節，起居有常，不妄作勞，故能形與神俱，而盡終其天年，度百歲乃去。今時之人不然也，以酒為漿，以妄為常，醉以入房，以欲竭其精，以耗散其真，不知持滿，不時御神，務快其心，逆於生樂，起居無節，故半百而衰也。

——《黃帝內經素問・上古天真論》

今釋 遠古時代的人，他們懂得養生的道理，效法陰陽的變化，符合自然的規律，飲食能夠節制，起居有常規，不過份操勞，所以能夠使身體與精神都健全，而能享受自然賦予的年壽，百歲之後才去世。然而現在的人就不這樣了，他們把酒當做水來喝，把狂妄的事情當做正常的事情來做，還在醉酒后進行房事，放縱情欲，使精氣枯竭，使真氣耗散，不知道保持精氣的飽滿，不斷地勞費精神，只圖一時的快心，違背生命規律去取樂，起居沒有常規，所以剛到五十歲就衰老了。

日譯 大昔の人々は養生の道理を知っており、陰陽の変化に習

い、自然の法則に合うよう飲食を管理し、日常生活には常規があり、過労にならないように気をつけていた。心身の健康が保たれ、自然から与えられた寿命を全うすることができ、百歳を過ぎてからこの世を去った。しかし今の人はそうではない。彼らは酒を水のように飲み、高慢な事がまかり通り、また酔った後に性交を行い、情欲のままに行動して精気を枯渇させ、真気（生命力）を消耗している。精気を満たすことを知らず、絶えず神経を使い、一時の快楽を求め、生命の法則に背いて道楽に浸り、日常生活は常規を逸している。だからちょうど五十歳になれば老衰してしまうのである。

韓譯 옛 사람들은, 양생의 도리를 알아, 음양의 변화를 본받고, 자연의 규칙에 조화를 이루어, 먹고 마심에 절제가 있었으며, 행동거지에도 일정한 규칙이 있어, 헛되이 수고로움을 짓지 않았다. 그리하여 신체와 정신이 온전히 갖추어져, 그 천수를 다 누려, 백세를 지나서야 돌아가셨다. 그러나 지금 사람들은 그렇지 못해, 술을 물처럼 마셔대고, 망령된 행동을 일삼아, 오히려 술에 취한 후에 부부생활을 하여, 그 정기를 고갈시키고, 그 진기를 흐트러트려, 그것을 간직하여 채울 줄 모르고, 때도 없이 정신을 수고롭게 한다. 오로지 그 마음에 쾌락만을 애쓰고, 삶의 즐거움을 거스르며, 기거함에 절제가 없으니, 때문에 나이 오십에도 쇠약해 진다.

英譯 Those who knew the way of keeping good health in ancient times always behaved in daily life in accordance with nature. They followed the principle of yin and yang and kept in conformity with the art of prophecy based on the interaction of yin and yang. They were able to modulate their daily lives in harmony with the way of recuperating the essence and vital energy, thus they could master and practice the way of preserving a good health. Their behavior in daily life were all kept in regular patterns such as their food and drink were of fixed quantity and their daily activities were all in regular times. They never overworked. In this way, they could maintain good health both in their body and in spirit, and be able to live to an old age of more than one hundred years. But the people nowadays are quite different. They do not recuperate themselves according to the way of preserving good health, but run counter to it. They are addicted to drink without temperance, are always idle, indulge in sexual pleasures and use up their vital energy and ruin their health. They do not protect their primordial energies carefully as handling a utensil full of valuable things. They do not understand the importance of saving their energy, but waste time rashly by doing whatever they like. They know not the joy of keeping good health and have no regular pattern of their daily food and drinks. Therefore, they become decrepit when they are only fifty.

◆◆

恬憺虛無，真氣從之，精神內守，病安從來

原文 夫上古聖人之教下也，皆謂之虛邪賊風避之有時，恬憺虛無，真氣從之，精神內守，病安從來？

——《黃帝內經素問·上古天真論》

今釋 在遠古時代，聖人對一般人都會教導說，對於乘虛而入的侵害中和的邪氣賊風，一定要時時預防躲避。只要平時心境恬淡愉悅，少思寡欲，真氣充盈，精神內斂，疾病怎末能夠侵害人的身體呢？

日譯 昔の聖人は市井の人に向かって次のように説いた。虚に乗じ中和を犯す邪気を常に予防し、避けなければならない。ふだんから恬淡として気持ちよくすごし、思慮や欲望を抑え、真気（生命力）がいっぱいで、元気を内に納めていれば、どうして病が人の体を蝕んだりできようか？

韓譯 아주 옛날에 성인이 백성들을 가르치기를, 마음이 비어있는 틈을 타고 사사로움과 허영이 들어오니 때때로 이를 예비하여 피하고, 마음을 담담히 비우면, 진기가 가득하고, 정신이 안에서 지키고 있으니, 병이 어디에서 올 수 있겠는가？

英譯 In ancient times people behaved according to the teachings of the sage in preserving health: all evil energies of various seasons are harmful to people. They attack the body when it is in general debility, and they should be guarded against all the time. When one is completely free from desires, ambitions and distracting thoughts, and is indifferent to fame and gain, true energy will come in the wake of it. When one concentrates his spirit internally and keeps a sound mind, how can any illness occur?

◆◆

陰平陽秘，精神乃治

原文 凡陰陽之要，陽密乃固。兩者不和，若春無秋，若冬無夏。因而和之，是謂聖度。固陽強不能密，陰氣乃絕。陰平陽秘，精神乃治。陰陽離決，精氣乃絕。

——《黃帝內經素問・生氣通天論》

今釋 大凡人體陰與陽的關鍵，在於陽的方面要秘藏才能固體。倘若陰與陽不平衡和諧，就像有春無秋、有冬無夏一樣都是違背自然規律的。只有因循自然，陰陽和諧，這才是最高的養生法度。所以說，陽氣如果過度亢盛而不能秘固，陰氣就會耗竭。只有陰氣平和，陽氣秘固，精神才能健康充沛。如果陰陽背離決裂，精氣就會枯竭。

日 譯　凡そ人体の陰陽の要は、陽の方を秘蔵しておくことによって固めることができる。もし陰陽のバランスが崩れば、春があって秋がなく、冬があって夏がないようなもので、いずれも自然の法則から外れている。自然を踏襲し、陰陽の調和を保つこと、これこそが養生の最上の方法である。もし陽気が極端に亢進して深く守ることができないならば、陰気は消耗し尽くしてしまう。陰気が穏やかで、陽気が深く守れば元気があふれてくる。もし陰陽が決裂し、乖離すれば、精気は枯渇してしまう。

韓 譯　대체로 인체에 있어서 음양의 요체는, 양기가 감추어져야 비로소 견고해진다. 음양이 서로 균형을 잃어 조화롭지 못하면, 마치 봄만 있고 가을이 없는 듯, 겨울만 있고 여름이 없는 것처럼 자연의 규칙에 위배된다. 오직 자연에 따라 음양이 조화를 이루어야 비로소 최고의 양생법이 된다. 양기가 지나치게 강성하면 견고하지 못하여 음기가 고갈되어진다. 오직 음기가 화평하고 양기가 견고해야, 정신이 비로소 건강하고 충만해 진다. 만약 음양이 어그러지면 정기가 곧 고갈 되어진다.

英 譯　The essentials of the communication of yin and yang rest in the denseness of the yin energy and the firmness of the yang energy. If yin and yang are inharmonious, it will be like having no autumn but only spring, no summer but only winter in a year. Under such circumstances, all living things on earth will not be able to exist and reproduce according to the law of birth, growth, development, harvesting and storing in due seasons.

Only a sage can harmonize yin and yang energies properly, so it is considered to be the standing order of the sage. Therefore, if the yang energy is too strong and loses its function of defending outside, the yin essence will be let out due to the yang's failure of guarding outside. When the yin essence is consumed, it will soon die out. If the yin and yang energies of a man are kept in a state of equilibrium, his body will be strong and his spirit sound. If his yin and yang energies fail to communicate, his vital energy will decline and finally be exhausted.

◆◆

謹和五味，骨正筋柔，氣血以流，腠理以密

原文　陰之所生，本在五味；陰之五官，傷在五味。是故味過于酸，肝氣以津，脾氣乃絕；味過於鹹，大骨氣勞，短肌，心氣抑；味過於甘，心氣喘滿，色黑，腎氣不衡；味過於苦，脾氣不濡，胃氣乃厚；味過於辛，筋脈沮弛，精神乃央。是故謹和五味，骨正筋柔，氣血以流，腠理以密，如是則骨氣以精。謹道如法，長有天命。

——《黃帝內經素問·生氣通天論》

今釋　陰精的產生，來源於飲食中的甘酸辛苦鹹等五味，然而藏精的脾肺腎肝心等五臟，卻又可能因為飲食五味太過而受到傷害。所以過多飲食酸味的食物，肝氣就會過盛，那末脾氣就要衰竭；過多飲食鹹味的食物，大骨就要勞損，肌肉萎縮，心氣抑郁；過多飲食甜味的食物，心氣就會煩悶不安，面色黑，腎氣不能平衡；過多飲食苦味的食物，脾氣得不到濡潤，胃氣就會漲滿；過多飲食辛味的食物，筋脈就會敗壞，精神也要受到傷害。因此，謹慎地調和好五味的平衡，使骨骼正直，筋脈柔和，氣血流通，腠理嚴密，這樣骨氣也就強健了。謹遵調養的方法，才能終享天賦的壽命。

日 譯 陰精というのは飲食の甘味や辛味、酸味、苦味、塩辛さなど五味から生まれるが、精を蓄える脾や肺、腎、肝、心の五臟は、五味が強すぎるとかえって損われるおそれがある。酸味の食物を食べすぎると、肝気が盛んになり過ぎて、脾気が衰えてしまう。しょっぱい食べ物を取りすぎると、太い骨が損傷し、筋肉が萎縮してしまう。甘い食べ物を多く摂取すれば、心気に鬱憤がたまって落ち着かなくなり、顔色も黒くなり、腎気はバランスを崩す。苦い食べ物を摂取しすぎると、脾気は潤われず、胃気が膨張してしまう。辛い食物を多く摂取しすぎると、筋肉や神経が乱れ、精神が傷つけられてしまう。そのため、慎重に五味のバランスを調整し、骨格をまっすぐにし、筋肉や神経をほぐし、血気の流れをよくし、皮下と筋肉の隙を密にする。こうすれば骨気は強く健やかになる。謹んでこの養生の方法に従えば、天から与えられた寿命を享受することができる。

韓 譯 음의 정기는 음식의 달고 시고 맵고 짠 맛 등 다섯 가지 맛에 근원한다. 그러나 음의 정기가 숨어 있는 오장은 이 다섯 가지 맛이 지나치면 상해를 받는다. 그러므로 신 음식을 지나치게 먹으면, 간의 기운이 지나쳐 비장의 기운이 끊어지게 된다. 짠 음식을 지나치게 먹으면, 큰 뼈의 기운이 힘들게 되고, 피부가 위축되어 심장의 기운이 억압받는다. 단 음식을 지나치게 먹으면, 심장의 기운이 답답하고 불안하여 안색이 검게 되며, 신장의 기운이 균형을 이루지 못한다. 쓴 음식을 지나치게 먹으면, 비장의 기운이 윤택하지 못하게 되고, 위의 기운이 두텁게 된다. 매운 음식을 지나치게 먹으면, 근맥이 방해를 받거나 이완

되어 정신이 상하게 된다. 그러므로 다섯 가지 맛을 조심스럽게 조화시켜 뼈를 바르게 하고 근육을 부드럽게 하며, 기혈이 유통되고 피부가 팽팽하게 되면, 근골의 기운이 건강하게 된다. 이와 같이 삼가 행하면 천명을 길게 누릴 것이다.

英譯 The nourishments of the five viscera stem from the five tastes (acrid, sweet, sour, bitter and salty food which may be apprehended as tastes of food), but when the five tastes are taken excessively, they will damage the five viscera. If sour taste is taken excessively, it will make the liver have too much body fluid which will cause asthenia of liver energy. The asthenia of the liver will restrict the spleen-earth and make the spleen energy vanish. When the salty taste is taken too much, it will damage the bones and the muscles. If the kidney-water is abundant to override the heart-heat, the heart energy will be retrained. If the sweet taste is excessively taken, the heart-heat will become intense. When the spleen is abnormal, it will restrict the kidney water and cause it to become black (the color of the kidney). When the kidney water is restricted, the kidney energy will be abnormal to become ill. If the bitter taste is taken excessively, the spleen-earth will fail to be moistened. Thus, the dry-evil of the stomach will become abundant and the disease of the dissension of the stomach energy will happen. If the acid taste is taken excessively, the tendons will become loose and the spirit will be consumed as well. Therefore, if the five tastes are adjusted in a harmonious condition without taking them excessively, the whole body will obtain ample source of nourishment, and the tendons, bones, energies, blood and striate of skin will be kept in a strong and normal condition. Thus, the one who is good at adjusting the five tastes can live a long life.

◆◆

載營魄抱一，能無離乎？專氣致柔，能如嬰兒乎

原文　載營魄抱一，能無離乎？專氣致柔，能如嬰兒乎？滌除玄鑒，能無疵乎？愛民治國，能無為乎？天門開闔，能為雌乎？明白四達，能無知乎？

——《老子·第十章》

今釋　精神與身體融合為一，能夠始終不離不散嗎？積聚精氣以致柔順，能夠達到嬰兒的狀態嗎？清除雜念使心地明淨如鏡，能夠做到一塵不染嗎？愛護百姓與治理國家，能夠做到不為愛而愛、不為治而治嗎？呼吸動靜，能夠柔順守靜嗎？通曉四方，能夠不用心機嗎？

日譯　精神と体が融け合って一つになれば、ずっと離れずにいることができるのか？精気を集めて柔順になれば、赤ん坊のようになることができるのか？雑念を一掃して心を鏡のように研ぎ澄ませば、清廉潔白になれるのか？庶民の愛護と国家の統治は、愛のためではない愛、統治のためでない統治を行うことができるのか？呼吸や動静は、柔順や平静を維持することができるのか？世界を知れば、無理に頭を働かせなくてすむのか？

韓譯　정신과 신체가 융합하여 하나로 되어, 시종 떨어지지 않을 수 있을까? 정기를 모아 부드럽게 만들어, 갓난아이처럼 할 수 있을까? 잡념을 제거하여 내 마음을 거울처럼 명정하게 하여, 하나의 허물도 없게 할 수 있을까? 백성을 사랑하고 나라를 다스리는데 사사로운 개인의 잡된 지식을 없앨 수 있을까? 하늘의 문이 열리고 닫힐 때 위대한 여성처럼 될 수 있을까? 명백함이 사방에 달하여도 능히

지식적 행위를 없게 할 수 있을까?

英譯 Can you keep the unity of body and soul from separating, and hold fast to the unity? Can you, when concentrating your breathing, make it as soft as that of a little child? Can you wipe and cleanse your impure thoughts till they are spotless? Can you love the people and rule the land without any impure intentions? Can you always keep soft and quiet in breathing and movements? Can your mind penetrate every corner of the land, intuitively?

◆◆

致虛極，守靜篤，沒身不殆

原文 致虛極，守靜篤。萬物並作，吾觀其複。夫物芸芸，各複歸其根。歸根曰淨，靜曰複命。複命曰常，知常曰明。不知常，妄作凶。知常榮，容乃公，公乃全，全乃天，天乃道，道乃久，沒身不殆。

——《老子·第十六章》

今釋 保持最高度的清靜，努力達到虛無的極點。萬物競相生長，我由此觀察它往複循環，追溯它的本初。萬物雖然紛芸變化，卻都各自返回到它的本根。回歸本根叫做靜，靜才能恢複本命；恢複本命叫做常，只有認識常才可謂明。不認識常，就會妄動，就有凶險。認識到萬物恆常的規律才能包容，包容才能公正，公正才能周遍，周遍才能符合自然，符合自然才能進入大道的境界，合乎大道才能長久，終身可以免除凶險傷病。

日譯 最も高度な静寂を維持し、虛無の極みに達するように努力する。万物は争って成長し、こうして私はその循環の反復を観察し、その始まりに遡る。万物は多彩な変化を呈しながら、それぞれその根本に帰着する。根本に帰ることを静という。静は本命を回復する。本命を回復することを常というが、常を知ることを明という。常を知らなければ、無分別な行動を取り、危険を招くおそれがある。万物の恒常の法則を理解してこそ包容することができるようになるが、包容してはじめて公正になり、公正になってはじめて行き渡り、行き渡ってはじめて自然に適合するようになる。自然に適合すれば大道の域に達し、大道に適合してはじめて幾久しくなり、生涯をつうじて厄や病から逃れることができる。

韓譯 빔에 이르기를 지극하게하고 고요함을 지키기를 돈독하게 하라. 만물이 나란히 일어나되, 나는 그것이 돌아감을 볼 것이다. 대저 만물은 무성하게 자라지만, 각기 자신의 뿌리로 돌아간다. 그 근본으로 돌아가는 것을 정이라 일컫고, 정을 다시 복명이라고 한다. 본질로 돌아간 것은 영원한 것이요. 영원함을 아는 것이 총명함이다. 영원함을 알지 못하면 망령되기에 흉한 일을 일으키게 된다. 영원함을 알게 되면 포용하고, 포용하게 되면 공평하게 되고, 공평하게 되면 온전해지고, 온전하면 하늘이 되니, 하늘이 되면 곧 도에 가깝게 되고, 도에 가까워지면 영원해져서 육체가 없어지도록 위태롭지 않게 된다.

英譯 Hold fast to the extreme quietness until it reaches to the peak of void. All things grow and I then see that they are in the alternating cycle, then I pursue to their origin. Though all things change continuously, they finally return to their roots. Returning to the roots is called stillness. Only stillness can return to the Fate. Returning to the Fate is Constance. To know Constance is to be illuminated. Not to know Constance will surely bring disasters and dangers. Knowing that Constance gives birth to tolerance, tolerance to justice, justice to completeness, completeness to Dao, Dao to eternity, then throughout the lifetime one can be immune to diseases and dangers.

◆◆

善攝生者，不入死地

原文 蓋聞善攝生者，路行不遇兕虎，入軍不被甲兵；兕無所投其角，虎無所用其爪，兵無所容其刃。夫何故？以其無死地。

——《老子・第五十章》

今釋 聽說善於養護生命的人，在陸地上遇不到犀牛和老虎的危害，在戰爭中不會受到兵器的傷害；對於他們來講，犀牛的角派不上用場，老虎的爪沒有地方發揮作用，兵器的利刃無處可施。為什麼這樣說呢？因為他們根本就不進入危害生命的境地。

日譯 聞くところによると、生命の保護に優れた人は、陸地にいてもサイとトラの危害を受けず、戦争中でも兵器によって傷つくことはないという。彼らに対してサイの角は一向に役に立たず、トラの爪も効力を発揮せず、兵器の鋭利な刃も使い道がない。どうしてなのか？彼らはもとより、生命の危険の及ぶ場所に行かないからである。

韓譯 대저 듣건대 잘 섭생 하는 사람은, 땅 위를 걷더라도 맹수의 피해를 입지 않는다. 군대에 들어가서도 무기의 피해를 입지 않는다. 무소도 자신의 뿔을 들이댈 곳이 없고 호랑이도 그 발톱을 둘 바가 없고, 무기도 그 칼날을 쑤셔 넣을 수가 없다. 왜 그러한가? 죽을 곳을 없앴기 때문이다.

英譯 It is said that he who is good at preserving life, when he is walking on the land, won't be hurt by the rhinoceros and tigers. When he is fighting in a war, he won't be wounded by the weapons. Neither the horns of the rhinoceros nor the claws of the tigers can be used to attack him. However sharp the weapons, they are useless as well. Why? Because they are not harmful at all for him.

◆◆

柔弱勝剛強

原文 人之生也柔弱，其死也剛強。草木之生也柔脆，其死也枯槁。故堅強者死之徒，柔弱者生之徒。

——《老子・第七十六章》

今釋 人活著的時候，身體是柔軟的，人死之后就變成僵硬的了。草木生長的時候，它的枝幹是柔脆的，一旦死后就變成乾枯的了。所以堅強的一類屬於容易死亡的一類，柔弱的一類屬於容易生存的一類。

日譯 人間が生きている時、体は柔軟であるが、死ぬとこわばってしまう。草木が生長している時、その枝と幹は柔らかく脆いが、枯れてしまったらかさかさになる。従って強靭なものは容易に死んでしまい、柔軟で弱々しいものほど生き延びやすいのである。

韓譯 사람이 살아있을 때에는 부드럽고 연하지만, 죽었을 때에는 뻣뻣하고 드세다. 마치 초목이 살아 있을 때에는 부드러우면서도 연하다가, 그것이 죽을 때는 마르고 딱딱해지는 것처럼 말이다. 그러니 뻣뻣하고 드셈은 죽음의 무리이고, 부드럽고 연함은 삶의 무리이다.

英譯 When a man is alive, his body is soft. After he dies, his body becomes stiff and rigid. When the grass and trees are growing, their branches are soft. Once they die, they become withered and dry. Therefore the strong are prone to die and the weak can survive easily.

◆◆

純粹而不雜，靜一而不變，惔而無為，動而天行，此養生之道也

原文　純粹而不雜，靜一而不變，惔而無為，動而天行，此養生之道也。

——《莊子・刻意》

今釋　純朴專一而不混雜，虛靜一貫而不變動，恬淡而不妄為，行動隨順自然，這是保養精神的道理。

日譯　素朴でひたむき、静かで変化せず、恬淡として盲目的な行為をせず、行動は自然に任せる。これが精神のケアを保つ道理である。

韓譯　순박하고 전일하여 잡된 것을 섞지 않고, 마음을 고요히 일관되게 하여 변동하지 않으며, 담담한 채 억지 행위가 없으며, 행동할 때는 자연의 순리를 따르는 것. 이것이 곧 생명을 보양하는 방법이다.

英譯　Purity without foreign substance, concentration without wavering, indifference without action, and movement in accordance with nature-these are the essentials of attaining mental tranquility.

◆◆

彼心之情，利安以寧，勿煩勿亂，和乃自成

原文　凡心之刑，自充自盈，自生自成。其所以失之，必以憂樂喜怒欲利。能去憂樂喜怒欲利，心乃反濟。彼心之情，利安以寧，勿煩勿亂，和乃自成。

——《管子·內業》

今釋 心的結構性狀，都是自然充實，自然生長，自然成就。它所以會喪失，必定是因為出現了憂愁、快樂、喜悅、憤怒、嗜欲、和貪利。如果能夠拋棄過份地憂愁、快樂、喜悅、憤怒、嗜欲、和貪利，那末心就可以恢複到完美健康。那心的性質，最喜歡寧靜安定，不要使它煩躁，不要使它紊亂，平和之心自然形成。

日譯 心の性状はすべて自然に充実し、自然に成長し、自然に成就する。なぜそれが喪失するかというと、憂慮や快楽、喜び、怒り、嗜欲、貪欲といったものが必ず現れたからである。もし行き過ぎた憂慮や快楽、喜び、怒り、嗜欲、貪欲を捨てることができるなら、心は完全な健康を取り戻すことができるだろう。その心の性質は、静かに安定していることを最も好み、それをいらだたせたり、乱れさせたりしなければ、穏やかな心が自然と形成される。

韓譯 무릇 마음의 구조와 형상은, 저절로 충실하고, 스스로 생장하며, 자연스럽게 성취한다. 이러한 것을 잃어버리는 까닭은, 우수, 쾌락, 희열, 분노, 욕심 때문이다. 우수, 쾌락, 희열, 분노, 욕심 이러한 것들을 제거할 수 있다면, 마음은 곧 회복되어 건강으로 가지런해진다. 이러한 마음의 성정은 안정과 평안을 좋아하기에, 번거롭고 어지럽게 하지 않는다면 평화로운 마음은 저절로 이루어진다.

英譯 The nature of the structure of the heart replenishes naturally, grows naturally and fulfills naturally. The loss of these functions may be due to the appearance of such emotions as worry, happiness, gladness, anger, desires and greed. If one can get rid of the extreme emotions like these, sound health can be restored since the nature of the heart lies in its preference of quietness and stability. Do not fret with it; do not disturb it, and the peace of heart will become natural.

◆◆

其形安而不移，能守一而棄萬疴

原文 大心而敢，寬氣而廣，其形安而不移，能守一而棄萬疴。

——《管子・內業》

今釋 心要寬大而且勇敢，氣要寬舒而且暢達，身體安定而不躁動，能夠讓身心和諧專一，自然會百病離身。

日譯 心は寛大にして潔く、気もちはのびやかに、体を安定させてせかせか動かさず、心身を調和させて専心していれば、万病は自然と身から遠ざかっていく。

韓譯 마음은 관대하고 또 용감하여야 하며, 기는 편안하고 확트여야 하며, 신체는 안정되어 조급하게 움직이지 않아야 한다. 그리하여 심신을 조화롭고 전일하게 기를 수 있다면, 자연히 만 가지 병이 몸을 떠날 것이다.

英譯 Broad-minded and courageous at heart, then the energy in the body may flow smoothly without any blockage. Stable and composed in the body, then the body and mind can be harmoniously united into one, and all the diseases can be get rid of.

◆◆

重己役物

原文 心平愉，則色不及傭而可以養目，聲不及傭而可以養耳，蔬食菜羹而可以養口，粗布之衣、粗紃之履而可以養體，局室、蘆簾、蒿蓐、敝機筵而可以養形。故無萬物之美而可以養樂，無勢力之位而可以養名。如是而加天下焉，其為天下多，其私樂少矣。夫是之謂重己役物。

——《荀子・正名》

今釋 心情平靜愉快，那末看到的顏色雖然不及一般，也可以滿足眼睛的需要；聽到的聲音雖然不及一般，也可以滿足耳朵的需要；雖然吃的是粗茶淡飯，卻仍然可以滿足口腹的需要；雖然穿的是粗布衣服、粗麻鞋子，卻仍然可以保養身體；雖然房屋狹窄，用的是蘆草簾子，稻草褥子和破舊桌子，卻仍然可以保養身體。所以，雖然沒有享用萬物中美好的東西，卻仍然可以養得心情快樂；沒有權勢地位，卻仍然可以養成好的名望。如果讓他來治理天下，他必定為天下謀福利多，為自己享樂考慮得少，這就叫做重視自己的生命而不被外物役使。

日譯 気持ちを落ち着けて楽しくしていれば、見る色は普通より劣っていても、目の必要としているものを満たすことができる。耳にする音が普通より劣っていても、耳の必要としているものを満たすことができる。食べるものは粗末であっても、依然として必要な食を満たすことができる。身につけるものが綿布の服や太い麻で編んだ靴であってもなお体を保護することができる。家が狭くて、アシの粗雑な簾やわら敷き布団、ぼろぼろの机を使っていてもなおここで養生することはできる。従って、万物の上等なものを享受していなくても、依然として気持ちよく暮らすことができる。権勢や地位がなくても、立派な声望を形成することができる。もし彼に天下を治めさせれば、必ず天下に多くの福利をもたらし、自分だけの享楽を考えることはあまりないだろう。これは自分の生命を重視し、外物に使役されることがないということである。

韓 譯 마음이 평정하고 유쾌하면, 색이 다 갖추어지지 않았더라도 눈을 즐겁게 할 수가 있으며, 소리가 제대로 갖추어지지 않았더라도 귀를 즐겁게 할 수 있으며, 거친 밥과 나물국이라 하더라도 입을 맛있게 해줄 수가 있고, 거친 옷에 짚신을 신었다 하더라도 몸을 편안하게 할 수가 있으니, 초가집, 갈대발, 짚방석, 낡아빠진 책상을 쓴다 해도 몸은 편안할 수가 있다. 그러므로 만물의 아름다움이 없다 해도 그의 즐거움을 누릴 수가 있고, 부귀와 권세가 없다 해도 그의 명성을 떨칠 수가 있다. 그러한 사람에게 천하를 다스리게 하면, 그는 천하를 위해 많은 공헌을 하면서도, 자신이 즐기는 일은 적을 것이다. 이러한 사람을 자신의 생명을 중히 여기고 외물에 매달리지 않는 사람이라 한다.

英 譯 Though what the eyes have seen is under average, if there is peace in mind, the needs of the eyes can still be satisfied. Though what the ears have heard is under average, if there is peace in mind, the needs of the ears can still be satisfied. What one has eaten is just the coarse food and drink, if there is peace in mind, one's stomach can still be satisfied. Despite the coarse clothes and shabby shoes, one's body can still be preserved healthy. Despite the small hut with the reed curtains and the straw mattress and broken table, the body can still be kept healthy. Therefore, without beautiful things accessible in this world, one can still be happy. Without power or high ranks, one can still earn good reputation. If he is to rule the country, he will surely seek more benefits for all people without considering much about his own pleasure. This is called 'treasuring one's own life without being tempted by external material things'.

◆◆

樂易者常壽長，憂險者常夭折

原文 朴愨者常安利，蕩悍者常危害。安利者常樂易，為害者常憂險。樂易者常壽長，憂險者常夭折。是安危利害之常體也。

——《荀子・榮辱》

今釋 純朴誠實的人經常會處於平安順利的境地，放蕩凶悍的人經常會處於危險禍害的境地。處於平安順利境地的人總是能夠歡樂平易，處於危險禍害境地的人總是擔憂驚懼。歡樂平易的人多是長壽的，而擔驚憂懼的人多是短命的。這就是造成安與危、利與害兩種後果的大體原因。

日譯 素朴で誠実な人はいつも平穏で順調であるが、放蕩で凶暴な人はいつも危険や災難にさらされている。平安で順調な立場にある人はいつも陽気で気さくであるが、危険や災難にさらされている人はいつも憂慮したり恐れたりしている。陽気で気さくな人の多くは長生きであり、憂慮したり恐れたりする人の多くは短命である。これは安全と危険、利益と弊害という二種類の結果を招来する大体の原因である。

韓譯 순박하고 성실한 사람은 언제나 평안하고 순리에 처하지만, 방탕하고 사나운 사람은 언제나 위험하고 해로운 곳에 처한다. 평안하고 순리에 처한 사람은 언제나 즐겁고 평이하지만, 위험하고 해로운 곳에 처한 사람은 늘 근심스럽고 두렵다. 즐겁고 평이한 사람은 언제나 장수하지만, 근심스럽고 두려운 자는 언제나 일찍 죽는다. 이것이 편안하고 위태로우며, 이롭고 해로운 것의 영원한 원칙이다.

英譯 Those who are simple-minded and honest invariably have security and benefit; those who are profligate and cruel invariably have danger and harm. Those who have gained security and benefits are always happy and relaxed. Those who feel endangered and threatened are always melancholy and insecure. Those who are happy and relaxed can always live to a great age and those who are melancholy and insecure always die young. Such are the invariable conditions, respective of security and benefit and of danger and harm.

◆◆

物者所以養性，非所以性養也

原文　人之性壽，物者抇之，故不得壽。物也者，所以養性也，非所以性養也。

——《呂氏春秋·本生》

今釋　人的生命本來是長久的，只是由於外物的干擾，因而不能長壽。外物本來是用來養活生命的，並非用生命的代價來追逐外物。

日譯　人の生命はもともと長いが、長寿になれないのは外物の妨害によるためである。外物はもともと生命を養うものであり、決して生命を代価にして外物を追求するものではない。

韓譯　사람의 생명은 본래 아주 길다, 다만 외물의 방해로 말미암아 장수하지 못한다. 외물은 본래 생명을 기르는데 쓰는 것이지, 생명을 쓰는 대가로 외물을 쫓는 것이 아니다.

英譯　People’s lives are supposed to be long. However, due to the disturbance of external things, one can’t enjoy longevity any more. External things are supposed to rear lives instead of being chased after at the cost of lives.

◆◆

養生莫若知本，知本則疾無由至矣

原文 何謂去害？大甘、大酸、大苦、大辛、大鹹五者充形，則生害矣。大喜、大怒、大憂、大恐、大哀五者接神，則生害矣。大寒、大熱、大躁、大濕、大風、大霖、大霧七者動精，則生害矣。故凡養生莫若知本，知本則疾無由至矣。

——《呂氏春秋・盡數》

今釋 什么叫避免危害？凡是太甜、太酸、太苦、太辣、太鹹的五種食物經常充滿口腹，那就要傷害生命了。凡是大喜、大怒、大憂、大恐、大哀的五種情緒經常占據心裡，那就要損害身體了。凡是在特別寒冷、特別炎熱、特別乾燥、特別潮濕，以及大風、大雨、大霧這七種氣候環境中，刺激了精氣，那就要危害性命了。所以凡是講求保養生命的，最好要弄清性命的根本，弄清了性命的根本，趨利避害，也就使疾病無以發生了。

日譯 危害を免れるとはどういうことであろうか？甘すぎたり、酸っぱすぎたり、苦すぎたり、辛すぎたり、しょっぱすぎる五つの味の食べ物をいつも腹いっぱい飲み食いすれば、命を傷つける。度を過ぎた喜びや怒り、憂慮、恐怖、悲しみという五種の感情がいつも心を塞いでいると、体を損なうことになる。ひどい寒さや暑さ、乾き、湿気、大風、豪雨、大霧という七つの天候の中で、精気が刺激されると、命が脅かされる。したがって、生命を大事にしたいなら、なるたけ命の根本をはっきりさせる方がよい。命の根本をはっきりさせれば、害を避け利へ導いて、無病息災になる。

韓譯 무엇이 해로움을 멀리하는 것인가? 지나치게 단맛, 지나

치게 신맛, 지나치게 쓴맛, 지나치게 매운맛, 지나치게 짠맛 등 이 다섯 가지가 몸에 가득하면 생명이 상한다. 큰 기쁨, 큰 분노, 큰 근심, 큰 공포, 큰 슬픔 등 이 다섯 가지가 정신을 점령하면 신체를 상하게 된다. 특별히 추운 것, 특별히 더운 것, 특별히 건조한 것, 특별히 습한 것, 특별히 바람이 많이 부는 것, 특별히 비가 오래 내리는 것, 특별히 안개가 많이 끼는 것 등 일곱 가지가 정기를 동요시키면, 성명이 해를 입는다. 그러므로 생명을 보양하는 것은 성정의 근본을 아는 것만 같은 것이 없다. 성명의 근본을 파악하면 질병이 경유하여 올 곳이 없다.

英譯 How to avoid harm? If your stomach is filled with five foods that are too sweet, too sour, too bitter, too spicy, and too salty, it will harm the body. If your heart is full of five emotions such as being too happy, too angry, too worried, too frightened and too mournful, it will surely harm the body. Climates that are too cold, too hot, too dry and too moist and all the weather that is too windy, too rainy, too foggy do harm life by disturbing one's vital energy. Therefore, those who want to preserve their lives had better get to know the essence of life, trying to avoid harm and do good, then all the diseases will be nowhere to be found.

◆◆

形者生之舍，氣者生之充，神者生之制

原文 夫形者，生之舍也；氣者，生之充也；神者，生之制也。一失位，則三者傷矣。是故聖人使之各處其位，守其職而不相干也。

——《淮南子·原道訓》

今釋 形體是生命的居所，真氣是生命的源泉，精神是生命的舵手。

只要有一個方面失去職守，那末所有的方面都會受到傷害。因此聖人讓所有的方面都要司守自己的職位，而不要互相干擾。

日譯 形体は生命の宿るところであり、真気は生命の源であり、精神は生命のかじ取りである。どこかの機能が支障をきたせば、あらゆるものが被害を受ける。従って聖人はあらゆる面で自らの職務を守り、互いに邪魔しないようにしている。

韓譯 대저 형체는 생명이 거처하는 곳이다; 진기는 생명의 원천이며; 정신은 생명의 길잡이다. 오직 하나라도 그 직분을 잃으면, 세 가지가 상하게 된다. 이런 까닭에 성인은 이들로 하여금 각각 그 위치를 지키게 하고, 그 직분을 지켜 서로 간섭하지 않게 한다.

英譯 The physical body is the dwelling place of life. Vital energy is the source of life. Spirit is the helmsman of life. Once one part loses its function, the rest of the whole body will be damaged accordingly. Thus, the sage will see to it that every part of the body is preserved rather than let them interfere with each other.

◆◆

生尊於天下

原文 尊勢厚利，人之所貪也。使之左據天下圖而右手刎其喉，愚夫不為。由此觀之，生尊於天下也。

——《淮南子・精神訓》

今釋 權高祿重，這是一般人所希求的。倘若讓他左手掌管著天下的大印，而右手卻拿著匕首刺向自己的咽喉，就是愚蠢的人也不會去做。

日譯 権が高く禄が重い、これは普通の人が期待するのである。

もしも彼の左手に世の権力を握らせ、右手に匕首を持って自分の喉に刺すようなことは、いくら愚かな者とてしないだろう。

韓譯 귀한 권세와 두터운 녹은, 모든 사람들이 희구하는 것이다. 만약 왼손으로 천하를 도모하게 하고 오른손으로 그 목을 베게 한다면, 이는 어리석은 사내일지라도 하지 않을 것이다. 이로 말미암아 보건데 생명이 천하보다 존귀한 것이다.

英譯 High ranks and allowances are what an average person pursues. However, if one's left hand is controlling the giant seal of the country while his right hand is picking up a sword thrusting towards his own throat, even the fool won't do it.

◆◆

積於柔則剛，積於弱則強

原文 欲剛者必以柔守之，欲強者必以弱保之。積於柔則剛，積於弱則強，觀其所積，以知禍福之鄉。

——《淮南子·原道訓》

今釋 打算讓自己身體剛健的人，他必須用柔緩的心性來守護；打算讓自己身體強壯的人，他必須用軟弱的心性來保持。柔緩積蓄多了就會剛健，軟弱積蓄多了就會強壯，看看他們積蓄的情況，也就知道他們的禍福狀態了。

日譯 体を強くしようと思う人は、必ず柔らかい心で見守らなければならない。体を丈夫にしようとする人は、必ず弱い心で保たなければならない。柔らかさを多く蓄えれば丈夫なり、軟弱さを多く蓄えれば強くなる。蓄えた状況を見れば、彼らの災難や幸福の状態がわかる。

韓譯 자신의 신체를 건강하게 하고자 하는 사람은, 반드시 부

드러운 심성으로 그것을 지키고, 자신의 신체를 강하게 하고자 하는 사람은, 연약한 심성으로 그것을 보존한다. 부드러움이 쌓이면 강해지고, 연약함이 쌓이면 강장해 진다, 그 쌓인 것을 보고, 그 화와 복의 상태를 알 수 있다.

英譯 He who wants to have a sturdy body must preserve it with a soft heart. He who wants to have a strong body must maintain it with a weak heart. Gradual increase of softness is equal to sturdiness. Gradual accumulation of softness is strength. Look at their amount of accumulation, the blessings or curses can be evident.

◆◆

道不在煩

原文 彭祖曰：道不在煩，但能不思衣，不思食，不思聲，不思色，不思勝，不思負，不思失，不思得，不思榮，不思辱，心不勞，形不極，常導引、納氣、胎息耳。

——南朝梁·陶弘景《養性延命錄·教誡篇》引

今釋 彭祖說：養生之道在於不要煩心過分，只要做到平時不追求穿戴，不追求飲食，不追求美聲，不追求女色，不追求勝利，不擔心失敗，不擔心喪失，不追求獲得，不追求榮譽，不擔心受辱，用心不要過度操勞，不要讓身體處于極端環境，經常活動身體，吐故納新和靜坐養神就可以了。

日譯 彭祖は「養生の道はあまり悩み過ぎないことであり、ふだんから身なりや飲食にこだわらず、美声や女色、勝利を求めず、失敗や喪失を気にせず、獲得や栄誉を求めず、侮辱されることを気にせず、過労に気をつけ、体を極限状態に置かれないようにして常に体を動かし、新陳代謝をはかり、静座してゆっくり保養していればよい」と言った。

韓譯 팽조가 말하였다 : 양생의 도는 마음을 지나치게 번거롭게 하지 않는데 있다. 의관, 음식, 아름다운 소리, 여색, 승리를 지나치게 신경 쓰지 않으며, 실패나 상실을 지나치게 부담스러워 말며, 이익, 영예를 지나치게 추구하지 말며, 모욕을 받는 것도 지나치게 부담스러워 하지 않고, 마음을 씀에 수고롭게 하지 않으며, 신체를 극단의 환경에 처하게 하지 않고, 늘 신체를 움직여, 심호흡을 하고 고요히 앉아 정신을 기르면 될 것이다.

英譯 Peng Zu said, "The principle of staying healthy is not to trouble one's heart. Don't dwell on what to wear and what to eat. Don't chase beautiful women. Don't think too much of success or failures or worry about losses or gains. Don't pursue fame or shame, work too hard and work under extreme conditions. The body needs to be exercised regularly. Exhale the bad energy and inhale the new energy and mediate more, this is enough.

◆◆

神躁於中，而形喪於外

原文 精神之於形骸，猶國之有君也。神躁於中，而形喪於外，猶君昏於上，國亂於下也。

——南朝梁・嵇康《養生論》

今釋 精神對於形體來說，猶如國家中的君主。如果精神在體內躁動不寧，那末在外的形體就會喪失生機，猶如國君昏庸亂為，而國家就要出現動亂一樣。

日譯 精神は形体にとって、あたかも国家の君主のようである。もし精神が体内でせわしく動けば落ち着かなくなり、外の形体は生命力を失ってしまう。君主が愚昧で乱暴であれば、国に動乱が起きるのと同じである。

韓譯 정신은 형체에 대해 말하자면, 마치 나라의 군주와 같다. 만약 정신이 형체 중에서 편안하지 못하고 움직인다면, 밖의 형체가 생기를 상실하는 것이 마치 위에서 군주가 혼미해지면, 국가가 아래에서 어지러워지는 것과 같다.

英譯 The spirit to the body is just like a king to a country. If the spirit is irritated within the body, the body will lose its vigor. So too, if the king is muddled-headed, the country will be in chaos.

◆◆

修性以保神，安心以全身

原文 君子知形恃神以立，神須形以存；悟生理之易失，知一過之害生。故修性以保神，安心以全身，愛憎不棲於情，憂喜不留於意，泊然無感，而體氣和平。

——南朝梁・嵇康《養生論》

今釋 君子懂得身體是靠元神支撐的，元神的存在也離不開身體；明白生命的規律很容易被破壞，知道一點點的過失不當都會傷害生命健康。所以要通過修心養性來保護元神充沛，通過安定內心來保全身體健康。讓愛憎的念頭不占據我們的情感，讓憂喜的情緒不留在我們的心裡，淡泊虛靜，不動情感，這樣就會氣血平和順暢，身心和諧。

日譯 君子は体が元神（脳の働きや諸生理活動、精神？心理活動を司る）によって支えられ、元神も体から離れないことを理解している。生命の法則は破壊されやすく、ほんの些細な過失や不摂生によって生命や健康が損なわれることを知っている。従って心を修養し、元気を養い、心の安定を保つことにより体の健康を保つ。愛憎の念に感情を支配させないようにし、憂えや喜びの情感を心の中に残さないようにし、淡々として静逸を保ち、感情を高ぶらせない。こうすれば血気は穏やかで円滑になり、心身の調和がとれるようになる。

韓譯 군자는 형체는 정신에 의지하여 서 있고, 정신은 또 형체에 깃들어 존재한다는 것을 안다 ; 즉 생명의 규율은 쉽게 깨어지고, 조그만 과실도 생명을 해치게 된다는 것을 안다는 것이다. 그리하여 성품을 닦아 정신을 온전히 보존하며, 내면을 편안하게 하여 신체를 온전히 보존한다. 애증이 우리들의 정감을 점령치 못하게 하며, 근심과 기쁨이 우리 마음에 머물 수 없게 하여, 담담하고 맑고 고요한 상태로 감정을 유지하여, 몸의 기운을 평화롭게 한다.

英譯 The superior man knows that one's body is supported by the vital energy and the existence of the vital energy can not be separated from the body. He knows also that the law of life can be easily destroyed and even a minor fault may result in the harm of the body. So people need to cultivate their Spirits to preserve the vigor and to keep healthy with a peaceful mind. Removing all the thoughts of hate and love out of our emotions and getting rid of the feelings of happiness and sadness from the hearts, one may be able to enjoy the tranquility and stillness in the heart without any extreme emotions which may finally result in the smooth flow of blood in the body and the harmonious state of body and mind.

◆◆

外物以累心不存，神氣以醇白獨著

原文 清虛靜泰，少私寡欲。知名位之傷德，故忽而不營，非欲而強禁也。識厚味之害性，故棄而弗顧，非貪而後抑也。外物以累心不存，神氣以醇白獨著。曠然無憂患，寂然無思慮，又守之以一，養之以和，和理日濟，同乎大順。

——南朝梁・嵇康《養生論》

今釋 善於養生的人，他們往往是清靜、虛心、安靜、平和、私心不多而欲望不重。知道名譽地位的追逐往往損害品德，所以輕視它而不去鑽營，這並非心裡想著它而強制自己不去做。認識到多吃厚重的滋味會傷害身體，所以放棄它而不去飲食，這並非貪愛它而後才抑制不吃。我們輕視外物，因為外物往往牽累我們的心性；我們重視心性的純白虛廣，因為神氣全靠它滋養充沛。心懷坦蕩寬廣，憂愁禍害無從侵襲；心地淨寂淵默，思慮無從長久存留。再堅守自然的無思無慮的法則，用和來滋養，使人性日趨接近天理，最後完全符合於自然。

日譯 養生に優れた人は、往々にしてもの静かで謙虚で穏やかであり、私心があまりなく、欲求も大きくない。名誉や地位の追求は往々にして品徳を損なうことだということを知っているので、それを軽視し、取り入って私利を図ろうとはしない。それは決して心で思っていることを自制しているというわけではない。濃い味のものを多く食べると体を壊してしまうことを知っているので、それを止め食べないようにする。これは決して好物をむさぼった後に抑制するという状況を指しているのではない。私達が外物を軽視するのは、外物がしばしば私達の心を引き付けるからである。私達が心の潔白さや寛大さを重視するのは、それが栄養を与え、満たされることで活力が生み出されるからである。心は清らかで広ければ、憂いや災難に襲われることはない。気持ちが静かで奥ゆかしければ、思慮は長びかない。更に思慮も心配事もないという自然の法則を守ってその保養に努めていれば、人間性は日一刻と天理に近付き、ついには自然とまったく一体になる。

韓譯 양생을 잘 하는 사람은 마음이 맑고 고요하며 안정되고 평화로워 사심과 욕망이 적다. 명예와 지위가 종종 덕을 손상시킨다는 것을 알아서, 그것을 경시하여 매달리지도 않고, 욕심을 내거나 억지로 금하지도 않는다. 지나치게 맛있는 것들이 몸을 해친다는 것도 알아서, 그것을 버리고 돌아보지 않으니, 그것을 탐하거나 억제하지도 않는다. 외물은 왕왕 마음을 구속하니 그 곳에 뜻을 두지 않고, 정신만 유독 순박하게 한다. 정신이 광활하여 우환이 없고 적막하여 복잡한 생각들이 없이, 오로지 그것을 지켜 나가, 잘 길러 조화롭게 한다면, 조화로운 이치가 날로 다스려져, 온전히 자연에 부합하게 될 것이다.

英譯 Those who are good at preserving their health tend to be quiet, humble, tranquil, and peaceful without selfishness and desires. They know that chasing the fame damages their virtues, so they despise it without working hard to achieve it. They do it willingly without suppressing their desires. They know eating too much heavy foods may damage their body, so they give them all up. They don't eat them not out of suppression of their desires but out of willingness. We despise external materials since external materials usually distract our minds. We emphasize purity and simplicity of the heart because they nourish the spirit. Be broad-minded, and all the anxieties invade our body. Be pure-hearted, and all the worries will never stay in our body. Keep the natural law of being thoughtless and nourish our mind with peace, then the nature of humanity will be close to that of heaven and finally humanity and nature are in great harmony.

◆◆

神大用則竭，形大勞則斃

原文 夫稟氣含靈，唯人為貴。人所貴者，蓋貴為生。生者，神之本；形者，神之具。神大用則竭，形大勞則斃。

——南朝梁・陶弘景《養性延命錄序》

今釋 稟受先天之氣，蘊含自然靈智的物類中，人是最可寶貴的。而對於人類來說，最為珍貴的便是生命。生命是精神存在的根本，形體是寄托精神的器具。精神用得太過，生命就會枯竭；形體過份操勞，精神就會崩潰。

日譯 先天の気を受け継ぎ、自然の知を育んだものの中で、人類は最も貴重な存在である。人類にとって、最も貴重なものは生命である。生命は精神の源であり、形体は精神を宿した道具である。精神をあまり消耗し過ぎると、生命は枯渇してしまう。形体を酷使しすぎると、精神は崩壊してしまう。

韓譯 대저 하늘의 기운과 자연의 신령함을 함유한 만물 중에서, 오직 사람이 가장 귀하다. 그리고 사람에게서 가장 귀한 것은 생명이다. 생명은 정신이 근본이 되며, 몸은 정신이 깃들 수 있는 도구이다. 정신을 너무 지나치게 쓰면 생명이 고갈되게 되고, 형체를 너무 수고롭게 하면 쉽게 늙어간다.

英譯 Among all the creatures that are created by heaven and that have natural spirit, humans are the most precious. For human beings, the most precious thing is life. Life is the essence of the mind and the body is the place where the mind dwells. Too much use of the mind may result in the exhaustion of life and too much use of the body may result in the collapse of the mind.

(二) 养生方法

养生の方法

양생방법

Regimen

◆◆

吾善養浩然之氣

原文 敢問何謂浩然之氣？曰：難言也。其為氣也，至大至剛，以直養而無害，則塞於天地之間。其為氣也，配義與道，無是餒也。是集義所生者，非義襲而取之也。形有不慊於心，則餒也。

——《孟子・公孫丑上》

今釋 請問何謂浩然之氣？孟子說："這是很難說清的。那種氣，最為偉大，最為剛強，順任自然去培養它，而不要人為去傷害它，那末它就能充滿於天地之間。那種氣，必須與人心的正義與道德修養相配合，做不到這一點，那氣也就喪失了。那種氣是正義的意識與行為不斷積累而產生的，不是偶然的正義言行所能取得的。只要做一件於心有愧的事情，那種氣就要衰弱了。"

日譯 浩然の気とは何でしょうか？と聞きかれると、孟子は「これははっきり言いにくい。その気は、最も偉大であり、最も丈夫であり、自然に任せてそれを育み、人為的にそれを損なってはならない。そうすれば天地の間に満ち溢れるようになる。その気は、必ず人の心の正義と道徳的修養とに呼応させせなければならない。これができなければ、その気はすぐに失われてしまうだろう。その気は正義の意識や行為を絶えず積み重ねることによって生まれるもので、偶然の正義では得ることはできない。心に背くことを一つでもすれば、その気は衰えしてしまう。」

韓譯 무엇을 호연지기라 하는지? 감히 묻겠습니다. 맹자께서 말씀하셨다. 그것을 명확히 설명하기 어렵다. 그 기 됨은 가장 위대하고 가장 강하니, 올바름으로 길러 해치지 않으면 천지 사이에 꽉 차게 된다. 그 기 됨은 의로움과 도덕수양에 배합되니, 이것이 없으면 호연지기도 잃게 된다. 이 기는 의로움을 축적하여 생겨나는 것이지, 의로움이 갑자기 엄습하여 얻어지는 것이 아니다. 행동이 조금이라도 마음에 부끄러운 것이 있으면 이 기는 곧 쇠약해진다.

英譯 Tell me what is "the grand Qi"? Mencius said, "It is difficult to explain. It is a type of Qi which is the greatest, the strongest. Nourish it with natural means without any human interference, and then the whole heaven and earth will be filled with it. That type of Qi needs to be cultivated with righteousness in humanity, without which the Qi will disappear. This Qi is accumulated with the continuous righteous deeds rather than by occasional righteous deeds. A single shameful thing may weaken the Qi."

◆◆

養心莫善於寡欲

原文 養心莫善於寡欲。其為人也寡欲，雖有不存焉者，寡矣。其為人也多欲，雖有存焉者，寡矣。

——《孟子·盡心下》

今釋 修養身心最好的方法就是減少對物欲的追求。一個人如果能淡泊物質欲望，他的身心本性雖然也會有損失，但是會很少的。如果他貪圖物欲享受，雖然他的身心本性不致於馬上消亡，但是保存下來的已經不多了。

日 譯　心身の修養の最善の方法は物欲の追求を減らすことである。物欲がそれほどなければ、心身の本性を損失することがあっても程度が少なくてすむ。もし物欲をむさぼり求めるならば、心身の本性はすぐに消滅しなくも、それまで保ってきたものはすでに残り少なくなっている。

韓 譯　몸과 마음을 수양하는 가장 좋은 방법은 욕심을 적게 하는 것보다 더 좋은 것이 없다. 그 사람됨이 욕심이 적으면, 비록 본성이 보존되지 못함이 있더라도 적을 것이요. 사람됨이 욕심이 많으면 비록 곧 본성이 없어지지 않았다 하더라도 적을 것이다.

英 譯　For the cultivation of the heart there is nothing better than to have few desires. If a man of few desires does not keep all the goodness in his nature, what is lost can not be much. If a man of many desires has not lost all the goodness in his nature, what still remains can not be much.

◆◆

緣督以為經

原 文　為善無近名，為惡無近刑。緣督以為經，可以保身，可以全生，可以養親，可以盡年。

——《莊子・養生主》

今 釋　做人們認為的善事，不要有求名之心；做人們認為的壞事，不要觸犯刑法。一切順著自然的中心行事，就能夠保全身體，能夠保持天性，能夠養護生命，能夠享盡天年。

日 譯　善とされる事を為す時には、名望を求めてはいけない。悪とされる事を為す時には、刑法を犯してはならない。一切を自然の中心に従って事を運べば、体は保たれ、天性は保たれ、命は守られ、天寿を全うすることができる。

韓 譯　사람들이 착한 일이라 인정하더라도 공명심을 구하지 말고, 사람들이 악하다고 한 일을 하더라도 형벌에 저촉되지 않게 해야 한다. 일체 자연을 따라 중간의 입장을 기준으로 삼는다면, 몸을 온전히 지킬 수 있고 천성을 온전히 간직할 수 있어 양친을 봉양할 수 있으며 천수를 누릴 것이다.

英 譯　When you do good, do not do it for the sake of fame and when you do bad, do not do it as to incur punishment. If you always keep to the proper way, you will be able to keep good health, preserve your nature, support your parents and live a full life.

◆◆

無勞汝形，無搖汝精，乃可以長生

原 文　必靜必清，無勞汝形，無搖汝精，乃可以長生。

——《莊子・在宥》

今 釋　內心務必要寧靜清純，不要勞累你的身體，不要搖蕩你的情欲，這樣才可以長生不老。

日 譯　心は必ず静かで清らかな純真さを保ち、体を酷使せず、情欲に動かされないようにしていれば長生きすることができる。

韓 譯　내면은 고요하고 맑게 하도록 힘쓰며, 몸을 지치지 않게 하고, 정신이 흔들리지 않게 하여야 비로소 장수할 수 있다.

英 譯　If you keep silent and calm, and refrain from toiling your body or wasting your energy, you will be able to live a long life.

◆◆

吹呴呼吸，吐故納新

原文　吹呴呼吸，吐故納新，熊經鳥申，為壽而已矣。

——《莊子·刻意》

今釋　吹噓呼吸，吐出陳舊之氣，吸入新鮮之氣，像熊那樣活動身體以便打通經脈，像鳥一樣伸頸展翅以便氣血疏通，這些都是為了延年益壽。

日譯　呼吸をして古い息を吐き出し、新鮮な息を吸い込み、熊のように体を動かして経脈を通じさせ、鳥のように首を伸ばし翼を広げ血の巡りをよくする。このようにするのはすべて長生きのためである。

韓譯　숨을 내쉬고 들이쉬며, 오래된 기운을 내쉬고 신선한 기운을 들이마시며, 곰이 나뭇가지에 매달리듯 새가 목을 길게 늘이듯 하는 것은, 이러한 것은 모두 장수하기 위한 것이다.

英譯　Breathing in and out, exhaling the old and inhaling the new, climbing the trees like a bear and stretching like a bird—all these are but exercises for longevity.

◆◆

平易恬淡，則憂患不能入，邪氣不能襲

原文　聖人休焉，休則平易矣，平易則恬淡矣。平易恬淡，則憂患不能入，邪氣不能襲，故其德全而神不虧。

——《莊子·刻意》

今釋　聖人息心於恬淡無為的境界，息心便能平易，平易就能恬淡。如果能夠平易恬淡，那末憂患就不會侵入心境，邪氣就不會襲擊身體，於是德性完整而精神不會虧損。

日譯　聖人は心を休めて恬淡無為の境地に至る。心を休めると穏やかになり、心が穏やかになると物事に執着しなくなる。心が安らかになれば、憂いや苦しみに悩まされることはなく、邪気が体を襲うこともない。そして徳性が備わると精神が損われることはない。

韓譯　성인도 염담무위의 경계에 머물러 마음을 쉰다. 마음을 쉬고 있으면 편안해지고, 편안해지면 조용하고 담담해진다. 마음이 편안해지고 조용하고 담담하면 우환이 마음에 끼어들 수 없고, 사악한 기운도 몸을 침입할 수 없다. 그러므로 덕성이 갖추어지고 그 정신도 손상이 없는 것이다.

英譯　The sage finds peace in relaxation in. When he is relaxed, he is peaceful. When he is peaceful, he is indifferent. When he is peaceful and indifferent, he is free from worries and cares, and he is evil-proof. Thus, his virtue is intact and his spirit is sound.

◆◆

愉愉者，年壽長矣

原文　無為則愉愉。愉愉者，憂患不能處，年壽長矣。

——《莊子・天道》

今釋　不勉強做事就會從容和樂。保持從容和樂的人，憂患就不會存留在他的心中，生命就會長久。

日譯　無理をしなければ心が落ち着いて楽しくなる。落ち着いていて心から楽しんでいる人は、憂いや苦しみが尾を引くことはないので命が長くなる。

韓譯　억지로 애쓰지 않으면 여유롭고 화락하다. 여유롭고 화락하면, 근심이 머물 곳이 없으니, 생명이 곧 길어질 것이다.

英譯　When they do not take any action, they will be at ease. Those who are at ease will not be troubled by worries and cares, and thus will enjoy a long life.

◆◆

食莫若無飽，思莫若勿致，節適之齊，彼將自至

原文 食莫若無飽，思莫若勿致，節適之齊，彼將自至。

——《管子・內業》

今釋 吃飯不要過飽，思慮不要過度，經常以節制適中為原則，生命自然常駐不衰。

日譯 あまり食べ過ぎないようにし、あまり考えこんだり悩んだりしないこと、常に節度を保つように心がけていれば命は自然と長らえ、衰えることはない。

韓譯 먹는 것을 지나치게 배부르게 해서는 안 되며, 생각도 지나치게 도를 넘어서서는 안 된다. 항상 적당함에 맞게 절제한다면, 생명은 저절로 지극해질 것이다.

英譯 Don’t overeat or be over worried. Just be moderate, and you may enjoy a long life.

◆◆

人之生，必以其歡

原文 凡人之生，必以其歡。憂則失紀，怒則失端。憂悲喜怒，道乃無處。

——《管子・內業》

今釋 人的生存，必是由於生活的愉悅。憂愁就會失去人生的常理，憤怒就會失去生活的頭緒。一旦心中充滿了憂愁、悲傷、狂喜和憤怒，自然之道也就沒有了落腳的地方。

日譯 人の生であるが、必ず生活を楽しまなければならない。

憂慮は人生の常規を失わせ、怒りは生活の糸口を失わせる。いったん心の中に憂いや悲しみ、狂喜、怒りが満ち溢れると、自然の道理への足がかりが失われてしまう。

韓譯 무릇 사람이 살아간다는 것은, 반드시 생활의 즐거움으로 말미암는다. 근심은 삶의 바른 이치를 잃게 하며, 분노는 생활의 기준을 잃게 한다. 근심과 슬픔, 광적인 기쁨과 분노는, 자연의 이치를 둘 곳이 없게 한다.

英譯 Life lies in joy. Worry and anger will deprive one's senses. If one is full of worry, sadness, ecstasy and anger, there will be no place for the way of nature.

◆◆

食之道，大充，形傷而不臧；大攝，骨枯而血沍

原文 凡食之道，大充，形傷而不臧；大攝，骨枯而血沍。充攝之間，此謂和成。

——《管子・內業》

今釋 關於飲食的道理，吃太多了就會傷害身體而致病，吃太少了就會使骨骼乾枯而血液閉塞。只有不饑不飽，飲食適度，可以稱得上和順有成。

日譯 食の道理に関していうと、あまり食べすぎると体を壊して病気になり、あまり食べないでいると骨が干からびて血液が塞がってしまう。飢えず食べすぎず、適度な飲食を保つようにすれば順調になる。

韓譯 무릇 음식의 도리에 관해서는, 너무 많이 먹으면 신체를 상하고 병이 이르며, 너무 적게 먹으면 골격이 마르고 혈액이 막힌다. 오직 굶주리지도 배부르지도 않게 적당한 정도에 맞게 먹었을 때, 조화롭게 삶 이루어진다.

英譯 Eating too much may hurt the body and be diseased. Eating too little will cause dry bones and the channel of blood will be blocked. Eating moderately, that is, neither too much nor too little, which can be called appropriate.

◆◆

安禮樂樂，謹慎而不鬥怒

原文　恭敬，禮也；調和，樂也；謹慎，利也；鬥怒，害也。故君子安禮樂樂，謹慎而不鬥怒，是以百舉不過也。

——《荀子・臣道》

今釋　待人恭敬，這是禮節；令人協調和諧，這是音樂；謹慎處世，給人帶來利益；相互憤恨爭鬥，給人帶來禍害。所以君子安分守禮，喜愛音樂，生活謹慎而不去爭鬥憤恨，這樣一切行動都不會出現過失。

日譯　他人をよくもてなすことは礼節である。人々を協調、和合させるのは音楽である。世渡りを慎重にすれば、人々に利益がもたらされる。互いに争いあったり、恨みあったりしていると災いを招く。従って君子は本分と礼節を守り、音楽を好み、生活を謹んで争いあったり、恨みあったりしないことが大事である。こうすればあらゆる行動に過失が生じることはない。

韓譯　사람을 대함에 공경하는 것이 예의이다；사람과 조화를 이루게 하는 것이 음악이다；처신함에 근신하는 것이 사람에게 이익을 가져다주며；서로 싸우며 분노하면 사람에게 재앙을 불러온다. 그러므로 군자는 예의를 편안히 지키고 음악을 기뻐하며 생활에 삼가서 분노와 투쟁을 버리니, 모든 행동이 잘못을 범하지 않게 한다.

英譯　Reverence and respect are the basis of ritual. Harmony and concord are the basis of music. Caution and carefulness are the basis of benefit. Bellicosity and rancor are the basis of harm. Accordingly, the superior man finds ease in ritual, concord with music. He is careful and cautious, and is without bellicosity and rancor. For this reason in all his actions he does not err.

◆◆

人體欲得勞動，但不當使極耳

原文 人體欲得勞動，但不當使極耳。動搖則穀氣得銷，血脈流通，病不得生，譬猶戶樞，終不朽也。

——《後漢書・華佗傳》引華佗語

今釋 人的身體是需要勞作活動的，但是不應當過度。適當的活動有助於飲食的消化和血脈的流通，避免生病，這就如同門上的轉軸一樣，永遠不會腐敗。

日譯 人間の体は立ち働いたり動いたりすることが必要であるが、やりすぎてはいけない。適度な運動は食の消化を助け、血の巡りをよくし、病を避けることができる。これは門の回転軸のようなもので永遠に朽ちることはない。

韓譯 사람의 신체는 노동을 필요로 하지만, 과도하게 부릴 필요는 없다. 적당한 활동은 음식의 소화와 혈맥의 유통을 도와 병이 생겨나지 않게 한다. 이는 예컨대 집의 중추와 같아서 영원히 썩지 않는다.

英譯 The body does need labor, but not going to extremes. Proper activities are helpful for the digestion of food and the flow of blood in stomach, which may help to avoid diseases. As a hinge in a door, it will never get rotten.

◆◆

養壽之法，在于不失四時之和

原文 彭祖曰：養壽之法，但莫傷之而已。夫冬溫夏涼，不失四時之和者，所以適身也；重衣厚褥，體不堪苦，以致風寒之疾；厚味脯臘，醉飽厭飫，以致聚結之疾。

——南朝梁・陶弘景《養性延命錄・教誡篇》引

今釋 彭祖說：延年益壽的方法，主要就是不要讓身體受到外界的傷害。冬季要保暖，夏季要涼爽，保持在四季中身體與氣候的和諧，這樣就有利于身體的舒適了。如果冬季過份地穿戴厚重的衣服，過份地鋪墊厚重的被褥，不僅身體不舒服，而且容易招致風寒的疾病；平時也不應大吃大喝，過份地飲食雞鴨魚肉，過份地酒足飯飽，招致臟腑郁結、消化不良的疾患。

日譯 彭祖はこう述べている。「長生きするこつは、主として体を外の傷害から守ることである。冬は保温に心がけ、夏は涼しくし、四季を通じて体と気候の調和を保っていると体は快適になる。もし冬に厚着し、重い布団を敷いて寝ていると体に悪いだけではなく、寒気が生じて病気になりやすい。ふだんから鶏やあひる、魚肉を食べすぎたり、酒を飲みすぎたり食事を取りすぎたりしていると、臟腑が鬱積し、消化不良を招く」。

韓譯 팽조가 말하였다 : 장수하는 방법은, 몸을 손상시키지 않는 것일 따름이다. 겨울에는 몸을 따뜻하게 하고, 여름에는 몸을 시원하게 하여 사계절에서 몸과 기후의 조화를 잘 유지하고 잃지 않는 것, 이것이 곧 몸을 편하게 하는 것이다 : 너무 두꺼운 옷이나 너무 두꺼운 이부자리는 몸이 견디기에 고통스러워, 오히려 쉽게 풍한의 질병에 걸리게 한다 ; 평소 좋은 맛의 산해진미를 진탕 먹어서 지나치게 취하고 배부르면, 장부가 답답하여 소화불량의 질병을 부르기 쉽다.

英譯　Peng Zu said, the main secret of enjoying long life lies mainly in the avoidance of harm from outside. In winter days you need to keep warm and in summer days you need to keep cool. Keep your body harmonious with the four seasons so that the body will be comfortable. If you wear clothes that are too heavy and cover quilt that is too thick, you will not only feel uncomfortable, but will be prone to be attacked by coldness. Avoid eating and drinking excessively. Don't eat too much chicken, duck, fish and meat. Do not drink or eat too much. Otherwise, you are going to suffer from stagnancy of viscera and indigestion.

◆◆

上士別床，中士異被，服藥百裹，不如獨臥

原文　彭祖說：上士別床，中士異被，服藥百裹，不如獨臥。……苟能節宣其道，抑揚其通塞者，可以長壽。

——南朝梁・陶弘景《養性延命錄・御女損益篇》引

今釋　彭祖說：善於養生的上等人，往往夫妻不同床，珍惜保養精氣；中等人往往夫妻不同被，注重性生活的節制。所以人们说，服药良多，不如单独睡卧。……如果能够节制五官的活动，闭塞的使它通畅，过度的使它适中，这样就可以延年益寿。

日譯　彭祖はこう述べている。「養生に長けた上等の人は、往々にして夫婦別々の床に寝て、精気を大事にし、保養に努めている。中等の人は往々にして夫婦別々の掛け布団で寝て、性生活の節制に注意を払っている。薬をよく飲んでも独り寝には及ばないといわれている。……五官の活動を抑制し、塞がったものの通りをよくし、過度を適度

にすることができれば長生きすることができる。」

韓譯 팽조가 말하였다 : 양생을 가장 잘하는 사람은, 때때로 부부가 같은 침대를 쓰지 아니하여 정기를 보양하고 아끼며, 그 다음으로 양생을 잘하는 사람은 부부가 같은 이불을 쓰지 아니하여 생활의 절제에 힘쓸 것이다. 왜냐하면 아무리 좋은 약을 많이 쓴다 해도 홀로 자는 것만 같지 못하기 때문이다. ……만약 진실로 오관의 활동을 잘 절제하며, 그 막혀 있는 것을 잘 통하게 할 수 있다면 충분히 장수할 수 있을 것이다.

英譯 Peng Zu said, "He who is good at preserving life does not share the same room between a husband and wife in order to keep the vital energy. Next is he who does not share the same quilt and pays attention to the restraint of sex life. That is why it is said that too much medicine is not as good as sleeping alone. If one can restrain the activities of the five organs, the blocked will become smooth; the excessive will become moderate and long life may be enjoyed."

◆◆

游心虛靜，息慮無為，服元氣於子後，時導引於閑室

原文 若能游心虛靜，息慮無為，服元氣於子後，時導引於閑室，攝養無虧，兼餌良藥，則百年耆老是常分也。

——南朝梁・陶弘景《養性延命錄序》

今釋 如果能讓心地一片虛靜，消除一切思慮，自由自在，而且在子夜時吞服元氣，經常在靜室修習導引之術，攝取充足的營養而不虧待身體，加之吃些良藥調理，那末安享百年的高壽，這是正常的事情。

日譯 心を落ち着け、すべての思慮を排除して自由自在になり、

夜中に元気を飲み込み、いつも静かな部屋で導引術の修業を積み、十分な栄養を取って体をいたわり、いくつかの良薬を飲んでいれば、百歳の長寿を迎えることができる。これはちっともおかしな話しではない。

韓譯 만약 마음을 허허롭고 고요하게 유지하면서 생각을 쉬고 인위적 행위가 없으며, 한밤중에 원기를 회복하고, 늘 고요한 방에서 도인의 방법을 수련하며, 충분한 영양을 섭취하고 신체를 함부로 대하지 않으며, 여기에 좋은 약들을 섭취한다면, 백년의 장수를 누리는 것은 정상적인 일이다.

英譯 If one has a humble and peaceful mind and is free from any worries and cares and is light-hearted; and in addition, he inhales some vital energy during midnight and does some exercises and mediation in a quiet room; and takes in sufficient nutrition without hurting the body, along with some good medicine to regulate, then it is normal that he enjoys a long life of a hundred years.

(三) 防患未然

未然に防ぐ

미연방환

Prevention of Diseases

◆◆

不治已病治未病，不治已亂治未亂

原文 從陰陽則生，逆之則死；從之則治，逆之則亂。反順為逆，是謂内格。是故聖人不治已病治未病，不治已亂治未亂，此之謂也。夫病已成而後藥之，亂已成而後治之，譬猶渴而穿井，鬥而鑄錐，不亦晚乎！

——《黃帝內經素問·四氣調神大論》

今釋 順從陰陽的規律，就能生存，違逆它就要死亡；順從陰陽的規律就能得到治理，違背它就要動亂。本應順從卻反過來違逆，這就使人體自身與自然環境相抵觸而不適，因此聖人主張不要等人得了病才去醫治，要在未病之前進行防治；這正像不要等到戰亂已經發生才去治理，這就猶如口渴了才想起挖井，打起仗來才想起製造兵器，那不是太晚了嗎？

日譯 陰陽の法則に従っていれば生存することができ、それに逆らえば死亡してしまう。陰陽の法則に従っていれば治めることができ、それに背けば動乱が起こること必至である。もとより素直に従うべきところを逆えば、人体そのものと自然環境が抵触して失調を起こす。そのため聖人は次のように主張している。つまり病気にかかってから治療するのではなく、病気になる前に予防と治療を行うことである。これはまさに戦乱がすでに発生してから治めようとするようなものであり、また喉が渇いてから井戸を掘ることを思いつくようなものであり、戦争が勃発してから兵器を製造することを考えるようなものである。これではちょっと遅すぎはしまいか？

韓譯 음양의 이치를 따르면 살고, 거스르면 죽는다；이를 따르면 다스려지고, 이를 거스르면 어지러워진다. 순리를 반하여 거스르게 되면, 이를 내격이라 한다. 이 때문에 성인은 이미 병든 후에 다스리지 않고 병들기 전에 다스리며, 이미 어지러워진 후에 다스리지 않고 어지러워지기 전에 다스린다고 하니 이것을 말하는 것이다. 무릇 병이

이미 이루어진 후에 약을 쓰며, 어지러움이 이미 이루어진 후에 다스리는 것은, 비유하자면 갈증이 나서야 샘을 파는 것과 같고, 싸움을 하면서 무기를 만드는 것과 같으니, 또한 너무 늦지 아니한가?

英譯 Man survives when following the law, dies when acting against it. If the yang energy fails to enter into the body and yin energy can not come out (from the body), the favorable condition of health will turn to adversity. The contradiction between exterior and interior will cause the disease of mutual exclusion of yin and yang. When a sage treats a patient, precaution is always emphasized. He often uses preventive measures in calming down the disturbances. Do not treat the disease after it has already been formed, or try to calm down the disturbance after it has already taken shape, it will be too late. It is just like digging a well until one is thirsty or forging the weapon after the war has already broken out.

◆◆

大喜傷陽，大怒傷陰

原文 人大喜邪，毗於陽；大怒邪，毗於陰。陰陽並毗，四時不至，寒暑之和不成，其反傷人之形乎！

——《莊子・在宥》

今釋 人過於歡樂，就會傷害陽氣；過于憤怒，就會傷害陰氣。陰陽兩氣都受到傷害，就會使人不能適應天氣的變化，寒冷與暑熱不能調和，豈不最終要傷害到人體的健康嗎？

日譯 人は喜びが度を過ぎると陽気を損なってしまう。あまりに憤慨しすぎると、陰気を損なってしまう。陰陽両気をすべて損なえば、体は天候の変化に適応することができなくなり、寒暑の調和も取れなくなり、ついには健康を損ねてしまうのではないだろうか？

韓譯 사람이 과도하게 즐거워하면, 양기를 손상시키고 ; 과도하게 분노하면 음기를 손상시킨다. 음양이 모두 상하게 되면, 사계절의 조화에 적응하지 못하게 되고 추위와 더위의 균형이 깨져 도리어 사람의 몸을 해치게 된다.

英譯 To be overjoyed is harmful to the yang energy while to be exasperated is harmful to the yin energy. When both yin and yang are in disorder, people will be unable to adapt themselves to the four seasons or to acclimatize themselves to the heat and cold. As a result, they will suffer physically for it.

◆◆

形勞而不休則弊，精用而不已則竭

原文 形勞而不休則弊，精用而不已則竭。

——《莊子・刻意》

今釋 形體勞頓而得不到休息就會受損，精力消耗而不停止就會枯竭。

日譯 体が疲れきっているのに休みを取らないと支障をきたし、精力を消耗しているのに止めないでいると枯渇してしまう。

韓譯 몸이 피로한 뒤 휴식하지 못하면 손상을 받고, 정력을 소모하되 그치지 않으면 고갈되어 버린다.

英譯 If the body is overworked without rest, it will wear out. If the spirit is overworked without cessation, it will tire out and tiredness will lead to exhaustion.

◆◆

憂鬱生疾，疾困乃死

原文 思索生知，慢易生憂，暴傲生怨，憂鬱生疾，疾困乃死。

——《管子・內業》

今釋 思索產生知識，怠慢和鬱悶產生疾病，疾病到了危困的時候，就難免死亡。

日譯 思索することにより知識が生まれ、怠けたり気が塞いだりしていると病になり、病が重くなれば、死も免れないであろう。

韓譯 사색은 지식을 낳고, 태만과 안일은 질병을 만들며, 포악과 자만은 원망을 낳는다. 질병이 곤란한 지경까지 이르면 죽음을 피하기 어렵다.

英譯 Thinking gives birth to knowledge. Slowness and depression lead to diseases. Death is inevitable when diseases are severe.

◆◆

思之而不捨，內困外薄，不早為圖，生將巽舍

原文 思之而不捨，內困外薄，不早為圖，生將巽舍。

——《管子・內業》

今釋 過度思慮而不休息，就會造成內心窘困而外體迫脅，如果不早想辦法，生命將會脫離軀殼而死亡。

日譯 極端に思い悩んで休まないでいると、心が困窮し体が脅迫され、もし前もって対策を講じなければ、命は肉体から離れて死に至る。

韓譯 지나치게 생각하고 휴식이 없으면, 내면은 곤궁해지고, 외모는 초조해진다. 만약 일찍이 피할 방법을 생각하지 않는다면, 생명이 이탈되어 사망할 수 있다.

英譯　Thinking too much without rest may result in the bewilderment of the mind and exhaustion of the body. If one can not figure out a good way out of this situation, life will be deprived and death is inevitable.

◆◆

嚮萬物之美而盛憂，兼萬物之利而盛害

原文　志輕理而不重外物者，無之有也。外重物而不內憂者，無之有也。行離理而不外危者，無之有也。……故嚮萬物之美而盛憂，兼萬物之利而盛害。

——《荀子・正名》

今釋　心志輕視道理而不重視外物的人，這是沒有的。重視外物而不產生內憂的人，這是沒有的。外來危害而不產生內心恐懼的人，這是沒有的。……所以說這樣的人，雖然享受著萬物的美好供養，卻蓄積著巨大的隱憂；雖然兼備了萬物的好處，卻也產上了巨大的禍害。

日譯　志は道理を軽視し、外物を重視しない人はいない。外物を重視して内憂が生じない人はいない。外から危害を加えられて心の中に恐れを感じない人はいない。……それゆえにこのような人は、万物のすばらしさを享受していても、心中に巨大な憂いを秘めている。万物の利点を兼ね備えていても、巨大な災いも含まれている。

韓譯　뜻은 이치를 가벼이 여기고 외물을 중시하지 않는 사람은 없다. 외물을 중히 여기고 안으로 근심하지 않는 자도 없다. 행동이 이치에서 이탈되고 형체가 위태롭지 않은 사람은 없다. ……그리하여 비록 만물의 아름다움을 향유하면 도리어 거대한 근심이 쌓이고, 비록 만물의 이로움을 갖추면, 오히려 거대한 재앙이 생긴다.

英譯 There is none who despises the way but values materials, who values materials but without any anxieties, has harm from outside but without causing fears inside. Therefore, for this type of people, although they enjoy abundant supplies of materials, they may accumulate enormous worries. Although they have the benefits of all the material things, they may do great harm.

◆◆

咎莫憯於欲利

原文 欲利甚則憂，憂則疾生，疾生而智慧衰，智慧衰則失度量，失度量則妄舉動，妄舉動則禍害至，禍害至而疾嬰內。……故曰：咎莫憯於欲利。

——《韓非子・解老》

今釋 過份貪求爭利就會有憂慮，憂慮過度就會生病，生病久了就會使智慧衰退，智慧衰退就會失去做事的原則，原則喪失就會輕舉妄動，輕舉妄動就會招來禍害，禍害來了就更加重了身內疾病的發作。……所以說：罪過沒有比貪欲爭利更嚴重的了。

日譯 利をむさぼり過ぎると憂慮が生じ、憂慮しすぎると病気にかかり、病気が長びくと知恵が衰え、知恵が衰えると物事の原則が失われ、原則が失われると軽率な行動をとるようになり、軽率な行動をとれば災いを招き、災いが招来されると更に病の発作がひどくなる。……ゆえに罪過の中でも貪欲や利を争うこと以上に深刻なものはない。

韓譯 지나치게 이익을 다투면 근심이 있게 되고, 근심이 과도하면 질병이 생기며, 질병이 생기면 지혜가 쇠퇴하고, 지혜가 쇠퇴하면 일의 원칙을 잃게 되고, 인치 잃게 되면 경거망동하게 되고, 경거망동하게 되면 재앙이 이르고, 재

앙이 이르면 질병이 안에서 더욱 일어난다. ……그리하여 말하길 ; 죄과 중에 탐욕과 이익을 다투는 것보다 더욱 엄중한 것은 없다.

英譯 Too much greed for materials leads to anxiety, too much anxiety to sickness and too much sickness to a decline in wisdom, the decline in wisdom to the loss of principle, the loss of principle to indiscretion and indiscretion to aggravation of diseases in the body. Therefore, no sin is more serious than being greedy.

◆◆

耳目鼻口之欲，害於生則止，利於生則為

原文 夫耳目鼻口，生之役也。耳雖欲聲，目雖欲色，鼻雖欲芳香，口雖欲滋味，害於生則止。在四官者不欲，利於生則為。

——《呂氏春秋・貴生》

今釋 像耳目鼻口等器官都是為生命服務的。耳朵雖然喜歡聽到好的聲音，眼睛雖然希望看到美色，鼻子雖然愛聞芬芳的氣味，嘴巴雖然喜歡吃美味佳肴，但是只要存在傷害生命健康的問題，就應當予以禁止。反之，盡管這四種器官不喜歡的東西，只要有利於生命健康，就應當有所作為。

日譯 耳や目、鼻、口などの器官はすべて命に奉仕するためにある。耳は心地よい音を聞きたがり、目は美しい色を見たがり、鼻はかぐわしい匂いをかぎたがり、口はおいしい物を食べたがるものだが、命に関わるような問題が現れたら、それを慎むべきである。逆に、この四つの器官がいやがるものであっても、それが命を健やかにするものなら、多少はやってみるべきである。

韓譯 대저 이, 목, 구, 비 등의 기관은 모두 생명을 위해 일한다.

귀는 비록 좋은 소리를 듣기 원하고, 눈은 비록 미색을 보고자하고, 코는 비록 아름다운 향기를 맡고자 하며, 입은 비록 좋은 음식을 맛보고자 하나, 생명건강에 문제가 된다면 마땅히 그만둔다. 반대로 이 네 기관이 좋아하지 않는 것이라 하더라도 생명건강에 이롭다면 마땅히 작용한다.

英譯 The organs such as ears, eyes, nose and mouth are to serve people. Ears like to listen to the beautiful sounds. Eyes like to see beautiful sights and the nose likes to smell fragrant smells while mouth likes to taste delicious foods. However, anything that harms the health should be prohibited. On the contrary, anything that the four organs dislike but is good for health should be done.

◆◆

出則以車，入則以輦，務以自佚，名之曰招蹶之機

原文 出則以車，入則以輦，務以自佚，名之曰招蹶之機。

——《呂氏春秋・本生》

今釋 出入離不開轎車，總是盡量讓自己舒服，這就是招致癱瘓的契機。

日譯 出入りには必ず輿を使うというように、いつも快適さばかりを求めていと半身不随になってしまう。

韓譯 나갈 때는 수레를 타고, 들어올 때는 연을 타서, 스스로 편안하기만을 힘쓴다면, 이를 일러 넘어질 기회를 스스로 불러들이는 것이라고 말한다.

英譯 Going in and out with the help of carriages and cars in order to enjoy comfort will finally lead to paralysis.

◆◆

肥肉厚酒，務以自強，名之曰爛腸之食

原文　肥肉厚酒，務以自強，名之曰爛腸之食。

——《呂氏春秋・本生》

今釋　天天吃肥肉喝烈酒，總想把自己養得又肥又壯，這就是傷身爛腸的食品。

日譯　每日肉の脂身ばかりを食べ、きつい酒を飲んで肥って丈夫になりたいと思う人がいるが、これらは体を損ね、腸をぼろぼろにする食品である。

韓譯　날마다 살찐 고기와 독한 술을 마시며, 스스로 건장하게 기르는 것이라고 생각하는데, 이것이 곧 몸을 상하고 장을 헐게 하는 음식이다.

英譯　People eat fat meat and drink hard drinks every day in order to be strong. But they are harmful food for your health.

◆◆

靡曼皓齒，鄭衛之音，務以自樂，名之曰伐性之斧

原文　靡曼皓齒，鄭衛之音，務以自樂，名之曰伐性之斧。

——《呂氏春秋・本生》

今釋　沉溺於迷人的女色和靡靡之音中，放縱地盡情地享受，這就是砍伐生命的斧頭。

日譯　人を魅惑する女色やみだらな音楽にふけって心ゆくまで楽しんでいる。これは生命を伐る斧である。

韓譯　고운 피부와 흰 이를 가진 미인의 여색과 정위의 음란한 음악에 빠져, 스스로 즐기기에만 힘쓴다면, 이것을 일러 생명을 찍는 도끼라 이름 한다.

英譯　Overindulging oneself in charming women and decadent music for the purpose of enjoying life is just like chopping the tree of life with an axe.

◆◆

憂悲多恚，病乃成積；好憎繁多，禍乃相隨

原文　憂悲多恚，病乃成積；好憎繁多，禍乃相隨。

——《淮南子・原道訓》

今釋　憂愁悲傷使人多恨多怒，日積月累使人惱恨成疾。繁多過度的喜好和憎惡，最終招徠身外之禍。

日譯　憂いや悲しみにより人の怒りや恨みが増し、それが積もれば思い悩んだ挙句病気にかかる。余計な愛好や憎悪を抱くことにより身の外の災いを招く。

韓譯　근심과 슬픔은 사람에게 한과 분노를 많게 하는데, 이것이 날로 달로 쌓이게 되면 곧 병이 생긴다；즐거움과 증오가 지나치게 많게 되면, 결국 화를 초래하게 된다.

英譯　Worry and sadness causes hatred and anger. If accumulated day by day, the hatred will lead to diseases. Too much likes and dislikes incur disaster from outside sources.

◆◆

不以內樂外，而以外樂內，精神亂營，日以傷生

原文　不以內樂外，而以外樂內，樂作而喜，曲終而悲，悲喜轉而相生，精神亂營，不得須臾平。察其所以，不得其形，而日以傷生。

——《淮南子・原道訓》

今釋　如果人們不是用內心自發的喜悅來樂觀地對待外物，而是用外物來取悅自己的內心，那末當聽到美好的音樂演奏時

會喜悅，一旦演奏結束就會感到悲哀。悲哀與喜悅不斷替代轉化，精神活動就會混亂失常，得不到片刻的平和。考察其中的原因，這是因為身心沒有得到真正的快樂，所以日複一日地做著傷害生命的事情。

日 譯 心に自然に生まれる喜びで楽観的に外の物に接することをせず、外の物で自分の心を歓ばしているようでは、すばらしい音楽の演奏を耳にした時、喜ぶことができるが、いったん演奏が終われば悲哀を感じるだろう。悲しみと喜びが絶えず転化し、精神は混乱をきたし、一時も心穏やかではいられない。その原因を考えてみると、心身が本当の快楽というものを知らないからであり、来る日も来る日も命を削る事を続けているのである。

韓 譯 만약 사람들이 내면의 자발적 희열로 낙관적으로 외물을 대하지 않고, 외물을 취하여 내면의 기쁨으로 삼는다면, 좋은 음악연주를 들을 때는 기뻐하겠지만, 일단 연주가 끝나게 되면 다시 슬프게 될 것이다. 그렇다면 슬픔과 희열이 끊임없이 교체하고 변화하여, 정신이 혼란해져 일정함을 잃게 되고 잠시도 평화를 얻지 못할 것이다. 그 원인을 고찰해보면, 심신이 진정한 쾌락을 얻지 못했기 때문이니, 그렇다면 날마다 생명을 해치게 된다.

英 譯 If one does not treat the external things with the spontaneous joy from the inner heart, but pleases one's heart through external things, he may be happy for the moment when he listens to the beautiful music, but when the music stops, he feels sad again. The happiness and sadness alternate again and again, so the spiritual activities appear to be in disorder without a moment' s peace. The reason is that both his body and his mind can not enjoy the real happiness, so day by day he is hurting his own life.

◆◆

罪莫大於淫，禍莫大於貪，咎莫大於讒

原文 仙人曰：罪莫大於淫，禍莫大於貪，咎莫大於讒。

——南朝梁・陶弘景《養性延命錄・教誡篇》引

今釋 仙人說：對於養生來說，最大的罪過莫過於淫逸無度了，最嚴重的禍端莫過於貪得無厭了，最大的錯誤莫過於讒言誹謗了。

日譯 仙人は養生にとって最大の罪過は節度なく淫蕩にふけることであるが、最も深刻な災いの元は欲張って満足することを知らないことであり、最大の誤ちは中傷や誹謗であると言った。

韓譯 선인이 말하였다 : 양생에 대해서 말하자면, 가장 큰 죄과는 지나쳐 절도가 없는 것보다 큰 것이 없으며, 화는 탐욕보다 큰 것이 없으며, 허물은 참소보다 큰 것이 없다.

英譯 The Immortal said, as far as healthcare is concerned, no sin is greater than being licentious. No disaster is greater than greed and no fault is greater than slander.

◆◆

縱情恣欲，不能節宣，則伐年命

原文 夫陰陽之術，高可以治小疾，次可以免虛耗而已。其理自有極，安能致神仙而卻禍致福乎？人不可以陰陽不交，坐致疾患。若欲縱情恣欲，不能節宣，則伐年命。

——晉・葛洪《抱朴子・微旨》

今釋 男女交合的方法，最高超的不過可以治小病，一般的也不過避免虛耗罷了。其中的作用很有限，怎末能由此成仙而避禍致福呢？人不可以沒有房事，這樣容易招致疾病。倘

若打算縱欲無度，不去節制，那末就會傷害壽命。

日 譯 男女交合の術は、極上のものでもたかだか軽い病気を治せるにすぎず、普通のものでもむだな消耗を免れられるだけである。その効き目には限りがあり、それによってなぜ仙人になれたり、厄除けや御利益に預かれたりするのだろうか？人間が性交をしないということはありえないが、それを行えば病を招きやすくなる。色欲に狂って摂生に努めなければ寿命を縮めることになろう。

韓 譯 대저 음양의 방법은, 크게는 작은 병을 치료할 수 있고, 다음은 정력을 헛되이 소모하는 것을 면할 뿐이다. 그 이치는 스스로 끝이 있어, 어찌 능히 신선에 이르며, 화를 피하고 복을 이르게 하겠는가? 사람은 음양의 교접이 없으면 불가하니, 앉아서 질환을 이르게 한다. 만약 정을 함부로 사용하여 절제와 마땅함이 없으면, 능히 수명까지 해치게 된다.

英 譯 The sex life between a man and woman, at most, can cure some minor diseases. Generally, it can only avoid some weakness with limited effects. How can it help one become Immortal or avoid disasters? No one can live without a sex life; otherwise, it will lead to diseases. However, if one indulges into it without restraint, it will harm one’s life.